नवशती हिन्दी व्याकरण

नवशती

हिन्दी व्याकरण

सम्पादक

डॉ० बदरीनाथ कपूर

राजकमल प्रकाशन

ISBN : 978-81-267-1118-5

मूल्य : ₹695

पहला संस्करण : 2006
दूसरा संस्करण : 2018
पहली आवृत्ति : 2024

प्रकाशक : राजकमल प्रकाशन प्रा. लि.
1-बी, नेताजी सुभाष मार्ग, दरियागंज
नई दिल्ली-110 002

शाखाएँ : अशोक राजपथ, साइंस कॉलेज के सामने, पटना-800 006
पहली मंजिल, दरबारी बिल्डिंग, महात्मा गांधी मार्ग, प्रयागराज-211 001
1, अनमोल सोराबजी संतुक लेन, धोबी तलाव, मरीन लाइंस, मुम्बई-400 002
वेबसाइट : www.rajkamalprakashan.com
ई-मेल : info@rajkamalprakashan.com

मुद्रक : बी.के. ऑफ़सेट
नवीन शाहदरा, दिल्ली-110 032

NAVSHATI HINDI VYAKARAN
by Dr. Badarinath Kapoor

समर्पण

'राष्ट्रभाषा' के अनन्य साधक

आचार्य रामचंद्र वर्मा को सादर

तथा

'राष्ट्रभाषा' के स्वाभिमान एवं

उज्ज्वल भविष्य के प्रति

सजग, सचेष्ट तथा

समर्पित

भाषा–प्रेमियों को आशापूर्वक

— बदरीनाथ कपूर

विषय-सूची

भूमिका

राष्ट्र की उन्नति राष्ट्रभाषा की उन्नति से जुड़ी है। हम भारतीयों का अंग्रेजी-मोह उच्च भारतीय आदर्शों तथा मूल्यों से तो हमें दूर ले ही जा रहा है, हमारे भाषायी स्तर में भी गिरावट ला रहा है और साथ ही हमारी भाषायी समझ को भी कुंठित कर रहा है। वैसे तो आज भी जीवन के हर क्षेत्र में अंग्रेज़ी का बोलबाला है फिर भी शुभ लक्षण यह है कि यह स्थिति अब अंग्रेजी प्रशंसकों को भी अखरने लगी है और विज्ञान, प्रौद्योगिकी, प्रशासन, न्याय, अर्थ, वाणिज्य, संचार माध्यमों, कंप्यूटर आदि विविध क्षेत्रों में राष्ट्रभाषा के प्रति उनका झुकाव अब दिखने लगा है। अंग्रेजी-मोह के बादल जितनी जल्दी छँटें, उतना ही अच्छा हो। वह दिन अधिक दूर नहीं जब राष्ट्रभाषा का सूर्य अपने प्रकाश, ज्ञान, उल्लास और ऊर्जा का संचार भारतीय जन-जन में करने में सफल होगा।

यह कटु सत्य है कि राष्ट्रभाषा हिंदी के उज्ज्वल स्वरूप का भान—उसकी गुणवत्ता, क्षमता, शिल्प-कौशल तथा सौंदर्य का सही आकलन—हम हिंदी प्रेमियों को इसलिए नहीं हो पाया कि भाषा के स्वरूप का ज्ञान करानेवाला व्याकरण अंग्रेजी भाषा के व्याकरणिक ढाँचे से आवश्यकता से अधिक जकड़ा हुआ है। पिछले कुछ दशकों से हिंदी की प्रकृति और प्रवृत्ति के अनुरूप व्याकरण प्रस्तुत करने के प्रयास अवश्य होने लगे हैं। प्रस्तुत प्रयास भी इसी दिशा में एक पग है। जैसे-जैसे ऐसे प्रयासों से हिंदी में निखार आता चलेगा वैसे-वैसे उसके शिल्प, अभिव्यक्ति-क्षमता तथा सौंदर्य से हिंदीप्रेमियों में गर्व, उत्साह और लगाव भी बढ़ता चलेगा। यह तथ्य भी जल्दी प्रकट होगा कि संसार की उन्नत भाषाओं में संभवत: हिंदी सबसे अधिक व्यवस्थित, सबसे अधिक सरल और सबसे अधिक लचीली भाषा है। इसके अतिरिक्त हिंदी ही एकमात्र ऐसी भाषा है जिसके अधिकतर नियम अपवादविहीन हैं। सच्चे अर्थों में हिंदी विश्वभाषा बनने की पूर्ण अधिकारी है।

व्याकरण नियमों का पुलिंदा भर नहीं होता, वह भाषा-भाषियों की ज्ञान-गरिमा, बुद्धि-वैभव, रचना-कौशल, सौंदर्यबोध, सजग प्रवृत्ति और सर्जन-क्षमता का भी परिचायक होता है। अकेली 'अष्टाध्यायी' ने संस्कृत भाषा को विश्व में जितना गौरव दिलाया उतना किसी अन्य विधा के ग्रंथ ने नहीं। अत: व्याकरण पर नाक-भौंह सिकोड़ना नहीं चाहिए बल्कि उसके प्रति पूज्य भाव रखना चाहिए। व्याकरण तो भाषा की मर्यादा की रक्षा के लिए समाज को प्रेरित करता है।

पिछले तीन-चार वर्ष विकट शारीरिक उत्पातों तथा व्याधियों से प्राय: त्रस्त तथा शय्याग्रस्त रहा। इस बीच व्याकरण-संबंधी चिंतन-मनन ही मेरा संबल रहा। कदाचित् ऐसा संबल जिसने जीवन-रक्षक औषधि का काम किया। हाँ, इस लंबे दौर में मेरे आदरणीय मित्र डॉ० युगेश्वर नित्य 'शब्दलोक' पधारते रहे, मेरा धैर्य बँधाते रहे, मेरा उत्साह बढ़ाते रहे, मेरी सुनते भी रहे और अपने विचारों तथा सुझावों से अवगत भी कराते रहे। अपने इस महामानव मित्र के प्रति हार्दिक कृतज्ञता ज्ञापित करता हूँ। साथ ही पुस्तक को प्रस्तुत स्वरूप प्रदान करने के लिए श्री अनिल कुमार सिंह ने जिस लगन और धैर्य से काम किया, उसके लिए अनेकश: धन्यवाद।

'नवशती हिंदी व्याकरण' में कुछ वर्तमान नियमों में नवीनता देखने को मिलेगी। साथ ही पद्धति और प्रस्तुतीकरण में भी कुछ नयापन दिखेगा। जिस प्रकार हिंदी अपनी सरलता के लिए प्रसिद्ध है, उसी प्रकार उसके व्याकरण से भी सरलता झलकनी चाहिए। सरलता ही नहीं बल्कि सरसता भी। इसी सरलता और सरसता के लिए प्रयत्नशील रहा हूँ। सुधी पाठकों तथा विद्वानों से प्रार्थना है कि उन्हें जो त्रुटियाँ दिखाई दें, उनसे मुझे भी कृपापूर्वक अवगत कराएँ।

–बदरीनाथ कपूर

शब्दलोक
47, लाजपतनगर
वाराणसी-2

अक्षय तृतीया,
11 मई, 2005

पाठकों से

1. इस पुस्तक में 80 पाठ हैं जिनमें व्याकरण संबंधी विभिन्न विषयों तथा उनसे संबद्ध कुछ आवश्यक और उपयोगी तथ्यों पर एक-एक करके विचार हुआ है।

2. आप जिस पाठ को देखना चाहें, सीधे देख सकते हैं।

3. हर पाठ में बाएँ पृष्ठ पर कुछ नियम, सूचनाएँ या व्यवस्थाएँ हैं जिन्हें उदाहरण देकर स्पष्ट किया गया है।

4. हर पाठ के दाहिने पृष्ठ पर अभ्यास के लिए प्रश्न हैं। इनके उत्तर अवश्य दें। अभ्यास से ही सिद्धि मिलती है।

5. यह व्याकरण स्वयंशिक्षक का काम करेगा। चेष्टा की गई है, हर नियम पूर्णतः स्पष्ट हो। यदि इस संबंध में कहीं कोई अस्पष्टता प्रतीत हो तो संभवतः वह उदाहरणों से दूर हो जाएगी। फिर भी उलझन बनी रहे तो सामनेवाले पृष्ठ पर दिए हुए अभ्यास अवश्य करें। संभव है कि आपकी समस्या का निराकरण हो जाए।

6. अभ्यास के अपने उत्तर का मिलान पुस्तक के परिशिष्ट में दिए हुए उत्तर से भी कर लें। यदि अंतर हो तो बाएँ पृष्ठ पर दिए हुए नियमों का अवलोकन एक बार फिर ध्यानपूर्वक करें।

7. परिशिष्ट 1 में अनेक ज्ञातव्य शब्द-सूचियाँ हैं, उनका उपयोग करना न भूलें।

8. परिशिष्ट 2 में अभ्यासों के उत्तर दिए हैं और परिशिष्ट 3 में पुस्तक में विवेचित विषयों की अनुक्रमणिका है।

कुछ नवीन तथ्य

1. पद, उपपद तथा पदबंध

हिंदी भाषा में अनेक ऐसे वाक्य हैं जिनमें संस्कृत के 'सुप्तिङन्तम् पदम्' का नियम लागू नहीं होता, जैसे—तू पुस्तक ला। कर्ता, कर्म और क्रिया के साथ कहीं कोई परसर्ग/प्रत्यय नहीं। अत: 'पद' वह है जिसका सामान्यत: प्रयोग वाक्य में स्वतन्त्र रूप से होता है और 'उपपद' वह शब्द है जिसका सामान्यत: वाक्य में स्तन्त्र रूप से प्रयोग नहीं होता। इसी प्रकार इकाई की तरह प्रयुक्त वह पद-समूह पदबंध है जिसमें पद और उपपद अथवा कई पद हों। ऐसे शब्द जो स्वतन्त्र रूप से प्रयुक्त तो हों परंतु बिना परसर्ग के हों उन्हें पद मानना ही उचित है; जैसे—

विद्यार्थी ने दुकानदार से कल पुस्तक खरीदी थी।

उक्त वाक्य में विद्यार्थी ने, और दुकानदार से संज्ञापदबंध हैं, कल क्रियाविशेषण पद है, पुस्तक संज्ञापद है और खरीदी थी क्रियापदबंध।

2. कर्ता

हिंदी में ऐसे अनेक वाक्य हैं जिनमें 'कर्ता' के संबंध में वैयाकरणों में मतभेद हैं। ज्ञात होना चाहिए कि कर्ता की पहचान की अचूक कसौटी हिंदी में पहले से ही विद्यमान है। वह कसौटी है—कर्तृवाचक कृदंत। कर्तृवाचक कृदंत का अर्थ ही है—कर्ता का वाचक कृदंत। और सचमुच इस कर्तृवाचक कृदंत ने सभी उलझनों को क्षण भर में दूर कर दिया। निम्नलिखित वाक्यों को देखें—

1. राम पुस्तक खरीदता है।	—	कर्तृवाचक	कृदंत—	खरीदनेवाला
2. राम ने पुस्तक खरीदी।	—	,,	,,	,,
3. राम ने पुस्तक खरीदी होगी।	—	,,	,,	,,
4. राम को पुस्तक मिली।	—	,,	,,	मिलनेवाला
5. राम को दुख हुआ।	—	,,	,,	होनेवाला
6. राम को शरारत सूझी।	—	,,	,,	सूझनेवाला

कर्तृवाचक कृदंत आकारांत विशेषण होता है। उसका पुंलिंग बहुवचन रूप और स्त्रीलिंग एकवचन/बहुवचन रूप सामान्य विशेषणों की तरह प्रयुक्त होते हैं।

1. खरीदनेवाला—राम	कर्ता
2. खरीदनेवाला—राम (ने)	,,
3. खरीदनेवाला—राम (को)	,,
4. मिलनेवाला/मिलनेवाली—पुस्तक	,,
5. होनेवाला—दु:ख	,,
6. सूझनेवाला/सूझनेवाली—शरारत	,,

तथ्य यह है कि कर्ता में परसर्ग का होना या न होना और क्रियापद का कर्ता के लिंग-वचन-पुरुष से अन्वित होना या न होना ये दोनों बातें कर्ता के निर्धारण में बाधक या सहायक नहीं होतीं। ये दोनों बातें तो क्रिया की सकर्मकता-

अकर्मकता और उसके कृदंत रूपों पर आधारित होती हैं।

तीसरे, चौथे, पाँचवें और छठे वाक्यों में जो विद्वान राम (को) कर्ता मानते हैं वे फिर पुस्तक, दुख और शरारत को कर्म भी मानते हैं। वे भूल जाते हैं कि उक्त तीनों क्रियाएँ अकर्मक हैं, उनके साथ कर्म का कुछ लेना-देना नहीं।

3. कर्म

'कर्म' के संबंध में भी अनेक वैयाकरणों में भ्रम है। कर्ता को कर्म मान लेनेवालों के संबंध में ऊपर उल्लेख हुआ है। 'कर्म' की परिभाषा इस प्रकार की जाती है—वह पद या पदबंध जिस पर क्रिया का फल या प्रभाव दिखे। 'तुम उससे मिले थे' वाक्य में 'उससे' को कुछ व्याकरणों में कर्म कहा गया है। 'मिलना' क्रिया का प्रभाव 'उस(से)' पर पड़ा तो अवश्य परंतु वह 'कर्म' न होकर करणकारक है क्रिया के साधन में सबसे अधिक सहायक है। वस्तुतः यहाँ 'जिससे मिलने' का भाव है 'जिसको मिलने का भाव' नहीं।

जिस प्रकार 'कर्तृवाचक कृदंत' कर्ता की पहचान कराता है वैसे ही 'कर्मवाचक कृदंत' की अवधारणा भी हम कर सकते हैं। कर्मवाचक कृदंत की रचना कर्मवाच्य की वाक्य-रचना के आधार पर क्रियापद की मुख्य धातु के भूतकृदंत और 'जा' धातु के कर्तृवाचक कृदंत के योग से कर सकते हैं, जैसे—

1. लड़के ने गुब्बारा खरीदा है।
2. उसने गर्म कोट पहना था।
3. मेरे भाई को मकान बेचना होगा।

उक्त तीनों वाक्यों में प्रयुक्त खरीदना, पहनना और बेचना मुख्य क्रियाओं से क्रमशः 'खरीदा', 'पहना' और 'बेचा' भूतकृदंत बनेंगे। और कर्मवाचक कृदंतों के रूप होंगे—खरीदा जानेवाला, पहना जानेवाला और बेचा जानेवाला। खरीदा जानेवाला—गुब्बारा, पहना जानेवाला—कोट, और बेचा जानेवाला—मकान कर्म हुए। कर्तृवाचक कृदंत के आधार पर उक्त वाक्यों के कर्ता हैं—लड़के ने (खरीदनेवाला), उसने (पहननेवाला) और मेरा भाई (बेचनेवाला)।

4. कर्ता और कर्म

कर्ता सदा उद्देश्य होता है और कर्म सदा विधेय।

कर्ता सदा कर्म से भिन्न पद होता है परंतु निजवाचक सर्वनाम कर्ता का सूचक होने पर भी विधेय रहता है, जैसे—

वह अपने को सताता है।

'अपने को' निजवाचक सर्वनाम कर्मकारक रूप में प्रयुक्त हुआ है। यह कर्ता 'वह' का वाचक तो अवश्य है परंतु है विधेय :

उद्देश्य	विधेय	
	कर्म	क्रियापद
वह	अपने को	सताता है।

जिस नाम पद के बारे में कुछ कहना अभिप्रेत हो वह उद्देश्य होता है और उद्देश्य नामपद के बारे में जो कुछ कहा जाए वह विधेय।

5. पूरक और समानाधिकरण

पूरक चाहे कर्ता का वाचक हो चाहे कर्म का, वह रहता सदा विधेय का अंग ही।

समानाधिकरण यदि कर्ता का वाचक है तो उद्देश्य का अंग रहेगा। कर्म, संप्रदान आदि कारक का वाचक होने पर विधेय का अंग होगा।

समानाधिकरण की यह भी विशेषता है कि वह तथा जिस पद का वह वाचक होगा वह भी अर्थात् उन दोनों का एक ही कारक होगा और यदि वे परसर्ग से शासित हों तो एक ही परसर्ग समानाधिकरण के बाद आएगा और दोनों पदों को शासित करेगा।

इसके अतिरिक्त कर्ता और उसके समानाधिकरण में कोई एक पद संज्ञा और अन्य पद पुरुषवाचक सर्वनाम हो तो क्रियापद का लिंग संज्ञा के समान होगा और वचन तथा पुरुष सर्वनाम के अनुसार; जैसे—

भारत की प्रधानमंत्री मैं आप सबको नमस्कार करती हूँ।

6. क्रियापदों का वर्गीकरण

क्रियापदों में दो मुख्य तत्त्व होते हैं—क्रिया का काल और क्रिया का व्यापार। अंग्रेजी वैयाकरणों ने क्रिया के काल को मुख्य आधार बनाया और फिर क्रिया के व्यापारों के आधार पर उसके उपभेद किए। उनके तीन मुख्य काल हैं—वर्तमान, भूत और भविष्य और इन तीनों के क्रिया के व्यापार के आधार पर चार-चार उपभेद हैं—सामान्य (indefinite), तात्कालिक (continuous), पूर्ण (perfect) और पूर्ण-तात्कालिक (perfect continuous)। हिंदी वैयाकरणों ने अंग्रेजी व्याकरण की देखादेखी वर्तमान, भूत और भविष्य तीन कालवर्ग तो स्थिर कर लिए परंतु जब क्रिया के व्यापार के आधार पर उपभेद किए तो वर्तमान के तीन, भूत के आठ और भविष्य में दो उपभेद स्थिर किए। गुड़-गोबर हो गया। इस अटपटे वर्गीकरण ने काल-भेदों पर विषमता का अमिट धब्बा लगा दिया।

हिंदी की प्रवृत्ति को ध्यान में रखकर यदि हम क्रियापदों के वर्गीकरण का मूल आधार क्रिया के व्यापार को बनाएँ तो हमारे वर्गीकरण में एकरूपता आ जाए। क्रिया के व्यापार की चार श्रेणियाँ इस प्रकार स्थिर की जा सकती हैं—

1. व्यापार का बार-बार होना—बारंबारता सूचक
2. व्यापार का एक बार होना—एकलता सूचक
3. व्यापार का निरंतर होना—निरंतरता सूचक
4. व्यापार का अनुमानित होना—अनुमान सूचक

इन चारों वर्गों के उपभेद इस प्रकार हैं—

बारंबारता सूचक	**एकलता सूचक**	**निरंतरता सूचक**	**अनुमान सूचक**
1. वह आता है	6. वह आया है	11. वह आ रहा है	15. उसको आना है
2. वह आता था	7. वह आया था	12. वह आ रहा था	16. उसको आना था
3. वह आता होगा	8. वह आया होगा	13. वह आ रहा होगा	17. उसको आना होगा
4. वह आता हो	9. वह आया हो	14. वह आ रहा हो	18. उसको आना हो
5. वह आता	10. वह आया	—तू आ/आना*	तू/तुम/आप आना*

19. विध्यर्थ/संकेतार्थक } ये दोनों उपभेद एकलता सूचक भी हैं
20. सामान्य भविष्य — वह आएगा } और अनुमान सूचक भी

इस प्रकार क्रियापदों के बीस भेद स्थिर कर सकते हैं।

7. संयुक्त क्रियाएँ

संयुक्त क्रियाओं के संबंध में कई नवीन तथ्य उभर कर सामने आए हैं।

पहला यह कि संयुक्त क्रियाओं में प्रयुक्त होनेवाली संयोज्य क्रियाएँ उक्त चारों वर्गों के सभी कालों में प्रयुक्त होती हैं।

दूसरा यह कि सामान्यत: संयुक्त क्रियापदों में मुख्य क्रिया किसी एक विशिष्ट रूप में ही विभिन्न संयोज्य क्रियाओं के साथ प्रयुक्त होती है विभिन्न रूपों में नहीं। कुछ संयोज्य क्रियाओं के साथ मुख्य क्रिया धातु रूप में ही प्रयुक्त होती है, कुछ संयोज्य क्रियाओं के साथ वर्तमान कृदंत रूप में, कुछ संयोज्य क्रियाओं के साथ भूतकृदंत रूप में और कुछ के साथ क्रियार्थक कृदंत रूप में। सामान्यत: संयोज्य क्रियाओं के साथ प्रयुक्त मुख्य क्रिया के कृदंत रूप विकारी ही होते हैं परंतु कुछ के साथ अविकारी रूप भी प्रयुक्त होते हैं। ऐसी भी संयोज्य क्रियाएँ हैं जिनके साथ प्रयुक्त होनेवाली मुख्य क्रिया तिर्यक् कृदंत रूप में रहती है।

8. संयोज्य क्रिया और तात्कालिक क्रिया

संयोज्य क्रिया मुख्य क्रिया के अर्थ में (क) नई विवक्षा जोड़ती है, (ख) क्रियापद की सकर्मकता-अकर्मकता की निर्धारक होती है और (ग) होती है कालभेद की सूचक भी।

इसके विपरीत तात्कालिक क्रिया (क) मुख्य क्रिया के अर्थ में नई विवक्षा नहीं लाती। (ख) न क्रियापद की सकर्मकता-अकर्मकता की निर्धारक होती है और (ग) न क्रियापद के कालभेद की ही सूचक होती है; बल्कि क्रियापद के व्यापार में 'निरंतरता' भर दरशाती है।

---

* आ और आना अर्थात् धातु और क्रियार्थक कृदंत रूपों का प्रयोग विध्यर्थ और संकेतार्थ कालों में होता है।

9. वाच्य

हिंदी वाक्य-रचना के तीन मुख्य स्तंभ हैं—कर्ता, कर्म और क्रिया। वाच्य का आधार बनाया तो जाना चाहिए था कर्ता, कर्म या क्रिया को मिलनेवाली प्रमुखता को, परंतु अनजाने ही या भ्रमवश यह प्रमुखता प्रदान कर दी गई परसर्गों को। सच्चाई यह है कि जब कर्ता वाक्य का अपरिहार्य अंग हो अर्थात् उसके बिना वाक्य अधूरा लगे तो कथन-प्रकार कर्तृवाच्य हो, जब कर्ता के बिना अथवा कर्ता के सक्रिय सहयोग के बिना कर्म अपने बल-बूते पर वाक्य को पूर्णता प्रदान करने में सक्षम होता है तो कथन प्रकार कर्मवाच्य होता है और जब क्रिया बिना कर्ता के या बिना कर्ता के सक्रिय सहयोग के वाक्य को अपने बल पर पूर्णता प्रदान करती है तो कथन-प्रकार भाववाच्य होता है।

10. सकर्मक, द्विकर्मक और प्रेरणार्थक क्रियाएँ

सकर्मक क्रिया से इतना ही अभिप्राय है कि इसके साथ कर्म भी रहता है, जैसे—

- लड़का पुस्तक पढ़ता है।
  (कर्म)
- लड़के ने पुस्तक पढ़ी।
  (कर्म)

द्विकर्मक क्रिया उस क्रिया को कहते हैं जिसके साथ दो कर्म रहते हों। इनमें से प्रायः एक मुख्य कर्म और दूसरा गौण कर्म होता है। गौण कर्म प्राणी होता है और 'को' परसर्ग से युक्त होता है। मुख्य कर्म बिना परसर्ग के रहता है; जैसे—

- अध्यापक लड़के को पुस्तक पढ़ाता है।
  (गौण कर्म) (मुख्य कर्म)
- अध्यापक ने लड़के को पुस्तक पढ़ाई।
  (गौण कर्म) (मुख्य कर्म)

प्रेरणार्थक क्रिया अर्थात् ऐसी क्रिया जिसके संपादन में अभिकर्ता या माध्यम की भी आवश्यकता हो। अभिकर्ता या माध्यम 'से' परसर्ग से युक्त और करणकारक होता है।

- अध्यापक बेटी से लड़कों को पढ़वाता है।
- अध्यापक बेटी से लड़कों को पुस्तक पढ़वाता।
- अध्यापक बेटी से पुस्तक पढ़वाता है।
- अध्यापक बेटी से पढ़वाता है।

इस प्रकार सकर्मक क्रिया में कर्म का, द्विकर्मक क्रिया में मुख्य कर्म और गौण कर्म का तथा प्रेरणार्थक क्रिया में अभिकर्ता या माध्यम का होना सिद्धांततः आवश्यक तो है परंतु व्यवहार में पूरी या बहुत कुछ छूट भी देखने को मिलती है; जैसे—

1. लड़का पढ़ता है।
2. (i)अध्यापक लड़कों को पढ़ाता है। (ii) अध्यापक पुस्तक पढ़ाता है। (iii) अध्यापक पढ़ाता है।
3. (i)अध्यापक लड़के को पढ़वाता है। (ii) अध्यापक पुस्तक पढ़वाता है। (iii) अध्यापक पढ़वाता है।

11. क्रियाविशेषण और संबंधबोधक :

क्रियाविशेषण तथा संबंधबोधक के रूप में प्रयुक्त पदबंध प्रयोग और अर्थ की दृष्टि से भिन्न-भिन्न होते हैं। उदाहरण के लिए 'पीछे' क्रियाविशेषण है और अर्थ है—बाद में। 'के पीछे' संबंधबोधक है और अर्थ है—के पृष्ठ भाग में; जैसे—

आप जाएँ, वह पीछे जाएगा। (बाद में)
मैं आपके पीछे हूँ। (पृष्ठ भाग में या पीठ पर)

◆

उक्त सभी विषयों का विस्तार से वर्णन संबद्ध पाठों में हुआ है।

“व्याकरण नियमों का पुलिंदा भर नहीं होता वह भाषा-भाषियों की ज्ञान-गरिमा, बुद्धि-वैभव, रचना-कौशल, सौंदर्यबोध, सजग प्रवृत्ति और सर्जन-क्षमता का भी परिचायक होता है। अकेली ‘अष्टाध्यायी’ ने संस्कृत भाषा को विश्व में जितना गौरव दिलाया उतना किसी अन्य विधा के ग्रंथ ने नहीं। अतः व्याकरण पर नाक-भौंह सिकोड़ना नहीं चाहिए बल्कि उसके प्रति पूज्य भाव रखना चाहिए। व्याकरण तो भाषा की मर्यादा की रक्षा के लिए समाज को प्रेरित करता है।”

1 वाक्य और उनका प्रयोजन

अ शब्दों के ऐसे समूह को वाक्य कहते हैं जो अर्थवान् हो और व्याकरण के नियमों के अनुरूप भी; जैसे—

- *आकाश में हवाई जहाज उड़ रहा है।*

शब्दों का यह समूह अर्थवान् भी है और व्याकरण-सम्मत भी। परंतु

- *आकाश हवाई जहाज में उड़ रहा है।*

शब्दों का यह समूह अर्थवान् नहीं। अत: वाक्य भी नहीं।

- *आकाश में हवाई जहाज रहा उड़ है।*

शब्दों का यह समूह भी वाक्य नहीं क्योंकि 'उड़ रहा है' व्याकरण-सम्मत प्रयोग की जगह व्याकरण के नियम के विरुद्ध 'रहा उड़ है' शब्दों का प्रयोग हुआ है।

आ व्याकरण-सम्मत तथा अर्थवान् शब्द-समूह को शुद्ध, साधु या मानक कहते हैं। यदि वाक्य अर्थवान् अथवा व्याकरण-सम्मत न हो तो उसे अशुद्ध, असिद्ध, असाधु, भ्रामक अथवा अमानक वाक्य कहते हैं।

इ प्रयोजन के अनुसार वाक्यों के निम्नलिखित नौ भेद हैं—

❶ **तथ्यात्मक :** जब हम कोई सूचना देना चाहते हैं या कोई तथ्य प्रस्तुत करते हैं; जैसे—

- *वह आया है।*
- *मैं भोजन कर रहा हूँ।*

❷ **निषेधात्मक :** जब हम मत, नहीं या न निपात की सहायता से निषेध प्रकट करते हैं; जैसे—

- *उसे मकान मत देना।*
- *मैं उसे कलम नहीं दूँगा।*
- *वह न आ सका।*

'थोड़े ही' क्रियाविशेषण से भी निषेध व्यक्त होता है; जैसे—

- *मैंने थोड़े ही आम खाया है।*

आशय है कि मैंने आम नहीं खाया।

❸ **प्रश्नात्मक :** जब हम (क) जिज्ञासा की शांति के लिए अथवा (ख) अनुमति की प्राप्ति के लिए प्रश्न करते हैं; जैसे—

(क)
- *क्या वह तुमसे मिला?* • *निबंध कैसा है?*
- *तुम कहाँ गए थे?* • *वह क्यों यहाँ आया?*
- *तुम कैसे आओगे?* • *तुम किधर जाना चाहते हो?*
- *तुमने क्या खाया?* • *तुम कब आओगे?*
- *तुम्हें किसने बताया?* • *वह कौन थी?*
- *तुम किस समय आओगे?* • *तुम्हें कितना धन मिला?*

(ख)
- *क्या मैं अंदर आऊँ?* • *क्या वह खा ले?*
- *कहाँ जाऊँ?* • *किससे मिलूँ?*

क्या और क्यों निपातों, कहाँ, किधर, कैसे, कब, किस तरह आदि क्रियाविशेषणों, क्या और कौन सर्वनामों तथा कितना, कैसा आदि विशेषणों के प्रयोग से वाक्य प्रश्नवाचक बनते हैं।

❹ **आदेशात्मक :** अपने से छोटों या अधीनस्थों को आज्ञा देने और समवयस्कों या बड़ों से निवेदन/अनुरोध करने के लिए प्रयुक्त वाक्यों को आदेशात्मक कहते हैं; जैसे—

- *तू जा।* • *तू पढ़।* • *तू देख।* • *तू सुन।*
- *तुम जाओ।* • *तुम पढ़ो।* • *तुम देखो।* • *तुम सुनो।*
- *आप जाएँ।* • *आप पढ़ें।* • *आप देखें।* • *आप सुनें।*
- *आप जाइए।* • *आप पढ़िए।* • *आप देखिए।* • *आप सुनिए।*

❺ **संदेहात्मक :** जब हम संदेह या अनिश्चय जतलाना चाहते हैं; जैसे—

- *वह आता होगा।*
- *वह कल आया होगा।*

❻ **संभावनात्मक :** वाक्य से संभावना या आशा व्यक्त होने पर उसे संभावनात्मक कहते हैं; जैसे—

- *वह वहाँ आता हो।*
- *वह कल आया हो।*

❼ **इच्छात्मक :** कभी हम कामना या इच्छा व्यक्त करना चाहते हैं और कभी आशीर्वाद या शुभकामना देना चाहते हैं; जैसे—

- *जीते रहो।*
- *तुम्हारी उम्र लंबी हो।*
- *भगवान तुम्हारा भला करे।*

❽ **करण-कार्यात्मक :** कभी हम किसी कार्य होना किसी कारण को बताते हैं; जैसे—

- *यदि वह आए तो मैं जाऊँ।*
- *यदि पानी बरसा तो हम चलेंगे।*

❾ **विस्मयादिबोधक :** जब हम विस्मय, प्रसन्नता, भय, क्रोध, शोक आदि किसी प्रबल या तीव्र मनोभाव को प्रकट करते हैं तब वाक्य को विस्मयादिबोधक कहते हैं; जैसे—

- *हाय, मैं लुट गया!*
- *काश, वह जीवित होता!*

अनेक विद्वान हाय, काश विस्मयादिबोधक शब्दों के बाद भी विस्मय-चिह्न लगाने के पक्ष में हैं।

पहला अभ्यास

1. बताएँ कि निम्नलिखित शब्द-समूहों में कौन-कौन शुद्ध वाक्य हैं और कौन-कौन भ्रामक ? भ्रामक वाक्यों के शुद्ध रूप भी लिखें -

1. वर्षा हुई।
   — शुद्ध।
2. नदी सूख गया है।
   ----
3. लड़के सीटी बजाती हैं।
   ----
4. औरतें चरखा चला रहे हैं।
   ----
5. कमरे में रोशनी था।
   ----
6. उसने मुझे धोखा दी।
   ----
7. वे आपकी बात सुन रहे थे।
   ----
8. आप कविता सुनाओ।
   ----
9. मैं घर बना रहा हूँ।
   ----
10. दरवाजा खुला था।
   ----

2. निम्नलिखित वाक्यों का प्रयोजन की दृष्टि से वाक्य-प्रकार बताइए—

1. उसने पुस्तक लिखी थी।
   ----
2. उसने पुस्तक नहीं लिखी थी।
   ----
3. आप लोग कुछ दिन यहीं रहें।
   ----
4. वह कहाँ रहता है ?
   ----
5. कृपया, दरवाजा खोलें।
   ----
6. उसने मुझे धोखा दिया।
   ----
7. वहाँ मत जाना।
   ----
8. हमने ऐसी अश्लील फिल्म पहले नहीं देखी थी।
   ----
9. वह सोया होगा।
   ----
10. उससे सावधान रहें।
   ----
11. वाह, तुमने कमाल कर दिया!
   ----
12. शाबाश, तुम्हारी मेहनत सफल हुई!

- लड़का, चरखा, कमरा, धोखा, घर, दरवाजा, लोग (बहु०), दिन, कमाल—पुंलिंग संज्ञाएँ हैं।
- वर्षा, नदी, सीटी, औरत, रोशनी, बात, कविता, पुस्तक, फिल्म, मेहनत—स्त्रीलिंग संज्ञाएँ हैं।
- कुछ, सावधान, सफल—विशेषण हैं।
- यहीं, कहाँ, कृपया, वहाँ, पहले—क्रियाविशेषण हैं।
- होना, सूखना, जाना, बजाना, देना, सुनना, सुनाना, बनाना, खुलना, लिखना, रहना, सोना—क्रियाएँ हैं।
- मत, नहीं—निपात हैं।

2 शब्दों के भेद

अ व्याकरण की दृष्टि से शब्दों के दस भेद या वर्ग हैं। परंपरानुसार ये भेद या वर्ग उनकी विशेषताओं तथा कार्यकलापों के आधार पर किए जाते हैं।

1. **संज्ञा :** जिस नाम से हम किसी व्यक्ति, वस्तु, स्थान आदि को जानें या उसका उल्लेख करें, उसे संज्ञा कहते हैं; जैसे—
राम, रहीम, कलम, पेंसिल, भारत, दिल्ली...।

2. **सर्वनाम :** संज्ञा शब्दों का प्रतिनिधित्व करनेवाले शब्दों के वर्ग को सर्वनाम कहते हैं। हिंदी के प्रमुख सर्वनाम हैं—वह, यह, तू, मैं, जो कोई, कुछ, क्या, कौन, किसी, वे, ये, तुम, हम, आप, अपना...।

3. **विशेषण :** संज्ञाओं की विशेषता बतलानेवाले शब्दों को विशेषण कहते हैं; जैसे—
अच्छा, बड़ा, गहरा, ऊँचा, चतुर, मूर्ख...।
अच्छा लड़का, बड़ा कमरा, गहरा कुआँ, ऊँचा पहाड़, चतुर विद्यार्थी, मूर्ख लड़की...।

4. **क्रिया :** कार्य, घटना, स्थिति आदि के सूचक शब्दों के ऐसे वर्ग को क्रिया कहते हैं जिनका प्रयोग विभिन्न कालों को सूचित करने के लिए होता है; जैसे—आना, जाना, पढ़ना, लिखना आदि। 'आना' क्रिया से वर्तमान काल (आता है), भूतकाल (आया था) भविष्य् काल (आएगा) आदि सूचित किए जाते हैं।

5. **क्रियाविशेषण :** क्रिया के संबंध में विशेष विवरण देनेवाले शब्दों का वर्ग; जैसे—धीरे, तेज, आगे, पीछे, पास, दूर...।
   - *बैलगाड़ी धीरे चलती है।*
   - *सवारी गाड़ी तेज चलती है।*

6. **परसर्ग :** ने, को, से, में, पर, का, की, के, और के लिए हिंदी के ये नौ परसर्ग हैं। ये वाक्यों के विभिन्न शब्दों में परस्पर संबंध स्थापित करते हैं; जैसे—
   - *राम ने कृष्ण को बुलाया।*
   - *पुस्तक का पन्ना फट गया है।*
   - *अब आप यहाँ से चलें।*

पहले वाक्य में 'ने' परसर्ग राम (संज्ञा) को 'बुलाया' (क्रिया) से जोड़ता है—राम ने बुलाया। इसी वाक्य में 'को' परसर्ग कृष्ण (संज्ञा) को भी 'बुलाया' (क्रिया) से जोड़ता है—कृष्ण को बुलाया।

दूसरे वाक्य में 'का' परसर्ग 'पुस्तक' (संज्ञा) को 'पन्ना' (संज्ञा) से जोड़ता है—पुस्तक का पन्ना।

तीसरे वाक्य में 'से' परसर्ग 'यहाँ' (क्रियाविशेषण) को 'चलें' क्रिया से जोड़ता है।

7. **विस्मयादिबोधक :** विस्मय, हर्ष, शोक, क्रोध, भय आदि तीव्र मनोभावों के सूचक शब्दों का वर्ग; जैसे—हाय, वाह, शाबाश...।
   - *वाह, हम जीत गए!*
   - *हाय, हम लुट गए!*

विस्मयादिबोधक शब्द के साथ अल्पविराम (,) और वाक्य के अंत में विस्मय चिह्न (!) आवश्यक है। विस्मयादि-बोधक शब्द के बाद भी विस्मय चिह्न लगा सकते हैं।

8. **संबोधन :** किसी को पुकारने या उसका ध्यान आकृष्ट करने के लिए प्रयुक्त शब्द; जैसे—
   - *रमेश, तुम इधर आओ।*
   - *टाँगेवाले, तुम जरा रुको।*

संबोधन शब्द के बाद अल्पविराम (,) का प्रयोग आवश्यक है।

9. **निपात :** ऐसे शब्दों का वर्ग जिनका प्रयोग अन्य शब्दों पर ज़ोर देने तथा वाक्यार्थ में नई विशेषता लाने के लिए (जैसे—ही, भी, तो, सिर्फ, तक) अथवा वाक्य का स्वरूप बदलने के लिए (जैसे—नहीं, मत, क्या, क्यों) होता है, उन्हें निपात कहते हैं; जैसे—
   - *मैं भी जाऊँगा।*
   - *क्या आप जाएँगे?*
   - *मैं नहीं जाऊँगा।*

'भी' निपात मैं सर्वनाम पर जोर देता है तथा नया अर्थ भी जोड़ता है। 'क्या' निपात तथ्यात्मक वाक्य को प्रश्नवाचक बनाता है और 'नहीं' निपात तथ्यात्मक वाक्य को निषेधात्मक बनाता है।

10. **योजक :** उक्त नौ भेदों में से किसी एक भेद के दो या अधिक शब्दों की शृंखला बनाने के लिए प्रयुक्त शब्दों का वर्ग—और, तथा, या अथवा पर, आदि; जैसे—
मोहन और विमल पढ़ रहे हैं।
राम या कृष्ण जाएगा।
योजक उपवाक्यों को भी जोड़ते हैं—
हम सोएँगे और वह पढ़ेगा।
वे आए थे परंतु हम उनसे मिले नहीं।
योजकों को समुच्चयबोधक भी कहते हैं।

दूसरा अभ्यास

निम्नलिखित वाक्यों के रेखांकित शब्दों के भेद बतलाएँ—

1. गाँधी गुजरात में जनमे।

   (क) गाँधी—संज्ञा (ख) गुजरात—संज्ञा

   (ग) में—परसर्ग (घ) जनमे—क्रिया

2. भारत की राजधानी दिल्ली है।

   (1) ---------------------------
   (2) ---------------------------

3. सिपाही ने चोर को पकड़ा।

   (1) ---------------------------
   (2) ---------------------------
   (3) ---------------------------

4. साँप दूध पीता है।

   (1) ---------------------------
   (2) ---------------------------
   (3) ---------------------------

5. मैं ने समाचार-पत्र पढ़ा।

   (1) ---------------------------
   (2) ---------------------------
   (3) ---------------------------

6. तुम नई पुस्तक अवश्य लाना।

   (1) ---------------------------
   (2) ---------------------------
   (3) ---------------------------
   (4) ---------------------------

7. वह कब आया था?

   (1) ---------------------------
   (2) ---------------------------
   (3) ---------------------------

8. अरे, उसे गोली लगी!

   (1) ---------------------------
   (2) ---------------------------
   (3) ---------------------------

9. शाबाश, तुम ने बढ़िया गोल किया।

   (1) ---------------------------
   (2) ---------------------------
   (3) ---------------------------
   (4) ---------------------------
   (5) ---------------------------
   (6) ---------------------------

10. वे नहीं जाएँगे।

    (1) ---------------------------
    (2) ---------------------------
    (3) ---------------------------

11. मैं यहाँ दो दिन रहूँगा।

    (1) ---------------------------
    (2) ---------------------------
    (3) ---------------------------
    (4) ---------------------------
    (5) ---------------------------

12. श्याम कॉपियाँ और किताबें ले आया।

    (1) ---------------------------
    (2) ---------------------------
    (3) ---------------------------

13. आज गाड़ियाँ और बसें नहीं चलेंगी।

    (1) ---------------------------
    (2) ---------------------------
    (3) ---------------------------

- गाँधी, गुजरात, भारत, सिपाही, चोर, साँप, दूध, समाचार-पत्र, गोल, दिन, श्याम—पुंलिंग संज्ञाएँ हैं।
- राजधानी, दिल्ली, पुस्तक, गोली, कॉपी, किताब, गाड़ी, बस—स्त्रीलिंग संज्ञाएँ हैं।
- नया, बढ़िया, दो—विशेषण हैं।
- अवश्य, कब, यहाँ, आज, कौन—क्रियाविशेषण हैं।
- जनमना, पकड़ना, पीना, पढ़ना, लाना, आना, लगना, करना, आना, चलना—क्रियाएँ हैं।

3 पद और उपपद

अ वाक्य में प्रयुक्त होने पर शब्दों का वर्गीकरण पदों और उपपदों में किया जाता है।

आ जिन शब्दों को हम विभिन्न वाक्यों में प्रयोग करने के लिए स्वतंत्र होते हैं उन्हें पद कहते हैं। पदों का हम अपनी इच्छा के अनुसार प्रयोग कर सकते हैं। संज्ञाओं, सर्वनामों, विशेषणों, क्रियाओं तथा क्रियाविशेषणों की गिनती पदों में होती है; जैसे—

(1) *डाकिया अभी आएगा।*
(संज्ञा) (क्रियाविशेषण) (क्रिया)

(2) *वह गाँव गया।*
(सर्वनाम) (संज्ञा) (क्रिया)

(3) *लड़की सुंदर है।*
(संज्ञा) (विशेषण) (क्रिया)

हम उक्त वाक्यों में आए शब्दों की सहायता से जितने चाहें उतने वाक्यों की रचना करने के लिए स्वतंत्र हैं; जैसे—

डाकिया
- डाकिया आज नहीं आएगा।
- डाकिया छुट्टी पर है।
- हमारा डाकिया बदल गया है।

अभी
- अभी वह नहीं आया।
- तुम अभी कहाँ जाओगे?
- मैं अभी नहीं सो सकता।

आएगा
- वह कल आएगा।
- रमेश दो दिन के बाद आएगा।
- तू कब आएगा?

इ वाक्यों में ऐसे शब्द भी आते हैं जिनका प्रयोग वाक्य के किसी विशिष्ट पद के साथ या वाक्य की विशिष्ट स्थिति सूचित करने के लिए किया जाता है। ऐसे शब्दों का स्वतंत्र प्रयोग नहीं होता। परसर्ग, निपात, योजक, विस्मयादि-बोधक तथा संबोधन के रूप में प्रयुक्त होनेवाले शब्द ऐसे ही उपपद होते हैं।

(4) अध्यापक *ने* विद्यार्थी *को* पुस्तक दी।

उक्त वाक्य में 'ने' और 'को' परसर्ग उपपद हैं। ये विशिष्ट संज्ञाओं की स्थिति सूचित करते हैं। 'ने' बताता है कि 'अध्यापक' कर्ता है और 'को' बताता है कि 'विद्यार्थी' कर्म है।

(5) (क) *लड़के ने पतंग उड़ाई।*
(ख) *क्या लड़के ने पतंग उड़ाई?*
(ग) *लड़के ने पतंग नहीं उड़ाई।*

हम देखते हैं कि तथ्यात्मक 'क' वाक्य का रूप 'क्या' निपात के कारण 'ख' वाक्य में प्रश्नवाचक हो गया है और 'ग' वाक्य में 'नहीं' निपात के कारण निषेधात्मक हो गया है।

(6) (च) *माता आई है।*
(छ) *माता ही आई है।*
(ज) *माता जी आई हैं।*

हम देखते हैं कि 'ही' निपात के कारण 'छ' वाक्य के अर्थ में बदलाव आ गया है। अब आशय यह निकलता है कि उसके साथ और कोई नहीं आया। '*जी*' निपात के कारण 'ज' वाक्य आदरार्थक बहुवचन बन गया है।

(7) राम *और* श्याम खेल रहे हैं। (योजक)
(8) *हाय,* वह मर गया! (विस्मयादिबोधक)
(9) *अरे,* तुम कहाँ से आ धमके! (संबोधन)
(10) *रमेश,* तुम कहाँ थे? (संबोधन)

योजक शब्दों, विस्मयादिबोधक शब्दों और संबोधन के लिए प्रयुक्त शब्दों का प्रयोग भी स्वतंत्र रूप से नहीं होता।

योजकों का प्रयोग एक ही भेद या वर्ग के शब्दों की शृंखला या इकाई बनाने या उनमें विकल्प सूचित करने के लिए होता है।

विस्मयादिबोधक शब्दों का प्रयोग तीव्र मनोभाव व्यक्त करने के लिए ही होता है।

संबोधन शब्दों का प्रयोग कर्ता/उद्देश्य का ध्यान आकृष्ट करने के लिए ही होता है।

अर्थात् उक्त शब्दों का प्रयोग विशिष्ट स्थितियों में ही होता है। संज्ञा, सर्वनाम, विशेषण, क्रियाविशेषण या क्रियाओं की तरह वाक्यों में स्वतंत्र रूप से इनका प्रयोग संभव नहीं।

ई जिन पदों में विकार होते हैं उन्हें विकारी कहते हैं और जिन उपपदों तथा क्रियाविशेषणों में विकार नहीं होता उन्हें अविकारी माना जाता है। उदाहरण के लिए—

'घोड़ा' संज्ञा के घोड़े और घोड़ों विकारी रूप होते हैं।

'वह' सर्वनाम का उस रूप हो जाता है।

'बड़ा' विशेषण का बड़े और बड़ी रूप होते हैं।

'है' क्रिया के हैं, हूँ और हो रूप होते हैं।

'था' क्रिया के थे, थी और थीं रूप होते हैं।

'होगा' क्रिया के होगे, होंगे, होगी, होंगी, होऊँगा और होऊँगी रूप होते हैं।

परंतु इधर, उधर (क्रियाविशेषण) ने, को (परसर्ग), ही, भी, नहीं (निपात) और, या (योजक), हाय, वाह (विस्मयादि-बोधक) तथा हे, अबे (संबोधन) सदा एकरूप रहते हैं।

तीसरा अभ्यास

बताएँ, रेखांकित शब्द पद हैं या उपपद ? और यह भी बताएँ कि वे किस शब्दभेद के अंतर्गत आते हैं ?

1. घड़ी मेज पर होगी।
   (1) मेज — पद, संज्ञा
   (2) पर — उपपद, परसर्ग

2. लड़के ने दुकान से सामान खरीदा।
   (1) ---------------------------
   (2) ---------------------------
   (3) ---------------------------
   (4) ---------------------------

3. राम को मेरी बात अच्छी नहीं लगी।
   (1) ---------------------------
   (2) ---------------------------
   (3) ---------------------------

4. शिकारी ने एक ही गोली से शेर को मार डाला।
   (1) ---------------------------
   (2) ---------------------------
   (3) ---------------------------
   (4) ---------------------------

5. डॉक्टर आज अस्पताल अवश्य जाएगा।
   (1) ---------------------------
   (2) ---------------------------

6. कभी मेरे घर पर भी आना।
   (1) ---------------------------
   (2) ---------------------------
   (3) ---------------------------

7. मेरा भाई इंजीनियर है।
   (1) ---------------------------
   (2) ---------------------------

8. कुत्ते ने अध्यापक को दाँत काटा।
   (1) ---------------------------
   (2) ---------------------------
   (3) ---------------------------

9. फलवाले, तुम फल देते जाओ।
   (1) ---------------------------
   (2) ---------------------------
   (3) ---------------------------

10. भाइयो, यह रास्ता बंद है।
   (1) ---------------------------
   (2) ---------------------------
   (3) ---------------------------

11. जापान सुंदर देश है।
   (1) ---------------------------
   (2) ---------------------------
   (3) ---------------------------

12. वह अमृतसर में रहता था।
   (1) ---------------------------
   (2) ---------------------------

13. नाव नदी में चल रही थी।
   (1) ---------------------------
   (2) ---------------------------
   (3) ---------------------------

14. धूप तेज है।
   (1) ---------------------------
   (2) ---------------------------
   (3) ---------------------------

- लड़का, सामान, राम, शिकारी, शेर, डॉक्टर, अस्पताल, घर, भाई, इंजीनियर, कुत्ता, अध्यापक, दाँत, फलवाला, फल, रास्ता, जापान, देश, अमृतसर—पुंलिंग संज्ञाएँ हैं।
- घड़ी, मेज, दुकान, बात, गोली, नाव, नदी, धूप—स्त्रीलिंग संज्ञाएँ हैं।
- अच्छा, एक, बंद, सुंदर, तेज—विशेषण हैं।
- आज, अवश्य, कभी—क्रियाविशेषण हैं।
- होना, खरीदना, मारना, डालना, जाना, आना, काटना, देना, रहना—क्रियाएँ हैं।

4 विकारी पद : संज्ञा (1)

अ संज्ञाएँ विकारी होती हैं। इनमें होनेवाले विकारों को जानने के लिए इनके विभिन्न भेदों या वर्गों को जान लेना आवश्यक है। संज्ञाओं को विषय-भेद की दृष्टि से पाँच वर्गों में, लिंग-भेद की दृष्टि से दो वर्गों में तथा वचन-भेद की दृष्टि से भी दो वर्गों में बाँटा जाता है।

➤ **विषय-भेद** के अनुसार (i) व्यक्तिवाचक संज्ञा, (ii) जातिवाचक संज्ञा, (iii) भाववाचक संज्ञा, (iv) द्रव्यवाचक संज्ञा, (v) समूहवाचक संज्ञा

➤ **लिंग-भेद** के अनुसार (i) पुंलिंग संज्ञा, (ii) स्त्रीलिंग संज्ञा

➤ **वचन-भेद** के अनुसार (i) एकवचन संज्ञा, (ii) बहुवचन संज्ञा

आ **विषय-भेद के अनुसार संज्ञाएँ :**

(i) **जातिवाचक**—किसी जाति या वर्ग के किसी भी व्यक्ति, वस्तु आदि के लिए प्रयुक्त किया जानेवाला संज्ञा शब्द; जैसे—आदमी, घोड़ा, भवन, नगर, नदी आदि।

(ii) **व्यक्तिवाचक**—किसी जाति या वर्ग के मात्र एक व्यक्ति, वस्तु, नगर आदि के लिए प्रयुक्त संज्ञा शब्द; जैसे—महात्मा बुद्ध, चेतक, ताजमहल, वाराणसी, गंगा आदि।

(iii) **भाववाचक**—भाव, गुण, अवस्था, कार्य आदि के सूचक शब्द; जैसे—प्रेम, वीरता, सरलता, प्रस्थान, आंदोलन, आना, जाना, उठना, बैठना, पढ़ना, लिखना, खेलना, कूदना आदि।

(iv) **द्रव्यवाचक**—पिंड, ढेर, राशि के सूचक शब्द; जैसे—बालू, मिट्टी, चाँदी, सोना, दूध, दही आदि।

(v) **समूहवाचक**—परिवार, समिति, सभा, जत्था, टाल, फौज आदि संज्ञाएँ समूहों का बोध कराती हैं।

इ लिंग के अनुसार संज्ञाओं के दो भेद हैं—पुंलिंग और स्त्रीलिंग। मनुष्य जाति की देखादेखी पुरुषों या नरों के सूचक संज्ञा शब्द पुरुषवाची या पुंलिंग कहे जाते हैं; जैसे—पति, आदमी, लड़का, राजा, घोड़ा, शेर, मोर आदि।

स्त्रियों या मादाओं के सूचक संज्ञा शब्द स्त्रीवाची या स्त्रीलिंग कहे जाते हैं; जैसे—पत्नी, औरत, लड़की, रानी, घोड़ी, शेरनी, मोरनी आदि।

विभिन्न जीवों, वस्तुओं, भावों, गुणों आदि के सूचक विभिन्न संज्ञा शब्दों को भी लोक में पुंलिंग या स्त्रीलिंग के वर्ग का मान लिया गया है; जैसे—मगर, मच्छर, हाथ, सिर, पेट, पलँग, दरवाजा, पेड़, फूल, पुंलिंग हैं और मछली, मक्खी, लता, कली, उँगली, आँख, कुर्सी, खिड़की स्त्रीलिंग हैं।

डॉक्टर, संपादक, मंत्री, अध्यक्ष, खन्ना, मल्होत्रा, अरोड़ा आदि पदनाम तथा जातिनाम संबंधी पुंलिंग संज्ञाओं का प्रयोग अब विकल्प से स्त्रीलिंग रूप में महिलाओं के लिए भी होता है। पहले इनके डॉक्टरनी, संपादिका, मंत्रिणी, अध्यक्षा, खन्नी, मल्होत्री, अरोड़िन आदि स्त्रीलिंग रूप चलते थे। दही, गेहूँ, जामुन, चर्चा, रुझान, क्रिकेट आदि अनेक शब्द ऐसे भी हैं जिन्हें कुछ लोग पुंलिंग और कुछ स्त्रीलिंग मानते हैं। लिंग का ज्ञान लोक-व्यवहार से जाना जाता है। [परिशिष्ट देखें]

ई **वचन-भेद** के अनुसार संज्ञाओं के दो भेद हैं। जब किसी संज्ञा पद से एक व्यक्ति या वस्तु का बोध हो तो एकवचन और जब एक से अधिक व्यक्तियों या वस्तुओं का बोध हो तो बहुवचन कहते हैं; जैसे—

- *लड़का आता है।* (पुंलिंग—एकवचन)
- *लड़के आते हैं।* (पुंलिंग—बहुवचन)
- *लड़की खेलती है।* (स्त्रीलिंग—एकवचन)
- *लड़कियाँ खेलती हैं।* (स्त्रीलिंग—बहुवचन)

उ आकारांत पुंलिंग संज्ञाओं को छोड़कर शेष सभी पुंलिंग संज्ञाएँ बहुवचन में (क) समरूप रहती हैं, परंतु (ख) अधिकतर आकारांत पुंलिंग संज्ञाएँ बहुवचन में एकारांत हो जाती हैं—

क- • *आम मीठा है।* • *आम मीठे हैं।*
• *बंदर नाचता है।* • *बंदर नाचते हैं।*
• *आदमी आता है।* • *आदमी आते हैं।*
• *रेडियो बजता है।* • *रेडियो बजते हैं।*

ऐसे अवसरों पर क्रियापद से संज्ञा के वचन का पता चल जाता है।

ख- • *लड़का आ रहा है।* • *लड़के आ रहे हैं।*
• *घोड़ा चरता है।* • *घोड़े चरते हैं।*

ऊ बहुवचन स्त्रीलिंग एकवचन संज्ञाओं में 'एँ' प्रत्यय और यदि स्त्रीलिंग संज्ञा इकारांत/ईकारांत हुई तो 'याँ' प्रत्यय लगता है। प्रत्यय पूर्व का 'ई' या 'ऊ' स्वर ह्रस्व हो जाता है :

पुस्तक — पुस्तकें		*पंक्ति — पंक्तियाँ*	
कलम — कलमें		*नारी — नारियाँ*	
माला — मालाएँ		*स्त्री — स्त्रियाँ*	
चर्चा — चर्चाएँ		*बहू — बहुएँ*	

ए गुड़िया, पुड़िया आदि 'इया' कारांत स्त्रीलिंग संज्ञाओं के अंतिम स्वर को अनुनासिक कर दिया जाता है—

गुड़िया — गुड़ियाँ पुड़िया — पुड़ियाँ

ऐ प्रकाश, साहस, संगीत (पुं०) चिंता, दया, राजनीति (स्त्री०) आदि संज्ञाएँ एकवचन में ही और लोग, दर्शन, हस्ताक्षर (पुं०) आदि संज्ञाएँ प्रायः बहुवचन में ही प्रयुक्त होती हैं।

चौथा अभ्यास

रेखांकित संज्ञाओं के विषय-भेद, लिंग-भेद और वचन-भेद का उल्लेख करें।

1. लड़का अध्यापक है।
   —लड़का (जातिवाचक, पुंलिंग, एकवचन)
   —अध्यापक (जातिवाचक, पुंलिंग, एकवचन)

2. लड़के खेल रहे थे।
   (1) ----------------------------

3. लड़कियाँ बाजार गई हैं।
   (1) ----------------------------
   (2) ----------------------------

4. मजदूर काम नहीं करेगा।
   (1) ----------------------------
   (2) ----------------------------

5. वर्षा हो रही है।
   (1) ----------------------------

6. नदी में नावें खड़ी हैं।
   (1) ----------------------------
   (2) ----------------------------

7. पुस्तकें मेज पर रखें।
   (1) ----------------------------
   (2) ----------------------------

8. आकाश में तारे चमक रहे हैं।
   (1) ----------------------------
   (2) ----------------------------

9. लड़की कंप्यूटर चलाती है।
   (1) ----------------------------
   (2) ----------------------------

10. साइकिलें उधर खड़ी करें।
    (1) ----------------------------

11. सैनिक बहादुरी से लड़ा।
    (1) ----------------------------
    (2) ----------------------------

12. उसे खेलना पसंद है।
    (1) ----------------------------

13. मैं नहाना चाहता हूँ।
    (1) ----------------------------

14. पंजाब मेल आनेवाली है।
    (1) ----------------------------

15. दूध फट गया।
    (1) ----------------------------

16. बाग में फूल खिले हैं।
    (1) ----------------------------
    (2) ----------------------------

17. चाय तैयार है।
    (1) ----------------------------

- लड़का, अध्यापक, बाजार, मजदूर, काम, आकाश, तारा, कंप्यूटर, सैनिक, खेलना, नहाना, दूध, बाग, फूल—पुंलिंग संज्ञाएँ हैं।
- लड़की, वर्षा, नदी, नाव, पुस्तक, मेज, साइकिल, बहादुरी, पंजाब मेल, चाय—स्त्रीलिंग संज्ञाएँ हैं।
- खड़ा, पसंद, तैयार—विशेषण हैं।
- उधर—क्रियाविशेषण है।
- खेलना, करना, होना, रखना, चमकना, चलाना, लड़ना, चाहना, फटना, खिलना—क्रियाएँ हैं।

5 विकारी पद : संज्ञा (2)

अ वाक्य में प्रयोग की दृष्टि से संज्ञाओं की दो अवस्थाएँ हैं—परसर्ग-सहित और परसर्ग-रहित; जैसे—

- *लड़का घर जाता है।* • *लड़के ने पुस्तक पढ़ी।*
- *घोड़ा घास चरता है।* • *लड़का घोड़े पर बैठा है।*

हिंदी में ने, को, से, के लिए, का, के, की, में और पर परसर्ग हैं। के, की, को और से परसर्गों के योग से बने सैकड़ों संबंधबोधक (संबंध स्थापित करनेवाले शब्द) भी इसी वर्ग में आते हैं; जैसे—के पहले, के बाद, के द्वारा, के साथ, की मार्फत, की तरह, को लेकर, को देखकर, से दूर, से आगे आदि। नामकरण अलग इसलिए कि संबंधबोधक अधिकतर अवस्थाओं में क्रियाविशेषण या विशेषण का भी काम करते हैं; जैसे—

- *लड़का घर के बाहर खड़ा था।* (क्रियाविशेषण)
- *लड़की कमरे के अंदर बैठी है।* (क्रियाविशेषण)
- *राम के पास पुस्तक है।* (क्रियाविशेषण)
- *मोहन के द्वारा पत्र आया।* (क्रियाविशेषण)
- *परिस्थितियाँ देश के अनुकूल नहीं।* (विशेषण)
- *उसका मुख चाँद के जैसा है।* (विशेषण)

आ एकवचन पुंलिंग आकारांत संज्ञाएँ परसर्ग की उपस्थिति में तिर्यक् [आ → ए] हो जाती हैं।

- *लड़के ने पुस्तक पढ़ी।* (लड़का+ने)
- *लड़का घोड़े पर बैठा है।* (घोड़ा+पर)
- *कमरे में ताला लगा है।* (कमरा+में)

इ पिता, चाचा, दादा, मामा, नाना, राजा, महाराजा, नेता, देवता, योद्धा, मुल्ला, आदि उच्च पदों की सूचक; खन्ना, मल्होत्रा, पाशा आदि जातिप्रथा की सूचक तथा अमेरिका, अफ़्रीका, कोलकाता, आगरा, देश-नगर आदि की सूचक तथा सिनेमा आदि अंग्रेजी भाषा की आकारांत पुंलिंग संज्ञाएँ अविकारी हैं और परसर्ग आने पर तिर्यक् नहीं होतीं; जैसे—

- *वह मामा से मिला।* • *खन्ना ने उत्तर नहीं दिया।*
- *चाचा को बुलाएँ।* • *लड़का कोलकाता से आया है।*

ई आकारांत पुंलिंग संज्ञाओं को छोड़कर शेष पुंलिंग तथा स्त्रीलिंग एकवचन संज्ञाएँ परसर्ग के आने पर यथावत् रहती हैं—

- *फूल पर भौंरा बैठा है।* (एकवचन पुंलिंग)
- *अधिकारी ने उत्तर नहीं दिया।* (एकवचन पुंलिंग)
- *दवात में स्याही नहीं थी।* (एकवचन स्त्रीलिंग)
- *पुस्तक में चित्र भी है।* (एकवचन स्त्रीलिंग)
- *वर्षा से ठंडक मिली।* (एकवचन स्त्रीलिंग)

उ अधिकतर बहुवचन संज्ञाओं के परे परसर्ग आने पर तो उनमें 'ओं' प्रत्यय लगता है परंतु इकारांत और ईकारांत संज्ञाओं में 'य' की श्रुति के कारण 'ओं' का 'यों' हो जाता है। यदि बहुवचन का सूचक कोई प्रत्यय या अनुनासिक चिह्न पहले से हो तो उसे हटा दिया जाता है तथा अंत्य ई और ऊ स्वरों को ह्रस्व कर दिया जाता है।

संज्ञा एकवचन	परसर्ग-रहित	परसर्ग-सहित
[पुंलिंग]	बहुवचन रूप	बहुवचन रूप
कमरा	कमरे	कमरों में
घोड़ा	घोड़े	घोड़ों पर
फूल	फूल	फूलों में
पेड़	पेड़	पेड़ों पर
अधिकारी	अधिकारी	अधिकारियों ने
झाड़ू	झाड़ू	झाड़ुओं से
बाबू	बाबू	बाबुओं का
[स्त्रीलिंग]		
पुस्तक	पुस्तकें	पुस्तकों से
माला	मालाएँ	मालाओं में
पालकी	पालकियाँ	पालकियों में

अपवाद पुंलिंग संज्ञाएँ—

दुबे	दुबे	दुबों को
चौबे	चौबे	चौबों को
रेडियो	रेडियो	रेडियों में
वीडियो	वीडियो	वीडियों में

ऊ परसर्ग-सहित पुंलिंग संज्ञा से पूर्व आकारांत विशेषण तिर्यक् (एकारांत) हो जाते हैं –

बड़ा घर	बड़े घर में	बड़े घरों में
काला चश्मा	काले चश्मे से	काले चश्मों से

ऋ आकारांत विशेषण पुंलिंग बहुवचन संज्ञाओं की विशेषता बतलाते समय एकारांत और स्त्रीलिंग एकवचन तथा बहुवचन संज्ञाओं के साथ ईकारांत हो जाते हैं; जैसे बड़ा दरवाजा, बड़े दरवाजे, बड़ी खिड़की, बड़ी खिड़कियाँ।

ए ज़्यादा, ताज़ा, उम्दा, ख़स्ता, पुख़्ता, बढ़िया, घटिया आदि अविकारी विशेषण हैं।

ऐ केवल संख्यासूचक विशेषण शब्दों का प्रयोग उस समय बहुवचन में होता है जब उनमें समस्तता या गुणा का भाव जुड़ता है। दो और तीन संख्याओं में 'नों' प्रत्यय लगता है और शेष में 'ओं'; जैसे—

- *दोनों लड़के चले गए।* • *तीनों लड़कियाँ घर गई हैं।*
- *चारों दफ्तर खुले थे।* • *पाँचों गाड़ियाँ यहाँ रुकती हैं।*
- *सैकड़ों लोग खड़े थे।* • *दर्जनों कारखाने बंद हो गए।*

पाँचवाँ अभ्यास

रेखांकित संज्ञाओं तथा विशेषणों के संबंध में बताएँ कि वे एकवचन हैं, बहुवचन हैं या तिर्यक् ?

1. इस मकान में तीन बड़े कमरे हैं।
   (क) मकान—संज्ञा, पुंलिंग, एकवचन
   (ख) बड़े—विशेषण, पुंलिंग, बहुवचन
   (ग) कमरे—संज्ञा, पुंलिंग, बहुवचन
2. घड़े में थोड़ा पानी है।
   (1) ----------------------------
   (2) ----------------------------
   (3) ----------------------------
3. उसके छोटे थैले में पुस्तक है।
   (1) ----------------------------
   (2) ----------------------------
4. काले संदूकों में रुपए भरे थे।
   (1) ----------------------------
   (2) ----------------------------
5. गमले में कई फूल खिले हैं।
   (1) ----------------------------
   (2) ----------------------------
   (3) ----------------------------
6. पत्र में बहुतेरी गलतियाँ थीं।
   (1) ----------------------------
   (2) ----------------------------
   (3) ----------------------------
7. बूढ़े ने अध्यापक से शिकायत की थी।
   (1) ----------------------------
   (2) ----------------------------
8. मशीन के नए पुर्जों में खराबी आ गई है।
   (1) ----------------------------
   (2) ----------------------------
   (3) ----------------------------
   (4) ----------------------------
9. सभी खिड़कियाँ बंद कर दें।
   (1) ----------------------------
   (2) ----------------------------
10. दोनों दरवाजों पर परदे लगाने चाहिए।
   (1) ----------------------------
   (2) ----------------------------
   (3) ----------------------------
11. ये पुरानी कारें पेट्रोल से चलती हैं।
   (1) ----------------------------
   (2) ----------------------------
   (3) ----------------------------
12. ताले की ताली खो तो नहीं गई।
   (1) ----------------------------
   (2) ----------------------------
13. दशरथ की तीन पत्नियाँ थीं।
   (1) ----------------------------
   (2) ----------------------------
14. कौशल्या पटरानी थी।
   (1) ----------------------------
   (2) ----------------------------

- मकान, कमरा, घड़ा, पानी, थैला, संदूक, रुपए, गमला, फूल, पत्र, बूढ़ा, अध्यापक, पुर्जा, दरवाजा, परदा, पेट्रोल, ताला, दशरथ—पुंलिंग संज्ञाएँ हैं।
- पुस्तक, गलती, शिकायत, मशीन, खराबी, खिड़की, कार, ताली, रानी, कौशल्या, पटरानी—स्त्रीलिंग संज्ञाएँ हैं।
- तीन, बड़ा, थोड़ा, छोटा, काला, कई, बहुतेरा, नया, सभी, बंद, दोनों, पुराना, तीन—विशेषण हैं।
- भरना, करना, देना, लगाना, चलना, खोना, पाना—क्रियाएँ हैं।

6 विकारी पद : सर्वनाम (1)

अ सर्वनामों के छह भेद हैं—

1-**पुरुषवाचक :** मैं, तू, वह, यह, हम, तुम, आप और वे।

2-**निश्चयवाचक या निदेशवाचक:** वह, यह, वे और ये।

3-**अनिश्चयवाचक :** कोई, किसी और कुछ।

4-**प्रश्नवाचक :** कौन और क्या।

5-**संबंधवाचक :** जो।

6-**निजवाचक :** आप और अपना।

आ पुरुषवाचक सर्वनाम मुख्यत: उन सर्वनामों के लिए प्रयुक्त होते हैं जिन्हें पुरुष (और स्त्रियाँ भी) अपने नाम के बदले या दूसरों के नाम के बदले प्रयुक्त करते हैं; जैसे—

➤ हर पुरुष या स्त्री अपने नाम के बदले 'मैं' या 'हम' का प्रयोग करता/करती है :

- *मैं वहाँ गया था।* • *हम वहाँ गए थे।*
- *मैं वहाँ गई थी।* • *हम वहाँ गई थीं।*

➤ हर पुरुष या स्त्री जिससे बात करता/करती है या जिसे संबोधित करता/करती है उसके लिए तू, तुम या आप सर्वनामों का प्रयोग करता/करती है :

- *तू यहीं रह।* • *तुम यहीं रहो।* • *आप यहीं रहें।*
- *तू कल आना।* • *तुम कल आना।* • *आप कल आना।*

➤ इसी प्रकार हर पुरुष (या स्त्री) जिस व्यक्ति/व्यक्तियों के संबंध में चर्चा करता/करती है उसके/उनके लिए वह और वे अथवा यह और ये सर्वनामों का प्रयोग करता/करती है :

- *वह हमारा सलामी बल्लेबाज है।*
- *वह हमारे देश की प्रधानमंत्री थीं।*
- *यह पहले अमेरिका में रहता था।*
- *यह प्रसिद्ध लेखिका हैं।*
- *वे इस समय विदेश में होंगे।*
- *ये अब सुखी हैं।*

इ उस जातिवाचक संज्ञा के लिए भी वह, यह, वे और ये पुरुषवाचक सर्वनामों का प्रयोग होता है जो विशिष्ट व्यक्ति के लिए प्रयुक्त होते हैं :

- *मेरी माँ दिल्ली गई है। कल वह लौटेगी।*
- *उसके माता-पिता यहाँ नहीं रहते। संभवत: वे चेन्नई चले गए हैं।*

ई पुरुषवाचक सर्वनामों के तीन वर्ग या भेद हैं :

अन्य पुरुष : वह, वे, यह और ये।

मध्य पुरुष : तू, तुम और आप।

उत्तम पुरुष : मैं और हम।

> उक्त विभेद वक्ता या लेखक के विचार से किए जाते हैं। वक्ता या लेखक जिस या जिनकी चर्चा करे वे अन्य पुरुष, जिसे या जिन्हें संबोधित करके कुछ कहे वे मध्यम पुरुष और जिन सर्वनामों का अपने लिए प्रयोग करे वे उत्तम पुरुष।

उ जिन सर्वनामों का प्रयोग किसी की ओर संकेत करने या पहचान कराने के लिए हो उसे निश्चयवाचक या निदेशवाचक सर्वनाम कहते हैं; जैसे—

- *यह मेरे भाई का लड़का है और वह मेरे चाचा की लड़की है।*
- *ये दलितों के घर हैं।*
- *वह सुंदर चित्र है।*
- *वे जापानी नर्तकियाँ लगती हैं।*

> ध्यान रहे कि पुरुषवाचक वह, यह, वे और ये सर्वनाम संज्ञाओं के स्थान पर प्रयुक्त होते हैं और वह, यह, वे और ये निश्चयवाचक सर्वनाम संज्ञाओं को इंगित करने के लिए प्रयुक्त होते हैं।

ऊ जिस व्यक्ति या वस्तु की जानकारी न हो अथवा जिसके प्रति अज्ञानता दरशाना हो उसके लिए अनिश्चयवाचक सर्वनाम का प्रयोग करते हैं; जैसे—

- *दरवाजे पर कोई खड़ा है।*
- *वे बाजार से कुछ लाएँ हैं।*

'कोई' किसी व्यक्ति के लिए प्रयुक्त हुआ है। इसलिए सर्वनाम है। लेकिन उस व्यक्ति के बारे में हमें विशेष जानकारी नहीं। किसी वस्तु के लिए 'कुछ' सर्वनाम का प्रयोग हुआ है। परंतु मालूम नहीं कि वह वस्तु क्या है या कौन-सी है।

ऋ उस संज्ञा के स्थान पर प्रश्नवाचक सर्वनाम का प्रयोग करते हैं जिसके संबंध में जानकारी प्राप्त करनी होती है। 'कौन' का प्रयोग व्यक्ति के संबंध में और 'क्या' का प्रयोग वस्तु, बात, कार्य, जीव-जंतु आदि के संबंध में होता है; जैसे—

- *विद्यालय कौन जा रहा है?*
- *उसने तुमसे क्या कहा?*

छठवाँ अभ्यास

रेखांकित सर्वनामों के भेद बतलाएँ। यदि सर्वनाम पुरुषवाचक हो तो यह भी बतलाएँ कि वह अन्यपुरुष है, मध्यम पुरुष है अथवा उत्तम पुरुष ?

1. मैं विद्यालय से आ रहा हूँ।
   — पुरुषवाचक सर्वनाम।
2. तुमने फिल्म देख ली।
   ----
3. वह राम का भाई है।
   ----
4. राष्ट्रपति भवन वह रहा।
   ----
5. आप भी कुछ कहें।

   ----
6. तू पहले भोजन कर ले।
   ----
7. सुरेश हमसे नाराज है।
   ----
8. मोहन को काम मिल गया है।
   ----
9. मालिक हम पर भरोसा करता है।
   ----
10. तुमसे यह तगड़ा है।

    ----
11. गाँधीजी का चित्र वह नहीं यह है।

    ----
12. दरबारीलाल की नौकरी लग गई है। अब वह मजे में है।

    ----
13. आप हमसे क्या चाहते हैं ?

    ----
14. यहाँ कौन आया था ?
    ----
15. राम से मैंने बात की थी। वह आपसे कुछ नहीं माँगता।

    ----
16. सामने वाले घर में कोई रहता है क्या ?
    ----
17. हमारे प्रिंसिपल साहब कल बहुत नाराज थे परंतु आज वे शांत हैं।

- विद्यालय, राम का भाई, राष्ट्रपति भवन, भोजन, सुरेश, मोहन, काम, राम, भरोसा, गाँधीजी, चित्र, दरबारीलाल, मजा, घर, आदमी—पुंलिंग संज्ञाएँ हैं।
- फिल्म, नौकरी—स्त्रीलिंग संज्ञाएँ हैं।
- नाराज, तगड़ा, सामनेवाला, शांत बड़ा—विशेषण हैं।
- पहले, इधर, अब, कभी—क्रियाविशेषण हैं।
- आना, देखना, लेना, रहना, कहना, करना, मिलना, जाना, आना, लगना, चाहता, माँगना, समझना—क्रियाएँ हैं।

7 विकारी पद : सर्वनाम (2)

अ संबंधवाचक सर्वनाम उस सर्वनाम को कहते हैं जिसके संबंध में विवरण उसी वाक्य में प्रयुक्त अन्य सर्वनाम से प्राप्त हो। 'जो' संबंधवाचक सर्वनाम है और उसके संबंध में विवरण देनेवाला सर्वनाम निदेशसूचक होता है जिसे 'तत्संबंधी' सर्वनाम अर्थात् उसी से संबंध रखनेवाला कहते हैं; जैसे—

- *जो आया है, वह जाएगा।*
- *जो मेहनत करता है, वह सफल होता है।*

ध्यान देने की बात यह है कि संबंधवाचक सर्वनाम और तत्संबंधी सर्वनाम दो अलग-अलग उपवाक्यों में आते हैं।

आ हिंदी की प्रकृति के अनुसार संबंधवाचक उपवाक्य ही पहले रखते हैं परंतु जोर देने के उद्देश्य से तत्संबंधी उपवाक्य भी पहले रख सकते हैं; जैसे—

- *वह (वही) जाएगा, जो आया है।*
- *वह (वही) सफल होता है, जो मेहनत करता है।*

सामान्यत: तत्संबंधी निदेशसूचक सर्वनाम के बाद प्राय: 'ही' निपात का प्रयोग भी किया जाता है।

इ जब कर्ता/उद्देश्य की आवृत्ति वाक्य में किसी अन्य कारक के रूप में हो तो उसके स्थान पर निजवाचक सर्वनाम 'अपना' का प्रयोग करते हैं। आकारांत पुंलिंग संज्ञा की तरह ही इसमें परसर्ग आने पर विकार होता है; जैसे—

- *राम अपने को अपराधी समझता है।* (कर्मकारक)
- *लड़की अपने लिए स्वेटर बुनती है।* (संप्रदानकारक)
- *वह अपने पर कलंक नहीं लगने देगा।* (अधि०कारक)
- *मैं अपने से यहाँ आया हूँ।* (अपादानकारक)

ई निजवाचक सर्वनाम 'आप' का प्रयोग कर्ता/उद्देश्य पर ज़ोर देने के लिए होता है; जैसे—

- *मोहन आप भोजन बनाता है।*
- *वह आप ही उस मकान में रहना पसंद करेगा।*

'आप' के स्थान पर 'स्वयं' या 'खुद' क्रियाविशेषण भी प्रयुक्त होते हैं।

उ सर्वनामों का अपना लिंग नहीं होता। सर्वनाम जिस संज्ञा के बदले प्रयुक्त होता है उसी का लिंग ग्रहण करता है :

- *लड़का आज विद्यालय गया है। कल वह नहीं गया था।*

'लड़का' संज्ञा पुंलिंग है इसलिए 'वह' सर्वनाम भी पुंलिंग है।

- *माँ बीमार है इसलिए वह सो रही है।*

'माँ' संज्ञा स्त्रीलिंग है इसलिए 'वह' सर्वनाम भी स्त्रीलिंग है।

- *मैं गीत गाऊँगा।* • *मैं खाना पकाऊँगी।*

दोनों वाक्यों में क्रिया कर्ता के लिंग की सूचक है।

ऊ जब व्यक्ति के लिंग का ज्ञान न हो अर्थात् यह ज्ञात न हो पाए कि वह पुरुष है या स्त्री तो सर्वनाम का प्रयोग पुंलिंग रूप में करते हैं; जैसे—

- *जो सोया, वह दर्शन न पा सका।*
- *दरवाज़े पर कौन खड़ा है?*

ऋ 'क्या' और 'कुछ' सर्वनामों का प्रयोग सदा पुंलिंग रूप में ही होता है; जैसे—

- *उसने आपको क्या दिया?* • *माँ ने तुमसे क्या कहा?*
- *उसने आज कुछ नहीं खाया?*

ए वचन की दृष्टि से—

मैं, तू, वह, यह, क्या और कुछ सर्वनामों का प्रयोग सदा एकवचन में होता है; जैसे—

- *मैं/तू/वह जाता है/जाती है।*

हम, तुम, आप, वे और ये का प्रयोग सदा बहुवचन में होता है; जैसे—

- *हम/आप/वे/ये जाते हैं/जाती हैं।*
- *तुम जाते हो/जाती हो।*

जो, कोई और कौन का प्रयोग दोनों वचनों में होता है :

- *जो आया है...।* • *जो आए हैं...।*
- *कोई आया है।* • *कोई आए हैं।*
- *कौन आनेवाला है?* • *कौन आनेवाले हैं।*

ऐ बहुवचन सर्वनामों का प्रयोग एक व्यक्ति के लिए आदरार्थक रूप में भी किया जाता है; जैसे—

- *मैं तुमसे नहीं बोलूँगा।* • *हम तुमसे नहीं बोलेंगे।*
- *रमेश, तू यहाँ आ।* • *रमेश, तुम यहाँ आओ।*
- *वह हमारा अध्यापक है।* • *वे हमारे अध्यापक हैं।*
- *कौन आज आया है?* • *कौन आज आए हैं?*

ओ संख्यासूचक, परिमाणसूचक आदि विशेषण जब बिना विशेष्य के प्रयुक्त होते हैं तो उन्हें सर्वनाम मान लिया जाता है क्योंकि सर्वनामों की तरह उनका अपना लिंग नहीं होता वरन् किसी संज्ञापद का ही लिंग वे अपनाते हैं; जैसे—

- *दोनों गए हैं।* • *दोनों गई हैं।*
- *दर्जनों आए हैं।* • *दर्जनों आई हैं।*
- *सैकड़ों चले गए।* • *सैकड़ों चली गईं।*
- *सब अच्छे होंगे।* • *सब अच्छी होंगी।*
- *अभी कई वहाँ थे।* • *अनेक जा सकते हैं।*

औ सर्वनामों और विशेषणों के योग से बने सर्वनाम पदबंध भी अनेक हैं :

कोई और, कुछ एक, सब कुछ, बहुत कुछ आदि।

- *किसी और से मिल लो।* • *सब कोई आए हैं।*

सातवाँ अभ्यास

बताएँ कि रेखांकित सर्वनाम किस विषय-भेद का है और किस लिंग और वचन में प्रयुक्त हुआ है ?

1. दिलीप अस्वस्थ है। इसलिए वह आज विद्यालय नहीं आया।
   (वह अन्य पुरुष सर्वनाम; पुंलिंग एकवचन में प्रयुक्त हुआ है।)
2. मजदूर काम कर रहे थे, इसलिए वे यहाँ नहीं आ सके।
3. आज-कल मेरी लड़की दिल्ली में रहती है। वह कल यहाँ आई है।
4. यह राष्ट्रपति भवन है।
5. कोई अमेरिका से आया है।
6. माँ, तू दवा खा ले।
7. हम शिक्षा विभाग में काम करती हैं।
8. आप कितने पत्र लिख चुके हैं ?
9. थानेदार ने तुमसे क्या पूछा ?
10. रमेश, तुम स्टेशन मास्टर से मिलो।
11. वे तुमको सही समय बताएँगे।
12. जो पढ़ेंगे वे योग्य बनेंगे।
13. वहाँ पिताजी से कौन मिले थे ?
14. माँगने पर किसी को कुछ नहीं मिलता।
15. तुम मेरे घर कब आओगी ?

- विद्यार्थी, विद्यालय, मजदूर, काम, राष्ट्रपति भवन, शिक्षा विभाग, पत्र, थानेदार, स्टेशन मास्टर, समय, माँगना —पुंलिंग संज्ञाएँ हैं।
- लड़की, दवा—स्त्रीलिंग संज्ञाएँ हैं।
- आना, सकना, खाना, लेना, लिखना, चुकना, पूछना, मिलना, बताना, पढ़ना, बनना, आना—क्रियाएँ हैं।
- अस्वस्थ, कितना, सही, योग्य—विशेषण हैं।
- आज, आज-कल, इसलिए, यहाँ, कल, वहाँ, कब—क्रियाविशेषण हैं।

8 विकारी पद : सर्वनाम (3)

अ विभिन्न परसर्गों से शासित होने पर सर्वनामों में विकार होते हैं। विकारी रूपों का परसर्ग सहित विवरण इस प्रकार है :

(i) **एकवचन सर्वनाम :**

पुरुष	*सर्व०*	*ने*	*को*	*से*	*में*	*पर*	*का*	*के*	*की*
अन्य पुरुष	वह;*	उसने	उसको/उसे	उससे	उसमें	उसपर	उसका	उसके	उसकी
अन्य पुरुष	यह;*	इसने	इसको/इसे	इससे	इसमें	इसपर	इसका	इसके	इसकी
मध्यम पुरुष	तू;	तूने	तुझको/तुझे	तुझसे	तुझमें	तुझपर	तेरा	तेरे	तेरी
उत्तम पुरुष	मैं;	मैंने	मुझको/मुझे	मुझसे	मुझमें	मुझपर	मेरा	मेरे	मेरी
संबंधवाचक	जो;	जिसने	जिसको/जिसे	जिससे	जिसमें	जिसपर	जिसका	जिसके	जिसकी
प्रश्नवाचक	कौन;	किसने	किसको/किसे	किससे	किसमें	किसपर	किसका	किसके	किसकी
प्रश्नवाचक	क्या;†	×	क्या (~~को~~)	क्या से	×	×	क्या का	क्या के	क्या की
अनिश्चयवाचक	कोई;†	किसी ने	किसी को	किसी से	किसी में	किसी पर	किसी का	किसी के	किसी की
अनिश्चयवाचक	कुछ;†	कुछ ने	कुछ को	कुछ से	कुछ में	कुछ पर	कुछ का	कुछ के	कुछ का

(ii) **बहुवचन सर्वनाम :**

पुरुष	*सर्व०*	*ने*	*को*	*से*	*में*	*पर*	*का*	*के*	*की*
अन्य पुरुष	वे;*	उन्होंने	उनको/उन्हें	उनसे	उनमें	उनपर	उनका	उनके	उनकी
अन्य पुरुष	ये;*	इन्होंने	इनको/इन्हें	इनसे	इनमें	इनपर	इनका	इनके	इनकी
मध्यम पुरुष	तुम;	तुमने	तुमको/तुम्हें	तुमसे	तुममें	तुमपर	तुम्हारा	तुम्हारे	तुम्हारी
	आप;	आपने	आपको	आपसे	आपमें	आपपर	आपका	आपके	आपकी
उत्तम पुरुष	हम;	हमने	हमको/हमें	हमसे	हममें	हमपर	हमारा	हमारे	हमारी
संबंधवाचक	जो;	जिन्होंने	जिनको/जिन्हें	जिनसे	जिनमें	जिनपर	जिनका	जिनके	जिनकी
प्रश्नवाचक	कौन;	किन्होंने	किनको/किन्हें	किनसे	किनमें	किनपर	किनका	किनके	किनकी
अनिश्चयवाचक	कोई;	किन्हीं ने	किन्हीं को/किन्हें	किन्हीं से	किन्हीं में	किन्हीं पर	किन्हीं का	किन्हीं के	किन्हीं की
अनिश्चयवाचक	कुछ;	कुछ ने	कुछ को	कुछ से	कुछ में	कुछ पर	कुछ का	कुछ के	कुछ का

* वह,यह,वे तथा ये अनिश्चयवाचक सर्वनामों के विकारी रूप भी वह,यह,वे और ये पुरुषवाचक सर्वनामों के समान होते हैं।

† सामान्यतः परसर्ग सर्वनाम से मिलाकर लिखे जाते हैं, परंतु अधिकतर लोग क्या, कोई और कुछ से हटा करके ही लिखते हैं।

आ पुरुषवाचक, निश्चयवाचक, अनिश्चयवाचक, संबंधवाचक, प्रश्नवाचक तथा निजवाचक 'अपना' सर्वनाम (क) विशेषण रूप में भी प्रयुक्त होते हैं और (ख) विशेष्य के परसर्ग द्वारा शासित होने पर उनमें भी उक्त विकार होते हैं; जैसे—

(क) *मुझ गरीब को कौन पूछता है?* — *हम गरीबों को कौन पूछता है?*

('को' परसर्ग के कारण 'मैं' में विकार होता है, 'को' के कारण 'हम' में विकार नहीं होता—देखें ऊपर)

वह घर अच्छा है। — *वे घर अच्छे हैं।*

यह बात अच्छी नहीं। — *ये बातें अच्छी नहीं।*

जो लड़का आपसे मिला था, वह मेरा भाई था। — *जो लड़के आपसे मिले थे, वे मेरे विद्यार्थी थे।*

वह कुछ सामान लाया था। — *वे कुछ पुस्तकें लाए थे।*

वहाँ कौन आदमी रहता था? — *वहाँ किस आदमी को रहना पड़ा?*

अपना घर कुछ दूर है। — *तुम अपने घर में रहो।*

(ख) *वह घर — उस घर में;* — *मैं उस घर में रहता हूँ।*

कौन लड़का — किस लड़के से; — *आप किस लड़के से मिले थे...?*

इ 'का' परसर्ग से युक्त सर्वनाम आकारांत विशेषण के तुल्य व्यवहार करता है; जैसे—

उसका बेटा — उसके बेटे — उसके बेटों को; उसकी बेटी — उसकी बेटियाँ — उसकी बेटियों को।

आठवाँ अभ्यास

बताएँ कि निम्नलिखित रेखांकित विकारी रूप किस सर्वनाम का रूप हैं और कौन-सा रूप हैं ?

1. उसने तुम्हारी पुस्तक खरीदी।
   — वह सर्वनाम का, 'ने' परसर्गयुक्त कर्ताकारक रूप।
   — तुम सर्वनाम का, 'का' परसर्गयुक्त संबंधकारक रूप।

2. तुम्हारा घर कहाँ है ?
   ----

3. आप उनसे मिल लें।
   ----

4. तुम किससे मिले थे ?
   ----

5. हमारा घर खाली पड़ा है ?
   ----

6. तुम किसके लिए बादाम लाए हो।
   ----

7. रात के अँधेरे में उसे बिलकुल नहीं सूझता।
   ----

8. मुझसे मत बोलो।
   ----

9. तुम उसकी पुस्तक मुझे लौटा दो।

   ----

10. उनके बच्चे हमारे घर में खेल रहे हैं।
    ----

11. मैं उन्हें नहीं समझा सका।
    ----

12. तेरा काम खत्म हो गया पर मेरा बाकी है।

    ----

13. उनमें दोस्ती है।
    ----

14. वह मेरी तरफ देख रहा है।
    ----

15. उनकी कमी हमें खलेगी।

    ----

16. उन्होंने तुम्हारे भाई से भेंट की।

    ----

17. तुमने यह जानकारी कहाँ से पाई।

    ----

18. इस काम में उसे सफलता मिलेगी।

    ----

19. वह किस व्यक्ति से मिला था ?
    ----

20. मैं यहाँ किसी काम से आया था।

- घर, बादाम, अँधेरा, बच्चा, काम, भाई, व्यक्ति—पुंलिंग संज्ञाएँ हैं।
- पुस्तक, रात, दोस्ती, कमी, भेंट, जानकारी, सफलता—स्त्रीलिंग संज्ञाएँ हैं।
- खरीदना, मिलना, पड़ना, लाना, सूझना, बोलना, लौटाना, खेलना, समझाना, देखना, खलना, पाना, मिलना—क्रियाएँ हैं।
- की तरफ (मेरी तरफ)—संबंधबोधक हैं।

9 पद और पदबंध

अ जब पद और उपपद अथवा दो या अधिक पद इकाई के रूप में वाक्य में प्रयुक्त हों तो उन्हें पदबंध कहते हैं।

आ वाक्य में पद और उपपद सामान्यतः इकाई के रूप में ही प्रयुक्त होते हैं इसलिए पदबंध हुए; जैसे—

- *सिपाही ने चोर को पकड़ा।*
- *आपको बुखार है।*

यहाँ सिपाही (पद) और ने (उपपद); चोर (पद) और को (उपपद) तथा आप (पद) और को (उपपद) इकाई के रूप में प्रयुक्त हुए हैं। बोलते समय भी इन्हें साथ रखा जाता है।

इ जिन पदों में परसर्ग अपनी उपस्थिति जतलाते हों उन्हें भी सिद्धांततः पदबंध कहा जाता है; जैसे—

मुझे	=	मुझको,	जिसे	=	जिसको,
तुझे	=	तुझको,	मेरा	=	मुझका,*
उन्हें	=	उनको,	तेरा	=	तुझका,*
किसे	=	किसको,	तुम्हारा	=	तुमका,*
उसे	=	उसको,	हमारा	=	हमका*

ई किसी पदबंध में दो या अधिक उपपद भी हो सकते हैं :

- *पिता जी ने ही यह पुस्तक मुझे दी।*
  (संज्ञा+निपात+परसर्ग+निपात) = पदबंध

उ परसर्ग 'का', और उसके विकारी रूप 'के' तथा 'की' जिन पदों के बीच आकर उन्हें इकाई बनाते हैं उन्हें भी पदबंध कहते हैं।

- *राम का भाई डाक्टर है।*
  (संज्ञा+परसर्ग+संज्ञा)
- *घर के लोग कहाँ हैं?*
  (संज्ञा+परसर्ग+संज्ञा)
- *उनकी दुकान खुली है।*
  (सर्वनाम+परसर्ग+संज्ञा)
- *कमरे के बाहर हवा है।*
  (संज्ञा+परसर्ग+क्रियाविशेषण)

ऊ दो या अधिक पदों को (क) अन्य परसर्ग भी जोड़ते हैं और (ख) कुछ विशेषण भी; जैसे—

क- • *वे अब रोग से मुक्त हैं।*
• *वह भय से आकुल थी।*
• *सभी आनंद में मग्न थे।*
• *किला पहाड़ पर स्थित है।*

ख- • *वह घर संबंधी झगड़ों में पड़ा है।*
• *उनसे हमें समुद्र विषयक जानकारी मिली।*
• *इसे हम शक्ति रूपी नारी कह सकते हैं।*
• *मोहन नामक वकील यहाँ रहता है।*

संबंधी, विषयक, रूपी और नामक मूलतः विशेषण ही हैं।

ऋ विशेषण और विशेष्य भी इकाई की तरह प्रयुक्त होते हैं इसलिए वे भी पदबंध हैं।

- *उसको काला घोड़ा पसंद है।*
- *मेरी कलम कहाँ गई!*

ए सर्वनाम विशेष्य की विशेषता बतानेवाला विशेषण उसके बाद आता है :

- *हमारे घर वे सभी आ रहे हैं।*
  (सर्वनाम+विशेषण=पदबंध)
- *मुझ गरीब को कहाँ आश्रय मिलेगा?*
  (सर्वनाम+विशेषण+परसर्ग=पदबंध)

ऐ इकाई रूप में प्रयुक्त दो या अधिक पदों के समूह को भी पदबंध कहते हैं; जैसे—

- *समाजवादी दल राजनीतिक संस्था है।*
- *हिंदी साहित्य सम्मेलन इलाहाबाद में है।*
- *मैं गाँधी टोपी नहीं पहनता।*
- *पतंग उड़ाना मुझे पसंद है।*
- *उसे नाचना-गाना नहीं आता।*
- *मैं कभी-कभी वहाँ भी जाता हूँ।*
- *धीरे-धीरे आगे बढ़िए।*

ओ क्रियापद में कई घटक हों तो वह भी पदबंध होता है।

- *मैं पढ़ता हूँ।*
- *लड़का खेल रहा है।*

> क्रियापद में कई घटक होने पर पहला घटक 'मुख्य क्रिया' माना जाता है। यह धातु या कृदंत रूप में रहता है। दूसरा घटक कृदंत हो तो वह मुख्य घटक में अर्थगत विशेषता लाता है। मुख्य घटक से संयुक्त रहने के कारण इसे 'संयोज्य क्रिया' या 'सहकारी क्रिया' भी कहते हैं। अंत में कालवाची घटक हो तो उसे सहायक क्रिया कहते हैं।

औ ऐसे उपपदों का उल्लेख स्वतंत्र रूप से किया जाता है जो वाक्य के आशय या प्रकार में बदलाव लाते हों।

• *मैं जाऊँगा।*
•• *क्या मैं जाऊँ?* (प्रश्नवाचक बनाया)
•• *मैं नहीं जाऊँगा।* (निषेधात्मक बनाया)
•• *मैं जाऊँगा और वह आएगा।* (संयुक्त वाक्य बनाया)
•• *अतः मैं भी जा रहा हूँ।* (पिछले प्रसंग से जोड़ा)

* अप्रचलित

नवाँ अभ्यास

निम्नलिखित वाक्यों में प्रयुक्त पदबंधों का विवरण दें—

1. लड़का वन में रहता है।
   — *वन में* = संज्ञा + परसर्ग
   — *रहता है* = मुख्य क्रिया + सहा० क्रिया
2. क्या गर्मी अत्यधिक पड़ रही है।

   ----
3. आकाश में रात को हवाई जहाज उड़ रहा था।

   ----
4. सचिन तेंदुलकर ने पैंतीसवाँ शतक लगाया।

   ----
5. कुछ लोग कभी-कभी आते हैं।

   ----
6. उसे घर तक छोड़ आओ।

   ----
7. वे नया काम करेंगे।

   ----
8. मुझे अपनी कहानी मत सुनाओ।

   ----
9. क्या वे कभी इस नगर में आए थे?

   ----
10. केंद्रीय सरकार क्यों गिर गई?

   ----
11. उसकी कमर में बहुत दर्द है।

   ----
12. उन्होंने मेरी बात न मानी।

   ----
13. कल से नई श्रृंखला चलेगी।

   ----
14. वह आसमान के तारे तोड़ लाया।

   ----
15. उसे बहुत सर्दी लगी।

- लड़का, वन, आकाश, हवाई जहाज, शतक, काम, लोग, नगर, घर, केंद्रीय सरकार, दर्द, आसमान, तारा—पुंलिंग संज्ञाएँ हैं।
- गर्मी, रात, कहानी, कमर, बात, श्रृंखला, सर्दी—स्त्रीलिंग संज्ञाएँ हैं।
- पड़ना, उड़ना, लगाना, करना, छोड़ना, आना, सुनाना, गिरना, मानना, तोड़ना, लाना, लगना—क्रियाएँ हैं।
- अत्यधिक, पैंतीसवाँ, नया, बहुत—विशेषण हैं।
- कभी-कभी, कभी, कल से—क्रियाविशेषण हैं।

10 पदबंधों के भेद

अ पदबंध में आए मुख्य पद के आधार पर उसका शब्दभेद निश्चित होता है। जब पद और उपपद किसी पदबंध के अंग हों तो स्वभावतः उसका पद ही मुख्य होगा और उपपद गौण; जैसे—

- *लड़का घर में है।*
  घर में = पदबंध (संज्ञा+परसर्ग)
  = संज्ञा पदबंध
- *उसने हमको दौड़ाया।*
  उसने = पदबंध (सर्वनाम+परसर्ग)
  = सर्वनाम पदबंध
  हमको = पदबंध (सर्वनाम+परसर्ग)
  = सर्वनाम पदबंध

आ संज्ञा पदबंध और सर्वनाम पदबंध दोनों को संयुक्त रूप से 'नामपदबंध' कहते हैं।

इ जब विशेषण और विशेष्य पदबंध के रूप में हों तो विशेष्य ही मुख्य पद होगा क्योंकि विशेषण तो उसी की विशेषता बतलाता है; जैसे—

- *बड़ा लड़का कहीं गया है।*
  बड़ा लड़का = पदबंध (विशेषण+संज्ञा)
  = नामपदबंध
- *बड़े लड़के को काम था।*
  बड़े लड़के को = पदबंध (विशेषण+संज्ञा+परसर्ग)
  = नामपदबंध

ई सर्वनाम की विशेषता बतलानेवाला विशेषण भी नामपदबंध का अंग होता है :

- *हम सभी चलेंगे।*
  हम सभी = पदबंध (सर्वनाम+विशेषण)
  = नामपदबंध

उ पदबंध में कई पद हों तो अंतिम पद जिस शब्दभेद का हो वही पदभेद पदबंध का होता है; जैसे—

- *घर के लोग बाहर गए हैं।*
  घर के लोग = पदबंध (सं०+पर०+सं०)
  = नामपदबंध
- *आपके घर में कौन होगा?*
  आपके घर में = पदबंध (सर्व०+पर०+सं०+पर०)
  = नामपदबंध
- *कश्मीर के सेबों की पेटी यहाँ मिलेगी।*
  कश्मीर के सेबों की पेटी = पदबंध
  (सं०+पर०+सं०+पर०+सं०) = नामपदबंध
- *उसने अच्छी से अच्छी पुस्तकें भेजीं।*
  अच्छी से अच्छी पुस्तकें
  = पदबंध (वि०+पर०+वि०+सं०)
  = नामपदबंध
- *देश संकट से ग्रस्त है।*
  संकट से ग्रस्त = पदबंध (सं०+पर०+वि०)
  = विशेषण पदबंध
- *वह घर से दूर चला गया है।*
  घर से दूर = पदबंध (सं०+पर०+क्रियाविशेषण)
  = क्रियाविशेषण पदबंध
  चला गया है = पदबंध (मुख्य क्रिया+संयोज्य क्रिया+सहायक क्रिया)
  = क्रिया पदबंध
- *पंखा चल रहा है।*
  चल रहा है=पदबंध (मुख्य क्रिया+तात्कालिक क्रिया+सहायक क्रिया)
  = क्रियापदबंध
- *उनका प्रयास अत्यंत सफल रहा।*
  उनका प्रयास = पदबंध (सर्व+पर०+संज्ञा)
  = नामपदबंध
  अत्यंत सफल = (विशेषण+विशेषण)
  = विशेषण पदबंध
- *मुझको कबड्डी खेलना पसंद है।*
  मुझको = पदबंध (सर्वनाम + परसर्ग)
  = नामपदबंध
  कबड्डी खेलना = पदबंध (संज्ञा + संज्ञा)
  = नामपदबंध
- *कबड्डी खेलने के लिए वह विदेश गया है।*
  कबड्डी खेलने के लिए = पदबंध (संज्ञा+संज्ञा+पर०)
  = नामपदबंध
- *वह बैठे-बैठे काम करती है।*
  बैठे-बैठे = पदबंध (क्रि० वि०+क्रि० वि०)
  = क्रियाविशेषण पदबंध
- *मैं कल से यहीं हूँ।*
  कल से = पदबंध (क्रि० वि०+पर०)
  = क्रियाविशेषण पदबंध
- *वह यहीं का रहनेवाला है।*
  यहीं का रहनेवाला = पदबंध (क्रि०वि०+पर०+विशे०)
  = विशेषण पदबंध

दसवाँ अभ्यास

पदबंधों को चिह्नित करके विवरण दें और उनका पदभेद बताइए—

1. खिड़की का शीशा टूटा है।
   — खिड़की का शीशा — संज्ञा+परसर्ग+संज्ञा
   = नाम पदबंध
   — टूटा है — मुख्य क्रिया+सहक्रिया
   = क्रिया पदबंध
2. खिड़की का पल्ला टूट गया।
3. मंदिर का घंटा रात में बजेगा।
4. एक हेलीकॉप्टर हमारी छत पर उतरा।
5. वर्षा सुबह से रुक-रुककर हो रही थी।
6. पंजाब मेल रात में पटरी से उतर गई।
7. तूफान से आंध्र प्रदेश में तबाही हुई।
8. आपके मित्र ने मुझे भी पत्र लिखा।
9. कई नावें समुद्र में मछलियाँ पकड़ रही हैं।
10. आकाश में रंग-बिरंगी पतंगें उड़ती हैं।
11. हमें ठंडी आइसक्रीम खाने के लिए नहीं मिली थी।
12. गाँव के पास आपका बगीचा था।
13. शहर की सड़कों की हालत खस्ता हो रही है।
14. तुम्हें अपनी बात उन तक पहुँचानी चाहिए।
15. क्रिकेट खेलनेवाले देशों के लोग सचिन तेंदुलकर का नाम अवश्य सुने होंगे।

- शीशा, पल्ला, मंदिर, घंटा, हेलीकॉप्टर, तूफान, आंध्र प्रदेश, मित्र, पत्र, समुद्र, आकाश, खाना, गाँव, बगीचा, शहर, क्रिकेट, खेलना, देश, नाम—पुंलिंग संज्ञाएँ हैं।
- खिड़की, रात, छत, वर्षा, सुबह, पंजाब मेल, पटरी, तबाही, नाव, मछली, पतंग, आईसक्रीम, सड़क, हालत, बात—स्त्रीलिंग संज्ञाएँ हैं।
- रंग-बिरंगा, ठंडा, खस्ता—विशेषण हैं।
- रुक-रुककर—क्रियाविशेषण है।
- टूटना, बजना, उतरना, होना, लिखना, पकड़ना, उड़ना, मिलना, पहुँचाना—क्रियाएँ हैं।

11 वाक्य के घटक

अ वाक्य कम से कम दो पदों या पदबंधों का समूह होता है; जैसे—

- पानी बरसेगा।
- भूकंप आया।
- उनका समाचार आता रहता है।
- सभी दुकानें खुली हैं।
- मैं भी नाचता हूँ।
- वे लोग दौड़ रहे हैं।

आ सुविधा की दृष्टि से पदबंध के अंतर्गत पद को और पद के अंतर्गत पदबंध को समझा जाए।

इ सामान्यत: वाक्य का पहला पदबंध नामपदबंध होता है और दूसरा क्रियापदबंध; जैसे—

नामपदबंध	क्रियापदबंध
पानी	बरसेगा
भूकंप	आया
उनका समाचार	आता रहता है
सभी दुकानें	खुली हैं
मैं भी	नाचता हूँ
वे लोग	दौड़ रहे हैं

ई नामपदबंध के द्वारा हम उस व्यक्ति, वस्तु, स्थान आदि का संकेत करते हैं जिसके संबंध में हम कुछ कहना चाहते हैं और क्रिया पदबंध के द्वारा हम उस नामपदबंध के संबंध में कुछ कहते या विवरण देते हैं। व्याकरण की परिभाषा में जिस नामपदबंध के संबंध में हम कहना चाहते हैं उसे **उद्देश्य** कहते हैं और उद्देश्य के संबंध में जो कुछ कहते हैं उसे **विधेय** कहते हैं। इस प्रकार वाक्य के दो घटक होते हैं—उद्देश्य और विधेय। उक्त वाक्यों के नामपदबंधों को उद्देश्य और क्रियापदबंधों को विधेय कहेंगे।

उ वाक्य का विस्तार दो प्रकार से होता है :
(क) उद्देश्य का विस्तार करके और
(ख) विधेय का विस्तार करके।

ऊ उद्देश्य का विस्तार (क) विशेषणपद के द्वारा भी होता है (ख) योजक उपपद के द्वारा समान भेद के पद जोड़कर भी और, (ग) समानाधिकरण पद के द्वारा भी; जैसे—

क- • *सिपाही आया है।*
•• *वर्दीधारी सिपाही आया है।*
•• *खाकी वर्दीधारी सिपाही आया है।*

ख- • *पिता जी आ रहे हैं।*
•• *पिता जी या चाचा जी आ रहे हैं।*
•• *पिता जी, माता जी और चाचा जी आ रहे हैं।*

ग- • *भारत के प्रधानमंत्री मनमोहन सिंह अर्थशास्त्री हैं।*
• *पूर्व राष्ट्रपति ज्ञानी जैल सिंह अब नहीं रहे।*

(समानाधिकरण के लिए देखें पाठ—17)

ऋ विधेय के विस्तार में मुख्यत: सहायक होते हैं- (i) क्रियाविशेषण, (ii) कारक, और (iii) पूरक।

ए क्रियाविशेषण क्रियाओं की विशेषता बतलाते हैं। क्रियाओं के संबंध में क्रियाविशेषण सामान्यत: समय, स्थान, रीति आदि संबंधी विवरण देते हैं :

उद्देश्य	विधेय-विस्तार	विधेय
पानी	*अभी*	बरसेगा
भूकंप	*कल*	आया था
मैं	*अवश्य*	पढ़ूँगा
गर्मी का मौसम	*अचानक*	आ गया
सर्दी के दिन	*लगभग*	बीत गए
हम और आप	*खूब*	नाचेंगे।

अभी, कल, अवश्य, अचानक, लगभग तथा खूब क्रिया-विशेषण हैं।

ऐ क्रियाविशेषणों की एक प्रमुख विशेषता यह भी है कि विशेष प्रभाव सूचित करने के लिए इनका प्रयोग उद्देश्य से पहले या वाक्य में अन्यत्र भी किया जाता है। ऐसी स्थिति में भी ये माने जाते हैं विधेय का अंग या विस्तार ही; जैसे—

विधेय-विस्तार	उद्देश्य	विधेय
अभी	पानी	बरसेगा
कल	भूकंप	आया
अवश्य	मैं	पढ़ूँगा
अचानक	गर्मी का मौसम	आ गया है
लगभग	सर्दी के दिन	बीत गए
खूब	हम और आप	नाचेंगे

इसी प्रकार—

उद्देश्य	विधेय	विधेय-विस्तार
पानी	बरसेगा	अभी
मैं	पढ़ूँगा	अवश्य

ग्यारहवाँ अभ्यास

निम्नलिखित वाक्यों में (क) उद्देश्य और (ख) विधेय को अलग-अलग करें —

1. गाड़ी चल रही है।
   (क) उद्देश्य — गाड़ी;
   (ख) विधेय — चल रही है।
2. गाड़ी धीरे-धीरे चल रही थी।
   (क) ------------------------
   (ख) ------------------------
3. आप ज़रा रुकिए।
   (क) ------------------------
   (ख) ------------------------
4. परसों उसकी परीक्षा है।
   (क) ------------------------
   (ख) ------------------------
5. मैं विद्यालय सुबह जाऊँगा।
   (क) ------------------------
   (ख) ------------------------
6. विवाह का समय नजदीक था।
   (क) ------------------------
   (ख) ------------------------
7. दोनों व्यक्ति बहुत खुश थे।
   (क) ------------------------
   (ख) ------------------------
8. लड़का कहाँ रहता है ?
   (क) ------------------------
   (ख) ------------------------
9. मैं वहाँ जाऊँगा।
   (क) ------------------------
   (ख) ------------------------
10. कभी-कभी वह गाता है।
    (क) ------------------------
    (ख) ------------------------
11. वर्षा अचानक होने लगी।
    (क) ------------------------
    (ख) ------------------------
12. वह यहाँ आया था।
    (क) ------------------------
    (ख) ------------------------
13. विदेशी लोग ताजमहल देखने के लिए आए हैं।
    (क) ------------------------
    (ख) ------------------------
14. उस दिन कंपनी बाग में मैं घूम रहा था।
    (क) ------------------------
    (ख) ------------------------
15. कई आतंकवादी पकड़े गए हैं।
    (क) ------------------------
    (ख) ------------------------
16. कई लोग झूठ बोल रहे थे।
    (क) ------------------------
    (ख) ------------------------

- विद्यालय, विवाह, समय, काल, लोग (बहुवचन), ताजमहल, देखना, कंपनी बाग, आतंकवादी—पुंलिंग संज्ञाएँ हैं।
- गाड़ी, परीक्षा—स्त्रीलिंग संज्ञाएँ हैं।
- दोनों, बहुत, खुश, विदेशी, कई—विशेषण हैं।
- चलना, रुकना, रहना, गाना, आना, घूमना, रहना, बोलना—क्रियाएँ हैं।
- धीरे-धीरे, जरा, परसों, सुबह, नजदीक, कहाँ, वहाँ, कभी-कभी, अचानक, यहाँ, उस दिन—क्रियाविशेषण हैं।

12 वाक्य-विस्तार : कारक

अ वाक्य के विस्तार में बहुत बड़ा योगदान नामपदबंधों का रहता है। एक ही वाक्य में कई-कई नामपदबन्धों का प्रयोग होता है। वाक्य में प्रयुक्त नामपदबंधों का संबंध क्रियापदबंधों से जुड़ता हो तो उन्हें कारक कहते हैं; जैसे—

(1) *लड़का घर में* रहता है।
(2) *वह साइकिल से* आया।
(3) *मैंने राम को पुस्तक* दी।
(4) *लड़की छुरी से सब्जी* काटती है।
(5) *अध्यापक को कहानी* पढ़नी चाहिए थी।
(6) *माता जी भोजन के लिए हमें* बुला रही हैं।
(7) *दशरथ के तीन रानियाँ* थीं।
(8) *नदी पहाड़ से* निकलती है।
(9) *मेज पर पुस्तक* पड़ी थी।
(10) *रिक्शेवाले,* तुम जरा रुको।

उक्त वाक्यों में कारक रूप में प्रयुक्त नामपदों/नामपदबंधों की सूची इस प्रकार है :

1. लड़का, घर में (2)
2. वह, साइकिल से (2)
3. मैंने, राम को, पुस्तक (3)
4. लड़की, छुरी से, सब्जी (3)
5. अध्यापक को, कहानी (2)
6. माता जी, भोजन के लिए, हमें (3)
7. दशरथ के, तीन रानियाँ (2)
8. नदी, पहाड़ से (2)
9. मेज पर, पुस्तक (2)
10. रिक्शेवाले, तुम (1)

आ कारक का शब्दार्थ है—क्रिया करनेवाला।
जब कोई नामपद/नामपदबंध क्रिया के व्यापार से जुड़ता है तो उसे व्याकरण की परिभाषा में कारक कहते हैं; जैसे—

1. *रहता है* = रहनेवाला—लड़का
   रहने का स्थान—घर

इस प्रकार 'रहना' क्रिया के व्यापार से 'लड़का' और 'घर' दोनों का संबंध है।

2. *आया* = आनेवाला—वह
   आने का साधन—साइकिल

इस प्रकार 'आना' क्रिया के संपादन में 'वह' और 'साइकिल' दोनों का योगदान हुआ।

3. *दी* = देनेवाला—मैं(ने)

वाक्य की रचना में सहायक होनेवाले कारकों के साथ प्रयुक्त ने, को आदि परसर्ग व्याकरणिक तत्त्व होते हैं। वस्तुतः कारक तो नामपद ही होता है तथा परसर्ग उसकी कारकीय स्थिति भर सूचित करता है। आप देख ही रहे हैं कि बिना किसी परसर्ग के भी लड़का (संज्ञा) और वह (सर्वनाम) कारक हैं ही।

जिसे दिया—राम (को)
जो दिया/दी—पुस्तक

इस प्रकार देना क्रिया के व्यापार से मैंने, राम को, पुस्तक तीनों का संबंध है।

4. *काटती है* = काटनेवाली—लड़की
   काटने का साधन—छुरी (से)
   जो कटी—सब्जी
5. *पढ़ानी चाहिए थी* = पढ़ानेवाला—अध्यापक
   जिसे पढ़ाया जाए—कहानी
6. *बुला रही हैं* = बुलानेवाली—माता जी
   जिसे बुलाया गया—हमें/हमको
   जिस कारण से बुला रही हैं—भोजन के लिए
7. *थीं* = किसे थीं—दशरथ के
   क्या थीं—रानियाँ
8. *निकलती है* = निकलनेवाली—नदी
   निकलने का स्थान—पहाड़
9. *पड़ी थी* = क्या पड़ी थी—पुस्तक
   कहाँ पड़ी थी—मेज पर
10. *रुकना* = रुकने के लिए जिसको पुकारा गया—रिक्शेवाले (को)
    जिसे रुकने के लिए कहा गया—तुम

> ➧ जरा सोचें :
>
> एक क्रिया होती है। कोई उसे करता है। कुछ या कोई उससे प्रभावित होता है। कुछ या कोई उसे करने का साधन बनता है। किसी के लिए वह क्रिया की जाती है। किसी का उससे किसी प्रकार का रिश्ता होता है और कुछ या कोई उससे बिछुड़ता है। कोई या कुछ उसका आधार होता है।
>
> इस प्रकार हम देखते हैं कि क्रिया से जुड़नेवाले कई कारक हो सकते हैं। भाषा की गतिशीलता का परिचायक वस्तुतः यही कारक-समूह हैं। भाषा का प्रासाद खड़ा करनेवाले मुख्य रूप से कारक ही होते हैं।

बारहवाँ अभ्यास

निम्नलिखित वाक्यों में कारकों को चिह्नित कीजिए—

1. ताजमहल आगरा में है।

2. लड़का कुर्सी पर बैठा है।

3. कमरे में चाँदनी बिछी थी।

4. प्याले में चाय होगी।

5. लड़के कक्षा में पढ़ते हैं।

6. लड़कियाँ गेंद खेल रही हैं।

7. आप अपना नाम कागज पर लिखें।

8. कभी उसे तुम डंडे से मत मारना।

9. गाड़ी स्टेशन पर रुकेगी।

10. शीशा गिरने से टूट गया है।

11. मैंने पुस्तक नहीं पढ़ी।

12. हाथी ने शेर को मार डाला।

13. तुम किसके लिए चाय लाए हो ?

14. माँ दवा खा लेगी।

- ताजमहल, आगरा, लड़का, कमरा, प्याला, गेंद, नाम, कागज़, स्टेशन, डंडा, शीशा, गिरना, हाथी, शेर—पुंलिंग संज्ञाएँ हैं।
- कुर्सी, चाँदनी, चाय, कक्षा, लड़की, गाड़ी, पुस्तक, माँ—स्त्रीलिंग संज्ञाएँ हैं।
- बैठना, बिछना, पढ़ना, खेलना, लिखना, रुकना, टूटना, मारना, डालना, लाना, लेना—क्रियाएँ हैं।
- कभी—क्रियाविशेषण है।
- मत, नहीं—निपात हैं।

13 वाक्य-विस्तार : मुख्य कारक

अ आठ कारक हैं—कर्ता, कर्म, करण, संप्रदान, अपादान, संबंध, अधिकरण और संबोधन।

आ **कर्ताकारक**—वह नामपदबंध जो क्रिया करे। क्रिया करनेवाले कर्ता का ज्ञान मुख्य क्रिया से बने कर्तृवाचक कृदंत [क्रिया का क्रियार्थक संज्ञा तिर्यक् रूप+वाला (प्रत्यय)] से सरलता से हो जाता है। 'कर्तृवाचक कृदंत' का शब्दार्थ ही है—कर्ता का सूचक कृदंत। यदि कर्ता प्राणी हो तो 'कौन' और अप्राणी हो तो 'क्या' सर्वनामों का भी प्रयोग करते हैं।

1- लड़का घर में रहता है। (मुख्य क्रिया—रहना)
प्र०- रहनेवाला कौन? उ०-लड़का; कर्ताकारक।

2- वह साइकिल से आया। (मुख्य क्रिया—आना)
प्र०- आनेवाला कौन? उ०-वह; कर्ताकारक।

3- उसने राम को पुस्तक दी। (मुख्य क्रिया—देना)
प्र०- देनेवाला कौन? उ०-वह (उसने); कर्ता०।
['ने' परसर्ग के कारण 'वह' का 'उस' हुआ है।]

4- लड़की छुरी से सब्जी काटती है। (मुख्य क्रिया—काटना)
प्र०- काटनेवाली कौन? उ०-लड़की; कर्ताकारक।

5- अध्यापक को कहानी सुनानी चाहिए थी। (मुख्य क्रिया—सुनाना)
प्र०- सुनानेवाला कौन?
उ०-अध्यापक (को), कर्ताकारक।

6- माता जी भोजन के लिए तुमको बुला रही हैं। (मुख्य क्रिया—बुलाना)
प्र०- बुलानेवाली कौन? उ०-माता जी, कर्ताकारक।

7- नदी पहाड़ से निकलती है। (मुख्य क्रिया—निकलना)
प्र०- निकलनेवाली क्या? उ०-नदी; कर्ताकारक।

8- मेज पर पुस्तक पड़ी थी। (मुख्य क्रिया—पड़ना)
प्र०- पड़नेवाली क्या? उ०-पुस्तक; कर्ताकारक।

9- रिक्शेवाले, तुम ज़रा रुको। (मुख्य क्रिया—रुकना)
प्र०-रुकनेवाला कौन? उ०-तुम; कर्ताकारक।
उक्त वाक्य में 'रिक्शेवाले' पद संबोधनकारक है।

इ क्रियापद मात्र सहायक क्रिया है, था, होगा या हो होने पर 'होना' क्रिया के क्रियार्थक कृदंत का प्रयोग वांछनीय है। देखने में यह भी आता है कि उक्त क्रियाएँ सदा कर्ता के लिंग-वचन-पुरुष से अन्वित होती हैं तथा परसर्गरहित होती हैं :

10- दशरथ के तीन रानियाँ थीं।
— होनेवाली कौन? — तीन रानियाँ।

संज्ञा पदबंध 'तीन रानियाँ' (स्त्रीलिंग बहुवचन अन्यपुरुष) के अनुरूप ही क्रियापद 'थीं' स्त्रीलिंग-बहुवचन-अन्यपुरुष है तथा परसर्ग से रहित भी है।

11- लड़की को बुखार था।
— होनेवाला क्या? —बुखार (कर्ताकारक)

संज्ञापद 'बुखार' (अन्यपुरुष, पुंलिंग-एकवचन) के अनुरूप क्रियापद 'था' भी (अन्यपुरुष, पुंलिंग, एकवचन) है तथा परसर्ग से रहित भी है।

ई कर्ताकारक से भिन्न (क) वह नामपद जिस पर क्रिया का फल या प्रभाव पड़ता हो उसे कर्मकारक कहते हैं। 'कर्म' का ज्ञान सामान्यतः (ख) कर्मवाचक कृदंत [मुख्य क्रिया का भूतकृदंत+जानेवाला ('जाना' से बना कर्तृवाचक कृदंत)] से भी सरलता से हो जाता है :

12- उसने पुस्तक पढ़ी।
प्र०-'पढ़ना' क्रिया का प्रभाव किस पर पड़ा?
उ०-(क) पुस्तक पर, वही तो पढ़ी गई।
(ख) पढ़ी जानेवाली—पुस्तक।

13- लड़की छुरी से सब्जी काटती है।
प्र०-(क) काटने का फल किस पर दिखाई दिया?
उ०-सब्जी पर, वही तो काटी गई; कर्मकारक।
(ख) काटी जानेवाली—सब्जी।

14- अध्यापक को कहानी पढ़ानी चाहिए थी।
प्र०-(क) 'पढ़ाना' क्रिया का प्रभाव किस पर पड़ा?
उ०-कहानी पर, वही तो पढ़ाई गई।
(ख) पढ़ाई जानेवाली —कहानी।

15- माताजी भोजन के लिए तुमको बुला रही हैं।
प्र०-(क) बुलाने का प्रभाव किस पर पड़ा?
उ०-तुम(को) पर। अर्थात् जिसे बुलाया जा रहा है।
(ख) बुलाए जानेवाला—तुम(को)।

उ देना, भेजना, लिखना, सुनाना, दिखाना, बतलाना आदि कुछ क्रियाओं के साथ दो-दो कर्म आते हैं। इसलिए इन्हें द्विकर्मक क्रियाएँ भी कहते हैं। जो कुछ दिया, भेजा, लिखा, सुनाया, दिखाया, बतलाया आदि जाता हो उसे मुख्य कर्म कहते हैं और जिसे दिया, भेजा, लिखा, सुनाया, दिखाया, बतलाया आदि जाता हो उसे गौण कर्म। गौण कर्म प्राणीवाचक होता है और उसमें 'को' परसर्ग रहता है। ऐसी अवस्था में मुख्य कर्म सदा बिना परसर्ग के रहता है।

16- *गुरुजी कृष्ण को पुस्तक देते हैं।*

17- *मैंने मित्र को पत्र लिखा।*

18- *उन्होंने मुझे/मुझको फिल्म दिखाई।*

उक्त वाक्यों में पुस्तक, पत्र और फिल्म मुख्य कर्म हैं और कृष्ण को, मित्र को, मुझे/मुझको गौण कर्म।

तेरहवाँ अभ्यास

बताएँ कि निम्नलिखित वाक्यों में कर्ताकारक और कर्मकारक कौन-कौन से पद/पदबंध हैं ?

1. गाय घास खाती है।
   (क) गाय — कर्ताकारक
   (ख) घास — कर्मकारक
2. रावण सीता को हर लाया।

   ----
3. वह मकान बेच रहा है।

   ----
4. वह कंघी कर रही है।

   ----
5. मैंने मेज पर पुस्तकें रखी थीं।

   ----
6. आप किसे पुस्तकें देंगे ?

   ----
7. आप उसे पत्र मत लिखें।

   ----
8. मैंने उसे अपनी कहानी सुनाई।

   ----
9. वह मेरा मकान खरीदेगा।

   ----
10. वह उसे अपना नया मकान दिखाएगा।

   ----
11. लता जी ने दर्शकों को गीत सुनाए।

   ----
12. आपने बच्चे को कहाँ भेजा ?

   ----
13. आप कुछ खा लें'।

   ----
14. वह हमारे घर में रहता है।

   ----
15. वह हमारे घर में काम करता है।

   ----
16. मैंने उसे नौकरी दी।

- मकान, पत्र, दर्शक, गीत, बच्चा—पुंलिंग संज्ञाएँ हैं।
- गाय, घास, कंघी, मेज, पुस्तक, कहानी—स्त्रीलिंग संज्ञाएँ हैं।
- खाना, हरना, लाना, बेचना, रखना, खरीदना, लिखना, सुनाना, दिखाना, भेजना—क्रियाएँ हैं।

14 वाक्य-विस्तार : गौण कारक

अ कर्ता और कर्म को मुख्य कारक इसलिए मानते हैं कि सामान्यतः क्रियापद की अन्विति इन्हीं में से किसी एक के लिंग, वचन तथा पुरुष से होती है; जैसे—

(क) *लड़का पुस्तक खरीदता है।*

(ख) *लड़के ने पुस्तक खरीदी।*

(ग) *लड़के पुस्तकें खरीदते हैं।*

(घ) *लड़कों ने पुस्तकें खरीदीं।*

'क' वाक्य में कर्ताकारक *'लड़का'* संज्ञा पुंलिंग अन्यपुरुष-एकवचन है इसलिए क्रियापद भी पुंलिंग-अन्यपुरुष-एकवचन है। 'ख' वाक्य में कर्मकारक *'पुस्तक'* अन्यपुरुष-स्त्रीलिंग-एकवचन है इसलिए क्रियापद भी स्त्रीलिंग-अन्यपुरुष-एकवचन है। 'ग' वाक्य में कर्ताकारक 'लड़के' पुंलिंग-अन्यपुरुष बहुवचन है इसलिए क्रियापद भी पुंलिंग-अन्यपुरुष-बहुवचन है। 'घ' वाक्य में कर्मकारक 'पुस्तकें' स्त्रीलिंग-अन्यपुरुष-बहुवचन है इसलिए क्रियापद भी स्त्रीलिंग-अन्यपुरुष-बहुवचन है।

आ कर्ता और कर्मकारकों के अतिरिक्त अन्य किसी कारक के लिंग, वचन और पुरुष का प्रभाव क्रियापद पर नहीं पड़ता। इसलिए इन्हें गौण कारक या सहकारक भी कहते हैं। ये छह हैं—करणकारक, संप्रदानकारक, अपादानकारक, संबंधकारक, अधिकरणकारक और संबोधनकारक।

इ **करणकारक**—वह नामपद जो क्रिया के साधन में सबसे अधिक सहायक हो; जैसे—

(च) *वह साइकिल से आया।*

(छ) *लड़की छुरी से सब्जी काटती है।*

'च' वाक्य में 'आना' क्रिया है। आने में सबसे अधिक सहायक हो रही है—साइकिल। 'छ' वाक्य में 'काटना' क्रिया है। काटने में सबसे अधिक सहायक हो रही है—छुरी। इस प्रकार 'साइकिल' और 'छुरी' दोनों करणकारक हुए। 'च' वाक्य में क्रिया का संपादन 'वह' कर्ताकारक सर्वनामपद पुंलिंग एकवचन-अन्यपुरुष के द्वारा हो रहा है और 'छ' वाक्य में क्रिया का संपादन 'लड़की' संज्ञापद स्त्रीलिंग अन्यपुरुष एकवचन के द्वारा। दोनों वाक्यों में—'साइकिल' या 'छुरी' नामपदों के लिंग, वचन और पुरुष से क्रियापद के लिंग, वचन और पुरुष अछूते रहे।

ई **संप्रदानकारक**—वह नामपद जिसके लिए क्रिया की जाए।

(ट) *वह गुरुजी के लिए फूल लाया।*

(ठ) *माता जी भोजन के लिए बुला रही हैं।*

(ड) *बेटी आपसे मिलने को आई है।*

'ड' वाक्य में 'को' का प्रयोग 'के लिए' के अर्थ में ही हुआ है।

उ **अपादानकारक**—वह नामपद जिससे अलगाव सूचित हो; जैसे—

- *नदी पहाड़ से निकलती है।*

नदी (कर्ताकारक); उसका किससे अलगाव होता है—*पहाड़ से*। 'पहाड़ (से)' अपादानकारक हुआ।

ऊ **संबंधकारक**—यह कारक क्रिया में योगदान नहीं करता इसलिए इसका संबंधकारक नाम भ्रामक है। संबंधकारक ऐसे नामपद को कहते हैं जिसका संबंध क्रियापद से भिन्न वाक्य के किसी अन्य पद से स्थापित हो। यह संबंध रक्त-संबंध, विवाह-संबंध, प्रेम-संबंध, स्थितिजन्य संबंध, स्वामी-सेवक संबंध भी हो सकता है, आर्थिक, व्यावसायिक, सामाजिक, विधिक, शैक्षिक आदि भी हो सकता है; जैसे—

- *राम का भाई आया है।* • *होरी गाँव का रहनेवाला था।*
- *मोहन के बेटी है।* • *वह सिनेमा के बाहर होगा।*

रेखांकित पद संबंधकारक पदबंध हैं। 'राम का' संज्ञा 'भाई' से संबंध स्थापित करता है, 'गाँव का' विशेषण 'रहनेवाला' से संबंध स्थापित करता है, 'मोहन के' अवश्य क्रियापद 'है' से संबंध स्थापित करता है। 'किसे है ?'—मोहन के। और 'सिनेमा के' क्रियाविशेषण 'बाहर' से संबंध स्थापित करता है।

इस प्रकार हम देखते हैं कि संबंधकारक का संबंध वाक्य के किसी विशिष्ट पद (संज्ञा, विशेषण, क्रियाविशेषण अथवा क्रिया) से हो सकता है। जब संबंधकारक नामपद का क्रिया से संबंध न हो तो उसे कारक मानना भ्रामक ही कहा जाएगा। उक्त कारक बृहत् पदबंध का अंग होता है इसलिए इसे कारक रूप में उल्लेख करने की आवश्यकता नहीं होती। हाँ 'मोहन के' यथार्थतः संबंधकारक है जो क्रियापद 'है' से संबद्ध है।

ऋ **अधिकरणकारक**—वह नामपद होता है जिससे आधार सूचित हो; जैसे—

- *लड़का घर में रहता है।* • *पुस्तक मेज पर पड़ी थी।*

ए **संबोधनकारक**—जिस पद के द्वारा किसी को संबोधित किया जाए, वह संबोधनकारक; जैसे—

- *रमेश, तुम जाओ।*

रमेश संबोधनकारक है, परंतु नाम ही के लिए। यहाँ क्रिया का संपादन 'तुम' कर्ता करता है—*तुम जाओ*।

ध्यान दें—रमेश तो अन्य पुरुष एकवचन है इसके साथ अन्य पुरुष एकवचन क्रिया रूप 'जाए' आना चाहिए था। 'रमेश' संबोधनकारक का संबंध 'तुम' सर्वनाम का ध्यान आकृष्ट करना भर है। वस्तुतः संबंधकारक की तरह इसे भी कारक मानना भ्रामक है।

चौदहवाँ अभ्यास

निम्नलिखित वाक्यों में आए कारकों का उल्लेख करें—

1. राम कमरे में पुस्तक पढ़ रहा है।
   — राम—कर्ताकारक
   — कमरे में—अधिकरणकारक
   — पुस्तक—कर्मकारक
2. मोहन कप में चाय पीता था।
3. आप कटोरी में सब्जी डाल दें।
4. पिताजी काम से गए होंगे।
5. रानी दुविधा में है।
6. उसके हाथ में झंडा था।
7. वह पेंसिल से चित्र बनाएगा।
8. यात्री जहाज से उतरेंगे।
9. आज विद्यालय में छुट्टी है।
10. उसने अपने बाल सँवारे थे।
11. मोबाइल काम कर रहा है।
12. मैं धूप में चश्मा लगाता हूँ।
13. आप किसके लिए घड़ी लाए हैं?
14. वह एक हाथ से गाड़ी चला रहा था।
15. वह परीक्षा में उत्तीर्ण नहीं हुआ।

- कप, पिता, काम, हाथ, झंडा, यात्री, जहाज, चित्र, विद्यालय, बाल, मोबाइल, चश्मा, हाथ—पुंलिंग संज्ञाएँ हैं।
- चाय, कटोरी, सब्जी, रानी, दुविधा, पेंसिल, छुट्टी, घड़ी, गाड़ी, परीक्षा—स्त्रीलिंग संज्ञाएँ हैं।
- उत्तीर्ण—विशेषण है।
- आज—क्रियाविशेषण है।
- पीना, पढ़ना, डालना, देना, खाना, उतरना, बनाना, सँवारना, करना, लगाना, लाना, चलाना—क्रियाएँ हैं।

15 वाक्य-विस्तार : कारक और परसर्ग

अ गौणकारकों की पहचान उनके साथ प्रयुक्त होनेवाले परसर्गों से हो जाती है :

आ **करणकारक**—से।

- *बच्चे गेंद से खेल रहे हैं।*
(कर्ताका०) (करणका०)

गेंद ही 'खेलना' क्रिया में सबसे अधिक सहायक है।

इ **संप्रदानकारक**—के लिए, को।

- *मैं पुस्तक खरीदने के लिए आया था।*
(कर्ताका०) (कर्मका०) (संप्रदानका०)
- *वे आपसे मिलने को आए हैं।*
(कर्ताका०) (करणका०) (संप्रदानका०)

ई **अपादानकारक**—से।

- *आम पेड़ से गिरता है।*
(कर्ताका०) (अपादानका०)

उ **संबंधकारक**—(i) 'का' यह विकारी परसर्ग है। आकारांत विशेषणों की तरह इसके एकारांत और ईकारांत रूप 'के' और 'की' होते हैं। इसलिए इसे विशेषणीय परसर्ग या विशेषण परसर्ग भी कहते हैं।

(क) *कमरे का दरवाजा खुला है।*
(ख) *कमरे के दरवाजे खुले हैं।*
(ग) *कमरे की खिड़की खुली है।*
(घ) *कमरे की खिड़कियाँ खुली हैं।*
(च) *मैंने कमरे का दरवाजा खोला है।*
(छ) *मैंने कमरे के दरवाजे खोले।*
(ज) *मैंने कमरे की खिड़की खोली।*
(झ) *मैंने कमरे की खिड़कियाँ खोलीं।*

रेखांकित पद संबंधकारक हैं।

क-घ वाक्यों में संबंधकारक बृहत् संज्ञा पदबंध का अंग है। और च-झ वाक्यों में भी संबंधकारक बृहत् संज्ञा पदबंध का अंग है। अत: संबंधकारक का अलग से उल्लेख करने की आवश्यकता नहीं पड़ती। यहाँ ध्यान रखें कि प्रस्तुत स्थिति में 'का' परसर्ग के ही 'की' और 'के' विकारी रूप हैं।

का—किसी नामपद को एकवचन परसर्गरहित पुंलिंग संज्ञापद से जोड़ता है।

की—किसी नामपद को एकवचन अथवा बहुवचन स्त्रीलिंग संज्ञा से जोड़ती है।

के—(i) (क) किसी नामपद को बहुवचन पुंलिंग संज्ञापद से जोड़ता है।

(ख) किसी नामपद को एकवचन परसर्गयुक्त संज्ञापद से जोड़ता है; जैसे—

- *वह कमरे के दरवाजे से निकला।*

(ii) संबंधकारक का सूचक 'के' परसर्ग संज्ञापद को क्रियापद से भी जोड़ता है; जैसे—

- *राम के लड़का है।*
- *राम के लड़की है।*
- *राम के लड़के हैं।*
- *राम के लड़कियाँ हैं।*

रेखांकित पद संबंधकारक है।

उक्त वाक्यों में 'के' राम को क्रियापद से जोड़ रहा है। क्रियापदों को जोड़नेवाला 'के' अविकारी परसर्ग है।

- *उसके बेटी हैं।*
- *उसके मकान हैं।*
- *उसके कई बगीचे थे।*

ऐसे अवसरों पर संबंधकारक का उल्लेख आवश्यक है।

(iii) 'के' इसी प्रकार संज्ञापद को क्रियाविशेषण या विशेषण से जोड़ता है।

- *लड़का घर के बाहर बैठा था।*
(क्रियाविशेषण पदबंध)
- *लड़की घर के आगे खेल रही है।*
(क्रियाविशेषण पदबंध)
- *यह स्थिति उनके अनुकूल नहीं।*
(विशेषण पदबंध)

उक्त वाक्यों में संबंधकारक बृहत् पदबंध का अंग हैं। अत: यहाँ भी संबंधकारक का उल्लेख करने की आवश्यकता नहीं।

ऊ **अधिकरणकारक**—में, पर

- *लड़का घर में रहता है।*
- *कमीज़ दीवार पर टँगी है।*

ऋ **संबोधनकारक**—इसमें परसर्ग नहीं आता। इसका उल्लेख आवश्यक है बल्कि यह उल्लेख करना भी आवश्यक है कि यह किस कर्ता को इंगित कर रहा है; जैसे—

उद्देश्य

- *मोहन, तुम वहाँ चले जाओ।*
(संबोधनका०) (कर्ताका०)
- *माता जी, आप शांत रहें।*
(संबोधनका०) (कर्ताका०)

ए संबोधनकारक में आकारांत पुंलिंग संज्ञा तिर्यक् अर्थात् एकारांत हो जाती है।

- *फलवाले, तुम कल क्यों नहीं आए थे?*

ऐ संबोधनकारक में संज्ञाओं के बहुवचन रूप 'ओ' या 'यो' प्रत्यय के योग से बनते हैं :

- *मित्रो, आप मेरी प्रार्थना सुनें।*
- *बहनो और भाइयो, आप जल्दी न करें।*

पंद्रहवाँ अभ्यास

विभिन्न कारकों का उल्लेख करें-

1. <u>श्याम</u> <u>गाड़ी से</u> जा रहा है।

   श्याम — कर्ताकारक

   गाड़ी से — करणकारक

2. मैंने घड़ी कमरे में रखी थी।

   ----

3. तुम कॉपी में मत लिखा करो।

   ----

4. वह अपनी बहन के लिए दवा लाया।

   ----

5. आप कुएँ से पानी निकाल लें।

   ----

6. फलवाले, तुम ताजा फल लाया करो।

   ----

7. वह मैदान में फुटबॉल खेल रहा था।

   ----

8. शेरसिंह मुहल्ले से चला गया है।

   ----

9. नल में पानी आ रहा है।

   ----

10. उसके मन में ईर्ष्या थी।

    ----

11. वह कुर्सी पर बैठेगा।

    ----

12. बंदर ने अखबार फाड़ डाला।

    ----

13. उसके दो लड़के हैं।

    ----

14. उसके हाथ में झंडा है।

    ----

15. मैं कार से नगर में जाऊँगा।

- कमरा, मुहल्ला, कुआँ, पानी, फलवाला, फल, मैदान, फुटबॉल, नल, मन, बंदर, अखबार, लड़का, हाथ, झंडा, नगर—पुंलिंग संज्ञाएँ हैं।
- गाड़ी, घड़ी, कापी, दवा, ईर्ष्या, कुर्सी, कार—स्त्रीलिंग संज्ञाएँ हैं।
- रखना, चलना, निकालना, लेना, लाना, बैठना, रहना, फाड़ना, डालना, जाना—क्रियाएँ हैं।

16 वाक्य-विस्तार : कारक और उद्देश्य-विधेय

अ सामान्यत: कर्ताकारक उद्देश्य होता है और अन्य कारक विधेय का अंग होते हैं :

उद्देश्य	विधेय-विस्तार		विधेय
1. *कवि*	*अपनी कविता*		*सुनाता है।*
{संज्ञापद {कर्ताकारक	{संज्ञा पदबंध {कर्मकारक		क्रि० पदबंध
2. *विद्यार्थी*	*कक्षा में*	*पुस्तक*	*पढ़ता है।*
{संज्ञापद {कर्ताकारक	{संज्ञा पदबंध {अधि०का०	{संज्ञापद {कर्मका०	क्रि० पदबंध
3. *मेरी माँ*	*मेरी बात*	*अवश्य*	*सुनेगी*
{संज्ञा पदबंध {कर्ताकारक	{संज्ञा पदबंध {कर्मकारक	{क्रिवि०पद	क्रियापद

विधेय-विस्तार	उद्देश्य	विधेय
4. *आकाश में*	*तारे*	*चमक रहे हैं।*
{संज्ञा पदबंध {अधिकरण०	{संज्ञापद {कर्ताकारक	क्रिया पदबंध
5. *मेरी कमर में*	*दर्द*	*है।*
{संज्ञा पदबंध {अधिकरण०	{संज्ञापद {कर्ताकारक	क्रियापद
6. *ताजमहल का निर्माण*	*शाहजहाँ ने*	*किया।*
{संज्ञा पदबंध {कर्मकारक	{संज्ञा पदबंध {कर्ताकारक	क्रियापद

आ कर्ताकारक और कर्मकारक की पहचान उस समय सरलता से हो जाती है जब उनमें क्रमश: *'ने'* और *'को'* परसर्ग हों; जैसे—

- *लड़के ने साँप को मारा।*

लड़के ने—कर्ताकारक; मारनेवाला—लड़का।

साँप को—कर्मकारक; मारना क्रिया का फल साँप पर ही तो पड़ा। [मारा जानेवाला—साँप]

इ परंतु दुविधा तब होती है जब कर्ता और कर्म परसर्गरहित होते हैं; जैसे—

- *लड़का भैंस दूहता है।*

परिभाषा के अनुसार *'दूहना'* क्रिया करनेवाला *लड़का* (संज्ञापद) कर्ताकारक हुआ और कर्ता द्वारा *'दूहना'* क्रिया का प्रभाव *'भैंस'* (संज्ञापद) पर पड़ा। अत: *'भैंस'* कर्मकारक हुआ।

ई कुछ क्रियाओं के साथ दो-दो कर्म आते हैं—देना, लिखना, भेजना, पहनाना, दिखाना, सुनाना आदि। फलत: ये द्विकर्मक क्रियाएँ हैं—

- *उसने मुझको साइकिल दी।*
- *मैं राम को पत्र लिखूँगा।*
- *पिताजी उसको रुपए भेजेंगे।*

द्विकर्मक क्रियाओं का मुख्य कर्म परसर्ग-रहित और गौण कर्म 'को' परिसर्ग से युक्त होता है। सामान्यतया प्राणी का सूचक संज्ञापद गौण कर्म और वस्तु का सूचक संज्ञापद मुख्य कर्म होता है। दोनों कर्म विधेय का अंग होते हैं।

उ कर्ता (क्रिया को करनेवाला) ही उद्देश्य होता है। ध्यान रहे कि भोक्ता (क्रिया से प्रभावित होनेवाला) कर्ता नहीं होता। जिसे अनुभूति हो वह भी भोक्ता होता है, कर्ता नहीं; जैसे—

- *मुझको भूख लगी है।*

कर्तृवाचक कृदंत से हम कर्ता का पता लगा सकते हैं। यहाँ मुख्य क्रिया *'लगना'* है। इससे कर्तृवाचक कृदंत बनेगा—लगनेवाला। लगनेवाली क्या?—भूख। 'भूख' संज्ञापद ही कर्ताकारक है।

इस वर्ग की कुछ अन्य क्रियाएँ हैं—होना, चुभना, आना, मिलना, खलना आदि।

- *मुझे/मुझको दुख होगा।*
- *उसे/उसको काँटा चुभा।*
- *उन्हें/उनको हमारी बातें खलीं।*

यहाँ मैं, वह या वे (मुझे, उसे तथा उन्हें के मूल रूप) क्रिया नहीं करते। इन्हें क्रिया की अनुभूति होती है—भोक्ता हैं। उक्त वाक्यों में *दुख, काँटा* और *हमारी बातें* पदबंध ही कर्ताकारक हैं। कर्ता कौन है, इसका उत्तर संबद्ध क्रिया से बने कर्तृवाच्य कृदंत से प्राप्त होता है :

होना — होनेवाला — दुख।
चुभना — चुभनेवाला — काँटा।
खलना — खलनेवाली — हमारी बातें।

सोलहवाँ अभ्यास

कारकों का विवरण दें -

1. उच्च न्यायालय ने अधीनस्थ न्यायालयों को आदेश भेजा है।
   — उच्च न्यायालय ने — कर्ताकारक
   — अधीनस्थ न्यायालयों को — गौण कर्मकारक
   — आदेश — मुख्य कर्मकारक
2. आप मेरी कलम में स्याही भर दें।

   ----
3. आप मेरे पिताजी को यह संवाद पहुँचा दें।

   ----
4. उसने पेट्रोल अपनी गाड़ी में डलवाया है।

   ----
5. उसके पेट में गोली लगी।

   ----
6. उसने सिर पर पगड़ी बाँधी थी।

   ----
7. घर का कोई नया समाचार नहीं आया।
   ----
8. बुखार से उसका सिर दुखता है।

   ----
9. वह मुझे अपनी साइकिल दे देगा।

   ----
10. उस प्रदेश में हवा में ठंडक थी।

    ----
11. सूरज की किरणें कमरे में आ रही हैं।

    ----
12. उसके गले में फोड़ा निकला है।

    ----
13. उसने मेरी पुस्तक पर अपना नाम लिखा।

    ----
14. मुझे उनका व्यवहार खला।

    ----
15. इस कारखाने में रेडियो बनते हैं।

    ----
16. उसने मुझे धक्का दिया।

- न्यायालय, आदेश, संवाद, पेट्रोल, पेट, सिर, घर, समाचार, प्रदेश, बुखार, सूरज, गला, फोड़ा, नाम, व्यवहार, कारखाना, रेडियो, धक्का—पुंलिंग संज्ञाएँ हैं।
- कलम, स्याही, गाड़ी, गोली, पगड़ी, साइकिल, हवा, ठंडक, किरणें, पुस्तक—स्त्रीलिंग संज्ञाएँ हैं।
- उच्च, अधीनस्थ, नया—विशेषण हैं।
- भरना, पहुँचाना, डलवाना, लगना, बँधना, मिलना, दुखना, आना, निकलना, लिखना, खलना—क्रियाएँ हैं।

17 वाक्य-विस्तार—पूरक और समानाधिकरण

अ नामपद का प्रयोग कारक के अतिरिक्त पूरक तथा समानाधिकरण के रूप में भी होता है।

आ ऐसे नामपद को पूरक कहते हैं जो उद्देश्य के बाद आता है, उसी का सूचक होता है परंतु होता है विधेय का विस्तार अर्थात् अंग; जैसे—

- *होरी किसान था।*
- *मैं डॉक्टर बनूँगा।*

उक्त वाक्यों में 'होरी' और 'मैं' क्रमशः उद्देश्य हैं। 'किसान' (नामपद) होरी उद्देश्य के बाद प्रयुक्त हुआ है और उसी का वाचक भी है। इसी प्रकार 'डॉक्टर' (नामपद) 'मैं' उद्देश्य के बाद आया है और उसी का परिचायक भी है। किसान और डॉक्टर दोनों विधेय के अंग हैं; जैसे—

उद्देश्य	विधेय	
	पूरक	क्रियापद
होरी	किसान	था।
मैं	डॉक्टर	बनूँगा।
नरगिस	अभिनेत्री	थी।

इ पूरक नामपदबंध के स्थान पर प्रयुक्त विशेषण पद को भी पूरक कहते हैं; जैसे—

उद्देश्य	विधेय	
	पूरक	क्रियापद
रमेश	विचारशील	है।
रमा	सुंदर	होगी।
बुढ़िया	चतुर	थी।

ई विधेय रूप में प्रयुक्त उस विशेषण पद को भी पूरक कहते हैं जो कर्म के बाद और क्रियापद से पहले हो :

उद्देश्य	विधेय		
	कर्म	पूरक	क्रियापद
राष्ट्रपति	वैज्ञानिकों को	सम्मानित	करेंगे
उसने	दरवाज़ा	बंद	कर दिया।

उ किसी नामपदबंध के बाद प्रयुक्त होनेवाले उस नामपद को समानाधिकरण कहते हैं जो उसी का वाचक तो हो ही, साथ ही जिसकी कारकीय स्थिति भी वही हो;जैसे—

- *भारत के राष्ट्रपति अब्दुल कलाम चेन्नई में रहते थे।*
- *मैं रामनाथ गुप्ता ईश्वर की शपथ लेता हूँ।*
- *कंस ने अपने पिता उग्रसेन को जेल में रखा।*
- *लड़का अपने भाई मनोहर के लिए दवा लेने गया है।*

'भारत के राष्ट्रपति' उद्देश्य है और उसी का ही वाचक 'अब्दुल कलाम' नामपदबंध भी उद्देश्य है।

उद्देश्य	अधिकरणका०	क्रियापद
भारत के राष्ट्रपति	चेन्नई में	रहते थे।
अब्दुल कलाम	चिन्नै में	रहते थे।

अतः 'अब्दुल कलाम' को हम 'भारत के राष्ट्रपति' का समानाधिकरण कहेंगे। यदि उद्देश्य में परसर्ग की आवश्यकता होती है तो उसे समानाधिकरण के बाद रखते हैं अर्थात् दोनों एक ही परसर्ग से शासित होते हैं; जैसे—

- *भारत के राष्ट्रपति अब्दुल कलाम ने चेन्नई की यात्रा की।*

उद्देश्य	कर्मकारक	क्रियापद
भारत के राष्ट्रपति(ने)	चेन्नई की यात्रा	की।
अब्दुल कलाम ने	चिन्नै की यात्रा	की।

दूसरे वाक्य में 'मैं' नामपद का ही वाचक है 'रामनाथ गुप्ता' पदबंध। 'रामनाथ गुप्ता' इसलिए 'मैं' का समानाधिकरण है क्योंकि यह भी 'मैं' की तरह कर्ताकारक में है।

तीसरे वाक्य में 'अपने पिता (को)' और 'उग्रसेन को' दोनों कर्मकारक हैं। उग्रसेन 'अपने पिता' का ही वाचक भी है, अतः समानाधिकरण है।

उद्देश्य	विधेय		
	कर्मकारक	अधि०का०	क्रियापद
कंस ने	अपने पिता (को)	जेल में	रखा
कंस ने	उग्रसेन को	जेल में	रखा

चौथे वाक्य में 'मनोहर' नामपद 'अपने भाई' का वाचक है तथा कारकीय दृष्टि से दोनों संप्रदानकारक हैं; जैसे—

उद्देश्य	विधेय		
	संप्रदानकारक	कर्म	क्रियापद
लड़का	अपने भाई (के लिए)	दवा लेने	गया
लड़का	मनोहर के लिए	दवा लेने	गया

ऊ उद्देश्य और समानाधिकरण या पूरक में से यदि कोई परसर्ग-रहित सर्वनाम हो, तो क्रियापद सर्वनाम के पुरुष के अनुसार होगा परंतु लिंग और वचन संज्ञापद के अनुसार; जैसे—

- *मैं भारत का सेनापति आपको नमस्कार करता हूँ।*
- *भारत की प्रथम महिला प्रधानमंत्री मैं आपको नमस्कार करती हूँ।*

सत्रहवाँ अभ्यास

नामपदों का पूर्ण विवरण दें -

1. जमींदार का बेटा रामसिंह डॉक्टर है।

उद्देश्य		विधेय	
जमींदार का बेटा	रामसिंह	डाक्टर	है।
कर्ताकारक	समानाधि०	पूरक	
नाम पदबंध	नामपद	नामपद	क्रियापद
पुंलिंग-एकवचन	पुंलिंग-	पुंलिंग-एकवचन-	
अन्यपुरुष	एकवचन-	अन्यपुरुष	
	अन्यपुरुष		

2. लक्ष्मी अपने भाई कमलनाथ से मिली।

उद्देश्य	विधेय		
लक्ष्मी	अपने भाई	कमलनाथ से	मिली।
कर्ताकारक	करणकारक	समानाधिकरण	क्रियापद
नामपद	नामपदबंध		
स्त्रीलिंग	'कमलनाथ' अपने भाई का		
एकवचन	समानाधिकरण है।		

'अपना' सर्वनाम तिर्यक् विशेषण रूप में है।
'भाई' पुंलिंग एकवचन जातिवाचक संज्ञा है।
'कमलनाथ' पुंलिंग एकवचन व्यक्तिवाचक संज्ञा है।
'से' करणकारक का परसर्ग है।

3. प्रधानमंत्री मनमोहन सिंह आज वक्तव्य देंगे।

4. हम बादल को मेघ कहते हैं।

5. अब्दुल कलाम हमारे राष्ट्रपति हैं।

6. सांसदों ने बहुमत से सोनिया जी को नेता चुना।

7. अर्थमंत्री चिदंबरम ने अपना पहला बजट प्रस्तुत किया।

8. मैं दीनानाथ इस मकान का मालिक हूँ।

9. मेरी पत्नी मीरा लखनऊ में है।

10. डाकिया मेरे भाई का पत्र लाया है।

18 क्रियापद और काल

अ क्रियापद किसी कार्य, घटना या स्थिति के साथ-साथ काल का सूचक भी होता है; जैसे—

- *लड़का आता है।*
- *लड़की आई।*
- *विद्यार्थी आएँगे।*

उक्त तीनों वाक्यों में 'आना' क्रिया का व्यापार *आता है, आई* और *आएँगे* पदों के द्वारा सूचित हो रहा है। *'आता है'* वर्तमानकाल का सूचक है, *'आई'* भूतकाल का और *'आएँगे'* भविष्यकाल का। अतः ये तीनों क्रियापद हैं।

आ हिंदी क्रियापद मुख्यतः धातु, कृदंत तथा सहायक क्रिया के रूप में होते हैं; जैसे—

- *तू जा।* (धातु)
- *वह आया।* (कृदंत)
- *वह विद्यार्थी है।* (सहायक क्रिया)

इ बोलचाल में स्वीकार की जानेवाली आना, जाना, पढ़ना, लिखना, पढ़ाना, लिखाना, सुनाना आदि क्रियाओं से अंतिम 'ना' प्रत्यय को हटा देने से धातु रूप रह जाता है। धातु भी क्रियापदों के रूप में प्रयुक्त होते हैं; जैसे—

- *तू आ।* • *तू जा।* • *तू देख।*
- *तू पढ़।* • *तू लिख।* • *तू सुन।*
- *तू पढ़ा।* • *तू लिखा।* • *तू सुना।*

ई धातुओं में प्रत्यय लगने से कृदंत बनते हैं। पाँच तरह के कृदंत क्रियापदों की तरह प्रयुक्त होते हैं :

(1) वर्तमानकालिक कृदंत या वर्तमान कृदंत
(2) भूतकालिक कृदंत या भूतकृदंत
(3) भविष्यकालिक कृदंत या भविष्य कृदंत
(4) क्रियार्थक कृदंत या क्रियार्थ कृदंत
(4) विध्यर्थक कृदंत या विध्यर्थ कृदंत

> कृदंतों के दो भेद और भी हैं—कर्तृवाचक कृदंत और पूर्वकालिक कृदंत। परंतु ये क्रिया के रूप में प्रयुक्त नहीं होते।

उ वर्तमानकालिक कृदंत धातु में 'ता' प्रत्यय लगने से बनते हैं :

आ + ता = आता; जा + ता = जाता

- *वह कभी-कभी यहाँ आता।*
- *मैं भी कभी उनके यहाँ जाता।*

ऊ भूतकालिक कृदंत धातु में सामान्यतः (क) 'आ' प्रत्यय के योग से बनाए जाते हैं परंतु यदि धातु का अंतिम स्वर दीर्घ हुआ तो (ख) 'य' की श्रुति होती है, जैसे—

(क) पढ़ + आ = पढ़ा, लिख + आ = लिखा
(ख) आ + य + आ = आया, खा + य + आ = खाया

- *उसने पत्र पढ़ा।*
- *वह घर आया।*

ऋ भविष्यकालिक कृदंत धातु में 'एगा' प्रत्यय के योग से बनते हैं, जैसे—

पढ़ + एगा = पढ़ेगा, लिख + एगा = लिखेगा।

- *वह पत्र लिखेगा।*
- *वह पुस्तक पढ़ेगा।*

ए क्रियार्थक कृदंत धातु में 'ना' प्रत्यय के योग से बनते हैं-

आ + ना = आना; जा + ना = जाना।

- *तुम कल आना।*
- *आप वहाँ मत जाना।*
- *तू अवश्य पढ़ना।*

ये क्रियार्थक कृदंत आकारांत पुंलिंग क्रियार्थक संज्ञाओं की तरह भी प्रयुक्त होते हैं; जैसे—

(क) वहाँ हमारा जाना कठिन है।
(ख) वहाँ जाने के लिए गाड़ी चाहिए।

क-वाक्य में 'हमारा जाना' संज्ञा पदबंध कर्ताकारक है।

ख-वाक्य में 'जाने के लिए' संज्ञा पदबंध है और संप्रदानकारक है।

ऐ विध्यर्थक कृदंत धातु में 'ए' प्रत्यय के योग से बनते हैं; जैसे—

जा + ए = जाए, पढ़ + ए = पढ़े।

- *वह वहाँ कल जाए।*
- *वह आगे अवश्य पढ़े।*

ओ धातुओं, कृदंतों और सहायक क्रियाओं के परस्पर योग से अनेक प्रकार के क्रियापदबंध बनते हैं; जैसे—

- *वह आता है।* वर्तमान कृदंत + सहायक क्रिया
- *वह आया था।* भूतकृदंत + सहायक क्रिया
- *वह आ रहा है।* धातु + कृदंत + सहायक क्रिया
- *पानी बहता रहा।* कृदंत + कृदंत
- *मन करता रहता है।* कृदंत + कृदंत + सहायक क्रिया

औ 'है' और 'था' हिंदी की दो सहायक क्रियाएँ हैं जो होती तो हैं क्रियापदों के निर्माण में सहायक ही। परंतु स्वतंत्र रूप से प्रयुक्त होने पर क्रियापद का रूप भी धारण करती हैं; जैसे—

- *आदमी चतुर है।* • *लड़का कमजोर था।*

अठारहवाँ अभ्यास

निम्नलिखित धातुओं से कृदंत बनाइए -

	धातु	वर्तमान कृदंत	भूतकृदंत	भविष्य कृदंत	क्रियार्थक कृदंत	विध्यर्थक कृदंत
1.	पढ	पढता	पढा	पढेगा	पढना	पढे
2.	खेल	----------	----------	----------	----------	----------
3.	लिख	----------	----------	----------	----------	----------
4.	आ	----------	----------	----------	----------	----------
5.	जा	----------	----------	----------	----------	----------
6.	सो	----------	----------	----------	----------	----------
7.	बैठ	----------	----------	----------	----------	----------
8.	देख	----------	----------	----------	----------	----------
9.	सुन	----------	----------	----------	----------	----------
10.	उठ	----------	----------	----------	----------	----------
11.	गिर	----------	----------	----------	----------	----------
12.	भेज	----------	----------	----------	----------	----------
13.	ला	----------	----------	----------	----------	----------
14.	खा	----------	----------	----------	----------	----------
15.	डाल	----------	----------	----------	----------	----------
16.	पहन	----------	----------	----------	----------	----------
17.	चल	----------	----------	----------	----------	----------
18.	चला	----------	----------	----------	----------	----------
19.	उड़	----------	----------	----------	----------	----------
20.	उड़ा	----------	----------	----------	----------	----------
21.	खिला	----------	----------	----------	----------	----------
22.	सुना	----------	----------	----------	----------	----------
23.	पढ़ा	----------	----------	----------	----------	----------
24.	बुला	----------	----------	----------	----------	----------
25.	पहना	----------	----------	----------	----------	----------

19 क्रियापदबंध : वर्तमान कृदंत + है

अ जब क्रिया में एक से अधिक अवयव हों तो उसे क्रिया पदबंध कहते हैं; जैसे—

- *वह आया।* (क्रियापद)
- *वह आया है।* (क्रियापदबंध)
- *लड़की चतुर है।* (क्रियापद)
- *लड़की हँस रही है।* (क्रियापदबंध)

आ कृदंत और सहायक क्रियाएँ दोनों विकारी होते हैं।

इ वर्तमान कृदंत और वर्तमान सहायक क्रिया के योग से बने क्रिया पदबंध **सामान्य वर्तमान काल** के सूचक होते हैं। उद्देश्य/कर्ता के लिंग, वचन और पुरुष के अनुसार इनमें परिवर्तन होता है, जिसे इस प्रकार प्रस्तुत करते हैं :

उद्देश्य/कर्ता	पुंलिंग एकवचन		स्त्रीलिंग एकवचन	
अन्य पुरुष	वह	आता है	वह	आती है
मध्यम पुरुष	तू	आता है	तू	आती है
उत्तम पुरुष	मैं	आता हूँ	मैं	आती हूँ

उद्देश्य	पुंलिंग बहुवचन		स्त्रीलिंग बहुवचन	
अन्य पुरुष	वे	आते हैं	वे	आती हैं
मध्यम पुरुष	(i) तुम	आते हो	तुम	आती हो
	(ii) आप	आते हैं	आप	आती हैं
उत्तम पुरुष	हम	आते हैं	हम	आती हैं

ई उद्देश्य/कर्ता के रूप में प्रयुक्त सर्वनाम के पुरुष-लिंग-वचन के विचार से जिस क्रियापद का प्रयोग होता है उसे भी उसी पुरुष-लिंग-वचन से जाना जाता है; जैसे—

आता है— (i) अन्य पुरुष, पुंलिंग, एकवचन
(ii) मध्य पुरुष, पुंलिंग, एकवचन

आती है— (i) अन्य पुरुष, स्त्रीलिंग, एकवचन
(ii) मध्य पुरुष, स्त्रीलिंग, एकवचन

आता हूँ— उत्तम पुरुष, पुंलिंग, एकवचन

आती हूँ— उत्तम पुरुष, स्त्रीलिंग, एकवचन

आते हैं— (i) अन्य पुरुष, पुंलिंग, बहुवचन
(ii) मध्यम पुरुष (आप), पुंलिंग, बहुवचन
(iii) उत्तम पुरुष, पुंलिंग, बहुवचन

आते हो— मध्यम पुरुष (तुम), पुंलिंग, बहुवचन

आती हो— मध्यम पुरुष (तुम), स्त्रीलिंग, बहुवचन

आती हैं— (i) अन्य पुरुष, स्त्रीलिंग, बहुवचन
(ii) मध्यम पुरुष (आप), स्त्रीलिंग, बहु०
(iii) उत्तम पुरुष, स्त्रीलिंग, बहुवचन

उ उद्देश्य/कर्ता यदि संज्ञापद हो तो क्रियापद अन्य पुरुष सर्वनाम के अनुसार होंगे; जैसे—

वह	आता है	लड़का	आता है
वह	आती है	लड़की	आती है
वे	आते हैं	लड़के	आते हैं
वे	आती हैं	लड़कियाँ	आती हैं

अर्थात् संज्ञा पुंलिंग एकवचन (लड़का) 'वह' सर्वनाम (पुं०-एक०-अन्य पुरुष) के अनुसार, संज्ञा स्त्रीलिंग एकवचन (लड़की) 'वह' सर्वनाम (स्त्री०-एक०-अन्य पुरुष) के अनुसार, संज्ञा पुंलिंग बहुवचन (लड़के) 'वे' सर्वनाम (पुं०-बहु०-अन्य पुरुष) के अनुसार और संज्ञा-स्त्रीलिंग बहुवचन (लड़कियाँ) वे (स्त्री०-बहु०-अन्य पुरुष) के अनुसार क्रियापद ग्रहण करेंगे।

ऊ सामान्य वर्तमानकाल सूचक क्रिया पदबंध ऐसे कार्यों के सूचक होते हैं :

(1) जो नियमित रूप से होते हों; जैसे—
- *सूर्य दिन में निकलता है।*
- *तारे रात में चमकते हैं।*
- *26 जनवरी को बाजार बंद रहता है।*

(2) जो प्राय: होते हों; जैसे—
- *मैं दैनिक हिंदुस्तान अखबार पढ़ता हूँ।*
- *मेरा भाई दस बजे दफ्तर जाता है।*

ऐसे कार्यों में नागा या व्यवधान संभव है।

(3) जिनके संबंध में कोई संदेह या दुविधा न हो; जैसे—
- *वह सच बोलता है।*
- *वह चोरी करता है।*

(4) जो किसी आदेश या प्रश्न के उत्तर के रूप में तत्काल पालन की स्वीकृति के सूचक हों; जैसे—
- *आदेश -वहाँ चले जाओ। उत्तर-अभी जाता हूँ।*
- *प्रश्न -तुमने उसे फोन किया? उत्तर-अभी करता हूँ।*

(5) किसी पुरानी घटना की सजीव प्रस्तुति करते समय सामान्य वर्तमान काल का प्रयोग होता है; जैसे—

(रंगमंच पर) *परदा उठता है। सम्राट अकबर गद्दी पर विराजमान होते हैं। परिचारिकाएँ पंखे डुलाती हैं।*

ऋ 'नहीं' निपात का प्रयोग होने पर वर्तमान सहायक क्रिया का प्राय: लोप होता है; जैसे—
- *वह पुस्तक पढ़ता है। वह पुस्तक नहीं पढ़ता।*
- *हम क्रिकेट खेलते हैं। हम क्रिकेट नहीं खेलते।*

ए 'क्या' निपात के द्वारा वाक्य को प्रश्नवाचक बनाते हैं; जैसे—
- *क्या वह आता है?* — *हाँ, वह आता है।* — *नहीं, वह नहीं आता।*
- *क्या वह पुस्तक पढ़ता है?* — *हाँ, वह पुस्तक पढ़ता है।* — *नहीं, वह पुस्तक नहीं पढ़ता।*

उन्नीसवाँ अभ्यास

I. निम्नलिखित वाक्यों में प्रयुक्त एकवचन पुंलिंग नामपदों को बहुवचन रूप दें और क्रियापदों में आवश्यक परिवर्तन भी करें -

1. विद्यार्थी खेलता है।
   — विद्यार्थी खेलते हैं।
2. लड़की पुस्तक पढ़ती है।
   ----
3. लड़का पुस्तक पढ़ता है।
   ----
4. आदमी छाता खरीदता है।
   ----
5. वह मुझसे बात करता है।
   ----
6. हंस सरोवर में तैरता है।
   ----
7. पक्षी आकाश में उड़ता है।

II. निम्नलिखित वाक्यों के कर्ता को मध्यम पुरुष (क) एकवचन तथा (ख) बहुवचन में बदलें और उसके अनुसार क्रियापद में परिवर्तन करें -

1. वह काम करता है।
   — (अ) तू काम करता है।
   — (आ) तुम काम करते हो।
   — (इ) आप काम करते हैं।
2. मैं पतंग उड़ाता हूँ।

   ----
3. वह खूब पढ़ती है।

   ----
4. हम सिनेमा देखती हैं।

   ----
5. दर्जी सिलाई करते हैं।

   ----
6. मजदूर बोझ उठाते हैं।

   ----
7. लड़की नाचती है।

III. पहले 'हाँ' में फिर 'नहीं' में उत्तर दें—

1. क्या वह पढ़ता है ?
   — (अ) हाँ, वह पढ़ता है।
   — (आ) नहीं, वह नहीं पढ़ता।
2. क्या आप सिग्रेट पीते हैं ?

   ----
3. क्या गाड़ी चलती है ?

   ----
4. क्या वे टेनिस खेलते हैं ?

   ----
5. क्या लड़की रोटी पकाती है ?

- विद्यार्थी, आदमी, छाता, हंस, सरोवर, पक्षी, आकाश, काम, सिनेमा, दर्जी, मजदूर, बोझ, सिग्रेट, टेनिस—पुंलिंग संज्ञाएँ हैं।
- लड़की, पुस्तक, बात, पतंग, सिलाई, गाड़ी—स्त्रीलिंग संज्ञाएँ हैं।
- खूब—क्रियाविशेषण है।
- खेलना, पढ़ना, खरीदना, करना, तैरना, उड़ना, देखना, उठाना, नाचना, चलना—क्रियाएँ हैं।

20 क्रियापदबंध : वर्तमान कृदंत+था और होगा

अ वर्तमान कृदंत और भूतकालिक सहायक 'था' क्रिया के योग से बननेवाले क्रिया पदबंध **अपूर्ण भूतकाल** के सूचक होते हैं।

आ अपूर्ण भूतकाल के क्रिया पदबंधों में उद्देश्य/कर्ता के लिंग, वचन, पुरुष के अनुसार निम्नलिखित ढंग से परिवर्तन होते हैं :

उद्देश्य/कर्ता	पुंलिंग एकवचन	स्त्रीलिंग एकवचन
अन्य पुरुष	वह आता था	वह आती थी
,, ,,	लड़का आता था।	लड़की आती थी
म० पुरुष	तू आता था	तू आती थी
उ० पुरुष	मैं आता था	मैं आती थी

उद्देश्य/कर्ता	पुंलिंग बहुवचन	स्त्रीलिंग बहुवचन
अन्य पुरुष	वे आते थे	वे आती थीं
,, ,,	लड़के आते थे	लड़कियाँ आती थीं
म० पुरुष	(i) तुम आते थे	तुम आती थी
	(ii) आप आते थे	आप आती थीं
उ० पुरुष	हम आते थे	हम आती थीं

इ अपूर्ण भूतकाल से सूचित किया जाता है कि अमुक क्रिया भूतकाल में नियमित रूप से होती थी; जैसे—

- *वह साइकिल से स्कूल जाता था/जाती थी।*
- *वह पुस्तक खरीदता था/खरीदती थी।*
- *वे रेडियो सुनते थे/सुनती थीं।*
- *तुम कहाँ रहते थे/रहती थी?*
- *मैं दिल्ली में रहता था/रहती थी।*

ई वर्तमान कृदंत बिना 'था' सहायक क्रिया के भी अपूर्ण भूतकाल का ही सूचक होता है; जैसे—

- *वह हमारे यहाँ कभी-कभी आता।*
- *हम उस मैदान में क्रिकेट खेलते।*
- *वहाँ तुम्हारी बहन गाती भी और नाचती भी।*

हम कह सकते हैं कि भूतकृदंत + था क्रियापदबंध द्वारा किसी सामान्य तथ्य का उल्लेख करते हैं, जबकि मात्र भूतकृदंत से वैयक्तिक दृष्टिकोण सूचित करते हैं।

> **ध्यान रहे**—सामान्य वर्तमान काल में 'है' सहायक क्रिया आवश्यक है। वर्तमान कृदंत जब बिना सहायक क्रिया के प्रयुक्त हो तो अपूर्ण भूतकाल का वाचक होता है।

उ निषेधात्मक वाक्य में 'है' सहायक क्रिया का लोप होने पर वर्तमान कृदंत क्रियापद सामान्य वर्तमान काल का ही सूचक होता है, अपूर्ण भूतकाल का नहीं; जैसे—

- *मेरा मित्र मेरे घर आता है।* —सामान्य वर्तमान
- •• *मेरा मित्र मेरे घर नहीं आता।*—सामान्य वर्तमान
- *मेरा मित्र मेरे घर आता था।* —अपूर्ण भूतकाल
- •• *मेरा मित्र मेरे घर नहीं आता था।*—अपूर्ण भूतकाल
- *मेरा मित्र मेरे घर आता।* —अपूर्ण भूतकाल

परंतु •• *मेरा मित्र मेरे घर नहीं आता।*—सामान्य वर्तमान

ऊ 'हो' धातु से बना भविष्य कृदंत 'होगा' भी सह क्रिया की तरह प्रयुक्त होता है और वर्तमान कृदंत के साथ **संदिग्ध वर्तमान** काल की रचना करता है।

उद्देश्य/कर्ता	पुंलिंग एकवचन	स्त्रीलिंग एकवचन
अन्य पुरुष	वह आता होगा	वह आती होगी
,, ,,	लड़का आता होगा	लड़की आती होगी
म० पुरुष	तू आता होगा	तू आती होगी
उ० पुरुष	मैं आता होऊँगा	मैं आती होऊँगी

उद्देश्य/कर्ता	पुंलिंग बहुवचन	स्त्रीलिंग बहुवचन
अन्य पुरुष	वे आते होंगे	वे आती होंगी
,, ,,	लड़के आते होंगे	लड़कियाँ आती होंगी
म० पुरुष	(i) तुम आते होगे	तुम आती होगी
	(ii) आप आते होंगे	आप आती होंगी
उ० पुरुष	हम आते होंगे	हम आती होंगी

उक्त क्रियापद संदिग्ध वर्तमान काल के सूचक हैं अर्थात् हमें पूरा निश्चय नहीं कि वह आ रहा है या नहीं आ रहा।

ऋ आना, पहुँचना, बजना आदि क्रियाओं के वर्तमान कृदंत के साथ 'होगा' सहक्रिया संदेह के साथ-साथ आशावादिता भी द्योतित करती है; जैसे—

- *गाड़ी आती होगी।*
- *थोड़ी देर में बेटा दफ्तर से आता होगा।*
- *इस समय बच्चे दिल्ली पहुँचते होंगे।*
- *अब एक बजता होगा।*
- *दस बजते होंगे।*

बीसवाँ अभ्यास

आदेशानुसार उद्देश्य में परिवर्तन करें तथा तदनुसार क्रियापद के रूप में भी आवश्यक परिवर्तन करें-

1. वह सुबह उठता था। — वे अन्य पुरुष पुंलिंग बहु०
— वे सुबह उठते थे।
2. वे नौकरी करते थे। — हम उत्तम पुरुष पुंलिग बहु०
----
3. आप कहाँ रहते थे? — तुम मध्यम पुरुष स्त्रीलिंग बहु०
----
4. हम हर रविवार को फुटबॉल खेलते थे। — मैं उत्तम पुरुष स्त्री० एक०
----
5. लड़के व्यायाम करते थे। — लड़कियाँ अन्य पुरुष स्त्री० बहु०
----
6. गाड़ी रात में आती थी। — गाड़ियाँ अन्य पुरुष स्त्री० बहु०
----
7. औरतें कपड़े सीती थीं। — लड़का अन्य पुरुष पुं० एक०
----
8. कानपुर में जूते बनते थे। — चप्पलें अन्य पुरुष स्त्री० बहु०
----
9. मैं माँ से मिलने के लिए जाता था। — मैं उत्तम पुरुष स्त्री० एक०
----
10. उन दिनों वह बहुत रोता था। — वे अन्य पुरुष स्त्री० बहु०
----
11. हवा तेज चलती होगी। — हवाएँ अन्य पुरुष स्त्री० बहु०
----
12. लड़का विद्यालय जाता होगा। — लड़कियाँ अन्य पुरुष स्त्री० बहु०
----
13. वे उपन्यास पढ़ते होंगे। — आप मध्यम पुरुष स्त्री० बहु०
----
14. वे रात में सिनेमा जाती होंगी। — वह अन्य पुरुष पुंलिंग एक०

- नौकरी, रविवार, फुटबॉल, लड़का, व्यायाम, कपड़ा, कानपुर, जूता, दिन, विद्यालय, उपन्यास, सिनेमा—पुंलिंग संज्ञाएँ हैं।
- गाड़ी, रात, औरत, माँ—स्त्रीलिंग संज्ञाएँ हैं।
- हर—विशेषण है।
- सुबह, कहाँ, बहुत, तेज—क्रियाविशेषण हैं।
- उठना, करना, खेलना, आना, सीना, बनना, मिलना, पढ़ना—क्रियाएँ हैं।

21

क्रियापदबंध
भूत कृदंत + है (1)

अ सामान्यतः भूतकृदंत की रचना धातु में (क) 'आ' प्रत्यय के योग से होती है। (ख) यदि धातु का अंत्य स्वर दीर्घ हो तो 'य' की श्रुति भी होती है अर्थात् 'आ' प्रत्यय का 'या' हो जाता है; जैसे—

	धातु	भूतकृदंत	विकारी रूप
(क)	पढ़+आ	पढ़ा	पढ़े/पढ़ी
	लिख+आ	लिखा	लिखे/लिखी
(ख)	आ+या	आया	(i) आये/आयी
			(ii) आए/आई ✓
	खा+या	खाया	(i) खाये/खायी
			(ii) खाए/खाई ✓

आ कुछ प्रमुख धातुओं से बने भूतकृदंत असामान्य हैं; जैसे—

धातु	भूतकृदंत	विकारी रूप	
जा	गया	(i) गये/गयी	(ii) गए/गई ✓
कर	किया	(i) किये/की	(ii) किए/की ✓
पी	पिया	(i) पिये/पी	(ii) पिए/पी ✓
जी	जिया	(i) जिये/जी	(ii) जिए/जी ✓
ले	लिया	(i) लिये/ली	(ii) लिए/ली ✓
दे	दिया	(i) दिये/दी	(ii) दिए/दी ✓
हो	हुआ	(i) हुये/हुयी	(ii) हुए/हुई ✓

इ 'कर' और 'जा' धातुओं से क्रमशः 'किया' और 'करा' तथा 'गया' और 'जाया' दो-दो भूतकृदंत बनते हैं। 'किया' और 'गया' रूप ही अधिक प्रशस्त हैं। 'करा' भी कुछ क्षेत्रों में चलता है। 'जाया' का प्रयोग संयुक्त क्रिया के अंतर्गत देखेंगे।

ई भूतकृदंत को क्रियापद के रूप में प्रयुक्त करते समय निम्नलिखित इन चार बातों की जानकारी आवश्यक है :

(i) भूतकृदंत क्रियापद अकर्मक धातु से बना है या सकर्मक धातु से।

(ii) अकर्मक धातु से बना हो तो उसे कर्म की आवश्यकता नहीं और उसका रूप-साधन वाक्य के उद्देश्य/कर्ता के लिंग-वचन-पुरुष के अनुसार ही होगा।

(iii) यदि सकर्मक धातु से क्रियापद बना हो तो कर्म आवश्यक है (भले ही उसका लोप हो) और उद्देश्य में 'ने' परसर्ग आएगा। उद्देश्य/कर्ता में उपसर्ग आने पर क्रियापद का रूप-साधन कर्म के लिंग-वचन के अनुसार होगा।

(iv) यदि कर्म लुप्त हो या परसर्ग से युक्त हो तो क्रियापद एकवचन-पुंलिंग-अन्य पुरुष रहेगा।

उ भूतकृदंत और 'है' के योग से बने क्रियापद **आसन्न भूतकाल** के सूचक माने जाते हैं; जैसे—

उद्देश्य/कर्ता	पुंलिंग एकवचन	स्त्रीलिंग एकवचन
अन्य पुरुष	वह आया है	आयी/आई है
,, ,,	लड़का आया है	लड़की आई है
म० पुरुष	तू आया है	आयी/आई है
उ० पुरुष	मैं आया हूँ	आयी/आई हूँ

उद्देश्य/कर्ता	पुंलिंग बहुवचन	स्त्रीलिंग बहुवचन
अन्य पुरुष	वे आये/आए हैं	आयी/आई हैं
,, ,,	लड़के आये/आए हैं	लड़कियाँ आयी/आई हैं
म० पुरुष	तुम आये/आए हो	आयी/आई हो
	आप आये/आए हैं	आयी/आई हैं
उ० पुरुष	हम आये/आए हैं	आयी/आई हैं

उद्देश्य / कर्ता	विधेय: कर्म	क्रियापद
उसने, लड़के ने, लड़की ने, तूने मैंने, उन्होंने लड़कों ने, लड़कियों ने, तुमने, आपने	खरबूजा	खाया है
	(अन्य पुरुष-पुंलिंग-एकवचन)	
	नासपाती	खाई है
	(अन्य पुरुष-स्त्रीलिंग-एकवचन)	
	खरबूजे	खाए हैं
	(अन्य पुरुष-पुंलिंग-बहुवचन)	
	नासपातियाँ	खाई हैं
	(अन्य पुरुष-स्त्रीलिंग-बहुवचन)	

उद्देश्य / कर्ता	विधेय: कर्म	क्रियापद
उसने	राम को	बुलाया है।
उसने	लड़की को	भेजा है।
छात्रों ने	छात्राओं को	समझाया है।
तुमने	किसे/किसको	पुकारा है।
आदि	(क्रियापद अन्य पुरुष-पुंलिंग-एकवचन)	

इक्कीसवाँ अभ्यास

निम्नलिखित वाक्यों के (क) क्रियापदबंधों को चिह्नित कीजिए। (ख) किस काल से संबद्ध हैं और (ग) स्वरूप की दृष्टि से किस पुरुष-लिंग-वचन के सूचक हैं ?

1. वह इन दिनों हवाई जहाज चलाता है।
   (क) चलाता है — क्रियापदबंध
   (ख) सामान्य वर्तमान
   (ग) अन्य पुरुष पुंलिंग एकवचन
2. सीता राम का स्मरण करती थी।
   (क) ------------------------------
   (ख) ------------------------------
   (ग) ------------------------------
3. सब लोगों ने भोजन किया है।
   (क) ------------------------------
   (ख) ------------------------------
   (ग) ------------------------------
4. मेरी बहन सोई है।
   (क) ------------------------------
   (ख) ------------------------------
   (ग) ------------------------------
5. हमने नए कपड़े खरीदे हैं।
   (क) ------------------------------
   (ख) ------------------------------
   (ग) ------------------------------
6. वह कन्याकुमारी में रहती है।
   (क) ------------------------------
   (ख) ------------------------------
   (ग) ------------------------------
7. हम सुबह नाश्ता करतीं।
   (क) ------------------------------
   (ख) ------------------------------
   (ग) ------------------------------
8. बाजार में आम आए हैं।
   (क) ------------------------------
   (ख) ------------------------------
   (ग) ------------------------------
9. क्या आज का अखबार आया है ?
   (क) ------------------------------
   (ख) ------------------------------
   (ग) ------------------------------
10. मेरी माँ गंगाजी नहाने के लिए जाती हैं।
   (क) ------------------------------
   (ख) ------------------------------
   (ग) ------------------------------
11. मेरी भाभी उपन्यास पढ़ती थी।
   (क) ------------------------------
   (ख) ------------------------------
   (ग) ------------------------------
12. किसान ने खेत में पानी दिया है।
   (क) ------------------------------
   (ख) ------------------------------
   (ग) ------------------------------
13. बस समय से गई थी।
   (क) ------------------------------
   (ख) ------------------------------
   (ग) ------------------------------
14. आपने कितने चित्र बनाए हैं ?
   (क) ------------------------------
   (ख) ------------------------------
   (ग) ------------------------------

- हवाई जहाज, स्मरण, लोग (बहु०), भोजन, कपड़ा, नाश्ता, बाजार, आम, अखबार, उपन्यास, किसान, खेत, पानी, चित्र—पुंलिंग संज्ञाएँ हैं।
- बहन, माँ, गंगाजी, भाभी, बस—स्त्रीलिंग संज्ञाएँ हैं।
- चलाना, करना, सोना, खरीदना, रहना, आना, नहाना, पढ़ना, देना, बनाना, निकलना—क्रियाएँ हैं।
- सब, नया, आज का, कितना—विशेषण हैं।
- इन दिनों, सुबह, समय से, कब—क्रियाविशेषण हैं।

22 क्रियापदबंध

भूत कृदंत + है (2)

अ **आसन्न भूतकाल** से अभिप्राय होता है कि क्रिया भूतकाल में ही हुई परंतु उसका संबंध वर्तमान से भी बना है। 'वह आया है' से अभिप्राय है कि वह अभी अथवा कुछ या बहुत समय पहले यहाँ पहुँचा और इस समय यहीं है।

(1) *वह गाड़ी से अभी-अभी उतरा है।*
(2) *मेरा लड़का लंदन से एक सप्ताह पहले आया है।*
(3) *वे कल शाम को यहाँ पहुँचे हैं।*
(4) *मैंने नया घर बनाया है।*
(5) *उसने व्याकरण की नई पुस्तकें लिखी हैं।*
(6) *उन्होंने हम सब को पाला है।*
(7) *हमने पाश्चात्य सभ्यता अपनाई है।*
(8) *विदेशियों ने हमारे योग को सराहा है।*

> उतरना, आना, पहुँचना—अकर्मक क्रियाएँ हैं।
> बनाना, लिखना, पालना, अपनाना, सराहना—सकर्मक क्रियाएँ हैं।

1, 2, 3 वाक्यों में अकर्मक क्रियापदों की अन्विति उद्देश्य/कर्ता से हुई है। 4, 5, 7 वाक्यों में सकर्मक क्रियाओं से बने क्रियापदों की अन्विति परसर्ग-रहित कर्म से हुई है। 6, 8 वाक्यों में कर्म परसर्ग-सहित है इसलिए क्रियापद पुंलिंग-एकवचन-अन्यपुरुष है।

'आसन्न भूतकाल' को 'पूर्ण वर्तमान काल' भी कहते हैं।

आ **सामान्य भूतकाल** सूचित करने के लिए भूतकृदंत क्रियापद (सहायक क्रिया 'है' के बिना) प्रयुक्त होता है; जैसे—

उद्देश्य/कर्ता	पुंलिंग एक०	स्त्रीलिंग एक०
अन्य पुरुष, म० पुरुष	वह/तू आया	आयी/आई
उ० पुरुष	मैं आया	आयी/आई

उद्देश्य/कर्ता	पुंलिंग बहु०	स्त्रीलिंग बहु०
अन्य पुरुष	वे आए	आईं
म० पुरुष	(i) तुम आए	आई
	(ii) आप आए	आईं
उ० पुरुष	हम आए	आईं

इ सामान्य भूतकाल में स्त्रीलिंग बहुवचन कर्ता/उद्देश्य के साथ प्रयुक्त क्रियापदों का अन्त्य ई स्वर अनुनासिक हो जाता है; जैसे—

- *वे/हम/आप आए/आईं।*
- *वे/हम/आप गए/गईं।*

परंतु मध्यम पुरुष स्त्रीलिंग 'तुम' के उद्देश्य होने पर अंत्य स्वर अनुनासिक नहीं होता, वैसा ही रहता है; जैसे—

- *तुम आए/गए;*
- *तुम आई/गई*

ई भूतकाल की घटना का सामान्य रूप से उल्लेख या वर्णन करने के लिए **सामान्य भूतकाल** का प्रयोग होता है। सामान्य भूतकाल की क्रिया का वर्तमान से संबंध नहीं रहता।

उ 'लाना' सकर्मक क्रिया के भूतकृदंत क्रियापदों के साथ कर्ता में 'ने' उपसर्ग नहीं आता। अतः क्रियापद कर्ता के लिंग, वचन तथा पुरुष के अनुसार चलते हैं तथा कर्म के परसर्ग-रहित या परसर्ग-सहित होने से क्रियापदों पर कोई प्रभाव नहीं पड़ता :

आसन्न भूतकाल / पूर्ण वर्तमान काल

उद्देश्य/कर्ता	विधेय	
	कर्म	क्रियापद
वह/तू	घड़ा/घड़े	लाया है/लाई है
मैं	सुराही/सुराहियाँ	लाया हूँ/लाई हूँ
हम/आप	घड़ा/घड़े	लाए हैं/लाई हैं
तुम	सुराही/सुराहियाँ	लाए हो/लाई हो

सामान्य भूतकाल

उद्देश्य/कर्ता	विधेय	
	कर्म	क्रियापद
वह/तू	पाजामा/कमीज	लाया/लाई
मैं	पाजामा/कमीज	लाया/लाई
हमारे चचेरे भाई	सौगात	लाए
वे/हम/आप	पाजामा/कमीज	लाए/लाईं
तुम	पाजामा/कमीज	लाए/लाई

उद्देश्य/कर्ता	विधेय	
	कर्म	क्रियापद
उसने/तूने मैंने/उन्होंने तुमने/आपने हमने	खरबूजा	खाया
	खरबूजे	खाए
	नासपाती	खाई
	नासपातियाँ	खाईं

उद्देश्य/कर्ता	विधेय	
	कर्म	क्रियापद
उसने/तूने मैंने/उन्होंने तुमने/आपने	मुझको/मुझे	पढ़ाया।
	इस समाचार को	सुना।

बाईसवाँ अभ्यास

निम्नलिखित वाक्यों के उद्देश्य/कर्ता में आदेशानुसार परिवर्तन करें और आवश्यकतानुसार क्रियापदों में भी परिवर्तन करें -

1. (i) वह कश्मीर से आया है। — वे कश्मीर से आए हैं।
   (ii) वह कश्मीर से आया। — लड़के कश्मीर से आए।
2. (i) उसने पुस्तक लिखी है। — मैंने --
   (ii) उसने पुस्तक लिखी। — हमने --
3. (i) उसने नया घर बनाया है। — लोगों ने --
   (ii) उसने नया घर बनाया। — उस आदमी ने --
4. (i) उसने गाड़ी खरीदी है। — औरतों ने --
   (ii) उसने गाड़ी खरीदी। — लड़की ने --
5. (i) मैंने आज पत्र लिखा है। — उन्होंने --
   (ii) मैंने आज पत्र लिखा। — तूने --
6. (i) हमने फिल्में देखी हैं। — मैंने --
   (ii) हमने फिल्में देखीं। — उसने --
7. (i) वह आज नहाया है। — तुम (पुं०) --
   (ii) वह आज नहाया। — तू (स्त्री०) --
8. (i) मैं पैदल चला हूँ। — आप (पुं०) --
   (ii) मैं पैदल चला हूँ। — तुम (स्त्री०) --
9. (i) उसने फल खाया है। — विद्यार्थी ने --
   (ii) उसने फल खाया। — विद्यार्थियों ने --
10. (i) वह पंखे के नीचे सोया है। — वे (स्त्री०) --
    (ii) वह पंखे के नीचे सोया। — वे (स्त्री०) --
11. (i) पुस्तक कब छपी है? — समाचार-पत्र --
    (ii) समाचार-पत्र कब छपा? — पुस्तकें --

- कश्मीर, घर, पत्र, फल, पंखा—पुंलिंग संज्ञाएँ हैं।
- पुस्तक, गाड़ी, फिल्म—स्त्रीलिंग संज्ञाएँ हैं।
- आना, बनाना, खरीदना, लिखना, देखना, नहाना, चलना, खाना—क्रियाएँ हैं।
- आज, पैदल—क्रियाविशेषण हैं।
- पंखे के नीचे—क्रियाविशेषण पदबंध हैं।

23 क्रियापदबंध : भूतकृदंत + था

अ भूतकृदंत और 'था' सहायक क्रिया (सहक्रिया) के योग से **पूर्ण भूतकाल** की रचना होती है—

(क) *वह आया था।*

(ख) *उसने आम खाया था।*

आ पूर्ण भूतकाल इस तथ्य का परिचायक होता है कि कोई क्रिया भूतकाल में संपन्न हुई। घटना बहुत पहले की भी हो सकती है और कुछ समय पहले की भी; जैसे—

(ग) *वह कई वर्ष पहले आया था।*

(घ) *वह एक घंटा पहले आया था।*

इ आसन्न भूतकाल, सामान्य भूतकाल और पूर्ण भूतकाल के क्रियापद इस प्रकार हैं—

(च) *वह आया है।* (आसन्न भूतकाल/पूर्ण वर्तमान काल)

(छ) *वह आया।* (सामान्य भूतकाल)

(ज) *वह आया था।* (पूर्ण भूतकाल)

'च' वाक्य में घटना भूत में हुई और उसका संबंध वर्तमान से है अर्थात् वह अभी यहाँ है।

'छ' वाक्य में भूतकाल में घटित क्रिया का उल्लेख मात्र अभिप्रेत है जिसका वर्तमान से कोई संबंध नहीं।

'ज' वाक्य इस बात का परिचायक है कि भूतकाल की घटना तथ्य है। *वह आया था*—यह तथ्य है।

ई आसन्नभूत के क्रियापदों के अनुरूप ही पूर्ण भूतकाल के क्रियापदों की रचना होती है। [देखें—21 (उ)]

उद्देश्य/कर्ता	पुंलिंग एकवचन	स्त्रीलिंग एकवचन
अन्य पुरुष	वह आया था	आयी/आई थी
म० पुरुष	तू आया था	आयी/आई थी
उ० पुरुष	मैं आया था	आयी/आई थी

उद्देश्य/कर्ता	पुंलिंग बहुवचन	स्त्रीलिंग बहुवचन
अन्य पुरुष	वे आये/आए थे	आयी/आई थीं
म० पुरुष	(i) तुम आये/आए थे	आयी/आई थी
	(ii) आप आये/आए थे	आयी/आई थीं
उ० पुरुष	हम आये/आए थे	आयी/आई थीं

उद्देश्य कर्ताकारक	विधेय कर्मकारक	क्रियापद (सकर्मक)
उसने / तूने / मैंने / उन्होंने / तुमने / आपने / हमने	खरबूजा (संज्ञा पुंलिंग एकवचन)	खाया था

उद्देश्य कर्ताकारक	विधेय कर्मकारक	क्रियापद (सकर्मक)
उसने / तूने / मैंने / उन्होंने / तुमने / आपने / हमने	नासपाती (संज्ञा स्त्रीलिंग एकवचन)	खाई थी

उद्देश्य कर्ताकारक	विधेय कर्मकारक	क्रियापद
उसने / तूने / मैंने / उन्होंने / तुमने / आपने / हमने	खरबूजे (संज्ञा पुंलिंग बहुवचन)	खाए थे

उद्देश्य कर्ताकारक	विधेय कर्मकारक	क्रियापद
उसने / तूने / मैंने / उन्होंने / तुमने / आपने / हमने	नासपातियाँ (संज्ञा स्त्रीलिंग बहुवचन)	खाई थीं

तेईसवाँ अभ्यास

I. निर्देशानुसार नामपदों में परिवर्तन कीजिए और उनके अनुरूप क्रियापदों को रखिए -

1. मैं वहाँ परसों गया था।
   — हम वहाँ परसों गए थे।
2. हमने कंप्यूटर खरीदा था।
   उसने ---------------------------
3. वह बहुत रोई थी।
   लड़कियाँ ---------------------------
4. उसने काला चश्मा पहना था।
   उस औरत ने ---------------------------
5. पुस्तक में चित्र छपा था।
   अखबार में ---------------------------
6. पूरा परिवार घर में रहता था।
   दस व्यक्ति ---------------------------
7. तू कहाँ गया था?
   तुम ---------------------------
8. मैं उससे मिला था।
   वे ---------------------------
9. बाग में फूल खिले थे।
   फूल (एकवचन) ---------------------------
10. उन्होंने मुझे कई पत्र लिखे थे।
    हमने उन्हें ---------------------------
11. दरवाजा खुला था।
    दरवाजे ---------------------------
12. आतंकवादियों ने हमला किया था।
    आतंकवादियों ने हमले ---------------------------
13. वह कमरे में सोई थी।
    हम ---------------------------
14. उनका नौकर चिट्ठी लाया था।
    उनका नौकर चिट्ठियाँ ---------------------------

II. उक्त वाक्यों के क्रियापदों को आसन्न भूतकाल में परिवर्तित कीजिए और पुनः वाक्य लिखें -

1. मैं वहाँ परसों गया हूँ।
2. ---------------------------
3. ---------------------------
4. ---------------------------
5. ---------------------------
6. ---------------------------
7. ---------------------------
8. ---------------------------
9. ---------------------------
10. ---------------------------
11. ---------------------------
12. ---------------------------
13. ---------------------------
14. ---------------------------

- कंप्यूटर, चश्मा, चित्र, अखबार, परिवार, व्यक्ति, बाग, फूल, पत्र, दरवाजा, आतंकवादी, हमला, कमरा, नौकर— पुंलिंग संज्ञाएँ हैं।
- पुस्तक, चिट्ठी—स्त्रीलिंग संज्ञाएँ हैं।
- काला, पूरा, दस—विशेषण हैं।
- खरीदना, रोना, छपना, रहना, मिलना, खिलना, लिखना, खुलना, सोना, लाना—क्रियाएँ हैं।
- वहाँ, परसों, बहुत, कहाँ—क्रियाविशेषण हैं।

24 क्रियापदबंध : भूतकृदंत + होगा

अ भूतकृदंत और 'होगा' सहक्रिया के योग से **संदिग्ध भूतकाल** की रचना होती है।

क- *वह आया होगा।* (आना-अकर्मक क्रिया)

ख- *उसने खरबूजा खाया होगा।* (खाना-सकर्मक क्रिया)

संदेह की अभिव्यक्ति संदिग्ध भूतकाल द्वारा होती है।

उक्त वाक्यों के आशय कुछ इस प्रकार हैं—

(क) हम ठीक-ठीक नहीं कह सकते कि वह आया था या नहीं— संशय है।

(ख) हम ठीक-ठीक नहीं कह सकते कि उसने खरबूजा खाया था या नहीं— संशय है।

आ आसन्न भूतकाल तथा पूर्ण भूतकाल के क्रियापदों के अनुरूप ही संदिग्ध भूतकाल के क्रियापदों की रचना होती है :

मुख्य क्रिया—आना (अकर्मक)

उद्देश्य/कर्ता		पुंलिंग एकवचन	स्त्रीलिंग एकवचन
अन्य पुरुष	वह	आया होगा	आयी/आई होगी
मध्यम पुरुष	तू	आया होगा	आयी/आई होगी
उत्तम पुरुष	मैं	आया होऊँगा*	आयी/आई होऊँगी*

उद्देश्य/कर्ता		पुंलिंग बहुवचन	स्त्रीलिंग बहुवचन
अन्य पुरुष	वे	आये/आए होंगे	आयी/आई होंगी
म० पुरुष	(i) तुम	आये/आए होगे	आयी/आई होगी
	(ii) आप	आये/आए होंगे	आयी/आई होंगी
उ० पुरुष	हम	आये/आए होंगे	आयी/आई होंगी

मुख्य क्रिया—लिखना (सकर्मक)

उद्देश्य/कर्ता	विधेय: कर्म	विधेय: क्रिया
उसने तूने मैंने उन्होंने तुमने आपने हमने	उपन्यास	लिखा होगा
	अन्य पुरुष पुंलिंग एकवचन	

उद्देश्य/कर्ता	विधेय: कर्म	विधेय: क्रिया
उसने तुमने मैंने उन्होंने तुमने आपने हमने	कहानी	लिखी होगी
	अन्य पुरुष स्त्रीलिंग एकवचन	

उद्देश्य/कर्ता	विधेय: कर्म	विधेय: क्रिया
उसने तूने मैंने उन्होंने तुमने आपने हमने	(कई) उपन्यास	लिखे होंगे
	अन्य पुरुष पुंलिंग बहुवचन	

उद्देश्य/कर्ता	विधेय: कर्म	विधेय: क्रिया
उसने तुमने मैंने उन्होंने तुमने आपने हमने	कहानियाँ	लिखी होंगी
	अन्य पुरुष स्त्रीलिंग बहुवचन	

इ 'ला' सकर्मक धातु से बना भूतकृदंत जब क्रियापद के रूप में हो तो उद्देश्य/कर्ता में 'ने' परसर्ग नहीं आता। अत: ऐसी अवस्था में उद्देश्य के ही लिंग, वचन और पुरुष के अनुसार क्रियापदों में परिवर्तन होता है; जैसे—

वह	पत्र/पुस्तक/पुस्तकें	लाया है / लाई है।
वह	पत्र/पुस्तक/पुस्तकें	लाया था / लाई थी।
वह	पत्र/पुस्तक/पुस्तकें	लाया होगा / लाई होगी।

* 'होऊँगा' और 'होऊँगी' की जगह कहीं-कहीं 'हूँगा' और 'हूँगी' का प्रयोग भी होता है।

चौबीसवाँ अभ्यास

I. निम्नलिखित वाक्यों के उद्देश्य/कर्ता में निर्देशानुसार परिवर्तन करें और वाक्य को फिर से लिखें-

1. लड़का जमीन पर सोया होगा।
   लड़के ------------------------------
2. लड़की ने नया मकान बनाया होगा।
   लड़कों ने ------------------------------
3. बुढ़िया सुबह गई होगी।
   बूढ़ा ------------------------------
4. अध्यापक ने पाठ पढ़ाया होगा।
   अध्यापिका ने ------------------------------
5. घर में भोजन बना होगा।
   दाल ------------------------------
6. उसका भाग्य चमका होगा।
   उसकी किस्मत ------------------------------
7. उन्होंने मैच जीता होगा।
   तुमने ------------------------------
8. नौकर ने दरवाजा बंद किया होगा।
   आपने ------------------------------
9. वह इस किस्से पर हँसा होगा।
   तू ------------------------------
10. हवाई जहाज कानपुर में रुका होगा।
    रेलगाड़ी ------------------------------
11. लड़का बाज़ार से सामान लाया होगा।
    लड़की ------------------------------
12. तारे आसमान में निकले होंगे।
    चाँद ------------------------------

II. निर्देशानुसार निम्नलिखित वाक्यों के क्रियापदों की रचना (क) संदिग्ध भूतकाल तथा (ख) पूर्ण भूतकाल में करें -

1. मैंने उसे पुस्तक ---------- । (देना) (क) ---------- (ख) ----------
2. उन्होंने मेहनत से काम ---------- । (करना) (क) ---------- (ख) ----------
3. तूने माँ की हालत ---------- । (देखना) (क) ---------- (ख) ----------
4. वह नई साइकिल ---------- । (लाना) (क) ---------- (ख) ----------
5. उसने यह समाचार ---------- । (सुनना) (क) ---------- (ख) ----------
6. वह छत से ---------- । (गिरना) (क) ---------- (ख) ----------
7. बाग में अनेक फूल ---------- । (खिलना) (क) ---------- (ख) ----------
8. सभी विद्यालय आज ---------- । (खुलना) (क) ---------- (ख) ----------

- लड़का, मकान, बूढ़ा, पाठ, भोजन, भाग्य, मैच, नौकर, दरवाजा, किस्सा, हवाई जहाज, बाजार, सामान, तारा, आसमान, चाँद, काम, समाचार, बाग, फूल, विद्यालय—पुंलिंग संज्ञाएँ हैं।
- जमीन, लड़की, बुढ़िया, अध्यापिका, किस्मत, रेलगाड़ी, मेहनत, हालत, साइकिल, छत—स्त्रीलिंग संज्ञाएँ हैं।
- नया, बंद, अनेक, सभी—विशेषण हैं।
- सोना, बनाना, जाना, पढ़ाना, बनाना, चमकना, करना, हँसना, रुकना, लाना, देखना, सुनाना, गिरना, खिलना, खुलना—क्रियाएँ हैं।
- सुबह, आज—क्रियाविशेषण हैं।

25 क्रियापदबंध : तात्कालिक क्रिया

अ धातु में 'रहा है', 'रहा था', 'रहा होगा' और 'रहा हो' के योग से बननेवाले क्रियापदों को क्रमशः तात्कालिक वर्तमान काल, तात्कालिक भूतकाल, तात्कालिक संदिग्ध वर्तमान काल तथा तात्कालिक संभाव्य वर्तमान काल कहते हैं; जैसे—

- *पानी बरस रहा है।* — तात्कालिक वर्तमान
- *पानी बरस रहा था।* — तात्कालिक भूतकाल
- *पानी बरस रहा होगा।* — तात्कालिक संदिग्ध वर्तमान
- *पानी बरस रहा हो।* — तात्कालिक संभाव्य वर्तमान

आ तात्कालिक वर्तमान काल के क्रियापदों में कर्ता/उद्देश्य के लिंग, वचन और पुरुष के अनुसार विकार इस प्रकार होते हैं :

		विधेय	
उद्देश्य/कर्ता		पुंलिंग एकवचन	स्त्रीलिंग एकवचन
अन्य पुरुष	वह	आ रहा है	आ रही है
म० पुरुष	तू	आ रहा है	आ रही है
उ० पुरुष	मैं	आ रहा हूँ	आ रही हूँ

		विधेय	
उद्देश्य/कर्ता		पुंलिंग बहुवचन	स्त्रीलिंग बहुवचन
अन्य पुरुष	वे	आ रहे हैं	आ रही हैं
म० पुरुष	(i) तुम	आ रहे हो	आ रही हो
	(ii) आप	आ रहे हैं	आ रही हैं
उ० पुरुष	हम	आ रहे हैं	आ रही हैं

इ तात्कालिक वर्तमान काल का प्रयोग तब होता है जब (क) क्रिया का वर्तमान क्षण में होना सूचित करना हो; जैसे—

- *वह भोजन कर रहा है।*

(ख) जब कोई कार्य शुरू तो हो चुका हो परंतु अभी समाप्त न हुआ हो, जैसे—

- *कल से पानी बरस रहा है।*

(ग) कोई कार्य भले ही प्रस्तुत क्षण में न हो रहा हो परंतु जो आरंभ हो चुका हो, बोलने के समय के आस-पास चलता हो और अभी खत्म न हुआ हो; जैसे—

- *इन दिनों वह गोदान पढ़ रहा है।*

(घ) जब किसी कार्य को करने के लिए तत्परता प्रदर्शित की जाए, जैसे—

- *मैं दिल्ली जा रहा हूँ।*

(ङ) जो काम पहले से किया जा रहा हो, अब भी होता हो तो उस अवस्था में भी तात्कालिक वर्तमान का प्रयोग करते हैं, जैसे—

- *मैं दवा दो महीने से खा रहा हूँ।*

ई तात्कालिक भूतकाल क्रियापद का प्रयोग उस समय होता है जब कोई कार्य पहले से आरंभ हो और भूतकाल के किसी उल्लिखित क्षण या अवधि तक निरंतर चल रहा हो; जैसे—

- *जब वह आया मैं सो रहा था।*
- *उन दिनों मैं वकालत कर रहा था।*

		विधेय	
उद्देश्य/कर्ता		पुंलिंग एकवचन	स्त्रीलिंग एकवचन
अन्य पुरुष	वह	आ रहा था	आ रही थी
म० पुरुष	तू	आ रहा था	आ रही थी
उ० पुरुष	मैं	आ रहा था	आ रही थी

		विधेय	
उद्देश्य/कर्ता		पुंलिंग बहुवचन	स्त्रीलिंग बहुवचन
अन्य पुरुष	वे	आ रहे थे	आ रही थीं
म० पुरुष	(i) तुम	आ रहे थे	आ रही थी
	(ii) आप	आ रहे थे	आ रही थीं
उ० पुरुष	हम	आ रहे थे	आ रही थीं

उ जैसा कि नाम से ही स्पष्ट है कि तात्कालिक संदिग्ध वर्तमान काल में संदेह प्रकट किया जाता है और तात्कालिक संभाव्य वर्तमान काल में संभावना प्रकट की जाती है :

		विधेय	
उद्देश्य/कर्ता		पुंलिंग एकवचन	स्त्रीलिंग एकवचन
अन्य पुरुष	वह	आ रहा होगा/हो	आ रही होगी/हो
म० पुरुष	तू	आ रहा होगा/हो	आ रही होगी/हो
उ० पुरुष	मैं	आ रहा होऊँगा/होऊँ	आ रही होऊँगी/होऊँ

		विधेय	
उद्देश्य/कर्ता		पुंलिंग बहुवचन	स्त्रीलिंग बहुवचन
अन्य पुरुष	वे	आ रहे होंगे/हों	आ रही होंगी/हों
म० पुरुष	(i) तुम	आ रहे होगे/हो	आ रही होगी/हो
	(ii) आप	आ रहे होंगे/हों	आ रही होंगी/हों
उ० पुरुष	हम	आ रहे होंगे/हों	आ रही होऊँगी/होऊँ

पचीसवाँ अभ्यास

I. निर्दिष्ट क्रिया तथा काल के अनुसार वाक्यों को पूर्ण करें—

1.	माँ भोजन ---------------- ।	(बनाना)	(तात्कालिक वर्तमान काल)
	— माँ भोजन बना रही है।		
2.	वह भोजन ---------------- ।	(करना)	(तात्कालिक भूतकाल)
3.	वह पुस्तक ---------------- ।	(पढ़ना)	(तात्कालिक संदिग्ध वर्तमान काल)
4.	हम रेल से यात्रा ------------ ।	(करना)	(तात्कालिक भूतकाल)
5.	स्कूल बंद ---------------- ।	(होना)	(तात्कालिक भूतकाल)
6.	पक्षी आकाश में ------------ ।	(उड़ना)	(तात्कालिक संभाव्य वर्तमान काल)
7.	कई दिनों से गर्मी ---------- ।	(पड़ना)	(तात्कालिक वर्तमान काल)
8.	आप क्यों टीवी ------------ ?	(देखना)	(तात्कालिक भूतकाल)
9.	मंदिर में पूजा -------------- ।	(होना)	(तात्कालिक संदिग्ध वर्तमान काल)
10.	अखबार बराबर ------------ ।	(निकलना)	(तात्कालिक भूतकाल)
11.	लड़कियाँ पहाड़ पर ---------- ।	(जाना)	(तात्कालिक भूतकाल)
12.	उनका घर ---------------- ।	(टूटना)	(तात्कालिक भूतकाल)
13.	क्या वह आपसे बात -------- ?	(करना)	(तात्कालिक भूतकाल)
14.	मेरा मित्र ---------------- ।	(आना)	(तात्कालिक संभाव्य वर्तमान काल)

II. उक्त निर्मित क्रियापदों का पुरुष, लिंग तथा वचन भी बताएँ -

1.	बना रही है; अन्यपुरुष, स्त्रीलिंग, एकवचन।	8.	------------------------------
2.	------------------------------	9.	------------------------------
3.	------------------------------	10.	------------------------------
4.	------------------------------	11.	------------------------------
5.	------------------------------	12.	------------------------------
6.	------------------------------	13.	------------------------------
7.	------------------------------	14.	------------------------------

- भोजन, स्कूल, पक्षी, आकाश, दिन, टीवी, मंदिर, पहाड़, मित्र—पुंलिंग संज्ञाएँ हैं।
- माँ, पुस्तक, रेल, यात्रा, गर्मी, पूजा, बात—स्त्रीलिंग संज्ञाएँ हैं।
- बंद—विशेषण है।
- बराबर, क्यों—क्रियाविशेषण हैं।

26 क्रियापदबंध : क्रियार्थक कृदंत + सहायक क्रियाएँ

अ क्रियार्थक कृदंत और सहक्रिया (सहायक क्रिया) के योग से आवश्यकताबोधक काल बनते हैं, जो इस प्रकार हैं—

क्रियार्थक कृदंत + है—वर्तमान आवश्यकताबोधक काल
क्रियार्थक कृदंत + था—भूत आवश्यकताबोधक काल
क्रियार्थक कृदंत + होगा-(i) भविष्य आवश्यकताबो०काल
(ii) वर्तमान संदिग्ध आवश्यकताबो० काल
क्रियार्थक कृदंत + हो—संभाव्य आवश्यकताबो० वर्तमान

आ वर्तमान, भूत तथा भविष्य कालों में आवश्यकता, अनिवार्यता या अपरिहार्यता अथवा विवशता दरशाने के लिए उक्त क्रियापदों का प्रयोग होता है।

इ आवश्यकताबोधक कालों में उद्देश्य/कर्ता में 'को' परसर्ग आता है।

(क) उद्देश्य/कर्ता में परसर्ग आने के फलस्वरूप अकर्मक धातु से बना क्रियापद अन्यपुरुष पुंलिंग-एकवचन रहता है।

(ख) सकर्मक धातु से बना क्रियापद परसर्ग-रहित कर्म के पुरुष, लिंग और वचन के अनुरूप होता है। और

(ग) कर्म के भी परसर्गयुक्त होने पर क्रियापद अन्यपुरुष-एकवचन-पुंलिंग रहता है।

उद्देश्य/कर्ता	विधेय अकर्मक क्रिया	
उसको/उसे तुझको/तुझे मुझको/मुझे उनको/उन्हें तुमको/तुम्हें हमको/हमें	आज	जाना है
	कल	जाना था
	परसों	जाना होगा
	आज	जाना हो

उद्देश्य/कर्ता	विधेय कर्म (परसर्ग-रहित)	सकर्मक क्रिया
उसको/उसे तुझको/तुझे मुझको/मुझे उनको/उन्हें तुमको/तुम्हें हमको/हमें	पत्र	लिखना है/था/होगा/हो
	पुस्तक	लिखनी है/थी/होगी/हो
	कई पत्र	लिखने हैं/थे/होंगे/हों
	पुस्तकें	लिखनी हैं/थीं/होंगी/हों

उद्देश्य/कर्ता	विधेय कर्म (परसर्ग-सहित)	सकर्मक क्रिया
उसको/उसे तुझको/तुझे मुझको/मुझे उनको/उन्हें तुमको/तुम्हें हमको/हमें	बच्चे को	रखना है/था/होगा/हो
	बच्ची को	रखना है/था/होगा/हो
	बच्चों को	रखना है/था/होगा/हो
	बच्चियों को	रखना है/था/होगा/हो

ई आवश्यकता जब अपरिहार्य हो या बाध्यता के रूप में हो तो आवश्यकताबोधक कालों में 'चाहिए' अविकारी क्रियापद के रूप में प्रयुक्त किया जाता है। वर्तमान आवश्यकता-बोधक काल, भूत आवश्यकताबोधक काल, भविष्य आवश्यकताबोधक काल तथा संभाव्य वर्तमान काल में इसके क्रमशः चाहिए, चाहिए था, चाहिए होगा और चाहिए हो क्रियारूप होते हैं; जैसे—

उसे/उसको चश्मा चाहिए / चश्मे चाहिए।
उसे/उसको चश्मा चाहिए था / चश्मे चाहिए थे।
उसे/उसको चश्मा चाहिए होगा / चश्मे चाहिए होंगे।
उसे/उसको चश्मा चाहिए हो / चश्मे चाहिए हों।
उसे/उसको पुस्तक चाहिए / पुस्तकें चाहिए।
उसे/उसको पुस्तक चाहिए थी / पुस्तकें चाहिएं थीं।
उसे/उसको पुस्तक चाहिए होगी / पुस्तकें चाहिए होंगी।
उसे/उसको पुस्तक चाहिए हो / पुस्तकें चाहिए हों।

उ 'चाहिए', 'चाहिए था' तथा 'चाहिए होगा' विभिन्न कालों में मुख्य क्रिया क्रियार्थक कृदंत के साथ भी प्रयुक्त होते हैं; जैसे—

उसे/उसको		आना	चाहिए।
उसे/उसको		आना	चाहिए था।
उसे/उसको		आना	चाहिए होगा।
उसे/उसको	अखबार	पढ़ना	चाहिए।
उसे/उसको	पुस्तक	पढ़नी	चाहिए।
मुझे/मुझको	अखबार	पढ़ना	चाहिए था।
मुझे/मुझको	पुस्तक	पढ़नी	चाहिए थी।
तुम्हें/तुमको	कई अखबार	पढ़ने	चाहिए हों।
तुम्हें/तुमको	कई पुस्तकें	पढ़नी	चाहिए हों।

छब्बीसवाँ अभ्यास

निर्दिष्ट क्रिया तथा काल के अनुसार क्रियापदों की रचना करें -

1. राजा को निर्णय ------------------ । (लेना)
(वर्तमान आवश्यकताबोधक काल में)
2. आपको मेरा काम ------------------ । (करना)
(भविष्य आवश्यकताबोधक काल में)
3. मुझे परीक्षा में ------------------ । (बैठना)
(भविष्य आवश्यकताबोधक काल में)
4. हमें समाचार ------------------ । (सुनना)
(वर्तमान आवश्यकताबोधक काल में)
5. उन्हें कहानी ------------------ । (सुनाना)
(भविष्य आवश्यकताबोधक काल में)
6. आपको हमारे साथ ------------------ । (चलना)
(भूत आवश्यकताबोधक काल में)
7. उसे मेरे घर ------------------ । (आना)
(वर्तमान आवश्यकताबोधक काल में)
8. आज उसे फुटबॉल ------------------ । (खेलना)
(वर्तमान आवश्यकताबोधक काल में)
9. तुम्हें पुस्तक ------------------ । (खरीदना)
(भविष्य आवश्यकताबोधक काल में)
10. आपको अपना नाम ------------------ । (बताना)
(भविष्य आवश्यकताबोधक काल में)
11. उन्हें गाड़ी स्वयं ------------------ । (चलाना)
(वर्तमान आवश्यकताबोधक काल में)
12. हमें पेड़ ------------------ । (काटना)
(भविष्य आवश्यकताबोधक काल में)

- राजा, निर्णय, काम, समाचार, फुटबाल, नाम, पेड़—पुंलिंग संज्ञाएँ हैं।
- परीक्षा, कहानी, पुस्तक, गाड़ी—स्त्रीलिंग संज्ञाएँ हैं।
- मेरा, अपना—विशेषण हैं।
- के साथ—संबंधबोधक है।
- आज, स्वयं—क्रियाविशेषण हैं।

27 क्रियापदबंध : भविष्यकालिक

अ धातु में 'एगा' प्रत्यय के योग से भविष्यकालिक कृदंत की रचना की जाती है जिसके विभिन्न क्रियारूप भविष्यकाल में होनेवाले कार्यों, घटनाओं आदि के सूचक होते हैं। उद्देश्य/कर्ता के लिंग, वचन और पुरुष के अनुसार इनमें इस प्रकार परिवर्तन होता है :

धातु आ + एगा = आएगा
धातु जा + एगा = जाएगा

उद्देश्य/कर्ता		विधेय पुंलिंग एकवचन	विधेय स्त्रीलिंग एकवचन
अन्य पुरुष	वह	जाएगा	जाएगी
म० पुरुष	तू	जाएगा	जाएगी
उ० पुरुष	मैं	जाऊँगा	जाऊँगी

उद्देश्य/कर्ता		विधेय पुंलिंग बहुवचन	विधेय स्त्रीलिंग बहुवचन
अन्य पुरुष	वे	जाएँगे	जाएँगी
म० पुरुष	(i) तुम	जाओगे	जाओगी
	(ii) आप	जाएँगे	जाएँगी
उ० पुरुष	हम	जाएँगे	जाएँगी

आ भविष्य कालिक क्रियापद सामान्य भविष्यकाल का सूचक होता है। आशय है कि क्रिया भविष्य में या आगे चलकर आरंभ होगी।

उद्देश्य/कर्ता		विधेय: कर्म	क्रियापद पुंलिंग एक०	क्रियापद स्त्रीलिंग एक०
अन्य पुरुष	वह	पत्र/पुस्तक	पढ़ेगा	पढ़ेगी
म० पुरुष	तू	पत्र/पुस्तक	पढ़ेगा	पढ़ेगी
उ० पुरुष	वे	पत्र/पुस्तक	पढ़ेंगे	पढ़ेंगी

उद्देश्य/कर्ता		विधेय: कर्म	क्रियापद पुंलिंग एक०	क्रियापद स्त्रीलिंग एक०
अन्य पुरुष	वे	पत्र/पुस्तक	पढ़ेंगे	पढ़ेंगी
म० पुरुष	(i) तुम	पत्र/पुस्तक	पढ़ोगे	पढ़ोगी
	(ii) आप	पत्र/पुस्तक	पढ़ेंगे	पढ़ेंगी
उ० पुरुष	हम	पत्र/पुस्तक	पढ़ेंगे	पढ़ेंगी

इ 'हो' धातु से बननेवाले भविष्यकालिक कृदंत का रूप 'होगा' होता है 'होएगा' नहीं। 'होगा' के विभिन्न क्रियारूप इस प्रकार हैं—

उद्देश्य/कर्ता		विधेय पुंलिंग एकवचन	विधेय स्त्रीलिंग एकवचन
अन्य पुरुष	वह	होगा	होगी
म० पुरुष	तू	होगा	होगी
उ० पुरुष	मैं	होऊँगा	होऊँगी

'होऊँगा' और 'होऊँगी' के स्थान पर 'हूँगा' और 'हूँगी' भी कुछ लोग प्रयुक्त करते हैं।

उद्देश्य/कर्ता		विधेय पुंलिंग बहुवचन	विधेय स्त्रीलिंग बहुवचन
अन्य पुरुष	वे	होंगे	होंगी
म० पुरुष	(i) तुम	होगे	होगी
	(ii) आप	होंगे	होंगी
उ० पुरुष	हम	होंगे	होंगी

- *भारत का अगला प्रधानमंत्री दलित होगा।*
- *कोई महिला भारत की भावी प्रधानमंत्री होगी।*

ई 'हो' धातु से बने भविष्य कृदंत 'होगा' का ही प्रयोग सहायक क्रिया के रूप में 'है' सहायक क्रिया के स्थान पर विभिन्न कालों में संदेह जतलाने के लिए पिछले प्रकरणों में हुआ है; जैसे—

सामान्य वर्तमान	संदिग्ध (सामान्य) वर्तमान
वह आता है / आती है	*वह आता होगा / आती होगी*
तू आता है / आती है	*तू आता होगा / आती होगी*
मैं आता हूँ / आती हूँ	*मैं आता होऊँगा / आती होऊँगी*
वे आते हैं / आती हैं	*वे आते होंगे / आती होंगी*
तुम आते हो / आती हो	*तुम आते होगे / आती होगी*
आप आते हैं / आती हैं	*आप आते होंगे / आती होंगी*
हम आते हैं / आती हैं	*हम आते होंगे / आती होंगी*

आसन्नभूत	संदिग्ध (आसन्न) भूत
वह आया है / आई है	*वह आया होगा / आई होगी*
मैं आया हूँ / आई हूँ	*मैं आया होऊँगा / आई होऊँगी*

तात्कालिक वर्तमान	संदिग्ध तात्का० वर्तमान
वह आ रहा है / आ रही है	*वह आ रहा होगा / आ रही होगी*
वे आ रहे हैं / आ रही हैं	*वे आ रहे होंगे / आ रही होंगी*

	आ०वर्त०	आ० संदिग्ध वर्त०
उसको / मुझको / तुझको	*आना है*	*आना होगा*
हमको / तुझको / हमको	*आना है*	*आना होगा*

उ 'हो' धातु के वर्तमान, भूत तथा क्रियार्थक कृदंत रूपों के साथ भी 'होगा' सहक्रिया का प्रयोग होता है—

- *नाटक होता होगा।*
- *कथा होती होगी।*
- *वह हुआ होगा।*
- *वह हुई होगी।*

सत्ताइसवाँ अभ्यास

I. उद्देश्य के लिंग, वचन तथा पुरुष और निर्दिष्ट क्रिया के अनुसार सामान्य भविष्यकाल के क्रियापदों की रचना करें -

1. विद्यालय कल (खुलना) विद्यालय कल खुलेगा।
2. शाम तक वर्षा (होना) --
3. सुबह सूरज (निकलना) --
4. गाड़ी थोड़ी देर में (चलना) --
5. उनका पत्र (आना) --
6. हम उनका काम (करना) --
7. तुम कहाँ? (जाना) --
8. आप कहाँ? (मिलना) --
9. आप कैसे? (चलना) --
10. कौन मशीन? (चलाना) --
11. वह ताश (खेलना) --
12. मैं होटल में (रहना) --
13. वह बच्चे को (ढूँढ़ना) --
14. पिताजी कल (आना) --

II. निर्मित उक्त वाक्यों को पहले प्रश्नात्मक रूप दें फिर उनके सकारात्मक और निषेधात्मक उत्तर दें-

1. क्या विद्यालय कल खुलेगा? — हाँ, विद्यालय कल खुलेगा। — नहीं, विद्यालय कल नहीं खुलेगा।
2. ------------------ ---------------------- ----------------------
3. ------------------ ---------------------- ----------------------
4. ------------------ ---------------------- ----------------------
5. ------------------ ---------------------- ----------------------
6. ------------------ ---------------------- ----------------------
7. ------------------ ---------------------- ----------------------
8. ------------------ ---------------------- ----------------------
9. ------------------ ---------------------- ----------------------
10. ------------------ ---------------------- ----------------------
11. ------------------ ---------------------- ----------------------

- विद्यालय, सूरज, पत्र, काम, होटल, बच्चा, पिता—पुंलिंग संज्ञाएँ हैं।
- शाम, वर्षा, गाड़ी, देर, मशीन, ताश—स्त्रीलिंग संज्ञाएँ हैं।
- थोड़ा—विशेषण है।
- कल, सुबह, कहाँ, कैसे—क्रियाविशेषण हैं।
- तक—निपात है।

28 क्रियापद : विध्यर्थ कृदंत (1)

अ विध्यर्थ कृदंतों का प्रयोग क्रियापदों के रूप में मुख्यत: वर्तमान काल से संबद्ध होता है और (क) आदेश, निर्देश, सुझाव, आशीर्वाद आदि देने के लिए (ख) आवेदन, निवेदन, अनुरोध, संस्तुति आदि करने के लिए तथा (ग) आज्ञा लेने, अनुमति या स्वीकृति चाहने अथवा आकांक्षा या अनुभूति की अभिव्यक्ति करने के लिए होता है; जैसे—

- *तुम जाओ।* (आदेश)
- *आप आएँ।* (निवेदन/सुझाव)
- *सौ बरस जियो।* (आशीर्वाद)
- *मैं कविता पढ़ूँ।* (अनुमति की याचना)
- *उसे क्षमा कर दें।* (संस्तुति/आकांक्षा)
- *न तुम हमें जानो न हम तुम्हें जानें।* (अनुभूति)

आ कर्ता के लिंग का विध्यर्थ क्रियापदों पर प्रभाव नहीं पड़ता अर्थात् दोनों लिंगों में क्रियापद समान रहते हैं। इस प्रकार हम कह सकते हैं कि विध्यर्थ क्रियापद उभयलिंग होता है।

इ उद्देश्य/कर्ता के पुरुष और वचन के अनुसार विभिन्न विध्यर्थ कृदंतों की रचना इस प्रकार होती है :

धातु	कृदंत + प्रत्यय	विध्यर्थ कृदंत (क्रियापद)	एकवचन उभयलिंग	पुरुष
पढ़	+ ए	पढ़े	वह पढ़े	अन्य पुरुष
पढ़	+ ०	पढ़	तू पढ़	मध्यम पुरुष
पढ़	+ ऊँ	पढ़ूँ	मैं पढ़ूँ	उत्तम पुरुष

धातु	कृदंत + प्रत्यय	विध्यर्थ कृदंत (क्रियापद)	बहुवचन उभयलिंग	पुरुष
पढ़	+ एँ	पढ़े	वे पढ़ें	अन्य पुरुष
पढ़	+ ओ	पढ़ो	(i) तुम पढ़ो	मध्यम पुरुष
पढ़	+ एँ/इस	पढ़ें/पढ़िए	(ii) आप पढ़ें/पढ़िए	म.पु.
पढ़	+ एँ	पढ़ें	हम पढ़ें	उत्तम पुरुष

ई धातु यदि दीर्घ स्वरांत हो तो बहुवचन प्रत्यय 'एँ' के स्थान पर 'वें' प्रत्यय का भी प्रयोग देखने में आता है :

जा — जाएँ — जावें; आप जाएँ/जावें
आ — आएँ — आवें वे आएँ/आवें
गा — गाएँ — गावें; आप गाएँ/गावें
पी — पिएँ — पीवें वे पिएँ/पीवें
सी — सिएँ — सीवें; वे सिएँ/सीवें
सो — सोएँ — सोवें हम सोएँ/सोवें
धो — धोएँ — धोवें हम धोएँ/धोवें

उ मध्यम पुरुष कर्ता/उद्देश्य के साथ विध्यर्थ क्रियापद का प्रयोग आदेश का सूचक भी होता है तथा अनुरोध, सुझाव, निर्देश, आशीर्वाद आदि का सूचक भी—

- *तू वहाँ जा।* आदेश, अनुरोध
- *तुम वहाँ जाओ।* ,,
- *आप वहाँ जाएँ / जाइए / जावें।* ,,

- *तू पुस्तक ला।* आदेश, अनुरोध
- *तुम पुस्तक लाओ।* ,,
- *आप पुस्तक लाएँ / लाइए / लावें।* ,,

- *तू सच बोल।* आदेश, निर्देश
- *तुम सच बोलो।* ,,
- *आप सच बोलें।* ,,

- *तू हँस।* निर्देश
- *तुम हँसो।* ,,
- *आप हँसे।* ,,

- *तू सौ बरस जी।* आशीर्वाद
- *तुम सौ बरस जियो।* ,,
- *आप सौ बरस जिएँ / जीवें।* ,,

ऊ उत्तम पुरुष के साथ विध्यर्थ क्रियापदों का प्रयोग आज्ञा लेने के लिए प्रश्नवाचक रूप में भी होता है :

- *क्या मैं पुस्तक लाऊँ?*
- *क्या मैं वहाँ अभी जाऊँ?*
- *क्या हम पुस्तकें लाएँ / लावें?*
- *क्या हम वहाँ अभी जाएँ / जावें?*

उक्त वाक्यों का रूप बिना 'क्या' के भी प्रश्नवाचक ही रहता है।

- *मैं पुस्तक लाऊँ?*
- *मैं वहाँ अभी जाऊँ?*
- *हम पुस्तकें लाएँ / लावें?*
- *हम वहाँ अभी जाएँ / जावें?*

अठाईसवाँ अभ्यास

I. निम्नलिखित धातुओं के विभिन्न कर्ताओं के साथ प्रयुक्त होनेवाले रूपों का उल्लेख करें—

धातु	वह	मैं	तुम	वे	तू	आप	हम
1. चल	चले	चलूँ	चलो	चलें	चल	(i) चलें (ii) चलिए	चलें
2. बैठ	------	------	------	------	------	--------------	-----
3. खेल	------	------	------	------	------	--------------	-----
4. सो	------	------	------	------	------	--------------	-----
5. आ	------	------	------	------	------	--------------	-----
6. जा	------	------	------	------	------	--------------	-----
7. पढ़	------	------	------	------	------	--------------	-----
8. पढ़ा	------	------	------	------	------	--------------	-----
9. देख	------	------	------	------	------	--------------	-----
10. दिखा	------	------	------	------	------	--------------	-----
11. उठ	------	------	------	------	------	--------------	-----
12. पिला	------	------	------	------	------	--------------	-----
13. नाच	------	------	------	------	------	--------------	-----
14. नचा	------	------	------	------	------	--------------	-----
15. सुन	------	------	------	------	------	--------------	-----
16. सुना	------	------	------	------	------	--------------	-----
17. लिख	------	------	------	------	------	--------------	-----
18. लिखा	------	------	------	------	------	--------------	-----
19. हँस	------	------	------	------	------	--------------	-----
20. हँसा	------	------	------	------	------	--------------	-----
21. कर	------	------	------	------	------	--------------	-----

II. बताएँ कि उक्त धातुएँ (क) सकर्मक हैं या (ख) अकर्मक ?

(क) सकर्मक— पढ़, --

(ख) अकर्मक— चल, --

----

29 क्रियापद : विध्यर्थ कृदंत (2)

अ अन्य पुरुष उद्देश्य/कर्ता के साथ विध्यर्थ क्रियापद का प्रयोग (क) उससे/उनसे किसी प्रकार की अपेक्षा की पूर्ति के लिए अथवा (ख) उसे/उन्हें अप्रत्यक्ष निर्देश देने के लिए होता है; जैसे—

क- • *पहले वह मुझे पत्र लिखे।*
• *वे चुनाव लड़ें।*

ख- • *वे भी ऐसा न करें।*
• *वे आराम से सोएँ/सोवें।*

आ 'दे' और 'ले' एकारांत धातुओं के विध्यर्थ क्रियापद इस प्रकार हैं :

• *वह दे।*	• *वे दें।*
• *तू दे।*	• *तुम दो; आप दें।*
• *मैं दूँ।*	• *हम दें।*
• *वह मुझे पुस्तक दे।*	• *वे मुझे पुस्तक दें।*
• *तू पुस्तक मुझे दे।*	• *तुम पुस्तक मुझे दो।*
• *मैं पुस्तक उसे दूँ?*	• *हम / आप पुस्तक उसे दें?*
• *वह ले।*	• *वे लें।*
• *तू ले।*	• *तुम लो; आप लें।*
• *मैं लूँ?*	• *हम लें?*
• *वह पुरस्कार ले।*	*वे पुरस्कार लें।*
• *तू पुरस्कार ले।*	*तुम पुरस्कार लो।*
	आप पुरस्कार लें।
• *मैं पुरस्कार लूँ?*	*हम पुरस्कार लें?*
• *वह चाय ले।*	*वे चाय लें।*
• *तू चाय ले।*	*तुम चाय लो।*
	आप चाय लें।
• *मैं चाय लूँ?*	*हम चाय लें?*

इ ईकारांत धातुएँ ए, एँ, ऊँ तथा ओ प्रत्यय पूर्व इकारांत हो जाती हैं तथा उनमें लगनेवाला 'ओ' प्रत्यय 'य' की श्रुति के कारण 'यो' रूप धारण कर लेता हैं; जैसे—

• *वह पिए (पी+ए)*	• *वे पिएँ (पी+एँ)*
• *तू पी*	• *तुम पियो (पी+ओ)*
	• *आप पिएँ (पी+एँ)*
• *मैं पिऊँ*	• *हम पिएँ (पी+एँ)*

ध्यान रहे कि 'वें' प्रत्यय लगने पर ईकारांत धातु इकारांत नहीं होती। [देखें—28 ई]

इ कर, पी, दे और ले धातुओं के निम्नलिखित तीन-तीन विध्यर्थ कृदंत रूप मध्यम पुरुष बहुवचन 'आप' के साथ प्रयुक्त होते हैं :

• *आप कीजिए*	*करें / करिए।*
• *आप पीजिए*	*पिएँ / पीवें।*
• *आप दीजिए*	*दें / देवें।*
• *आप लीजिए*	*लें / लेवें।*

• *आप यह काम करें।*
• *आप यह काम करिए।*
• *आप यह काम कीजिए।*

• *आप दूध पिएँ।*
• *आप दूध पीवें।*
• *आप दूध पीजिए।*

• *आप हमें उपदेश दें।*
• *आप हमें उपदेश देवें।*
• *आप हमें उपदेश दीजिए।*

• *आप यह पुस्तक लें।*
• *आप यह पुस्तक लेवें।*
• *आप यह पुस्तक लीजिए।*

उ 'हो' धातु से बने विध्यर्थ कृदंतों के विभिन्न क्रिया-रूप इस प्रकार हैं :

• *वह हो।*	• *वे हों।*
• *तू हो।*	• *तुम हो।*
	• *आप हों।*
• *मैं होऊँ।*	• *हम हों।*

ऊ 'है' सहायक क्रिया के विभिन्न क्रिया-रूप वर्तमान स्थिति सूचित करते हैं परंतु 'है' के स्थान पर प्रयुक्त 'हो' धातु के विध्यर्थ कृदंत संभावना या अपेक्षा सूचित करते हैं; जैसे—

• *वह अध्यापक है।*	• *वह अध्यापक हो।*
• *तू अध्यापक है।*	• *तू अध्यापक हो।*
• *मैं अध्यापक हूँ।*	• *मैं अध्यापक होऊँ।*
• *वे अध्यापक हैं।*	• *वे अध्यापक हों।*
• *तुम अध्यापक हो।*	• *तुम अध्यापक हो।*
• *आप अध्यापक हैं।*	• *आप अध्यापक हों।*
• *हम अध्यापक हैं।*	• *हम अध्यापक हों।*

उन्तीसवाँ अभ्यास

I. निर्दिष्ट क्रिया के अनुसार विध्यर्थ क्रियापद की रचना करें -

1. आप यह पुस्तक ------------ (पढ़ना)
2. मैं किससे ------------ ? (मिलना)
3. हम क्या काम ------------ ? (करना)
4. पहले आप मेरी बात ---------- । (सुनना)
5. वह पुस्तक ------------ ।(लिखना)
6. वे काम अवश्य ---------- । (करना)
7. तुम अपना नाम यहाँ -------- । (भरना)
8. (तुम) उनसे कुछ मत ------- । (कहना)
9. पहले वह अपनी कविता ----- । (सुनना)
10. आप शांत ------------ । (रहना)
11. क्या मैं उन्हें पत्र ---------- । (भेजना)
12. तू मेरे घर ------------ । (आना)
13. क्या मैं खेलने के लिए ------ ? (जाना)
14. वह सुबह जल्दी ---------- । (उठना)
15. क्या मैं आपके लिए खाना ---- ? (बनाना)
16. आज आप ही ------------ । (नाचना)
17. क्या हम चौकी पर ---------- । (बैठना)
18. क्या मैं गाड़ी उस चौराहे पर --- ? (रोकना)
19. तुम थानेदार के पास -------- । (जाना)
20. सरकार इस नदी पर पुल ----- । (बनाना।

II. उक्त वाक्यों के एकवचन कर्ता को बहुवचन और बहुवचन कर्ता को एकवचन रूप दें और तब क्रियापदों की फिर से रचना करें -

1. तू यह पुस्तक पढ़े।
2. हम किससे मिलें ?
3. ------------------------------
4. ------------------------------
5. ------------------------------
6. ------------------------------
7. ------------------------------
8. ------------------------------
9. ------------------------------
10. ------------------------------
11. ------------------------------
12. ------------------------------
13. ------------------------------
14. ------------------------------
15. ------------------------------
16. ------------------------------
17. ------------------------------
18. ------------------------------
19. ------------------------------
20. ------------------------------

- काम, नाम, पत्र, घर, खेलना, खाना, चौराहा, थानेदार, पुल—पुंलिंग संज्ञाएँ हैं।
- पुस्तक, बात, कविता, चौकी, गाड़ी, नदी—स्त्रीलिंग संज्ञाएँ हैं।
- कुछ—सर्वनाम है।
- शांत—विशेषण है।
- पहले, सुबह, जल्दी, पास—क्रियाविशेषण हैं।

30 क्रियापद : संकेतार्थ

अ जब वाक्य दो ऐसे उपवाक्यों का समूह हो जिसमें एक 'कारण' का सूचक हो और दूसरा 'कार्य' का तो उनके क्रियापदों को संकेतार्थक क्रियापद कहते हैं; जैसे—

- *यदि वह आए तो मैं जाऊँ।*
- *यदि आप कहें तो वह चित्र बनाए।*
- *यदि तुम नाचो तो हम भी नाचें।*

रेखांकित क्रियापद संकेतार्थ हैं।

वस्तुत: संकेतार्थ वाक्यों में घटना के घटित होने का प्रश्न नहीं होता बल्कि उनका सांकेतिक या अनुमानजन्य उल्लेख अभिप्रेत होता है।

आ विध्यर्थ क्रियापदों का ही प्रयोग वर्तमान संकेतार्थक क्रियापदों के रूप में होता है। मध्य पुरुष एकवचन कर्ता के साथ धातु के स्थान पर धातु+ए का प्रयोग भी होता है।

- *वह आए* (धातु+ए) • *वे आएँ* (धातु+एँ)
- *तू आ/आए* (धातु+ए) • *तुम आओ* (धातु+ओ)
- *मैं आऊँ* (धातु+ऊँ) • *हम / आप आएँ* (धातु+एँ)
- *यदि वह दौड़े तो तुम भी दौड़ो।*
- *यदि वे फिल्म देखें तो आप भी देखें।*
- *यदि तू हमें बुला/बुलाए तो हम भी तेरे घर आएँ।*
- *यदि तू गीत गा/गाए तो मैं प्रसन्न होऊँ।*
- *यदि तू ज़ोर से बोल/बोले तो वह भी सुने।*
- *यदि तू गाड़ी चला/चलाए तो हम घूमने के लिए चलें।*

इ 'कारण' वाक्य में 'यदि', अथवा 'अगर' निपात का प्रयोग ऐच्छिक होता है परंतु 'कार्य' वाक्य के आरंभ में 'तो' निपात का प्रयोग अनिवार्य रूप से होता है; जैसे—

- • *वह आए तो मैं जाऊँ।*
- •• *यदि वह आए तो मैं जाऊँ।*
- • *आप कहें तो हम चित्र बनाएँ।*
- •• *यदि आप कहें तो हम चित्र बनाएँ।*
- • *तू नाच/नाचे तो हम भी नाचें।*
- •• *यदि तू नाच/नाचे तो हम भी नाचें।*
- • *तू हमें बुला/बुलाए तो हम तेरे घर आएँ।*
- •• *यदि तू हमें बुला/बुलाए तो हम भी तेरे घर आएँ।*

ई संकेतार्थक भूतकालिक क्रियापद के रूप में वर्तमान कृदंत का प्रयोग होता है जिसमें कर्ता के पुरुष-लिंग-वचन के अनुरूप विकार होते हैं; जैसे—

- • *वह आता तो मैं जाता।*
- • *सीता आती तो रमा जाती।*
- • *वह पढ़ता तो (वह) उत्तीर्ण होता।*
- • *राधा पढ़ती तो (वह) उत्तीर्ण होती।*
- • *रमेश, तू खेलता तो (तू) अवश्य जीतता।*
- • *शीला, तू खेलती तो (तू) अवश्य जीतती।*
- • *मोहन, तू देखकर चलता तो (तू) न गिरता।*
- • *मधु, तू देखकर चलती तो (तू) न गिरती।*
- • *मैं यहाँ होता तो (मैं) आपसे अवश्य मिलता।*
- •• *मैं यहाँ होती तो (मैं) आपसे अवश्य मिलती।*
- • *वे कहते तो हम भी विचार करते।*
- •• *वे कहतीं तो हम भी विचार करतीं।*
- • *आप मिलते तो हम आपसे बातें करते।*
- •• *आप मिलतीं तो हम आपसे बातें करतीं।*

उक्त वाक्यों के आरंभ में 'यदि' का प्रयोग ऐच्छिक हैं।

उ भविष्यकाल सूचक 'कारण' वाक्य में क्रियापद भूतकृदंत क्रिया-रूप होता है और 'कार्य' वाक्य का सूचक क्रियापद सामान्य भविष्य काल का सूचक; जैसे—

- *वह आया तो मैं जाऊँगा।*
- *सचिन खेला तो भारत जीतेगा।*
- *मैं दिल्ली गया तो (मैं) कुतुबमीनार भी देखूँगा।*
- *तूने मेरी बात मानी तो (तू) सुखी रहेगा।*
- *हमने अच्छा काम किया तो वे खुश होंगे।*

ऊ इधर कुछ समय से भविष्यकाल के 'कारण' उपवाक्यों में भूतकृदंत के स्थान पर सामान्य भविष्य काल के क्रियापदों का प्रयोग भी हो रहा है :

- *वह आएगा तो मैं जाऊँगा।*
- *सचिन खेलेगा तो भारत जीतेगा।*
- *मैं दिल्ली जाऊँगा तो कुतुबमीनार भी देखूँगा।*
- *तू बात मानेगा तो सुखी रहेगा।*
- *हम अच्छा काम करेंगे तो वे खुश होंगे।*

ऋ भविष्यकालिक 'कारण' उपवाक्य में भी यदि (अथवा अगर) निपात का प्रयोग ऐच्छिक होता है :

- • *यदि वह आया तो मैं जाऊँगा।*
- •• *यदि वह आएगा तो मैं जाऊँगा।*
- • *यदि सचिन खेला तो भारत जीतेगा।*
- •• *यदि सचिन खेलेगा तो भारत जीतेगा।*

तीसवाँ अभ्यास

निम्नलिखित वाक्यों में उल्लिखित क्रियाओं के आधार पर बारी-बारी से वर्तमान, भूत तथा भविष्य संकेतार्थ कालों के सूचक क्रियापदों का प्रयोग करें। यदि आवश्यक हो तो उद्देश्य/कर्ता में परिवर्तन भी करें -

1. यदि डाकिया ------------ तो चिट्ठी ------------ । (आना, लाना)
   वर्तमान संकेतार्थक—यदि डाकिया आए तो चिट्ठी लाए।
   भूत संकेतार्थक—यदि डाकिया आता तो चिट्ठी लाता।
   भविष्य संकेतार्थक—यदि डाकिया आया तो चिट्ठी लाएगा।

2. यदि वह पुस्तक ------------ तो कुछ ------------ भी। (खरीदना , पढ़ना)
   यदि वह पुस्तक ------------ तो कुछ ------------ भी।
   यदि वह पुस्तक ------------ तो कुछ ------------ भी।

3. यदि सर्दी ------------ तो हम गर्म कपड़े ------------ । (पड़ना, निकालना)
   यदि सर्दी ------------ तो हम गर्म कपड़े ------------ ।
   यदि सर्दी ------------ तो हम गर्म कपड़े ------------ ।

4. यदि पत्र ------------ तो वह उत्तर ------------ । (आना, भेजना)
   यदि पत्र ------------ तो वह उत्तर ------------ ।
   यदि पत्र ------------ तो वह उत्तर ------------ ।

5. यदि तुम साइकिल से ------------ तो वहाँ जल्दी ------------ । (जाना, पहुँचना)
   यदि तुम साइकिल से ------------ तो वहाँ जल्दी ------------ ।
   यदि तुम साइकिल से ------------ तो वहाँ जल्दी ------------ ।

6. यदि हम खीर ------------ तो उन्हें भी ------------ । (बनाना, खिलाना)
   यदि हम खीर ------------ तो उन्हें भी ------------ ।
   यदि हम खीर ------------ तो उन्हें भी ------------ ।

7. यदि वर्षा ------------ तो फसल भी ------------ । (होना, होना)
   यदि वर्षा ------------ तो फसल भी ------------ ।
   यदि वर्षा ------------ तो फसल भी ------------ ।

8. यदि आप भोजन ------------ तो मैं कुछ ------------ । (करना, बनना)
   यदि आप भोजन ------------ तो मैं कुछ ------------ ।
   यदि आप भोजन ------------ तो मैं कुछ ------------ ।

9. यदि वह उपन्यास ------------ तो वह पुरस्कृत भी ------------ । (लिखना, होता)
   यदि वह उपन्यास ------------ तो वह पुरस्कृत भी ------------ ।
   यदि वह उपन्यास ------------ तो वह पुरस्कृत भी ------------ ।

10. यदि मैं वहाँ ------------ तो उनका हाल ------------ । (जाना, पूछना)
    यदि मैं वहाँ ------------ तो उनका हाल ------------ ।
    यदि मैं वहाँ ------------ तो उनका हाल ------------ ।

11. वह चश्मा ------------ तो उसे दिखाई ------------ । (पहनना, देना)
    वह चश्मा ------------ तो उसे दिखाई ------------ ।
    वह चश्मा ------------ तो उसे दिखाई ------------ ।

31 सहायक क्रिया 'है': स्वतंत्र क्रियापद के रूप में

अ 'है' सहायक क्रिया या सहक्रिया स्वतंत्र क्रियापद की तरह भी प्रयुक्त होती है जिसमें उद्देश्य के लिंग, वचन और पुरुष के अनुसार इस प्रकार परिवर्तन होते हैं :

वह, तू	है
मैं	हूँ
वे, हम, आप	हैं
तुम	हो

'है' और 'हूँ' एकवचन रूप हैं और दोनों लिंगों में समान रूप से चलते हैं।

'हैं' और 'हो' बहुवचन रूप हैं। ये भी दोनों लिंगों में समान रूप से चलते हैं।

आ वर्तमान सहक्रिया 'है' स्वतंत्र क्रियापद के रूप में उद्देश्य की उपस्थिति, पहचान या स्थिति की सूचक होती है; जैसे—

- *कौन है?*
- *—मैं हूँ।* (उपस्थिति या पहचानसूचक)
- *—वह है।* (उपस्थिति या पहचानसूचक)
- *क्या हुआ उसे?*
- *—वह बीमार है।* (स्थितिसूचक)
- *—वह भयभीत है।* (स्थितिसूचक)

इ क्रियाविशेषण, कारक तथा पूरक द्वारा विधेय का विस्तार होता है; जैसे—

- *मैं पुस्तक लाऊँ?* (पुस्तक—कर्मकारक)
- *मैं वहाँ जाऊँ?* (वहाँ—क्रियाविशेषण)
- *वह यहाँ है।* (यहाँ-क्रियाविशेषण)
- *वह कहाँ है?* (कहाँ-क्रियाविशेषण)
- *लड़का दिल्ली में है।* (दिल्ली में–अधिकरणकारक)
- *लड़की बिस्तर पर है।* (बिस्तर पर–अधिकरणकारक)
- *मैं वकील हूँ।* (वकील-पूरक)
- *तुम नर्स हो।* (नर्स-पूरक)
- *लड़के कमरे में हैं।* (कमरे में-अधिकरणकारक)
- *यह बात उसकी बुद्धि में है।* (उसकी बुद्धि में-अधिकरणकारक)
- *लड़कियाँ प्रसन्न हैं।* (प्रसन्न-पूरक)
- *मकान पुराना है।* (पुराना-पूरक)
- *मेरा मित्र बीमार है।* (बीमार-पूरक)

ई पूरक के रूप में प्रयुक्त आकारांत विशेषण में कर्ता के लिंग-वचन के अनुरूप विकार होता है :

- *वह मेरा भाई है।*
- *वह अच्छा लड़का है।*
- *वे मेरे भाई हैं।*
- *वे अच्छे लड़के हैं।*
- *वह मेरी बहन है।*
- *वह अच्छी लड़की है।*
- *वे मेरी बहनें हैं।*
- *वे अच्छी लड़कियाँ हैं।*
- *लड़का पंद्रह बरस का है।*
- *लड़की पंद्रह बरस की है।*
- *लड़के पंद्रह बरस के हैं।*
- *लड़कियाँ पंद्रह बरस की हैं।*

उ 'है' का प्रयोग भविष्य-संबंधी सूचना देने के लिए उस समय किया जाता है जब वाक्य में भविष्य काल का सूचक कोई पद या पदबंध हो; जैसे—

- *कल छुट्टी है।*
- *अगले हफ्ते दीपावली है।*
- *इसी 30 फरवरी को चुनाव है।*
- *आगामी रविवार को संगीत सम्मेलन है।*

ऊ वाक्य को प्रश्नवाचक बनाने के लिए 'क्या' निपात का प्रयोग वाक्य के आरंभ में किया जाता है :

- *क्या वह यहाँ है?*
- *क्या लड़का दिल्ली में है?*
- *क्या तुम मेरे बड़े भाई हो?*
- *क्या हम अच्छे मित्र हैं?*

ऋ सकारात्मक उत्तर देते समय 'हाँ' निपात का वाक्य के आरंभ में प्रयोग किया जाता है और नकारात्मक उत्तर देते समय 'नहीं' निपात का प्रयोग दो बार किया जाता है। एक बार वाक्य के आरंभ में और दूसरी बार क्रियापद से पहले। वाक्य के आरंभ में आनेवाले 'हाँ' और 'नहीं' के साथ अल्पविराम लगाया जाता है :

- *क्या थानेदार थाने में है?*
- *—हाँ, थानेदार थाने में है।*
- *—नहीं, थानेदार थाने में नहीं।*
- *क्या तुम नर्स हो?*
- *—हाँ, मैं नर्स हूँ।*
- *—नहीं, मैं नर्स नहीं।*
- *क्या वे अच्छी पत्नियाँ हैं?*
- *—हाँ, वे अच्छी पत्नियाँ हैं।*
- *—नहीं, वे अच्छी पत्नियाँ नहीं।*

इकतीसवाँ अभ्यास

'है' सहक्रिया से बने स्वतंत्र क्रियापदों का प्रयोग करें तथा उनके पुरुष, लिंग तथा वचन का निर्देश करें -

1. वह गुणी ------------------ । — है; अन्य पुरुष, पुंलिंग, एकवचन।
2. आप कौन ------------------ ? ------------------
3. तुम कहाँ ------------------ ? ------------------
4. मैं इधर ------------------ । ------------------
5. हम जादूगर ------------------ । ------------------
6. लड़की सयानी ------------------ । ------------------
7. लड़कियाँ चतुर ------------------ । ------------------
8. तू मेरी बहन ------------------ । ------------------
9. वे उसके मित्र ------------------ । ------------------
10. आपका घर कहाँ ------------------ ? ------------------
11. उसका नाम क्या ------------------ ? ------------------
12. लड़के की उम्र क्या ------------------ ? ------------------
13. लड़का बीस बरस का ------------------ । ------------------
14. आपके भाई कहाँ ------------------ ? ------------------
15. मेरे भाई दिल्ली में ------------------ । ------------------
16. मंदिर किधर ------------------ ? ------------------
17. मंदिर घाट पर ------------------ । ------------------
18. पौधा सूखा ------------------ । ------------------
19. पौधे सूखे ------------------ । ------------------
20. लता हरी ------------------ । ------------------
21. लताएँ हरी ------------------ । ------------------
22. माताजी यहीं ------------------ । ------------------
23. पिताजी अभी वहीं ------------------ । ------------------

- जादूगर, मित्र, घर, नाम, बरस, भाई, मंदिर, घाट, पौधा—पुंलिंग संज्ञाएँ हैं।
- लड़की, बहन, उम्र, लता—स्त्रीलिंग संज्ञाएँ हैं।
- गुणी, सयाना, चतुर, बीस, सूखा, हरा—विशेषण हैं।
- कहाँ, इधर, किधर, यहीं, वहीं—क्रियाविशेषण हैं।

32 सहायक क्रिया 'था' : स्वतंत्र क्रियापद के रूप में

अ भूतकाल की सूचक 'था' सहायक क्रिया या सहक्रिया स्वतंत्र क्रियापद के रूप में भी प्रयुक्त होती है। यह विकारी क्रियापद है जिसके विभिन्न रूपों का प्रयोग उद्देश्य के पुरुष, लिंग तथा वचन के अनुसार निम्नलिखित ढंग से होता है :

उद्देश्य/कर्ता नामपद अन्य, म० या उ० पुरुष	विधेय क्रियापद	
वह, तू, मैं	था	पुंलिंग एकवचन
वे, तुम, आप, हम	थे	पुंलिंग बहुवचन

उद्देश्य/कर्ता नामपद अन्य, म० या उ० पुरुष	विधेय क्रियापद	
वह, तू, मैं	थी	स्त्रीलिंग एकवचन
वे, आप, हम	थीं	स्त्रीलिंग बहुवचन
तुम	थी	स्त्रीलिंग बहुवचन

आ भूतकालवाची 'था' उद्देश्य की भूतकालिक स्थिति सूचित करता है :

	उद्देश्य/कर्ता	पूरक-नामपद	क्रियापद
अन्य पु०, पुं०, एक०	• *लड़का*	*डॉक्टर*	*था।*
अन्य पु०, पुं०, एक०	• *वह*	*डॉक्टर*	*था।*
अन्य पु०, पुं०, बहु०	• *लड़के*	*डॉक्टर*	*थे।*
अन्य पु०, पुं०, बहु०	• *वे*	*डॉक्टर*	*थे।*
मध्यम पु०, पुं०, एक०	• *तू*	*डॉक्टर*	*था।*
मध्यम पु०, पुं०, बहु०	• *तुम*	*डॉक्टर*	*थे।*
मध्यम पु०, पुं०, बहु०	• *आप*	*डॉक्टर*	*थे।*
उत्तम पु०, पुं०, एक०	• *मैं*	*डॉक्टर*	*था।*
उत्तम पु०, पुं०, बहु०	• *हम*	*डॉक्टर*	*थे।*
अन्य पु०, स्त्री०, एक०	• *लड़की*	*वकील*	*थी।*
अन्य पु०, स्त्री०, एकं०	• *वह*	*वकील*	*थी।*
अन्य पु०, स्त्री०, बहु०	• *लड़कियाँ*	*वकील*	*थीं।*
अन्य पु०, स्त्री०, बहु०	• *वे*	*वकील*	*थीं।*
मध्यम पु०, स्त्री०, एक०	• *तू*	*वकील*	*थी।*
मध्यम पु०, स्त्री०, बहु०	• *तुम*	*वकील*	*थी।*
मध्यम पु०, स्त्री०, बहु०	• *आप*	*वकील*	*थीं।*
उत्तम पु०, स्त्री०, एक०	• *मैं*	*वकील*	*थी।*
उत्तम पु०, स्त्री०, बहु०	• *हम*	*वकील*	*थीं।*

	उद्देश्य/कर्ता	पूरक-नामपद	क्रियापद
अन्य पु०, पुं०, एक०	• *लड़का*	*सयाना*	*था।*
अन्य पु०, पुं०, एक०	• *वह*	*सयाना*	*था।*
अन्य पु०, पुं०, बहु०	• *लड़के*	*सयाने*	*थे।*
अन्य पु०, पुं०, बहु०	• *वे*	*सयाने*	*थे।*
मध्यम पु०, पुं०, एक०	• *तू*	*सयाना*	*था।*
मध्यम पु०, पुं०, बहु०	• *तुम/आप*	*सयाने*	*थे।*
उत्तम पु०, पुं०, एक०	• *मैं*	*सयाना*	*था।*
उत्तम पु०, पुं०, बहु०	• *हम*	*सयाने*	*थे।*
अन्य पु०, स्त्री०, एक०	• *लड़की*	*सयानी*	*थी।*
अन्य पु०, स्त्री०, बहु०	• *वह*	*सयानी*	*थी।*
अन्य पु०, स्त्री०, बहु०	• *लड़कियाँ*	*सयानी*	*थीं।*
अन्य पु०, स्त्री०, बहु०	• *वे*	*सयानी*	*थीं।*
मध्यम पु०, स्त्री०, एक०	• *तू*	*सयानी*	*थी।*
मध्यम पु०, स्त्री०, एक०	• *तुम*	*सयानी*	*थी।*
मध्यम पु०, स्त्री०, बहु०	• *आप*	*सयानी*	*थीं।*
उत्तम पु०, स्त्री०, एक०	• *मैं*	*सयानी*	*थी।*
उत्तम पु०, स्त्री०, बहु०	• *हम*	*सयानी*	*थीं।*

	उद्देश्य/कर्ता	अधि०कारक	क्रियापद
अन्य पु०, पुं०, एक०	• *लड़का*	*घर में*	*था।*
अन्य पु०, पुं०, एक०	• *वह*	*घर में*	*था।*
अन्य पु०, पुं०, बहु०	• *लड़के*	*घर में*	*हैं।*
अन्य पु०, पुं०, बहु०	• *वे*	*घर में*	*थे।*
मध्यम पु०, पुं०, एक०	• *तू*	*घर में*	*था।*
मध्यम पु०, पुं०, बहु०	• *तुम*	*घर में*	*थे।*
मध्यम पु०, पुं०, बहु०	• *आप*	*घर में*	*थे।*
उत्तम पु०, पुं०, एक०	• *मैं*	*कमरे में*	*था।*
उत्तम पु०, पुं०, बहु०	• *हम*	*कमरे में*	*थे।*
अन्य पु०, स्त्री०, एक०	• *लड़की*	*घर में*	*थी।*
अन्य पु०, स्त्री०, एक०	• *वह*	*घर में*	*थी।*
अन्य पु०, स्त्री०, बहु०	• *लड़कियाँ*	*घर में*	*थीं।*
अन्य पु०, स्त्री०, बहु०	• *वे*	*घर में*	*थीं।*
मध्यम पु०, स्त्री०, एक०	• *तू*	*घर में*	*थी।*
मध्यम पु०, स्त्री०, बहु०	• *तुम*	*घर में*	*थीं।*
मध्यम पु०, स्त्री०, बहु०	• *आप*	*घर में*	*थीं।*
उत्तम पु०, स्त्री०, एक०	• *मैं*	*कमरे में*	*थी।*
उत्तम पु०, स्त्री०, बहु०	• *हम*	*कमरे में*	*थीं।*

बत्तीसवाँ अभ्यास

'था' सहक्रिया के स्वतंत्र क्रियापदों का प्रयोग करें तथा उनके पुरुष, लिंग तथा वचन का निर्देश करें -

1. लड़का इंजीनियर ------------ । था; अन्य पुरुष, पुंलिंग, एकवचन।
2. लड़की वकील ------------ । ------------
3. पुस्तक चौकी पर ------------ । ------------
4. ताली अलमारी में ------------ । ------------
5. पुस्तकें दुकान में ------------ । ------------
6. तालियाँ जेब में ------------ । ------------
7. लड़के छत पर ------------ । ------------
8. लड़कियाँ छत पर ------------ । ------------
9. मजदूर बीमार ------------ । ------------
10. किसान चतुर ------------ । ------------
11. मेरी पत्नी चिंतित ------------ । ------------
12. उनके भाई जेल में ------------ । ------------
13. मेरे मित्र सकुशल ------------ । ------------
14. अरी लड़की, तू अस्पताल में ------ । ------------
15. नर्सें दवाखाने में ------------ । ------------
16. पुस्तक में चित्र ------------ । ------------
17. उस पुस्तक में कविताएँ ------------ । ------------
18. तुम कहाँ ------------ ? ------------
19. कई सिनेमाघर पास ------------ । ------------
20. दफ्तर बंद ------------ । ------------
21. गाड़ियाँ खड़ी ------------ । ------------
22. अभिनेत्री सुंदर ------------ । ------------

- लड़का, इंजीनियर, वकील, जेब, मजदूर, भाई, जेल, मित्र, अस्पताल, दवाखाना, चित्र, गाँव, सिनेमाघर, दफ्तर—पुंलिंग संज्ञाएँ हैं।
- लड़की, पुस्तक, चौकी, ताली, अलमारी, पुस्तक, दुकान, छत, पत्नी, कविता, अभिनेत्री—स्त्रीलिंग संज्ञाएँ हैं।
- बीमार, चतुर, चिंतित, सकुशल, कई, बंद, खड़ा, दूर—विशेषण हैं।

33 सहायक क्रिया 'होगा' : स्वतंत्र क्रियापद के रूप में

अ रूप की दृष्टि से 'हो' धातु से बना भविष्य कृदंत कुछ भिन्न है। इसका रूप होएगा (हो+एगा) न होकर 'होगा' होता है। 'है' और 'था' सहायक क्रियाओं या सहक्रियाओं की तरह इसका प्रयोग भी सहक्रिया के रूप में होता है। साथ ही यह भविष्यकाल की सूचक स्वतंत्र क्रिया भी है। उद्देश्य के लिंग, वचन, पुरुष के अनुसार इसमें परिवर्तन निम्न रीति से होते हैं—

	उद्देश्य/कर्ता	विधेय क्रियापद
अन्य पु०, पुं०, एक०	लड़का	होगा
अन्य पु०, पुं०, एक०	वह/यह	होगा
मध्यम पु०, पुं०, एक०	तू	होगा
उत्तम पु०, पुं०, एक०	मैं	होऊँगा
अन्य पु०, पुं०, बहु०	लड़के	होंगे
अन्य पु०, पुं०, बहु०	वे/ये	होंगे
मध्यम पु०, पुं०, बहु०	तुम	होगे
मध्यम पु०, पुं०, बहु०	आप	होंगे
उत्तम पु०, पुं०, बहु०	हम	होंगे
अन्य पु०, स्त्री०, एक०	लड़की	होगी
अन्य पु०, स्त्री०, एक०	वह/यह	होगी
मध्यम पु०, स्त्री०, एक०	तू	होगी
उत्तम पु०, स्त्री०, एक०	मैं	होऊँगी
अन्य पु०, स्त्री०, बहु०	लड़कियाँ	होंगी
अन्य पु०, स्त्री०, बहु०	वे/ये	होंगी
मध्यम पु०, स्त्री०, बहु०	तुम	होगी
मध्यम पु०, स्त्री०, बहु०	आप	होंगी
उत्तम पु०, स्त्री०, बहु०	हम	होंगी

	उद्देश्य/कर्ता	विधेय पूरक-नामपद	विधेय क्रियापद
अन्य पु०, पुं०, एक०	लड़का	वकील	होगा
अन्य पु०, पुं०, एक०	वह/यह	वकील	होगा
मध्यम पु०, पुं०, एक०	तू	वकील	होगा
उत्तम पु०, पुं०, एक०	मैं	वकील	होऊँगा
अन्य पु०, पुं०, बहु०	लड़के	वकील	होंगे
अन्य पु०, पुं०, बहु०	वे	वकील	होंगे
मध्यम पु०, पुं०, बहु०	तुम	वकील	होगे
मध्यम पु०, पुं०, बहु०	आप	वकील	होंगे
मध्यम पु०, पुं०, बहु०	हम	वकील	होंगे
अन्य पु०, स्त्री०, एक०	लड़की	वकील	होगी
अन्य पु०, स्त्री०, एक०	वह	वकील	होगी
मध्यम पु०, स्त्री०, एक०	तू	वकील	होगी
उत्तम पु०, स्त्री०, एक०	मैं	वकील	होऊँगी
अन्य पु०, स्त्री०, बहु०	लड़कियाँ	वकील	होंगी
अन्य पु०, स्त्री०, बहु०	वे/ये	वकील	होंगी
मध्यम पु०, स्त्री०, बहु०	तुम	वकील	होगी
मध्यम पु०, स्त्री०, बहु०	आप	वकील	होंगी
उत्तम पु०, स्त्री०, बहु०	हम	वकील	होंगी

विधेय-विस्तार	उद्देश्य/कर्ता	विधेय
• *आज*	*रविवार*	*है।*
• *कल*	*सोमवार*	*होगा।*
• *पिछले हफ्ते*	*चंद्रग्रहण*	*था।*
• *अगले हफ्ते*	*सूर्यग्रहण*	*होगा।*

आ 'होगा' का प्रयोग संदिग्ध वर्तमान का भी सूचक है—

• *वह वकील होगा।*

इस प्रकार इसके दो आशय हुए—

(क) आगे चलकर भविष्य में लड़का वकील बनेगा।

(ख) संदेह है कि वह वकील है भी या नहीं। स्थिति संदिग्ध या अनिश्चिततापरक है।

इ जिस प्रकार 'होगा' वर्तमान का सूचक भी है उसी प्रकार 'है' भी भविष्यकाल का सूचक कुछ अवस्थाओं में होता है; जैसे—

(च) कल छुट्टी है।

(छ) कल छुट्टी होगी।

उक्त वाक्यों में आनेवाला कल भविष्यकाल परक है और उसके साथ वर्तमानकालिक और भविष्यकालिक दोनों क्रियापद प्रयुक्त हो रहे हैं। अनेक विद्वानों का मत है कि 'कल छुट्टी है' अंग्रेजी के Tomorrow is holiday. का अनुवाद है। फलतः त्याज्य है। परंतु ऐसे और भी बहुतेरे वाक्य हैं :

• *इस बार दीवाली नवम्बर में है।*

• *चुनाव अगले हफ्ते है।*

वैसे इन वाक्यों को हम इस प्रकार भी कह सकते हैं—

• *इस बार दीवाली नवम्बर में होगी।*

• *चुनाव अगले हफ्ते होंगे।*

ऐसा प्रतीत होता है कि 'है' निश्चितता का सूचक है और 'होगा' अनुमान-आधारित।

तैंतीसवाँ अभ्यास

'होगा' सहक्रिया के विभिन्न क्रियारूपों का सही प्रयोग करें -

1. यह लड़का अध्यापक ---------- । — होगा; अन्य पुरुष, पुंलिंग, एकवचन।
2. वह लड़की नर्स ---------- । ----------
3. वह विद्यार्थी डॉक्टर ---------- । ----------
4. कल सोमवार ---------- । ----------
5. ये कन्याएँ भावी नागरिक ---------- । ----------
6. अब्दुल कलाम हमारे राष्ट्रपति ---------- । ----------
7. पिताजी दफ्तर में ---------- । ----------
8. माँ रसोई में ---------- । ----------
9. दोनों बहनें सिनेमा में ---------- । ----------
10. पुस्तक पाठ्यक्रम में ---------- । ----------
11. बटुआ जेब में ---------- । ----------
12. प्लेटें मेज पर ---------- । ----------
13. कल हमारा हवाई जहाज आकाश में ---------- । ----------
14. उसके जेब में रूमाल ---------- । ----------
15. रात को आकाश में तारे ---------- । ----------
16. कल वर्षा ---------- । ----------
17. रैली मैदान में ---------- । ----------
18. अपराधी को फाँसी ---------- । ----------
19. उनको हमारा ध्यान ---------- । ----------
20. कल आपके दर्शन ---------- । ----------
21. दुकानदार के पास नई पुस्तकें ---------- । ----------
22. उसके जेब में रुपए ---------- । ----------

- लड़का, अध्यापक, विद्यार्थी, डॉक्टर, सोमवार, नागरिक, राष्ट्रपति, दफ्तर, पिताजी (बहु०), सिनेमा, पाठ्यक्रम, बटुआ, जेब, हवाई जहाज, आकाश, रूमाल, तारा, मैदान, अपराधी, ध्यान, दर्शन (बहु०), दुकानदार, जेब, रुपया—पुंलिंग संज्ञाएँ हैं।
- लड़की, नर्स, कन्या, माँ, रसोई, बहने, पुस्तक, प्लेट, मेज, रात, वर्षा, रैली, फाँसी—स्त्रीलिंग संज्ञाएँ हैं।
- भावी, दोनों, नई—विशेषण हैं।

34 क्रियापद 'हो': स्वतंत्र तथा सहायक क्रिया के रूप में

अ उद्देश्य के लिंग, वचन और पुरुष के अनुसार प्रयुक्त होने-वाले 'हो' धातु के विध्यर्थ क्रिया-रूप इस प्रकार है :

	उद्देश्य नामपद उभयलिंग	विधेय क्रियापद उभयलिंग
अन्य पुरुष एकवचन	वह	हो
अन्य पु०, एक०, संज्ञा, पुं०	लड़का	हो
अन्य पु०, एक०, संज्ञा, स्त्री०	लड़की	हो
अन्य पु०, बहु०, संज्ञा, पुं०	लड़के	हों
अन्य पु०, बहु०, संज्ञा, स्त्री०	लड़कियाँ	हों
मध्यम पुरुष एकवचन	तू	हो
मध्यम पुरुष बहुवचन	तुम	हो
मध्यम पुरुष बहुवचन	आप	हों
उत्तम पुरुष एकवचन	मैं	होऊँ
अन्य पुरुष बहुवचन	वे	हों
उत्तम पुरुष बहुवचन	हम	हों

	उद्देश्य नामपद उभयलिंग	पूरक	विधेय क्रियापद
अन्य पुरुष एकवचन	• *वह*	*दीर्घजीवी*	*हो।*
मध्यम पुरुष एकवचन	• *तू*	*दीर्घजीवी*	*हो।*
उत्तम पुरुष एकवचन	• *मैं*	*दीर्घजीवी*	*होऊँ।*
अन्य पुरुष बहुवचन	• *वे*	*दीर्घजीवी*	*हों।*
मध्यम पुरुष बहुवचन	• *तुम*	*दीर्घजीवी*	*हो।*
मध्यम पुरुष बहुवचन	• *आप*	*दीर्घजीवी*	*हों।*
उत्तम पुरुष बहुवचन	• *हम*	*दीर्घजीवी*	*हों।*

आ 'हो' धातु के विध्यर्थ क्रियारूप सहायक क्रिया के रूप में 'है' सहायक क्रिया के विविध क्रिया-रूपों के स्थान पर संभावना व्यक्त करने के लिए भी प्रयुक्त होते हैं तथा संभाव्य कालों की रचना करते हैं।

'है' सहायक क्रिया के विविध रूप इन चार कालों में आते हैं—सामान्य वर्तमान, आसन्न भूत, आवश्यकताबोधक वर्तमान तथा तात्कालिक वर्तमान।

	सामान्य वर्त०	संभाव्य सा० वर्त०
अन्य पुरुष पुं० एक०	वह आता है	वह आता हो
मध्यम पुरुष पुं० एक०	तू आता है	तू आता हो
उत्तम पुरुष पुं० एक०	मैं आता हूँ	मैं आता होऊँ
अन्य पुरुष स्त्री० एक०	वह आती है	वह आती हो
मध्यम पुरुष स्त्री० एक०	तू आती है	तू आती हो
उत्तम पुरुष स्त्री० एक०	मैं आती हूँ	मैं आती होऊँ
अन्य पुरुष पुं० बहु०	वे आते हैं	वे आते हों
मध्यम पुरुष पुं० बहु०	तुम आते हो	तुम आते हो
मध्यम पुरुष पुं० बहु०	आप आते हैं	आप आते हों
उत्तम पुरुष पुं० बहु०	हम आते हैं	हम आते हों
अन्य पुरुष स्त्री० बहु०	वे आती हैं	वे आती हों
मध्यम पुरुष स्त्री० बहु०	तुम आती हो	तुम आती हो
मध्यम पुरुष स्त्री० बहु०	आप आती हैं	आप आती हों
उत्तम पुरुष स्त्री० बहु०	हम आती हैं	हम आती हों

आसन्न भूत	संभाव्य आसन्न भूत
वह आया है/आई है।	वह आया हो/आई हो।
तू आया है/आई है।	तू आया हो/आई हो।
मैं आया हूँ/आई हूँ।	मैं आया होऊँ/आई होऊँ।
वे आए हैं/आई हैं।	वे आए हों/आई हों।
तुम आए हो/आई हो।	तुम आए हो/आई हो।
हम/आप आए हैं/आई हैं।	हम/आप आए हों/आई हों।

उसने/उन्होंने	चश्मा खरीदा है।	चश्मा खरीदा हो।
तूने/तुमने	चश्मे खरीदे हैं।	चश्मे खरीदे हों।
मैंने/हमने	घड़ी खरीदी है।	घड़ी खरीदी हो।
आपने	घड़ियाँ खरीदी हैं।	घड़ियाँ खरीदी हों।

	आवश्यकता० वर्तमान	संभाव्य आवश्यकता० वर्त०
उसको/तुझको मुझको/उनको हमको/आपको तुमको	आना है।	आना हो।

तात्कालिक वर्तमान	संभाव्य तात्कालिक वर्त०
वह आ रहा है/रही है।	वह आ रहा हो/रही हो।
तू आ रहा है/रही है।	तू आ रहा हो/रही हो।
मैं आ रहा हूँ/रही हूँ।	मैं आ रहा होऊँ/रही होऊँ।
वे आ रहे हैं/रही हैं।	वे आ रहे हों/रही हों।
हम/आप आ रहे हैं/रही हैं।	हम/आप आ रहे हों/रही हों।
तुम आ रहे हो/रही हो।	तुम आ रहे हो/रही हो।

इस प्रकार चार संभाव्य काल हुए जिन्हें संक्षेप में संभाव्य वर्तमान, संभाव्य भूत, संभाव्य आवश्यकताबोधक और संभाव्य तात्कालिक काल कह सकते हैं।

इ प्राय: संभाव्य काल के सूचक क्रियापदों की उपस्थिति में संभावनासूचक क्रियाविशेषण 'शायद' या 'कदाचित्' का प्रयोग भी प्रचलित है, जैसे—

- *शायद वह आता हो।*
- *शायद उसने आना हो।*
- *शायद वह आया हो।*
- *शायद वह आ रहा हो।*

चौंतीसवाँ अभ्यास

I. संभाव्य काल के सूचक क्रियापदों की पूर्ति करें—

1. तुम विजयी ---------------- ।
   — तुम विजयी हो।
2. आप सफल ---------------- ।
3. वह समर्थ ---------------- ।
4. लड़का जीवित ---------------- ।
5. देश समृद्ध ---------------- ।
6. शायद वह आता ---------------- ।
7. शायद उसे जाना ---------------- ।
8. शायद तुम भी वहाँ पहुँचे ---------------- ।
9. शायद उनको मेरा पता मालूम ---------------- ।
10. शायद वे खेलना चाहते ---------------- ।
11. शायद वे खेलना चाहती ---------------- ।
12. शायद उस समय हम पढ़ते ---------------- ।
13. कदाचित् वह यह बात जानता ---------------- ।
14. कदाचित् तब तक हमारे घर भी बने ---------------- ।
15. शायद अब नल में पानी आ रहा ---------------- ।
16. शायद वहाँ भी बिजली की कटौती होती ---------------- ।
17. पहले आसमान तो साफ ---------------- ।
18. संभव है कि वहाँ गाड़ी जाती ---------------- ।
19. शायद घर में मेहमान आए ---------------- ।
20. शायद अभी वे लोग वहीं ---------------- ।

II. 'जा' तथा 'पढ़' धातु से बने क्रियापदों का काल, पुरुष, लिंग तथा वचन-संबंधी विवरण दें—

1. (क) मैं पुस्तक पढ़ता हूँ। [पढ़ता हूँ—सामान्य वर्तमान—उत्तम पुरुष, पुंलिंग, एकवचन]
   (ख) वह अमेरिका जाती है। [जाती है—सामान्य वर्तमान—अन्य पुरुष, स्त्रीलिंग, एकवचन]
2. (क) मैंने पुस्तक पढ़ी। ----------------
   (ख) तुम अमेरिका गए। ----------------
3. (क) वह पुस्तक पढ़ रहा था। ----------------
   (ख) क्या तुम वहाँ गए थे? ----------------
4. (क) वह अमेरिका गया। ----------------
   (ख) हमने पुस्तक पढ़ी। ----------------
5. (क) मुझको समाचार-पत्र पढ़ना है। ----------------
   (ख) उसे अपने घर जाना है। ----------------
6. (क) आप कहाँ पढ़ते थे? ----------------
   (ख) वह कहाँ जाता था? ----------------
7. (क) वह वहाँ जाए। ----------------
   (ख) मैं क्यूँ पढ़ूँ? ----------------
8. (क) लड़का वहाँ गया होगा। ----------------
   (ख) लड़की स्कूल में पढ़ती होगी। ----------------

- लड़का, पता, समय, घर, नल, पानी, आसमान, मेहमान, लोग (बहु०)—पुंलिंग संज्ञाएँ हैं।
- बात, बिजली, कटौती, गाड़ी—स्त्रीलिंग संज्ञाएँ हैं।
- आना, पहुँचना, खेलना—क्रियाएँ हैं।
- विजयी, सफल, समर्थ, जीवित, समृद्ध, मालूम—विशेषण हैं।
- शायद, उस समय, कदाचित् अभी—क्रियाविशेषण हैं।

35 क्रियापदों में रूपगत एकता

अ निम्नलिखित क्रियापदों में मुख्य क्रिया वर्तमान कृदंत रहती है और क्रिया के बार-बार होने की सूचक होती है -

1.	**सामान्य वर्तमान**	वह आता है / आती है तू आता है / आती है मैं आता हूँ / आती हूँ	वे आते हैं / आती हैं तुम आते हो / आती हो हम/आप आते हैं / आती हैं
2.	**अपूर्ण भूत**	वह आता था / आती थी तू आता था / आती थी मैं आता था / आती थी	वे आते थे / आती थी तुम आते थे / आती थी· हम/आप आते थे / आती थीं
3.	**संदिग्ध वर्तमान**	वह आता होगा / आती होगी तू आता होगा / आती होगी मैं आता होऊँगा / आती होऊँगी	वे आते होंगे / आती होंगी तुम आते होगे / आती होगी हम/आप आते होंगे / आती होंगी
4.	**संभाव्य वर्तमान**	वह आतो हो / आती हो तू आता हो / आती हो मैं आता होऊँ / आती होऊँ	वे आते हों / आती हों तुम आते हो / आती हो हम/आप आते हों / आती हों
5.	**सामान्य भूत (बारंबारता सूचक)**	वह आता / आती तू आता / आती मैं आता / आती	वे आते / आतीं तुम आते / आती हम/आप आते / आतीं

आ निम्नलिखित क्रियापदों में मुख्य क्रिया भूत कृदंत रहती है और एकल कार्य की सूचक होती है -

6.	**आसन्न भूत**	वह आया है / आई है तू आया है / आई है मैं आया हूँ / आई हूँ	वे आए हैं / आई हैं तुम आए हो / आई हो हम/आप आए हैं / आई हैं
7.	**पूर्ण भूत**	वह आया था / आई थी तू आया था / आई थी मैं आया था / आई थी	वे आए थे / आई थीं तुम आए थे / आई थी हम/आप आए थे / आई थीं
8.	**संदिग्ध भूत**	वह आया होगा / आई होगी तू आया होगा / आई होगी मैं आया होऊँगा / आई होऊँगी	वे आए होंगे / होंगी तू आए होगे / आई होगी हम/आप आए होंगे / आई होंगी
9.	**संभाव्य भूत**	वह आया हो / आई हो तू आया हो / आई हो मैं आया होऊँ / आई होऊँ	वे आए हों / आई हों तुम आए हो / आई हो हम/आप आए हों / आई हों
10.	**सामान्य भूत (घटना सूचक)**	वह आया / आई तू आया / आई मैं आया / आई	वे आए / आईं तुम आए / आई हम/आप आए / आईं

इ निम्नलिखित क्रियापदों में मुख्य क्रिया क्रियार्थक कृदंत रहती है और अनुमान पर आधारित होती है -

11.	**आवश्यकताबोधक वर्तमान काल**	उसे / उसको आना है तुझे / तुझको आना है मुझे / मुझको आना है	उन्हें / उनको आना है तुम्हें / तुमको आना है आपको आना है हमें / हमको आना है
12.	**आवश्यकताबोधक भूतकाल**	उसे / उसको आना था तुझे / तुझको आना था मुझे / मुझको आना था	उन्हें / उनको आना था तुम्हें / तुमको आना था आपको आना था हमें / हमको आना था

13. **आवश्यकताबोधक संदिग्ध वर्तमान काल**	उसे / उसको आना होगा तुझे / तुझको आना होगा मुझे / मुझको आना होगा	उन्हें / उसको आना होगा तुम्हें / तुमको आना होगा आपको आना होगा हमें / हमको आना होगा
14. **आवश्यकताबोधक संभाव्य वर्तमान काल**	उसे / उसको आना हो तुझे / तुझको आना हो मुझे / मुझको आना हो	उन्हें / उनको आना हो तुम्हें / तुमको आना हो आपको आना हो हमें / हमको आना हो

ई **निम्नलिखित क्रियापदों में मुख्य क्रिया धातु के साथ तात्कालिक कृदंत रहता है जो क्रिया की निरंतरता का सूचक है-**

15. **तात्कालिक वर्तमान**	वह आ रहा है / आ रही है तू आ रहा है / आ रही है मैं आ रहा हूँ / आ रही हूँ	वे आ रहे हैं / आ रही हैं तुम आ रहे हो / आ रही हो हम/आप आ रहे हैं / आ रही हैं
16. **तात्कालिक भूत**	वह आ रहा था / आ रही थी तू आ रहा था / आ रही थी मैं आ रहा था / आ रही थी	वे आ रहे थे / आ रही थीं तुम आ रहे थे / आ रही थी हम/आप आ रहे थे / आ रही थीं
17. **तात्कालिक संदिग्ध वर्तमान**	वह आ रहा होगा / आ रही होगी तू आ रहा होगा / आ रही होगी मैं आ रहा होऊँगा/आ रही होऊँगी	वे आ रहे होंगे / आ रही होंगी तुम आ रहे होगे / आ रही होगी हम/आप आ रहे होंगे / आ रही होंगी
18. **तात्कालिक संभाव्य वर्तमान**	वह आ रहा हो / आ रही हो तू आ रहा हो / आ रही हो मैं आ रहा होऊँ / आ रही होऊँ	वे आ रहे हों / आ रही हों तुम आ रहे हो / आ रही हो हम/आप आ रहे हों / आ रही हों

उ अन्य क्रियापद—

19. **सामान्य भविष्य काल**	वह आएगा / आएगी तू आएगा / आएगी मैं आऊँगा / आऊँगी	वे आएँगे / आएँगी तुम आओगे / आओगी हम/आप आएँगे / आएँगी
20. **विध्यर्थ काल**	वह आए तू (i) आ, (ii) आना मैं आऊँ	वे/हम आएँ तुम (i) आओ, (ii) आना आप (i) आएँ, (ii) आना
21. **संकेतार्थ :**		
(i) **वर्तमान काल**	वह आए... तू (i) आ/आए... (ii) आना... मैं आऊँ	वे/हम आएँ... तुम (i) आओ... (ii) आना... आप (i) आएँ... (ii) आना...
22. (ii) **भूतकाल**	वह आता / आती तू आता / आती मैं आता / आती	वे आते / आतीं तुम आते / आती हम/आप आते / आतीं
23. (iii) **भविष्यकाल**	वह आया / आई... तू आया / आई... मैं आया / आई...	वे आएँ / आईं... तुम आए / आई... हम/आप आए / आईं...

नोट : ध्यान देने की बात यह है कि संकेतार्थ (वर्तमान, भूत तथा भविष्य) कालों में वही क्रियापद प्रयुक्त होते हैं जो पूर्वोक्त कालों में स्थान पा चुके हैं। वर्तमान संकेतार्थ में विध्यर्थ काल के क्रियापद, भूत संकेतार्थ में सामान्य भूतकाल के क्रियापद तथा भविष्य संकेतार्थ में सामान्य भूत तथा भविष्यकाल के क्रियापद प्रयुक्त होते हैं। अत: क्रियापदों के भेद बीस और काल भेद इक्कीस माने जा सकते हैं।

अकर्मक क्रिया : होना

अ विविध कालों में अकर्मक 'होना' क्रिया की रूपावली—

उद्देश्य/ कर्ता	पुंलिंग	स्त्रीलिंग
सामान्य वर्तमान काल :		
अन्य पुरुष एक०	वह होता है	वह होती है
मध्यम पुरुष एक०	तू होता है	तू होती है
उत्तम पुरुष एक०	मैं होता हूँ	मैं होती हूँ
अन्य पुरुष बहु०	वे होते हैं	वे होती हैं
मध्यम पुरुष बहु०	तुम होते हो	तुम होती हो
मध्यम पुरुष बहु०	आप होते हैं	आप होती हैं
उत्तम पुरुष बहु०	हम होते हैं	हम होती हैं

अपूर्ण भूतकाल	वह होता था	वह होती थी
	वे होते थे	वे होती थी
संदिग्ध वर्तमान	वह होता होगा	वह होती होगी
	वे होते होंगे	वे होती होंगी
संभाव्य वर्तमान	वह होता हो	वह होती हो
	वे होते हों	वे होती हों
आसन्नभूत	वह हुआ है	वह हुई है
	वे हुए हैं	वे हुई हैं
पूर्णभूत	वह हुआ था	वह हुई थी
	वे हुए थे	वे हुई थीं
संदिग्ध भूत	वह हुआ होगा	वह हुई होगी
	वे हुए होंगे	वे हुई होंगी
संभाव्य भूत	वह हुआ हो	वह हुई हो
	वे हुए हों	वे हुई हों
सामान्य भविष्य	वह होगा	वह होगी
	वे होंगे	वे होंगी
तात्कालिक वर्तमान	वह हो रहा है	वह हो रही है
	वे हो रहे हैं	वे हो रही हैं
तात्कालिक भूत	वह हो रहा था	वे हो रही थी
	वे हो रहे थे	वे हो रही थीं
संदिग्ध तात्का० वर्तमान	वह हो रहा होगा	वह हो रही होगी
	वे हो रहे होंगे	वे हो रही होंगी
संभाव्य तात्का० वर्त०	वह हो रहा हो	वह हो रही हो
	वे हो रहे हों	वे हो रही हों
विध्यर्थ	वह हो	वे हों
	तू (i) हो	तुम (i) हो/आप हों
	तू (ii) होना	(i) तुम/आप होना
	मैं होऊँ	हम हों
वर्तमान संकेतार्थ	वह हो...	वे हों...
भूत संकेतार्थ	वह होता...	वे होते...
भविष्य संकेतार्थ	वह हुआ...	वे हुए...

आ 'होना' के संबंध में मुख्य और महत्त्वपूर्ण बात यह है कि अकर्मक क्रिया होने के कारण इसके साथ कभी 'कर्म' नहीं आता। जब वाक्य में कई संज्ञाओं अर्थात् कारक पदबंधों का प्रयोग हो तो वही संज्ञा कर्ता होगी जो (क) परसर्ग रहित हो तथा (ख) जिसके लिंग-वचन-पुरुष के अनुसार क्रियापद अन्वित हो; जैसे—

(क) • *राम के लड़का हुआ।*
क्रिया होना—होनेवाला—लड़का
लड़का—उद्देश्य/कर्ता एकवचन, पुंलिंग, अन्य पुरुष
हुआ—क्रियापद, एकवचन, पुंलिंग, अन्य पुरुष
राम के—विधेय-विस्तार, संबंधकारक

(ख) • *इस वाक्य में संज्ञा उद्देश्य हुई।*
होनेवाली—संज्ञा
संज्ञा—उद्देश्य/कर्ता एकवचन स्त्रीलिंग अन्य पुरुष
इस वाक्य में—अधिकरणकारक, विधेय विस्तार
उद्देश्य—पूरक, एकवचन, पुंलिंग, अन्य पुरुष
हुई—क्रियापद, एकवचन, स्त्रीलिंग, अन्य पुरुष

(ग) • *लड़के में शक्ति उत्पन्न होगी।*
(उत्पन्न) होनेवाली—शक्ति
'लड़के में' विधेय विस्तार, अधिकरणकारक
शक्ति—उद्देश्य/कर्ता एकवचन स्त्रीलिंग अन्य पुरुष
उत्पन्न—विशेषण, पूरक।
होगी—क्रियापद, एकवचन, स्त्रीलिंग, अन्य पुरुष।

ई 'हो' धातु से बने भविष्यकालिक कृदंत 'होगा' तथा विध्यर्थ कृदंत 'हो' क्रियापद 'है' के विभिन्न क्रिया-रूपों के स्थान पर प्रयुक्त होते हैं। (क) संदिग्ध कालों में प्रयुक्त होनेवाली सहक्रियाएँ 'हो' धातु से बने भविष्यकालिक क्रियारूप ही हैं और (ख) संभावना कालों में प्रयुक्त होनेवाली सहायक क्रिया 'हो' धातु से बने विध्यर्थ क्रियारूप ही हैं; जैसे—

क-	• *वह आता होगा।*	संदिग्ध वर्तमान काल
	• *वह आया होगा।*	संदिग्ध भूत काल
	• *उसे आना होगा।*	संदिग्ध भविष्य काल
ख-	• *वह आता हो।*	संभाव्य वर्तमान काल
	• *वे आए हों।*	संभाव्य भूत काल
	• *उसे आना हो।*	संभाव्य भविष्य काल

छत्तीसवाँ अभ्यास

'हो' धातु के क्रियापदों का (क) काल बताइए और (ख) वाक्य के उद्देश्य/कर्ता का उल्लेख कीजिए—

1. कल उनके घर में जन्माष्टमी उत्सव होगा।
   (क) होगा; सामान्य भविष्य काल
   (ख) जन्माष्टमी उत्सव; संज्ञा पदबंध, पुंलिंग, एकवचन उद्देश्य/कर्ता
2. वर्षा से भींगने पर वह बीमार हुआ।

   ----
3. उनके दरवाजे पर ताला लटका होगा।

   ----
4. उसे कब फाँसी हुई?

   ----
5. उनका भव्य स्वागत होता है।

   ----
6. पहले रविवार को दुकान बंद होती थी।

   ----
7. उसकी अच्छी कमाई होगी।

   ----
8. उसके कई मित्र वहाँ होंगे।

   ----
9. अभी सवेरा नहीं हुआ।

   ----
10. उसे आने में देर होगी।

    ----
11. उसकी लंबी उम्र हो।

    ----
12. यदि वहाँ पुस्तकें हों तो यहाँ भेजें।

    ----
13. कल यहाँ बरसात हुई थी।

    ----
14. उसे मेरी बात पर संतोष हुआ।

    ----
15. अभी समाचार खत्म नहीं हुए।

    ----
16. उसकी बात पर मुझे दुख हुआ।

- जन्माष्टमी उत्सव, दरवाजा, ताला, स्वागत, रविवार, मित्र, सवेरा, आना, संतोष, समाचार, दुख—पुंलिंग संज्ञाएँ हैं।
- वर्षा, फाँसी, दुकान, कमाई, देर, उम्र, पुस्तक, बरसात, बात—स्त्रीलिंग संज्ञाएँ हैं।
- भीगना, लटकना, भेजना—क्रियाएँ हैं।
- बीमार, भव्य, बंद, अच्छा, कई, लंबा, खत्म—विशेषण हैं।
- कब, पहले, वहाँ, अभी, कल, यहाँ—क्रियाविशेषण हैं।
- यदि, तो—योगक समूह हैं।

37 सकर्मक क्रिया : करना

अ 'करना' सकर्मक क्रिया है। इसके दो भूतकृदंत रूप हैं – 'करा' और 'किया'। 'किया' ही अधिक प्रचलित है। 'किया' का स्त्रीलिंग रूप 'की' है।

उद्देश्य/ कर्ता	सामान्य वर्तमान :
अन्यपुरुष, पुंलिंग, एक०	वह काम करता है।
मध्यम पुरुष, पुंलिंग, एक०	तू काम करता है।
उत्तम पुरुष, पुंलिंग, एक०	मैं काम करता हूँ।
अन्यपुरुष, स्त्रीलिंग, एक०	वह काम करती है।
मध्यम पुरुष, स्त्रीलिंग, एक०	तू काम करती है।
उत्तम पुरुष, स्त्रीलिंग, एक०	मैं काम करती हूँ।
अन्यपुरुष, पुंलिंग, बहु०	वे काम करते हैं।
मध्यम पुरुष, पुंलिंग, बहु०	(i) तुम काम करते हो।
मध्यम पुरुष, पुंलिंग, बहु०	(ii) आप काम करते हैं।
उत्तम पुरुष, पुंलिंग, बहु०	हम काम करते हैं।
अन्यपुरुष, स्त्रीलिंग, बहु०	वे काम करती हैं।
मध्यम पुरुष, स्त्रीलिंग, बहु०	(i) तुम काम करती हो।
मध्यम पुरुष, स्त्रीलिंग, बहु०	(ii) आप काम करती हैं।
उत्तम पुरुष, स्त्रीलिंग, बहु०	हम काम करती हैं।

अपूर्ण भूत	वह काम करता था।
	वह काम करती थी।
संदिग्ध वर्तमान	वह काम करता होगा।
	वह काम करती होगी।
संभाव्य वर्तमान	वह काम करता हो।
	वह काम करती हो।
आसन्नभूत	उसने काम किया/करा है।
	उसने बात की/करी है।
पूर्णभूत	उसने काम किया/करा था।
	उसने बात की/करी थी।
संदिग्ध भूत	उसने काम किया/करा होगा।
	उसने बात की/करी होगी।
सामान्यभूत	उसने काम किया/करा।
	उसने बात की/करी।
संभाव्य भूत	उसने काम किया/करा हो।
	उसने बात की/करी हो।
आवश्यकताबोधक वर्तमान	उसको काम करना है।
	उसको बात करनी है।
आवश्यकताबोधक भूत	उसको काम करना था।
	उसको बात करनी थी।
आवश्यकताबोधक भविष्य	उसको काम करना होगा।
	उसको बात करनी होगी।
आवश्यकताबो० संभाव्य वर्त०	उसको काम करना हो।
	उसको बात करनी हो।
सामान्य भविष्य	वह काम करेगा।
	वह काम करेगी।

विध्यर्थ	वह काम करे।	वे काम करें।
	तू काम कर।	तुम काम करो।
	मैं काम करूँ।	आप/हम काम करें।

तात्कालिक वर्तमान	वह काम कर रहा है/रही है।
तात्कालिक भूत	वह काम कर रहा था/रही थी।
संदिग्ध तात्का०वर्त०	वह काम कर रहा होगा/रही होगी।
संभाव्य तात्का०वर्त०	वह काम कर रहा हो/रही हो।
वर्तमान संकेतार्थ	यदि वह काम करे...
	यदि वह बात करे...
भूत संकेतार्थ	यदि वह काम करता...
	यदि वह बात करती...
भविष्य संकेतार्थ	यदि उसने काम किया...
	यदि उसने बात की...

आ ध्यान रहे कि अधिकतर सकर्मक क्रियाओं के आसन्न भूत, पूर्ण भूत, संदिग्ध भूत, सामान्य भूत, संभावित भूत कालों में तथा आवश्यकताबोधक कालों के सभी क्रियापदों में उद्देश्य/कर्ता 'ने' या 'को' परसर्ग से युक्त होता है। अतः इनमें (क) परसर्गरहित कर्म के लिंग-वचन-पुरुष के अनुसार क्रियापदों की रचना होती है। यदि कर्म भी परसर्ग से युक्त हो तो क्रियापद अन्य पुरुष, पुंलिंग, एकवचन रहता है :

उसने	एक कंप्यूटर	खरीदा है / था / होगा / हो
उसने	कई कंप्यूटर	खरीदे हैं / थे / होंगे / हों
उसने	एक कार	खरीदी है / थी / होगी / हो
उसने	कई कारें	खरीदी हैं / थीं / होंगी / हों
उसको	एक कंप्यूटर	खरीदना है / था / होगा / हो
उसको	कई कंप्यूटर	खरीदने हैं / थे / होंगे / हों
उसको	एक कार	खरीदनी है / थी / होगी / हो
उसको	कई कारें	खरीदनी हैं / थीं / होंगी / हों

सैंतीसवाँ अभ्यास

'कर' धातु से बने क्रियापदों का (क) काल तथा (ख) पुरुष, लिंग और वचन बताइए—

1. वह बैंक में काम करता था।
   (क) करता था —अपूर्ण भूतकाल
   (ख) अन्य पुरुष, पुंलिंग, एकवचन

2. अभी-अभी उसने अपना काम खत्म किया।

   ----

3. हम दिन में अभ्यास करेंगे।

   ----

4. वे बहुत बातें करती हैं।

   ----

5. तुम उस लड़की से मित्रता मत करना।

   ----

6. वह तुमसे ब्याह करेगी।

   ----

7. मैं नौकरी नहीं करूँगा।

   ----

8. उसने माता-पिता को बदनाम किया।

   ----

9. आप ही प्रबंध करें।

   ----

10. तुम जल्दी मत करो।

   ----

11. उन्हें न्याय करना होगा।

   ----

12. पहले आप इस बात पर विचार करें।

   ----

13. तू उनसे लड़ाई मत कर।

   ----

14. इन दिनों मैं चुनाव का प्रचार कर रहा हूँ।

   ----

15. उसने रेडियो की मरम्मत की।

   ----

16. उसने दरवाजा बंद किया हो।

- बैंक, काम, ब्याह, माता-पिता, प्रबंध, न्याय, विचार, चुनाव, प्रचार, रेडियो, दरवाजा—पुंलिंग संज्ञाएँ हैं।
- बात, लड़की, मित्रता, नौकरी, जल्दी, लड़ाई, मरम्मत—स्त्रीलिंग संज्ञाएँ हैं।
- अपना, खत्म, बहुत, बदनाम, बंद—विशेषण हैं।
- अभी-अभी, पहले, इन दिनों—क्रियाविशेषण हैं।
- मत—निपात है।

38 संयुक्त क्रिया पदबंध

अ जब किसी क्रिया पदबंध में दो धातुएँ या उनके कृदंत सम्मिलित हों तो उसे संयुक्त क्रिया कहते हैं; जैसे—

(क) *वह पुस्तक पढ़ चुका है।*

(ख) *वह मेरी बात सुन सकता है।*

(क) वाक्य में 'पढ़' धातु है और 'चुक' धातु का 'चुका' कृदंत है।

(ख) वाक्य में 'सुन' धातु है और 'सक' धातु का 'सकता' कृदंत है।

अत: दोनों क्रिया पदबंध संयुक्त क्रिया पदबंध हैं।

आ संयुक्त क्रिया पदबंध में पहले क्रिया-रूप को मुख्य क्रिया और दूसरे क्रिया-रूप को संयोज्य क्रिया कहते हैं।

इस प्रकार—'पढ़ चुका है' क्रिया पदबंध में 'पढ़ना' मुख्य क्रिया, 'चुकना' संयोज्य क्रिया और 'है' सहक्रिया (सहायक क्रिया) है। 'सुन सकता है' क्रिया पदबंध में 'सुनना' मुख्य क्रिया, 'चुकना' संयोज्य क्रिया और 'है' सहक्रिया है।

इ संयोज्य क्रिया मुख्य क्रिया के अर्थ में सामान्यत: कोई नई अर्थगत विशेषता लाती या जोड़ती है, इसे विवक्षा कहते हैं।

उक्त वाक्यों में 'चुकना' संयोज्य क्रिया 'पूर्णता' या 'समाप्ति' की सूचक है। 'सकना' संयोज्य क्रिया 'शक्यता' या 'सामर्थ्य' की सूचक है।

ई संयुक्त क्रिया पदबंध में क्रियापद की सकर्मकता-अकर्मकता **संयोज्य क्रिया की सकर्मकता-अकर्मकता से निर्धारित होती है।** मुख्य क्रिया की सकर्मकता-अकर्मकता से नहीं।

उ संयोज्य क्रिया में यदि सकर्मक धातु का वर्तमान कृदंत रहता है तो क्रियापद कर्ता के लिंग-वचन-पुरुष से अन्वित होता है परंतु जब क्रियापद सकर्मक धातु का भूतकृदंत होता है तो कर्ता में 'ने' परसर्ग आता है और क्रियापद कर्म के लिंग-वचन से अन्वित होता है। क्योंकि 'चुकना' संयोज्य क्रिया अकर्मक है, अत: संयुक्त क्रियापद अकर्मक क्रियापद की तरह व्यवहार करेगा। ध्यान रहे कि ऐसी अवस्था में मुख्य क्रिया सकर्मक रहने पर भी क्रियापद अकर्मक माना जाएगा। अकर्मक धातु की संयोज्य क्रिया होने पर धातु में 'ने' परसर्ग नहीं आएगा। 'चुकना' संयोज्य क्रिया का प्रयोग करने पर उक्त वाक्यों के रूप क्रमश: इस प्रकार होंगे—

- • *वह समाचार-पत्र पढ़ता है / पढ़ती है।*
- •• *वह समाचार-पत्र पढ़ चुकता है / पढ़ चुकती है।*
- • *वह पुस्तक पढ़ता है / पढ़ती है।*
- •• *वह पुस्तक पढ़ चुकता है / पढ़ चुकती है।*
- • *वह समाचार-पत्र पढ़ता था / पढ़ती थी।*
- •• *वह समाचार-पत्र पढ़ चुकता था / पढ़ चुकती थी।*
- • *वह पुस्तक पढ़ता था / पढ़ती थी।*
- •• *वह पुस्तक पढ़ चुकता था / पढ़ चुकती थी।*
- • *उसने समाचार-पत्र पढ़ा।*
- •• *वह समाचार-पत्र पढ़ चुका / पढ़ चुकी।*
- • *उसने पुस्तक पढ़ी।*
- •• *वह पुस्तक पढ़ चुका / पढ़ चुकी।*
- • *उसने दो समाचार-पत्र पढ़े थे।*
- •• *वह दो समाचार-पत्र पढ़ चुका था / पढ़ चुकी थी।*
- • *उसने दो पुस्तकें पढ़ी थीं।*
- •• *वह पुस्तकें पढ़ चुका था / पढ़ चुकी थी।*

ऊ संयुक्त क्रियापद का काल भेद भी संयोज्य क्रिया के रूप (तथा सहक्रिया) द्वारा निर्धारित होता है; जैसे—

• *वह आ जाता है।*	सामान्य वर्तमान
• *वह आ गया है।*	आसन्नभूत
• *वह आ गया।*	सामान्यभूत
• *वह आ जाएगा।*	सामान्य भविष्य
• *वह आ जाए।*	विध्यर्थ

ऊ परंतु तात्कालिक (वर्तमान, भूत, संदिग्ध वर्तमान तथा संभाव्य वर्तमान) कालों में 'रह' धातु से बने रहा/रहे/रही भूतकृदंत रूप अन्य संयोज्य क्रियाओं के भूतकृदंत रूपों की तरह न तो मुख्य क्रिया के अर्थ में किसी प्रकार की अर्थगत विशेषता लाते हैं और न ही क्रियापद के काल के निर्धारक होते हैं बल्कि क्रिया के व्यापार की निरंतरता के सूचक होते हैं इसलिए उनसे बने क्रियापदों की गिनती तात्कालिक क्रियापदों में की जाती है संयुक्त क्रियापदों में नहीं; जैसे—

- *वह पुस्तक पढ़ रहा है / पढ़ रही है।*
- *वह पुस्तक पढ़ रहा था / पढ़ रही थी।*
- *वह पुस्तक पढ़ रहा होगा / पढ़ रही होगी।*
- *वह पुस्तक पढ़ रहा हो / पढ़ रही हो।*

उक्त वाक्य क्रमश: तात्कालिक वर्तमान, तात्कालिक भूत, तात्कालिक संदिग्ध वर्तमान और तात्कालिक संभाव्य वर्तमान कालों के ही सूचक हैं। यदि 'रह' धातु की जगह कोई अन्य संयोज्य क्रिया होती तो वाक्यों के काल बदल जाते। 'रहना' की जगह 'चुकना' क्रिया लाने पर क्रियापदों के रूप और काल इस प्रकार होंगे—

- *वह पुस्तक पढ़ चुका है / पढ़ चुकी है।*—आसन्न भूत
- *वह पुस्तक पढ़ चुका था / पढ़ चुकी थी।*—पूर्ण भूत
- *वह... पढ़ चुका होगा / पढ़ चुकी होगी।*—संदिग्ध वर्त.
- *वह पुस्तक पढ़ चुका हो / पढ़ चुकी हो।*—संभाव्य भूत

अड़तीसवाँ अभ्यास

पहले (क) मुख्य क्रिया, संयोज्य क्रिया, तात्कालिक क्रिया, सहक्रिया आदि का उल्लेख करें और फिर (ख) क्रियापदों के काल तथा उनकी पुरुष, लिंग, वचन-संबंधी विशेषताओं का उल्लेख करें—

1. वह टीवी देख रहा है।
   (क) 'देखना' मुख्य क्रिया, 'रहना'; तात्कालिक क्रिया 'है' सहक्रिया
   (ख) तात्कालिक वर्तमान, अन्य पुरुष, पुंलिंग, एकवचन

2. वह क्रिकेट खेलता रहता है।

   ----

3. तू भोजन कर ले।

   ----

4. आप वहाँ जा सकते थे।

   ----

5. मैं दिल्ली में रह रहा हूँ।

   ----

6. लड़की चली गई थी।

   ----

7. आपको पढ़ना चाहिए।

   ----

8. उन्हें गीत सुनाना होगा।

   ----

9. सूरज निकल रहा होगा।

   ----

10. आकाश में तारे चमक रहे थे।

    ----

11. माँ ने मुझे जगा दिया था।

    ----

12. तुमने मुझे दो घंटे से बैठा रखा है।

    ----

13. हम अब खेल सकते हैं।

    ----

14. वे क्या कर रहे होंगे?

    ----

15. उन्होंने भोजन कर लिया हो।

- क्रिकेट, भोजन, गीत, सूरज, आकाश, तारा, घंटा—पुंलिंग संज्ञाएँ हैं।
- माँ—स्त्रीलिंग संज्ञाएँ हैं।
- चमकना, जगाना, बैठाना, रखना, खेलना—क्रियाएँ हैं।

39 संयोज्य क्रिया : सकना

अ 'सकना' संयोज्य क्रिया 'शक्यता' या 'सामर्थ्य' की विवक्षा संयुक्त क्रियापद में लाती है। यह अकर्मक क्रिया है।

आ किसी विशिष्ट धातु से बने क्रियापद में 'शक्यता' या 'सामर्थ्य' की विवक्षा लाने की विधि इस प्रकार है—

(क) क्रियापद की मुख्य क्रिया अब धातु रूप में रहेगी। धातु रूप में पहले से है तो ठीक ही है।

(ख) क्रियापद जिस काल-भेद का हो उसी के अनुरूप संयोज्य क्रिया 'सकना' को रखना होगा; जैसे—

- *वह पुस्तक पढ़ता है।*

यहाँ 'पढ़ता' क्रियारूप मुख्य क्रिया है और वर्तमान कृदंत रूप में है। (क) के अनुसार इसे धातु रूप देना होगा। 'पढ़ता है' सामान्य वर्तमान काल का सूचक क्रियापद है इसलिए (ख) के अनुसार अब 'सकना' क्रिया के क्रियारूप को सामान्य वर्तमान काल में रखना होगा। अब वाक्य का रूप होगा—

- *वह पुस्तक पढ़ सकता है।*

इ 'सकना' आदि संयोज्य क्रियाओं का प्रयोग कालों में होता है—

➤ **सामान्य वर्तमान काल**

वह पुस्तक पढ़ता है। वह पुस्तक पढ़ सकता है।
तू पुस्तक पढ़ता है। तू पुस्तक पढ़ सकता है।
मैं पुस्तक पढ़ता हूँ। मैं पुस्तक पढ़ सकता हूँ।
वे पुस्तक पढ़ते हैं। वे पुस्तक पढ़ सकते हैं।
तुम पुस्तक पढ़ते हो। तुम पुस्तक पढ़ सकते हो।
आप पुस्तक पढ़ते हैं। आप पुस्तक पढ़ सकते हैं।
हम पुस्तक पढ़ते हैं। हम पुस्तक पढ़ सकते हैं।

वह पुस्तक पढ़ती है। वह पुस्तक पढ़ सकती है।
तू पुस्तक पढ़ती है। तू पुस्तक पढ़ सकती है।
मैं पुस्तक पढ़ती हूँ। मैं पुस्तक पढ़ सकती हूँ।
वे पुस्तक पढ़ती हैं। वे पुस्तक पढ़ सकती हैं।
तुम पुस्तक पढ़ती हो। तुम पुस्तक पढ़ सकती हो।
आप पुस्तक पढ़ती हैं। आप पुस्तक पढ़ सकती हैं।
हम पुस्तक पढ़ती हैं। हम पुस्तक पढ़ सकती हैं।

➤ **अपूर्ण भूतकाल**

वह पुस्तक पढ़ता था। वह पुस्तक पढ़ सकता था।
वह पुस्तक पढ़ती थी। वह पुस्तक पढ़ सकती थी।
हम पुस्तक पढ़ते थे। हम पुस्तक पढ़ सकते थे।
हम पुस्तक पढ़ती थीं। हम पुस्तक पढ़ सकती थीं।

➤ **संदिग्ध वर्तमान काल**

वह पुस्तक पढ़ता होगा। वह पुस्तक पढ़ सकता होगा।
वह पुस्तक पढ़ती होगी। वह पुस्तक पढ़ सकती होगी।
हम पुस्तक पढ़ते होंगे। हम पुस्तक पढ़ सकते होंगे।
हम पुस्तक पढ़ती होंगी। हम पुस्तक पढ़ सकती होंगी।

➤ **आसन्न भूतकाल** [देखें 38 ई तथा उ]

उसने पुस्तक पढ़ी है। (i) वह पुस्तक पढ़ सका है।
(ii) वह पुस्तक पढ़ सकी है।
उसने पत्र पढ़ा है। (i) वह पत्र पढ़ सका है।
(ii) वह पत्र पढ़ सकी है।
हमने पुस्तक पढ़ी है। (i) हम पुस्तक पढ़ सके हैं।
(ii) हम पुस्तक पढ़ सकी हैं।

➤ **पूर्ण भूतकाल**

उसने पुस्तक पढ़ी थी। (i) वह पुस्तक पढ़ सका था।
(ii) वह पुस्तक पढ़ सकी थी।
उसने पत्र पढ़ा था। (i) वह पत्र पढ़ सका था।
(ii) वह पत्र पढ़ सकी थी।
उसने पुस्तकें पढ़ी थीं। (i) वह पुस्तकें पढ़ सका था।
(ii) वह पुस्तक पढ़ सकी थी।
हमने पत्र पढ़े हैं। (i) हम पत्र पढ़ सके हैं।
(ii) हम पत्र पढ़ सकी हैं।

➤ **संभाव्य भूत**

उसने पत्र पढ़ा हो। (i) वह पत्र पढ़ सका हो।
(ii) वह पत्र पढ़ सकी हो।

➤ **संदिग्ध भूत**

उसने पत्र पढ़ा होगा। (i) वह पत्र पढ़ सका होगा।
(ii) वह पत्र पढ़ सकी होगी।

'पढ़ना' मुख्य क्रिया सकर्मक है। इसके अनुसार कर्ता में 'ने' आया है।	'सकना' संयोज्य क्रिया अकर्मक है इसलिए कर्ता में 'ने' नहीं होगा।

➧ **संकेतार्थ :**

वर्तमान- यदि वह पुस्तक पढ़े... यदि वह पुस्तक पढ़ सके
भूत- यदि वह पुस्तक पढ़ता... यदि वह पढ़ सकता...
यदि वह पुस्तक पढ़ती... यदि वह पुस्तक पढ़ सकती
भविष्य- यदि उसने पत्र पढ़ा.... यदि वह पत्र पढ़ सका...
यदि वह पत्र पढ़ सकी...
[अकर्मक 'सकना' के कारण]

ई विध्यर्थ, तात्कालिक तथा आवश्यकताबोधक कालों में 'सकना' संयोज्य क्रिया का प्रयोग भला नहीं लगता।

उन्तालीसवाँ अभ्यास

I. निम्नलिखित वाक्यों में 'सकना' संयोज्य क्रिया का प्रयोग करें। काल वही रहे -

1. मैं पत्र लिखता हूँ। मैं पत्र लिख सकता हूँ।
2. वह काम करेगा। --
3. वे यहाँ आते हैं। --
4. आप कहाँ रहते हैं? --
5. उसने मेरी बात सुनी। --
6. तू पढ़ता था। --
7. आपने कहाँ घर बनाया? --
8. अब वह भाषण देगा। --
9. वह कमरे में सफाई करती है। --
10. हमने एक पुस्तक लिखी। --
11. मैंने परीक्षा दी। --
12. लड़कियाँ कार चलाती थीं। --

II. निम्नलिखित प्रश्नों का उत्तर दें। पहले 'हाँ' में, फिर 'नहीं' में -

1. क्या हम पत्र लिख सकते हैं? (i) हाँ, आप पत्र लिख सकते हैं।
   (ii) नहीं, आप पत्र नहीं लिख सकते।

   [नकारात्मक वाक्यों में वर्तमान काल सूचक सहक्रिया के विभिन्न रूपों है, हैं, हो तथा हूँ का प्रयोग प्रायः नहीं किया जाता।]

2. क्या वे काम कर सकेंगे? (i) --
   (ii) --
3. क्या वह मकान बना सका? (i) --
   (ii) --
4. क्या वह परीक्षा दे सकेगा? (i) --
   (ii) --
5. क्या आप मेरी बात सुन सके? (i) --
   (ii) --

- पत्र, काम, घर, भाषण, मकान—पुंलिंग संज्ञाएँ हैं।
- बात, सफाई, पुस्तक, परीक्षा, लड़की, परीक्षा, बात—स्त्रीलिंग संज्ञाएँ हैं।

40 संयोज्य क्रिया : चुकना

अ 'चुकना' संयोज्य क्रिया 'पूर्णता' या 'समाप्ति' की विवक्षा देती है। यह भी अकर्मक क्रिया है।

आ 'सकना' संयोज्य क्रिया की तरह ही 'चुकना' का प्रयोग होता है।

'सकना' संयोज्य क्रिया का प्रयोग मुख्य कालों में देखें—

➤ **सामान्य वर्तमान काल**

वह पुस्तक पढ़ता है। वह पुस्तक पढ़ चुकता है।
तू पुस्तक पढ़ता है। तू पुस्तक पढ़ चुकता है।
मैं पुस्तक पढ़ता हूँ। मैं पुस्तक पढ़ चुकता हूँ।

वह पुस्तक पढ़ती है। वह पुस्तक पढ़ चुकती है।
तू पुस्तक पढ़ती है। तू पुस्तक पढ़ चुकती है।
मैं पुस्तक पढ़ती हूँ। मैं पुस्तक पढ़ चुकती हूँ।

वे पुस्तक पढ़ते हैं। वे पुस्तक पढ़ चुकते हैं।
तुम पुस्तक पढ़ते हो। तुम पुस्तक पढ़ चुकते हो।
आप पुस्तक पढ़ते हैं। आप पुस्तक पढ़ चुकते हैं।
हम पुस्तक पढ़ते हैं। हम पुस्तक पढ़ चुकते हैं।

वे पुस्तक पढ़ती हैं। वे पुस्तक पढ़ चुकती हैं।
तुम पुस्तक पढ़ती हो। तुम पुस्तक पढ़ चुकती हो।
आप पुस्तक पढ़ती हैं। आप पुस्तक पढ़ चुकती हैं।
हम पुस्तक पढ़ती हैं। हम पुस्तक पढ़ चुकती हैं।

➤ **अपूर्ण भूत**

वह पुस्तक पढ़ता था। वह पुस्तक पढ़ चुकता था।
वह पुस्तक पढ़ती थी। वह पुस्तक पढ़ चुकती थी।
वे पुस्तक पढ़ते थे। वे पुस्तक पढ़ चुकते थे।
वे पुस्तक पढ़ती थीं। वे पुस्तक पढ़ चुकती थीं।

➤ **संदिग्ध वर्तमान**

वह पुस्तक पढ़ता होगा। वह पुस्तक पढ़ चुकता होगा।
वह पुस्तक पढ़ती होगी। वह पुस्तक पढ़ चुकती होगी।
वे पुस्तक पढ़ते होंगे। वे पुस्तक पढ़ चुकते होंगे।
वे पुस्तक पढ़ती होंगी। वे पुस्तक पढ़ चुकती होंगी।

➤ **संभाव्य वर्तमान**

वह पुस्तक पढ़ता हो। वह पुस्तक पढ़ सकता हो।
वह पुस्तक पढ़ती हो। वह पुस्तक पढ़ सकती हो।
वे पुस्तक पढ़ते हों। वे पुस्तक पढ़ सकते हों।
वे पुस्तक पढ़ती हों। वे पुस्तक पढ़ सकती हों।

➤ **आसन्न भूत**

उसने पुस्तक पढ़ी है। (i) वह पुस्तक पढ़ चुका है।
(ii) वह पुस्तक पढ़ चुकी है।
उसने पत्र पढ़ा है। (i) वह पत्र पढ़ चुका है।
(ii) वह पत्र पढ़ चुकी है।
उसने पुस्तकें पढ़ी हैं। (i) वह पुस्तकें पढ़ चुका है।
(ii) वह पुस्तकें पढ़ चुकी है।
उसने कई पत्र पढ़े हैं। (i) वह कई पत्र पढ़ चुका है।
(ii) वह कई पत्र पढ़ चुकी है।

➤ **संभाव्य भूत**

उसने पत्र पढ़ा हो। (i) वह पुस्तक पढ़ चुका हो।
(ii) वह पुस्तक पढ़ चुकी हो।
वे पुस्तक पढ़े हों। (i) वे पुस्तक पढ़ सके हों।
(ii) वे पुस्तक पढ़ सकी हों।

➤ **संदिग्ध भूत**

उसने पुस्तक पढ़ी होगी। (i) वह पुस्तक पढ़ चुका होगा।
(ii) वह पुस्तक पढ़ चुकी होगी।
उसने पुस्तकें पढ़ी होंगी। (i) वे पुस्तकें पढ़े होंगे।
(ii) वे पुस्तकें पढ़ी होंगी।

➤ **पूर्ण भूत**

उसने पुस्तक पढ़ी थी। (i) वह पुस्तक पढ़ चुका था।
(ii) वह पुस्तक पढ़ चुकी थी।
उसने पुस्तक पढ़ी होगी। (i) वह पुस्तक पढ़ चुका होगा।
(ii) वह पुस्तक पढ़ चुकी होगी।

➤ **सामान्य भविष्य**

वह पुस्तक पढ़ेगा। वह पुस्तक पढ़ चुकेगा।
वह पुस्तक पढ़ेगी। वह पुस्तक पढ़ चुकेगी।
वे पुस्तक पढ़ेंगे। वे पुस्तक पढ़ चुकेंगे।
वे पुस्तक पढ़ेंगी। वे पुस्तक पढ़ चुकेंगी।

➤ **संकेतार्थ**

यदि वह पुस्तक पढ़े तो यदि वह पुस्तक पढ़ चुके तो
यदि वह पुस्तक पढ़ता तो यदि वह पुस्तक पढ़ चुकता तो
यदि उसने पुस्तक पढ़ी तो (i) यदि वह पुस्तक पढ़ चुका तो
(ii) यदि वह पुस्तक पढ़ चुकी तो

इ विध्यर्थ, तात्कालिक तथा आवश्यकताबोधक कालों में 'सकना' और 'चुकना' संयोज्य क्रियाओं का प्रयोग प्रायः भला नहीं लगता।

चालीसवाँ अभ्यास

I. निम्नलिखित वाक्यों में 'चुकना' संयोज्य क्रिया का प्रयोग करें -

1.	वह भोजन करता है।	वह भोजन कर चुकता है।
2.	मैंने फिल्म देखी है।	------------------------------------
3.	उसने मुझसे बात की है।	------------------------------------
4.	मैं उसके घर गया हूँ।	------------------------------------
5.	उनका नया मकान बना था।	------------------------------------
6.	गाड़ी आई थी।	------------------------------------
7.	बादल बरसे हैं।	------------------------------------
8.	चाँद निकला होगा।	------------------------------------
9.	बात खत्म हुई।	------------------------------------
10.	बस सुबह आठ बजे गई है।	------------------------------------
11.	भोजन मेज पर लगा है।	------------------------------------
12.	लड़कियाँ कॉलेज में पहुँची हैं।	------------------------------------

II. निम्नलिखित प्रश्नों का उत्तर दें। ध्यान रहे कि 'चुकना' आदि अधिकतर संयोज्य क्रियाओं का निषेधात्मक वाक्यों में प्रयोग नहीं होता। अतः मुख्य क्रिया के द्वारा ही काल सूचित किया जाता है-

1.	क्या तू भोजन कर चुका है ?	(i)	हाँ, मैं भोजन कर चुका हूँ।
		(ii)	नहीं, मैंने भोजन नहीं किया ।
2.	क्या वह फिल्म देख चुकी है ?	(i)	------------------------------------
		(ii)	------------------------------------
3.	क्या आप उसके घर जा चुकी हैं ?	(i)	------------------------------------
		(ii)	------------------------------------
4.	क्या उस समय दस बज चुके थे ?	(i)	------------------------------------
		(ii)	------------------------------------
5.	क्या गाड़ी आ चुकी होगी ?	(i)	------------------------------------
		(ii)	------------------------------------

- भोजन, घर, मकान, चाँद, बादल, कालेज—पुंलिंग संज्ञाएँ हैं।
- फिल्म, बात, गाड़ी, बस, मेज, लड़की—स्त्रीलिंग संज्ञाएँ हैं।
- करना, देखना, जाना, बनना, लगना—क्रियाएँ हैं।
- नया, खत्म—विशेषण हैं।

41 संयोज्य क्रिया : पड़ना

अ जब मुख्य क्रिया धातु रूप में हो तो 'पड़ना' संयोज्य क्रिया के द्वारा आकस्मिक क्रियाशीलता की विवक्षा सूचित की जाती है।

➤ सामान्य वर्तमान काल :			—पड़ना संयोज्य क्रिया सहित—	
	• वह चलता है।	• वह चलती है।	• वह चल पड़ता है।	• वह चल पड़ती है।
	• तू चलता है।	• तू चलती है।	• तू चल पड़ता है।	• तू चल पड़ती है।
	• मैं चलता हूँ।	• मैं चलती हूँ।	• मैं चल पड़ता हूँ।	• मैं चल पड़ती हूँ।
	• वे चलते हैं।	• वे चलती हैं।	• वे चल पड़ते हैं।	• वे चल पड़ती हैं।
	• तुम चलते हो।	• तुम चलती हो।	• तुम चल पड़ते हो।	• तुम चल पड़ती हो।
	• आप चलते हैं।	• आप चलती हैं।	• आप चल पड़ते हैं।	• आप चल पड़ती हैं।
	• हम चलते हैं।	• हम चलती हैं।	• हम चल पड़ते हैं।	• हम चल पड़ती हैं।
अपूर्ण भूतकाल :	• इंजन चलता था।	• गाड़ी चलती थी।	• इंजन चल पड़ता था।	• गाड़ी चल पड़ती थी।
संदिग्ध वर्तमान :	• इंजन चलता होगा।	• गाड़ी चलती होगी।	• इंजन चल पड़ता होगा।	• गाड़ी चल पड़ती होगी।
संभाव्य वर्तमान :	• इंजन चलता हो।	• गाड़ी चलती हो।	• इंजन चल पड़ता हो।	• गाड़ी चल पड़ती हो।
आसन्न भूत :	• इंजन चला है।	• गाड़ी चली है।	• इंजन चल पड़ा है।	• गाड़ी चल पड़ी है।
पूर्ण भूतकाल :	• इंजन चला था।	• गाड़ी चली थी।	• इंजन चल पड़ा था।	• गाड़ी चल पड़ी थी।
संदिग्ध भूतकाल :	• इंजन चला होगा।	• गाड़ी चली होगी।	• इंजन चल पड़ा होगा।	• गाड़ी चल पड़ी होगी।
संभाव्य भूत :	• इंजन चला हो।	• गाड़ी चली हो।	• इंजन चल पड़ा हो।	• गाड़ी चल पड़ी हो।
सामान्य भविष्य :	• इंजन चलेगा।	• गाड़ी चलेगी।	• इंजन चल पड़ेगा।	• गाड़ी चल पड़ेगी...।
संकेतार्थ वर्तमान :	• (अगर) इंजन चले...।	• गाड़ी चले....।	• (अगर) इंजन चल पड़े...।	• गाड़ी चल पड़े...।
संकेतार्थ भूत :	• (अगर) इंजन चलता...।	• गाड़ी चलती....।	• (अगर) इंजन चल पड़ता...।	• गाड़ी चल पड़ती....।
संकेतार्थ भविष्य :	• (अगर) इंजन चला।	• गाड़ी चली....।	• (अगर) इंजन चल पड़ा...।	• गाड़ी चल पड़ी....।

आ मुख्य क्रिया क्रियार्थक कृदंत के साथ 'पड़ना' संयोज्य क्रिया का प्रयोग विवशता सूचित करने के लिए भी किया जाता है; जैसे— **[देखें नियम 25]**

सामान्य वर्तमान	• वह जाता है / जाती है।	• उसे जाना पड़ता है।
अपूर्ण भूत	• वह जाता था / जाती थी।	• उसे जाना पड़ता था।
संदिग्ध वर्तमान	• वह जाता होगा / जाती होगी।	• उसे जाना पड़ता होगा।
आसन्न भूत	• वह गया है / गई है।	• उसे जाना पड़ा है।
संदिग्ध भूत	• वह गया होगा / गई होगी।	• उसे जाना पड़ा होगा।
सामान्य वर्तमान	• वह जाएगा / जाएगी।	• उसे जाना पड़ेगा।
संकेतार्थ वर्तमान	• यदि वह जाए...	• यदि उसे जाना पड़े...
संकेतार्थ भूत	• यदि तू जाता/जाती...	• यदि तुझे जाना पड़ता...
संकेतार्थ भविष्य	• यदि मैं गया/गई...	• यदि मुझे जाना पड़ा...

इ 'पड़ना' सामान्य क्रिया के रूप में (क) अक्रिय स्थिति की भी सूचक है और (ख) प्राप्त होने की विवक्षा की सूचक भी।

(क)
- वह बीमार पड़ता है।
- शराबी नाली में पड़ा था।
- घायल सैनिक अस्पताल में पड़े होंगे।

(ख)
- हमें धोती सौ रुपए में पड़ी।
- उन्हें मुम्बई का माल सस्ता पड़ेगा।
- दुकानदार को विदेशी घड़ियाँ महँगी पड़ी थीं।

इकतालीसवाँ अभ्यास

I. निम्नलिखित वाक्यों में 'पड़ना' संयोज्य क्रिया का प्रयोग करें। ध्यान रखें कि काल यथावत् रहे -

1. बच्चा गिरता है। बच्चा गिर पड़ता है।
2. वह एकाएक उठता है। ------------------------------
3. घड़ी चली। ------------------------------
4. आकाश में चाँद निकला। ------------------------------
5. पेड़ से फल गिरते हैं। ------------------------------
6. बच्ची बोलती थी। ------------------------------
7. वह सुबह-सुबह उठा। ------------------------------
8. मैंने वहाँ दस वर्ष बिताए। ------------------------------

II. सामान्य क्रिया के रूप में 'पड़ना' क्रिया का प्रयोग करें -

1. उसके मुँह पर थप्पड़ ------------------------ (पड़ना—सामान्य भूत)
2. अध्यापक को विद्यार्थी से कहना ---------------- (पड़ना—सामान्य भविष्यत्)
3. वह सोच में ------------------------------ (पड़ना—पूर्ण भूत)
4. हमें यह मकान तीन लाख में ---------------- (पड़ना—आसन्न भूत)
5. बेटा बाप पर ------------------------ (पड़ना—संदिग्ध वर्तमान)

III. उत्तर दें : पहले 'हाँ' में फिर 'नहीं' में -

1. क्या लड़की गिर पड़ती है?
   (i) हाँ, लड़की गिर पड़ती है।
   (ii) नहीं, लड़की नहीं गिरती।
2. क्या गाड़ी चल पड़ी?
   (i) ------------------------------
   (ii) ------------------------------
3. क्या माँद से शेर निकल पड़ेगा?
   (i) ------------------------------
   (ii) ------------------------------
4. क्या उससे यह काम बन पड़ा?
   (i) ------------------------------
   (ii) ------------------------------

- बच्चा, आकाश, चाँद, पेड़, फल, मुँह, थप्पड़, अध्यापक, विद्यार्थी, शेर, काम—पुंलिंग संज्ञाएँ हैं।
- घड़ी, बच्ची, बात, लड़की, माँद—स्त्रीलिंग संज्ञाएँ हैं।
- गिरना, उठना, चलना, निकलना, बोलना, बनाना, चलना—क्रियाएँ हैं।
- एकाएक, सुबह-सुबह—विशेषण हैं।

42 संयोज्य क्रिया : जाना

अ 'जाना' संयोज्य क्रिया में पूर्णत्व, प्रवृत्ति, अग्रसरता, निरंतरता आदि की विवक्षाएँ हैं। यह क्रिया भी अकर्मक है; जैसे—

वह आता है।	वह आ जाता है।	(पूर्णत्व)
वह सोता है।	वह सो जाता है।	(प्रवृत्ति)
वह पढ़ता है।	वह पढ़ जाता है।	(अग्रसरता)

आ विभिन्न कालों में संयोज्य क्रिया का प्रयोग देखें—

सामान्य वर्तमान	वह आता है।	वह आ जाता है।
	तू आता है।	तू आ जाता है।
	मैं आता हूँ।	मैं आ जाता हूँ।
	वह आती है।	वह आ जाती है।
	तू आती है।	तू आ जाती है।
	मैं आती हूँ।	मैं आ जाती हूँ।
	वे आते हैं।	वे आ जाते हैं।
	तुम आते हो।	तुम आ जाते हो।
	आप आते हैं।	आप आ जाते हैं।
	हम आते हैं।	हम आ जाते हैं।
	वे आती हैं।	वे आ जाती हैं।
	तुम आती हो।	तुम आ जाती हो।
	आप आती हैं।	आप आ जाती हैं।
	हम आती हैं।	हम आ जाती हैं।
अपूर्ण भूत	वह आता था।	वह आ जाता था।
संदिग्ध वर्तमान	वह आता होगा।	वह आ जाता होगा।
संभाव्य वर्तमान	वह आता हो।	वह आ जाता हो।
आसन्नभूत	वह आया है।	वह आ गया है।
पूर्णभूत	वह आया था।	वह आ गया था।
संदिग्ध भूत	वह आया होगा।	वह आ गया होगा।
संभाव्य भूत	वह आया हो।	वह आ गया हो।
वर्तमान संकेतार्थ	यदि वह आए...।	यदि वह आ जाए...।
भूत संकेतार्थ	यदि वह आता...।	यदि वह आ जाता...।
भविष्य संकेतार्थ	यदि वह आया...।	यदि वह आ गया...।
सामान्य भविष्य	वह आएगा।	वह आ जाएगा।
विध्यर्थ	तू आ।	तू आ जा।
	तू/तुम/आप आना।	तू/तुम/आप आ जाना।

इ मुख्य क्रिया वर्तमान कृदंत हो तो उसके साथ भी संयोज्य क्रिया 'जाना' का प्रयोग होता है। 'जाना' संयोज्य क्रिया मुख्य क्रिया वर्तमान कृदंत के साथ 'निरंतरता' की सूचक होती है; जैसे—

- *वह पत्र लिखता जाता है / लिखती जाती है।*
- *वे पत्र लिखते जाते हैं / लिखती जाती हैं।*
- *वह पत्र लिखता गया / लिखती गई।*
- *वे पत्र लिखते गए / लिखती गईं।*
- *वह पत्र लिखता जाएगा / लिखती जाएगी।*
- *वे पत्र लिखते जाएँगे / लिखती जाएँगी।*
- *वह पत्र लिखता जाए / लिखती जाए।*
- *वे पत्र लिखते जाएँ / लिखती जाएँ।*

ई मुख्य क्रिया के रूप में प्रयुक्त चल, मर, फट आदि कुछ अकर्मक धातुओं के भूतकृदंत के साथ 'जाना' संयोज्य क्रिया का भी प्रयोग पूर्णता, अग्रसरता आदि का सूचक होता है; जैसे—

- *वह घर चला जाता है / चली जाती है।*
- *तू घर चला जाता है / चली जाती है।*
- *मैं घर चला जाता हूँ / चली जाती हूँ।*
- *वे घर चले जाते हैं / चली जाती हैं।*
- *तुम घर चले जाते हो /चली जाती हो।*
- *आप घर चले जाते हैं / चली जाती हैं।*
- *हम घर चले जाते हैं / चली जाती हैं।*
- *वह चला जा रहा है / चली जा रही है।*
- *वह पैसे के लिए मरा जा रहा है।*
- *दर्द से सिर फटा जाता है।*

परंतु ध्यान रहे कि मुख्य क्रिया भूतकृदंत तथा संयोज्य क्रिया 'जाना' के योग से बने अधिकतर क्रियापद कर्मवाच्य और भाववाच्य के अंतर्गत आते हैं। (देखें 'वाच्य' के अंतर्गत)

उ मुख्य क्रिया धातु होने पर उठना, चलना, निकलना, बैठना, मरना आदि कुछ अन्य अकर्मक क्रियाएँ भी संयोज्य क्रियाओं की तरह प्रयुक्त होती हैं—

उठना	(उन्मुखता सूचक)	कमल खिल उठता है। कमल खिल उठा है।
चलना	(अग्रसरता सूचक)	मकान बन चला है। मकान बन चला था।
निकलना	(संचार सूचक)	अखबार चल निकला है। अखबार चल निकला था।
बैठना	(अग्रसरता सूचक)	वह मुँह फुला बैठता है। वह मुँह फुला बैठा है।
मरना	(अप्रिय भाव सूचक)	वह पुस्तक ले मरता है। वह पुस्तक ले मरा।

बयालीसवाँ अभ्यास

उत्तर दें : पहले 'हाँ' में, फिर 'नहीं' में -

1. क्या लड़का घर आ जाता है ? (i) हाँ, लड़का घर आ जाता है।
   (ii) नहीं, लड़का घर नहीं आता।
2. क्या बच्चे सो गए ? (i) ------------------------------
   (ii) ------------------------------
3. क्या बारह बज गए ? (i) ------------------------------
   (ii) ------------------------------
4. क्या वह हमारा घर देख जाएगा ? (i) ------------------------------
   (ii) ------------------------------
5. क्या लड़का शिक्षित हो जाएगा ? (i) ------------------------------
   (ii) ------------------------------
6. क्या गली में डाकू आ गए हैं ? (i) ------------------------------
   (ii) ------------------------------
7. क्या वह मेरा काम कर जाएगा ? (i) ------------------------------
   (ii) ------------------------------
8. क्या उनका मकान भूकंप से गिर गया ? (i) ------------------------------
   (ii) ------------------------------
9. क्या सारा शहर खाली हो जाता है ? (i) ------------------------------
   (ii) ------------------------------
10. क्या अगले वर्ष तक सड़कें बन जाएँगी ? (i) ------------------------------
    (ii) ------------------------------
11. क्या पुस्तक प्रकाशित हो गई है ? (i) ------------------------------
    (ii) ------------------------------
12. क्या अभी बाजार बंद हो जाएगा ? (i) ------------------------------
    (ii) ------------------------------

- लड़का, घर, बच्चा, डाकू, काम, मकान, भूकंप, वर्ष, बाजार—पुंलिंग संज्ञाएँ हैं।
- सड़क, गली, पुस्तक—स्त्रीलिंग संज्ञाएँ हैं।
- सोना, बजना, देखना, गिरना, होना, बनना—क्रियाएँ हैं।
- शिक्षित, खाली, अगला, प्रकाशित, बंद—विशेषण हैं।

43 संयोज्य क्रिया : होना

अ मुख्य क्रिया वर्तमान कृदंत, भूतकृदंत या क्रियार्थक कृदंत होने पर संयोज्य क्रिया अकर्मक 'होना' वर्तमान कृदंत रूप में प्रयुक्त होती है और प्रवृत्ति तथा निरंतरता की परिचायक होती है :

—होना संयोज्य क्रिया वर्तमान कृदंत रूप में

सामान्य वर्तमान :	वह पुस्तक पढ़ता है / पढ़ती है।	वह पुस्तक पढ़ता होता है / पढ़ती होती है।
अपूर्ण भूत :	वह पुस्तक पढ़ता था / पढ़ती थी।	वह पुस्तक पढ़ता होता था / पढ़ती होती थी।
संदिग्ध वर्तमान :	वह पुस्तक पढ़ता होगा / पढ़ती होगी।	वह पुस्तक पढ़ता होता होगा / पढ़ती होती होगी।
संभावित वर्तमान :	वह पुस्तक पढ़ता हो / पढ़ती हो।	वह पुस्तक पढ़ता होता हो / पढ़ती होती हो।

इस बात का ध्यान रहे कि संयोज्य क्रिया-रूपों की विभिन्नता के कारण कालगत भिन्नता क्रियापदों में उत्पन्न होगी।

आसन्न भूत :	उसने पत्र पढ़ा है।	वह पत्र पढ़ा होता है / पढ़ी होती है।	सामान्य वर्तमान
	उसने पुस्तक पढ़ी है।	वह पुस्तक पढ़ा होता है / पढ़ी होती है।	सामान्य वर्तमान
पूर्ण भूत :	उसने पत्र पढ़ा था।	वह पत्र पढ़ा होता था / पढ़ी होती थी।	अपूर्ण भूत
	उसने पुस्तक पढ़ी थी।	वह पुस्तक पढ़ा होता था / पढ़ी होती थी।	अपूर्ण भूत
संदिग्ध भूत :	उसने पत्र पढ़ा होगा।	वह पत्र पढ़ा होता होगा / पढ़ी होती होगी।	अपूर्ण भूत
	उसने पुस्तक पढ़ी होगी।	वह पुस्तक पढ़ा होता होगा / पढ़ी होती होगी।	अपूर्ण भूत
संभाव्य भूत :	वह पत्र पढ़ा हो / पढ़ी हो।	वह पत्र पढ़ा होता हो / पढ़ी होती हो।	संभाव्य वर्तमान
	वह पुस्तक पढ़ा हो / पढ़ी हो।	वह पुस्तक पढ़ा होता हो / पढ़ी होती हो।	संभाव्य वर्तमान
आवश्यकताबोधक	उसको पत्र पढ़ना है।	उसको पत्र पढ़ना होता है।	सामान्य वर्तमान
वर्तमान :	उसको पुस्तक पढ़नी है।	उसको पुस्तक पढ़नी होती है।	सामान्य वर्तमान
आवश्यकताबोधक	उसको पत्र पढ़ना था।	उसको पत्र पढ़ना होता था।	अपूर्ण भूत
भूत :	उसको पुस्तक पढ़ना था।	उसको पुस्तक पढ़नी होती थी।	अपूर्ण भूत
संदिग्ध आवश्यकता०	उसको पत्र पढ़ना होगा।	उसको पत्र पढ़ना होता होगा।	संदिग्ध भूत
वर्तमान :	उसको पुस्तक पढ़नी होगी।	उसको पुस्तक पढ़नी होती होगी।	संदिग्ध भूत
संभाव्य आवश्यकता०	उसको पत्र पढ़ना हो।	उसको पत्र पढ़ना होता हो।	संभाव्य वर्तमान
वर्तमान :	उसको पुस्तक पढ़नी हो।	उसको पुस्तक पढ़नी होती हो।	संभाव्य वर्तमान
वर्तमान संकेतार्थ :	यदि वह पुस्तक पढ़े...।	× मुख्य क्रिया वर्तमान कृदंत, भूतकृदंत तथा क्रियार्थक कृदंत रूप में से है नहीं।	
भूत संकेतार्थ :	यदि वह पुस्तक पढ़ता...।	यदि वह पुस्तक पढ़ता होता...।	भूत संकेतार्थ
भविष्य संकेतार्थ :	यदि उसने पुस्तक पढ़ी...।	(i) यदि वह पुस्तक पढ़ा होता...।	भविष्य संकेतार्थ
		(ii) यदि वह पुस्तक पढ़ी होती...।	भविष्य संकेतार्थ

ध्यान रहे—संयोज्य क्रिया और सहक्रिया काल-भेद की निर्धारक होती हैं।)

आ तात्कालिक कालों में भी 'होना' संयोज्य क्रिया का प्रयोग भी कुछ लोग करते हैं :

तात्कालिक वर्तमान :	वह पुस्तक पढ़ रहा है / पढ़ रही है।	वह पुस्तक पढ़ रहा होता है / पढ़ रही होती है।
तात्कालिक भूत :	वह पुस्तक पढ़ रहा था / पढ़ रही थी।	वह पुस्तक पढ़ रहा होता था / पढ़ रही होती थी।
तात्का० संदिग्ध वर्त०:	वह पुस्तक पढ़ रहा होगा / पढ़ रही होगी।	वह पुस्तक पढ़ रहा होता होगा / पढ़ रही होती होगी।
तात्का० संभाव्य वर्त०:	वह पुस्तक पढ़ रहा हो / पढ़ रही हो।	वह पुस्तक पढ़ रहा होता हो / पढ़ रही होती हो।

तैंतालीसवाँ अभ्यास

निम्नलिखित वाक्यों में (क) संयोज्य क्रिया 'होना' का प्रयोग कीजिए और फिर (ख) क्रियापदों का कालभेद बतलाइए-

1. वह हल जोतता .... है। (i) वह हल जोतता <u>होता</u> है।
(ii) सामान्य वर्तमान।

2. वह मिठाई बाँटती .... है। (i) ____________
(ii) ____________

3. वह साइकिल चलाती .... थी। (i) ____________
(ii) ____________

4. उसे पुस्तक खरीदनी .... थी। (i) ____________
(ii) ____________

5. मुझे घर बनाना .... है। (i) ____________
(ii) ____________

6. वह मुझे पत्र लिखता .... । (i) ____________
(ii) ____________

7. वह पत्र लिखता ..... तो आज ऐसी स्थिति न आती। (i) ____________
(ii) ____________

8. यदि उसे काम करना .... तो यहीं रहता। (i) ____________
(ii) ____________

9. यदि वह धन कमाती .... तो आज सुखी होती। (i) ____________
(ii) ____________

10. यदि मैं पढ़ता .... तो आज विद्वान होता। (i) ____________
(ii) ____________

11. मैं जब उसके घर जाता वह रेडियो सुनती...... । (i) ____________
(ii) ____________

12. यदि वे काशी आते तो हमसे मिले ...... । (i) ____________
(ii) ____________

- हल, घर, पत्र, काम, धन—पुंलिंग संज्ञाएँ हैं।
- मिठाई, साइकिल, पुस्तक, स्थिति—स्त्रीलिंग संज्ञाएँ हैं।
- जोतना, बाँटना, चलाना, खरीदना, बनाना, लिखना, आना, करना, कमाना, पढ़ना—क्रियाएँ हैं।
- सुखी, विद्वान—विशेषण हैं।
- आज, उधर से—क्रियाविशेषण हैं।

44 संयोज्य क्रिया : लगना

अ 'लगना' अकर्मक संयोज्य क्रिया है, कार्य के आरंभ होने की सूचक है और इसके साथ प्रयुक्त होनेवाली मुख्य क्रिया सदा तिर्यक् क्रियार्थक कृदंत रूप में रहती है; जैसे—

		'लगना' संयोज्य क्रिया के साथ
सामान्य वर्तमान :	वह गीत गाता है।	वह गीत गाने लगता है।
	तू गीत गाता है।	तू गीत गाने लगता है।
	मैं गीत गाता हूँ।	मैं गीत गाने लगता हूँ।
	वह गीत गाती है।	वह गीत गाने लगती है।
	तू गीत गाती है।	तू गीत गाने लगती है।
	मैं गीत गाती हूँ।	मैं गीत गाने लगती हूँ।
	वे गीत गाते हैं।	वे गीत गाने लगते हैं।
	तुम गीत गाते हो।	तुम गीत गाने लगते हो।
	वे गीत गाती हैं।	वे गीत गाने लगती हैं।
	तुम गीत गाती हो।	तुम गीत गाने लगती हो।
अपूर्ण भूतकाल :	वह गीत गाता था।	वह गीत गाने लगता था।
	वह गीत गाती थी।	वह गीत गाने लगती थी।
संदिग्ध वर्तमान :	वह गीत गाता होगा।	वह गीत गाने लगता होगा।
	वह गीत गाती होगी।	वह गीत गाने लगती होगी।
संभाव्य वर्तमान :	वह गीत गाता हो।	वग गीत गाने लगता हो।
	वह गीत गाती हो।	वह गीत गाने लगती हो।
आसन्न भूत :	उसने गीत गाया है।	वह गीत गाने लगा है।
	उसने कहानी सुनाई है।	वह कहानी सुनाने लगा है/लगी है।
सामान्य भूत :	उसने गीत गाया।	वह गीत गाने लगा/लगी।
	उसने कहानी सुनाई।	वह कहानी सुनाने लगा/लगी।
पूर्ण भूत	उसने गीत गाया था।	वह गीत गाने लगा था/लगी थी।
	उसने कहानी सुनाई थी।	वह कहानी सुनाने लगा था/लगी थी।
संदिग्ध भूत :	उसने गीत गाया होगा।	वह गीत गाने लगा होगा/लगी होगी।
	उसने कहानी सुनाई होगी।	वह कहानी सुनाने लगा होगा/लगी होगी।
संकेतार्थ वर्तमान :	यदि वह गीत गाए तो...	यदि वह गीत गाने लगे तो...
संकेतार्थ भूत :	यदि वह गीत गाता तो... / गाती तो...	यदि वह गीत गाने लगता तो... / लगती तो...
संकेतार्थ भविष्य :	यदि उसने गीत गाया तो...	यदि वह गीत गाने लगा तो... / लगी तो...
विध्यर्थ :	तू गीत गा।	तू गीत गाने लग।
	तुम गीत गाओ।	तुम गीत गाने लगो।
	मैं गीत गाऊँ।	मैं गीत गाने लगूँ।
	हम गीत गाएँ।	हम गीत गाने लगें।

आ आवश्यकताबोधक कालों में 'लगना' संयोज्य क्रिया का प्रयोग भला नहीं लगता; जैसे—

उसे गीत गाना है।	उसे गीत गाने लगना है।

इ 'लगना' संयोज्य क्रिया का निषेधात्मक वाक्यों में विकल्प से प्रयोग होता है; जैसे—

क्या पानी बरसने लगा?	(i) नहीं, पानी नहीं बरसा।
	(ii) नहीं, पानी नहीं बरसने लगा।

चौवालीसवाँ अभ्यास

उत्तर दें : पहले 'हाँ' में, फिर 'नहीं' में –

1. क्या बालक विद्यालय जाने लगता है ?
   (i) हाँ, बालक विद्यालय <u>जाने</u> लगता है।
   (ii) नहीं, बालक विद्यालय नहीं जाता।
   (iii) नहीं, बालक विद्यालय नहीं जाने लगा।

2. क्या वह दफ्तर जाने लगी थी ?
   (i) ____________________
   (ii) ____________________
   (iii) ____________________

3. क्या सूरज ढलने लगा है ?
   (i) ____________________
   (ii) ____________________
   (iii) ____________________

4. क्या धन की कमी होने लगी है ?
   (i) ____________________
   (ii) ____________________
   (iii) ____________________

5. क्या बच्ची बात करने लगी थी ?
   (i) ____________________
   (ii) ____________________
   (iii) ____________________

6. क्या माँ कहानी सुनाने लगी है ?
   (i) ____________________
   (ii) ____________________
   (iii) ____________________

7. क्या उसे बुढ़ापा आने लगा है ?
   (i) ____________________
   (ii) ____________________
   (iii) ____________________

8. क्या उनकी बातों से उसे दुख होने लगता है ?
   (i) ____________________
   (ii) ____________________
   (iii) ____________________

9. क्या वह अपना ब्याह रचाने लगा था ?
   (i) ____________________
   (ii) ____________________
   (iii) ____________________

10. क्या तुम दवा लेने लगे हो ?
    (i) ____________________
    (ii) ____________________

- बालक, विद्यालय, दफ्तर, सूरज, धन, बुढ़ापा, दुख, ब्याह—पुंलिंग संज्ञाएँ हैं।
- कभी, बच्ची, बात, माँ, कहानी, दवा—स्त्रीलिंग संज्ञाएँ हैं।
- ढलना, होना, करना, सुनाना, रचाना, लेना—क्रियाएँ हैं।

45 संयोज्य क्रिया : रहना

अ हम देख चुके हैं कि धातु रूप में प्रयुक्त मुख्य क्रिया के साथ अकर्मक संयोज्य क्रिया 'रहना' का भूतकृदंत रूप 'रहा' का प्रयोग तात्कालिक कालों में होता है; जैसे—

- *वह पढ़ रहा है।* —तात्कालिक वर्तमान काल
- *वह पढ़ रहा था।* —तात्कालिक भूतकाल
- *वह पढ़ रहा होगा।* —संदिग्ध तात्कालिक वर्तमान काल
- *वह पढ़ रहा हो।* —संभाव्य तात्कालिक वर्तमान काल

आ मुख्य क्रिया वर्तमान कृदंत, भूतकृदंत अथवा क्रियार्थक कृदंतों के साथ संयोज्य क्रिया 'रहना' विभिन्न कालों में प्रयुक्त होती है और प्रायिकता की सूचक होती है।

> इस बात का ध्यान रहे कि संयोज्य क्रिया-रूपों की विभिन्नता के कारण कालगत विभिन्नता क्रियापदों में उत्पन्न होगी।

सामान्य वर्तमान :	वह आता है।	वह आता रहता है।	[सामान्य वर्तमान]	वह आता रहा है।	[आसन्न भूत]
	वह आती है।	वह आती रहती है।	,,	वह आती रही है।	,,
अपूर्ण भूत :	वह आता था।	वह आता रहता था।	[अपूर्ण	वह आता रहा था।	[पूर्ण भूत]
	वे आते थे।	वे आते रहते थे।	भूत]	वे आते रहे थे।	,,
संदिग्ध वर्तमान :	वह आता होगा।	वह आता रहता होगा।	[संदि;ग्ध वर्त०]	वह आता रहा होगा।	[संदिग्ध भूत]
	वे आती होंगी।	वे आती रहती होंगी।	,,	वे आती रही होंगी।	,,
संभाव्य वर्तमान :	वह आता हो।	वह आता रहता हो।	[संभावित वर्त०]	वह आता रहा हो।	[संभाव्य भूत]
	वह आती है।	वह आती रहती है।	,,	वह आती रही हो।	,,
आसन्न भूत :	वह आया है।	वह आया रहता है।	[सामान्य वर्त०]	वह आया रहा।	[पूर्ण भूत]*
	वह आई है।	वह आई रहती है।	,,	वह आई रही।	,, *
संदिग्ध भूत :	वह आया होगा।	वह आया रहता होगा।	[संदिग्ध वर्त०]	वह आया रहा होगा।	[संदिग्ध भूत]
संभाव्य भूत :	वह आया हो।	वह आया रहता हो।	[संभावित वर्त०]	वह आया रहा हो।	[संभाव्य भूत]
आव० वर्तमान :	उसे आना है।	उसे आना रहता है।	[सामान्य वर्त०]	उसे आना रहा है।	[आसन्न भूत]
आव० भूत :	उसे आना था।	उसे आना रहता था।	[अपूर्ण भूत]	उसे आना रहा था।	[सामान्य भूत]
आव० संदिग्ध वर्त०:	उसे आना होगा।	उसे आना रहता होगा।	[संदिग्ध वर्त०]	उसे आना रहा होगा।	[संदिग्ध भूत]
आव० संभा० वर्त०:	उसे आना हो।	उसे आना रहता हो।	[संभावित वर्त०]	उसे आना रहा हो।	[संभाव्य भूत]
विध्यर्थ :	वह आए।	वह आता रहे।	वह आया रहे।	उसे आना रहे।	[विध्यर्थ]
सामान्य भविष्य :	वह आएगा।	वह आता रहेगा।	वह आया रहेगा।	उसे आना रहेगा।	[सामान्य भविष्य]

इ 'रहना' संयोज्य क्रिया यदि भूतकृदंत रूप में हो तो भूतकालिक सहायक क्रिया 'था' का पूर्णभूत काल में लोप होता है। ऐसा प्रतीत होता है कि जैसे 'रहा' और 'था' दोनों एक दूसरे के पर्याय हों।

ई आवश्यकताबोधक कालों में संयोज्य क्रिया 'रहना' क्रियार्थक कृदंत रूप में अविकारी रहती हैं और उसके साथ मुख्य क्रिया रूप में वर्तमान कृदंत तथा भूतकृदंत तिर्यक् रूप में प्रयुक्त होते हैं; जैसे—

उसे आते रहना है।	उसे आते रहना था।	उसे आते रहना होगा।	उसे आते रहना हो।
उसे चलते रहना है।	उसने चलते रहना था।	उसे चलते रहना होगा।	उसे चलते रहना हो।
उसे पुस्तक पढ़ते रहना है।	उसे पुस्तक पढ़ते रहना था।	उसे पुस्तक पढ़ते रहना होगा।	उसे पुस्तक पढ़ते रहना हो।
उसे गीत सुनाते रहना है।	उसे गीत सुनाते रहना था।	उसे गीत सुनाते रहना होगा।	उसे गीत सुनाते रहना हो।
उसे आए रहना है।	उसे आए रहना था।	उसे आए रहना होगा।	उसे आने रहना हो।
उसे सोए रहना है।	उसे गीत सुनाते रहना था।	उसे गीत सुनाते रहना होगा।	उसे गीत सुनाते रहना हो।

पैंतालीसवाँ अभ्यास

I. 'रहना' संयोज्य क्रिया का प्रयोग करें। तीन वाक्य बनाने हैं। पहले में वर्तमान कृदंत का प्रयोग करें, दूसरे में भूतकृदंत का और तीसरे में क्रियार्थक कृदंत का –

1. मैं खेलता हूँ।
   (i) मैं खेलता रहता हूँ।
   (ii) मैं खेलता रहा हूँ।
   (iii) मुझे खेलते रहना है।
2. तुम पुस्तक पढ़ते हो।
   (i) ----------------------------
   (ii) ----------------------------
   (iii) ----------------------------
3. उन्होंने बल्ले खरीदे थे।
   (i) ----------------------------
   (ii) ----------------------------
   (iii) ----------------------------
4. समाचार आते हैं।
   (i) ----------------------------
   (ii) ----------------------------
   (iii) ----------------------------
5. गाएँ घास चरती थीं।
   (i) ----------------------------
   (ii) ----------------------------
   (iii) ----------------------------
6. वह काम करे।
   (i) ----------------------------
   (ii) ----------------------------
   (iii) ----------------------------

II. निम्नलिखित वाक्यों में 'रहना' संयोज्य क्रिया का प्रयोग अविकारी क्रियार्थक कृदंत के रूप में करें। मुख्य क्रिया क्रमशः (i) वर्तमान तिर्यक् कृदंत में तथा (ii) भूत तिर्यक् कृदंत में रखकर क्रियापदों में आवश्यक परिवर्तन करें –

1. वह पत्र लिखता है। (i) उसे पत्र लिखते रहना है। (ii) उसे पत्र लिखे रहना है।
2. वे गाड़ी चलाते थे। (i) ---------------------------- (ii) ----------------------------
3. स्त्रियाँ गीत गाती होंगी। (i) ---------------------------- (ii) ----------------------------
4. उसने तीर चलाया। (i) ---------------------------- (ii) ----------------------------
5. उसने तंबू ताना होगा। (i) ---------------------------- (ii) ----------------------------
6. वे बातें करते हैं। (i) ---------------------------- (ii) ----------------------------
7. हमने पतंगें उड़ाई थीं। (i) ---------------------------- (ii) ----------------------------

- बल्ला, समाचार, काम, पत्र, गीत, तीर, तंबू—पुंलिंग संज्ञाएँ हैं।
- पुस्तक, गाय, घास, गाड़ी, स्त्री, बात, पतंग—स्त्रीलिंग संज्ञाएँ हैं।
- खेलना, पढ़ना, खरीदना, आना, चरना, दौड़ना, करना, लिखना, चलाना, गाना, चलाना, तानना—क्रियाएँ हैं।

46 संयोज्य क्रिया : करना

अ 'करना' संयोज्य क्रिया (क) सकर्मक है, (ख) प्रायिकता या बारंबारता के अर्थ में प्रयुक्त होती है, (ग) इसका प्रयोग सामान्य वर्तमान, अपूर्ण भूत, संदिग्ध वर्तमान, संभाव्य वर्तमान, सामान्य भविष्य, आवश्यकताबोधक, विध्यर्थ और संकेतार्थ क्रियापदों तक ही सीमित है, और (घ) 'करना' संयोज्य क्रिया का प्रयोग करते समय मुख्य क्रिया को भूतकृदंत रूप में रखना होता है जो सदा अविकारी रहता है।

	सामान्य वर्तमान काल	**सामान्य वर्तमान काल—संयोज्य क्रिया 'करना' के साथ**
	वह चलता है / चलती है।	वह चला करता है / चला करती है।
	तू चलता है / चलती है।	तू चला करता है / चला करती है।
	मैं चलता हूँ / चलती हूँ।	मैं चला करता हूँ / चला करती हूँ।
	वे चलते हैं / चलती हैं।	वे चला करते हैं / चला करती हैं।
	तुम चलते हो / चलती हो।	तुम चला करते हो / चला करती हो।
	आप चलते हैं / चलती हैं।	आप चला करते हैं / चला करती हैं।
	हम चलते हैं / चलती हैं।	हम चला करते हैं / चला करती हैं।
अपूर्ण भूतकाल :	वह चलता था / चलती थी।	वह चला करता था / चला करती थी।
	तू चलता था / चलती थी।	तू चला करता था / चला करती थी।
	मैं चलता था / चलती थी।	मैं चला करता था / चला करती थी।
संदिग्ध वर्तमान :	वह चलता होगा / चलती होगी।	वह चला करता होगा / चला करती होगी।
संभाव्य वर्तमान :	वह चलता हो / चलती हो।	वह चला करता हो / चला करती हो।
सामान्य भविष्यकाल :	वह चलेगा / चलेगी।	वह चला करेगा / चला करेगी।
	तू चलेगा / चलेगी।	तू चला करेगा / चला करेगी।
	मैं चलूँगा / चलूँगी।	मैं चला करूँगी / चला करूँगी।
आवश्यकताबो० काल :	उसको चलना है / था / होगा / हो	उसको चला करना है / था / होगा / हो
विध्यर्थ :	वह चले	वह चला करे
	तू (i) चल। (ii) चलना	तू (i) चला कर। (ii) चला करना
	मैं चलूँ	मैं चला करूँ
	वे चलें	वे चला करें
	तुम (i) चलो। (ii) चलना।	तुम (i) चला करो। (ii) चला करना।
	आप (i) चलें। (ii) चलना।	आप (i) चला करें। (ii) चला करना।
	हम चलें	हम चला करें
संकेतार्थ :	यदि वह चले तो....	यदि वह चला करे तो...
	यदि वह चलता तो....	(i) यदि वह चला करता तो...
		(ii) यदि वह चला करती तो...
	यदि वह चला तो....	(i) यदि वह चला किया तो... × ×
		(ii) यदि वह चला की तो... × ×

आ 'करना' संयोज्य क्रिया से पहले 'जाना' क्रिया का भूतकृदंत रूप 'जाया' प्रयुक्त होता है, 'गया' नहीं!

- वह जाया करता है / जाया करती है।
- वह जाया करता था / जाया करती थी।
- वह जाया करता होगा / जाया करती होगी।
- वह जाया करता हो / जाया करती हो।
- वह जाया करेगा / करेगी।
- वह जाया करे / वे जाया करें।
- वह जाया करता / जाया करती।
- मैं जाया करूँ / हम जाया करें।

छियालीसवाँ अभ्यास

'करना' संयोज्य क्रिया का प्रयोग करें। ध्यान रहे कि निषेधात्मक वाक्यों में 'करना' संयोज्य क्रिया का प्रयोग होता है।

1. लड़का खेलता है।
   — लड़का खेला करता है।
2. मैं रात में काम सीखता हूँ।
   ----
3. वह सपने बुनती थी।
   ----
4. हम घर में फिल्में देखते हैं।
   ----
5. वे साहित्यिक संस्था चलाते हैं।
   ----
6. आप रात को दरवाजा बंद करें।
   ----
7. तुम अपनी डायरी स्वयं लिखो।
   ----
8. वे हमारे यहाँ नित्य आते थे।
   ----
9. आप कुछ देर चुप भी रहें।
   ----
10. वे गैस का चूल्हा नहीं जलाते हैं।
    ----
11. वह शाम को नहाता है।
    ----
12. लड़कियाँ गुब्बारे खरीदती होंगी।
    ----
13. ये छात्राएँ कॉलेज में पढ़ती थीं।
    ----
14. घड़ी में चाबी न दें।
    ----
15. भगवान को नमस्कार करो।
    ----
16. वह चश्मा लगाती है।
    ----
17. हर शनिवार को वह घर जाता है।
    ----
18. मैं उसके घर जाऊँगी।
    ----
19. आप घर जाएँ।
    ----
20. तुम वहाँ मत जाओ।
    ----
21. वह उन्हें गीता नहीं पढ़ाता था।
    ----
22. शोभा विद्यालय में हिंदी पढ़ती होगी।

- लड़का, काम, सपना, घर, दरवाजा, चूल्हा, गुब्बारा, कॉलेज, भगवान, नमस्कार—पुंलिंग संज्ञाएँ हैं।
- रात, फिल्म, संस्था, डायरी, देर, गैस, शाम, छात्रा, घड़ी, चाबी—स्त्रीलिंग संज्ञाएँ हैं।
- खेलना, सीखना, बुनना, देखना, चलाना, जलाना, नहाना, खरीदना, पढ़ना—क्रियाएँ हैं।
- साहित्यिक, वेद, चुप—विशेषण हैं।
- स्वयं, नित्य, यहाँ—क्रियाविशेषण हैं।

47 संयोज्य क्रिया : देना (1)

अ मुख्य क्रिया सकर्मक धातु के रूप में रहने पर 'देना' सकर्मक संयोज्य क्रिया ऐसे कार्य की पूर्णता, समाप्ति आदि की सूचक होती है जिसका संबंध किसी अन्य व्यक्ति, वस्तु, आदि से हो; जैसे—

		'देना' संयोज्य क्रिया के साथ
सामान्य वर्तमान काल :	वह मिठाई बाँटता है / बाँटती है।	वह मिठाई बाँट देता है / बाँट देती है।
	तू मिठाई बाँटता है / बाँटती है।	तू मिठाई बाँट देता है / बाँट देती है।
	मैं मिठाई बाँटता हूँ / बाँटती हूँ।	मैं मिठाई बाँट देता हूँ / बाँट देती हूँ।
	वे मिठाई बाँटते हैं / बाँटती हैं।	वे मिठाई बाँट देते हैं / बाँट देती हैं।
	तुम मिठाई बाँटते हो / बाँटती हो।	तुम मिठाई बाँट देते हो / बाँट देती हो।
	आप/हम मिठाई बाँटते हैं / बाँटती हैं।	आप/हम मिठाई बाँट देते हैं / बाँट देती हैं।
अपूर्ण भूतकाल :	वह मिठाई बाँटता था / बाँटती थी।	वह मिठाई बाँट देता था / बाँट देती थी।
संदिग्ध वर्तमान :	वह मिठाई बाँटता होगा / बाँटती होगी।	वह मिठाई बाँट देता होगा / बाँट देती होगी।
संभाव्य वर्तमान :	वह मिठाई बाँटता हो / बाँटती हो।	वह मिठाई बाँट देता हो / बाँट देती हो।
सामान्य भूत :	उसने मिठाई बाँटी।	उसने मिठाई बाँट दी।
	उसने गुब्बारे बाँटे।	उसने गुब्बारे बाँट दिए।
आसन्न भूत :	उसने मिठाई बाँटी है।	उसने मिठाई बाँट दी है।
	उसने गुब्बारे बाँटे हैं।	उसने गुब्बारे बाँट दिए हैं।
पूर्ण भूत :	उसने मिठाई बाँटी थी।	उसने मिठाई बाँट दी थी।
	उसने गुब्बारे बाँटे थे।	उसने गुब्बारे बाँट दिए थे।
संभाव्य भूत :	उसने मिठाई बाँटी हो।	उसने मिठाई बाँट दी हो।
	उसने गुब्बारे बाँटे हों।	उसने गुब्बारे बाँट दिए हो।
संदिग्ध भूत :	उसने मिठाई बाँटी होगी।	उसने मिठाई बाँट दी होगी।
	उसने गुब्बारे बाँटे होंगे।	उसने गुब्बारे बाँट दिए होंगे।
आवश्यकताबो० वर्त० :	उसे / उसको मिठाई बाँटना है।	उसको मिठाई बाँट देना है।
	उसे / उसको गुब्बारे बाँटने हैं।	उसको गुब्बारे बाँट देने हैं।
सामान्य भविष्यकाल :	वह मिठाई बाँटेगा / बाँटेगी।	वह मिठाई बाँट देगा / बाँट देगी।
	तू मिठाई बाँटेगा / बाँटेगी।	तू मिठाई बाँट देगा / बाँट देगी।
	मैं मिठाई बाँटूँगा / बाँटूँगी ?	मैं मिठाई बाँट दूँगा / बाँट दूँगी।
विध्यर्थ :	वह मिठाई बाँटे।	वह मिठाई बाँट दे।
	तू मिठाई (i) बाँट। (ii) बाँटना।	तू मिठाई (i) बाँट दे। (ii) बाँट देना।
	मैं मिठाई बाँटूँ।	मैं मिठाई बाँट दूँ।
	वे मिठाई बाँटें।	वे मिठाई बाँट दें।
	तुम मिठाई (i) बाँटो। (ii) बाँटना।	तुम मिठाई (i) बाँट दो। (ii) बाँट देना।
	आप मिठाई (i) बाँटें। (ii) बाँटना।	आप मिठाई (i) बाँट दें। (ii) बाँट देना।
संकेतार्थ :	यदि वह मिठाई बाँटे तो...	यदि वह मिठाई बाँट दे तो...
	यदि वह मिठाई बाँटता तो...	यदि वह मिठाई बाँट देता तो...
	यदि उसने मिठाई बाँटी तो...	यदि उसने मिठाई बाँट दी तो...

सैंतालीसवाँ अभ्यास

निम्नलिखित वाक्यों में संयोज्य क्रिया 'देना' का प्रयोग करें। ध्यान रहे कि काल में परिवर्तन न हो -

1. वह न्याय करता है।
   — वह न्याय कर देता है।
2. वह बंदूक चलाती है।
   ----
3. उन्होंने तोप छोड़ी।
   ----
4. वह पूरियाँ तलेगी।
   ----
5. लड़का कंप्यूटर चलाता है।
   ----
6. आप चित्र बनाएँ।
   ----
7. उसने भोजन की थाली परोसी।
   ----
8. मैंने कई मंच सजाए हैं।
   ----
9. हमने गाय को खूँटे से बाँधा था।
   ----
10. क्या आपने मकान बेचा है?
    ----
11. माँ, तुम आज पराँठा बनाओ।
    ----
12. आप उसे कुछ खाने को दें।
    ----
13. उन्होंने हिंदी कोश की रचना की है।
    ----
14. उसने खाता तैयार किया था।
    ----
15. अध्यापक ने हमें छुट्टी दी।
    ----
16. उसने माँ को दवा पिलाई।
    ----
17. मेरे मित्र ने अपनी लड़की का ब्याह कल किया।
    ----
18. उसने अपनी कारीगरी दिखाई।
    ----
19. तुमने क्यों हस्ताक्षर किए?
    ----
20. आपने यह क्या लिखा?
    ----
21. क्या आपने चाय में चीनी मिलाई है?
    ----
22. क्या वह स्कूटर खरीदेगा?

- न्याय, कंप्यूटर, चित्र, भोजन, मंच, खूँटा, मकान, पराँठा, कोश, खाता, मित्र, ब्याह, हस्ताक्षर–(बहु०), स्कूटर —पुंलिंग संज्ञाएँ हैं।
- बंदूक, तोप, पूरी, थाली, गाय, छुट्टी, दवा, लड़की, कारीगरी, चाय, चीनी—स्त्रीलिंग संज्ञाएँ हैं।
- चलाना, बनाना, परोसना, सजाना, बेचना, बनाना, पिलाना, दिखाना, करना, लिखना, मिलाना, खरीदना—सकर्मक क्रियाएँ हैं।

48 संयोज्य क्रिया : देना (2)

अ मुख्य क्रिया तिर्यक् क्रियार्थक कृदंत के साथ संयोज्य क्रिया 'देना' का प्रयोग अनुमति, छूट या सुविधा देने के लिए होता है। ध्यान रहे कि 'देना' क्रिया सकर्मक है—

सामान्य वर्त० : वह मुझे अंदर आने देता है / आने देती है।
तू उन्हें अंदर आने देता है / आने देती है।
मैं उसे अंदर आने देता हूँ / आने देती हूँ।

वे... आने देते हैं / आने देती हैं।
तुम... आने देते हो / आने देती हो।
आप... आने देते हैं / आने देती हैं।
हम... आने देते हैं / आने देती हैं।

अपूर्ण भूत : वह... आने देता था / आने देती थी।
तू... आने देता था / आने देती थी।
मैं... आने देता था / आने देती थी।

वे... आने देते थे / आने देती थीं।
तुम... आने देते थे / आने देती थी।
आप... आने देते थे / आने देती थीं।

संदिग्ध वर्त० : वह... आने देता होगा / आने देती होगी।
तू... आने देता होगा / आने देती होगी।
मैं...आने देता होऊँगा / आने देती होऊँगी।

वे... आने देते होंगे / आने देती होंगी।
तुम... आने देते होगे / आने देती होगी।
आप... आने देते होंगे / आने देती होंगी।
हम... आने देते होंगे / आने देती होंगी।
आप... आने देते थे / आने देती थीं।

संभाव्य वर्त० : वह... आने देता हो / आने देती हो।

सामान्य भूत : उसने मुझे आने दिया।
उसने मुझे कंप्यूटर खरीदने दिया।
उसने मुझे कार खरीदने दी।

आसन्न भूत : तूने मुझे आने दिया है।
तूने हमें कंप्यूटर खरीदने दिया है।
आपने हमें कार खरीदने दी है।

पूर्ण भूत : उन्होंने हमें अंदर आने दिया था।
उन्होंने हमें दो कंप्यूटर खरीदने दिए थे।
उन्होंने हमें तीन कारें खरीदने दी थीं।

संदिग्ध भूत : आपने उन्हें अंदर आने दिया होगा।
आपने उसे कुर्ते खरीदने दिए होंगे।
आपने उसे कमीजें खरीदने दी होंगी।

> संयोज्य क्रिया भूतकृदंत रूप में होने के कारण उद्देश्य में 'ने' आया है।

संभाव्य भूत : उसने.... आने दिया हो।
उसने कुर्ते खरीदने दिए हों।
उसने कमीजें खरीदने दी हों।

सामान्य भविष्य : वह आने देगा / आने देगी।
तू आने देगा / आने देगी।
मैं आने दूँगा / आने दूँगी।

वे आने देंगे / आने देंगी।
तुम आने दोगे / आने दोगी।
आप आने देंगे / आने देंगी।
हम आने देंगे / आने देंगी।

विध्यर्थ : वह आने दे।
तू (i) आने दे। (ii) आने देना।
मैं आने दूँ।

वे आने दें।
तुम (i) आने दो। (ii) आने देना।
आप (i) आने दें। (ii) आने देना।
हम आने दें।

संकेतार्थ : यदि वह आने दे तो...
यदि वह आने देता तो...
यदि वह आने देती तो...
यदि उसने आने दिया तो...
यदि वे आने दें तो...
यदि वे आने देते तो...
यदि वे आने देती तो...
यदि उन्होंने आने दिया तो...

आ सामान्यत: निषेधात्मक वाक्यों में 'देना' संयोज्य क्रिया का प्रयोग नहीं होता परंतु जब मुख्य क्रिया तिर्यक्, क्रियार्थक कृदंत के साथ 'देना' संयोज्य क्रिया प्रयुक्त हो तो निषेधात्मक वाक्यों में संयोज्य क्रिया का प्रयोग होता है–

- • *उसने मुझे आम खाने दिया।*
- •• *उसने मुझे आम नहीं खाने दिया।*
- • *वह तुम्हें नाचने देगा।*
- •• *वह तुम्हें नहीं नाचने देगा।*

अड़तालीसवाँ अभ्यास

उत्तर दें : पहले 'हाँ' में, फिर 'नहीं' में-

1. क्या वह तुम्हें अंदर आने देगा?
   (i) हाँ, वह मुझे अंदर आने देगा।
   (ii) नहीं, वह मुझे अंदर नहीं आने देगा।

2. क्या अध्यापिका तुम्हें पढ़ने देती है?
   (i) --
   (ii) --

3. क्या मैं उसे घर जाने दूँ?
   (i) --
   (ii) --

4. क्या आप बच्चे को खेलने देते थे?
   (i) --
   (ii) --

5. क्या उसने आपकी घड़ी बना दी?
   (i) --
   (ii) --

6. क्या उसने आपके लिए पुस्तक लिख दी?
   (i) --
   (ii) --

7. क्या वह मेरा काम कर देगा?
   (i) --
   (ii) --

8. क्या मच्छरों ने उसे रात में सोने दिया?
   (i) --
   (ii) --

9. क्या माँ ने बेटे को स्कूल भेज दिया?
   (i) --
   (ii) --

10. क्या हम अपनी जान दे दें?
    (i) --
    (ii) --

11. क्या उन्होंने घर जलने दिए?
    (i) --
    (ii) --

12. क्या मैं इस गरीब को मरने दूँ?
    (i) --
    (ii) --

13. क्या तुम बेटी को गाड़ी चलाने दोगे?
    (i) --
    (ii) --

14. क्या वह चित्र बना देगी?
    (i) --
    (ii) --

15. क्या उसने तुम्हें सोचने का समय दिया था?
    (i) --
    (ii) --

16. क्या तुमने चाय प्याले में डाल दी?
    (i) --
    (ii) --

- कंप्यूटर, कुर्ता, घर, बच्चा, मच्छर, बेटा, स्कूल, गरीब, चित्र, समय, प्याला—पुंलिंग संज्ञाएँ हैं।
- कार, कमी, अध्यापिका, घड़ी, पुस्तक, रात, माँ, जान, बेटी, गाड़ी, चाय—स्त्रीलिंग संज्ञाएँ हैं।
- अपना, पढ़ना, जाना, खेलना, बनाना, लिखना, करना, सोना, भेजना, देना, जलना, मरना, चलाना, बनाना, डालना—क्रियाएँ हैं।

49 संयोज्य क्रिया : लेना

अ मुख्य क्रिया धातु रूप में हो तो 'लेना' संयोज्य क्रिया ऐसे कार्य की सिद्धि सूचित करती है जिसका प्रयोजन वाक्य के कर्ता/उद्देश्य तक सीमित हो। ध्यान रहे कि 'लेना' क्रिया सकर्मक है।

		'लेना' संयोज्य क्रिया के साथ
सामान्य वर्तमान :	वह पुस्तक पढ़ता है / पढ़ती है।	वह पुस्तक पढ़ लेता है / पढ़ लेती है।
	तू पुस्तक पढ़ता है / पढ़ती है।	तू पुस्तक पढ़ लेता है / पढ़ लेती है।
	मैं पुस्तक पढ़ता हूँ / पढ़ती हूँ।	मैं पुस्तक पढ़ लेता हूँ / पढ़ लेती हूँ।
	वे पुस्तक पढ़ते हैं / पढ़ती हैं।	वे पुस्तक पढ़ लेते हैं / पढ़ लेती हैं।
	तुम पुस्तक पढ़ते हो / पढ़ती हो।	तुम पुस्तक पढ़ लेते हो / पढ़ लेती हो।
	आप पुस्तक पढ़ते हैं / पढ़ती हैं।	आप पुस्तक पढ़ लेते हैं / पढ़ लेती हैं।
	हम पुस्तक पढ़ते हैं / पढ़ती हैं।	हम पुस्तक पढ़ लेते हैं / पढ़ लेती हैं।
अपूर्ण भूत :	वह आम खाता था / खाती थी।	वह आम खा लेता था / खा लेती थी।
संदिग्ध वर्तमान :	वह आम खाता होगा / खाती होगी।	वह आम खा लेता होगा / खा लेती होगी।
संभाव्य वर्तमान :	वह आम खाता हो / खाती हो।	वह आम खा लेता हो / खा लेती हो।
आसन्न भूत :	उसने आम खाया है।	उसने आम खा लिया है।
पूर्णभूत :	उसने लीची खाई थी।	उसने लीची खा ली थी।
	उसने आम खाया था।	उसने आम खा लिया था।
संदिग्ध भूत :	उसने लीची खाई होगी।	उसने लीची खा ली होगी।
	उसने आम खाया होगा।	उसने आम खा लिया होगा।
संभाव्य भूत :	उसने आम खाया हो।	वह आम खा लिया हो / खा ली हो।
सामान्य भविष्य :	वह आम खाएगा / खाएगी।	वह आम खा लेगा / खा लेगी।
	वह लीची खाएगा / खाएगी।	वह लीची खा लेगा / खा लेगी।
विध्यर्थ :	वह आम खाए।	वह आम खा ले।
	तू लीची (i) खा।	तू लीची (i) खा ले।
	तू लीची (ii) खाना।	तू लीची (ii) खा लेना।
	मैं आम खाऊँ।	मैं आम खा लूँ।
संकेतार्थ वर्तमान :	यदि वह आम खाए तो...	यदि वह आम खा ले तो...
संकेतार्थ भूत :	यदि वह आम खाता तो... / खाती तो...	यदि वह आम खा लेता तो.... / लेती तो...
संकेतार्थ भविष्य :	यदि उसने आम खाया तो...	यदि उसने आम खा लिया तो...
	यदि उसने लीची खाई तो...	यदि उसने लीची खा ली तो...
इसी प्रकार :	वह पुस्तक लेता है / लेती है।	वह पुस्तक ले लेता है / ले लेती है।
	वह कंप्यूटर खरीदता है / खरीदती है।	वह कंप्यूटर खरीद लेता है / खरीद लेती है।
	वह पुस्तक लिखता है / लिखती है।	वह पुस्तक लिख लेता है / लिख लेती है।

आ 'देना' और 'लेना' संयोज्य क्रियाओं में अर्थ की दृष्टि से क्रमशः 'पर' और 'स्व' भाव का अंतर है –

वह पूरियाँ तल देता है / देती है। (दूसरे या दूसरों के लिए)

वह पूरियाँ तल लेता है / लेती है। (अपने या अपनों के लिए)

उसने मकान बना दिया है। (किसी के लिए)

उसने मकान बना लिया है। (अपने लिए)

उसने विवाह कर दिया। (किसी का)

उसने विवाह कर लिया। (अपना)

उन्चासवाँ अभ्यास

'हाँ' और 'नहीं' में उत्तर दें। ध्यान रखें कि निषेधात्मक वाक्य होने पर 'लेना' संयोज्य क्रिया की जगह 'सकना' संयोज्य क्रिया का प्रयोग भी किया जाता है -

1. क्या वह हिंदी पढ़ लेता है ?
   (i) हाँ, वह हिंदी पढ़ लेता है।
   (ii) नहीं, वह हिंदी नहीं पढ़ता।
   (iii) नहीं, वह हिंदी नहीं पढ़ सकता।
2. क्या आप अंग्रेजी लिख लेते हैं ?
   (i) ------------------------
   (ii) ------------------------
   (iii) ------------------------
3. क्या यह बच्चा अपने कपड़े पहन लेता है ?
   (i) ------------------------
   (ii) ------------------------
   (iii) ------------------------
4. क्या तुमने मेरा पत्र पढ़ लिया ?
   (i) ------------------------
   (ii) ------------------------
   (iii) ------------------------
5. क्या लड़की पिता की प्रार्थना स्वीकार कर लेगी ?
   (i) ------------------------
   (ii) ------------------------
   (iii) ------------------------
6. क्या तू पतंग उड़ा लेगा ?
   (i) ------------------------
   (ii) ------------------------
   (iii) ------------------------
7. क्या उसने दाढ़ी बना ली ?
   (i) ------------------------
   (ii) ------------------------
   (iii) ------------------------
8. क्या तुम्हारी बहन ने कंप्यूटर खरीद लिया ?
   (i) ------------------------
   (ii) ------------------------
   (iii) ------------------------
9. क्या वे मेरी पुस्तक देख लेंगे ?
   (i) ------------------------
   (ii) ------------------------
   (iii) ------------------------
10. क्या आपने यह उपन्यास पढ़ लिया ?
    (i) ------------------------
    (ii) ------------------------
    (iii) ------------------------
11. क्या आपने नई कार ले ली ?
    (i) ------------------------
    (ii) ------------------------
    (iii) ------------------------
12. क्या वह मेरी प्रार्थना सुन लेगा ?
    (i) ------------------------
    (ii) ------------------------
    (iii) ------------------------

- बच्चा, कपड़ा, पत्र, पिता, कंप्यूटर, उपन्यास—पुंलिंग संज्ञाएँ हैं।
- हिंदी, अंग्रेजी, लड़की, प्रार्थना, पतंग, दाढ़ी, कार, प्रार्थना—स्त्रीलिंग संज्ञाएँ हैं।
- पढ़ना; लिखना, पहनना, उड़ाना, बनाना, खरीदना, लेना, सुनना—क्रियाएँ हैं।
- स्वीकार, नया—विशेषण हैं।

50 संयोज्य क्रियाएँ : डालना/रखना

अ मुख्य क्रिया सकर्मक धातु के साथ 'डालना' सकर्मक संयोज्य क्रिया पूर्ण समाप्ति या सहसा समाप्ति की विवक्षा देती होती है; जैसे—

सामान्य वर्तमान काल :	वह चाय पीता है / पीती है।	वह चाय पी डालता है / पी डालती है।
अपूर्ण भूतकाल :	वह चाय पीता था / पीती थी।	वह चाय पी डालता था / पी डालती थी।
संदिग्ध वर्तमान :	वह चाय पीता होगा / पीती होगी।	वह चाय पी डालता होगा / पी डालती होगी।
संभाव्य वर्तमान :	वह चाय पीता हो / पीती हो।	वह चाय पी डालता हो / पी डालती हो।
सामान्य भूत :	उसने चाय पी।	उसने चाय पी डाली।
	उसने शरबत पिया।	उसने शरबत पी डाला।
पूर्णभूत :	उसने चाय पी थी।	उसने चाय पी डाली थी।
	उसने शरबत पिया था।	उसने शरबत पी डाला था।
संदिग्ध भूत :	उसने चाय पी होगी।	उसने चाय पी डाली होगी।
संभाव्य भूत :	उसने चाय पी हो।	उसने चाय पी डाली हो।
आवश्यकताबोधक वर्तमान :	उसको चाय पीनी है।	उसको चाय पी डालनी है।
	उसको शरबत पीना है।	उसको शरबत पी डालना है।
सामान्य भविष्यत् :	वह चाय पिएगा।	वह चाय पी डालेगा।
विध्यर्थ काल :	वह चाय पिए।	वह चाय पी डाले।
	तू (i) चाय पी।	तू (i) चाय पी डाल।
	तू (ii) चाय पीना।	तू (ii) चाय पी डालना।
	मैं चाय पिऊँ।	मैं चाय पी डालूँ।
संकेतार्थ :	वह चाय पिए तो...।	वह चाय पी डाले तो...।
	वह चाय पीता तो... / पीती तो...	वह चाय पी डालता तो... / पी डालती तो...
	उसने चाय पी तो...।	उसने चाय पी डाली तो...।
	उसने शरबत पिया तो...।	उसने शरबत पी डाला तो...।

आ मुख्य क्रिया सकर्मक धातु के साथ 'रखना' सकर्मक संयोज्य क्रिया पहले से की हुई व्यवस्था या तैयारी की सूचक होती है; जैसे—

सामान्य वर्तमान :	वह दुकान खोलता है / खोलती है।	वह दुकान खोल रखता है / खोल रखती है।
अपूर्ण भूत :	वह दुकान खोलता था / खोलती थी।	वह दुकान खोल रखता था / खोल रखती थी।
संदिग्ध वर्तमान :	वह दुकान खोलता होगा / खोलती होगी।	वह दुकान खोल रखता होगा / खोल रखती होगी।
संभाव्य वर्तमान :	वह दुकान खोलता हो / खोलती हो।	वह दुकान खोल रखता हो / खोल रखती हो।
सामान्य भूत :	उसने दुकान खोली।	उसने दुकान खोल रखी।
आसन्न भूत :	उसने दुकान खोली है।	उसने दुकान खोल रखी है।
पूर्ण भूत :	उसने दुकान खोली थी।	उसने दुकान खोल रखी थी।
संदिग्ध भूत :	उसने दुकान खोली होगी।	उसने दुकान खोल रखी होगी।
संभाव्य भूत :	उसने दुकान खोली हो।	उसने दुकान खोल रखी हो।
आवश्यकताबोधक (वर्तमान-है / भूत-था / भविष्य-होगा / संभावित-हो) :		
	उसको दुकान खोलनी है।	उसको दुकान खोल रखनी है।
सामान्य भविष्यत् :	वह दुकान खोलेगा / खोलेगी।	वह दुकान खोल रखेगा / खोल रखेगी।
संकेतार्थ :	वह दुकान खोले तो....।	वह दुकान खोल रखे तो...।
	वह दुकान खोलता / खोलती तो....।	वह दुकान खोल रखता / खोल रखती तो...।
	उसने दुकान खोली तो....।	उसने दुकान खोल रखी तो...।

पचासवाँ अभ्यास

उत्तर दें : **पहले 'हाँ' में, फिर 'नहीं' में –**

1. क्या उसने सेब खा डाला है ?
   (i) हाँ, उसने सेब खा डाला है।
   (ii) नहीं, उसने सेब नहीं खाया।

2. क्या मैं यह सारी दवा पी डालूँ ?
   (i) ------------------------
   (ii) ------------------------

3. क्या उसने अपनी कमाई नष्ट कर डाली ?
   (i) ------------------------
   (ii) ------------------------

4. क्या तुमने उसे बदनाम नहीं कर डाला ?
   (i) ------------------------
   (ii) ------------------------

5. क्या मैंने उसके पीछे जासूस छोड़ रखे हैं ?
   (i) ------------------------
   (ii) ------------------------

6. क्या तुम्हें उसने कमरे में बंद कर रखा था ?
   (i) ------------------------
   (ii) ------------------------

7. क्या आपने मेरे लिए मकान बना रखा है ?
   (i) ------------------------
   (ii) ------------------------

8. क्या मैं तुम्हारे लिए नौकरी ढूँढ़ रखूँ ?
   (i) ------------------------
   (ii) ------------------------

9. क्या वह दुकान बेच डालेगा ?
   (i) ------------------------
   (ii) ------------------------

10. क्या वह उससे पक्की बात कर रखे ?
   (i) ------------------------
   (ii) ------------------------

11. क्या उसने चोर को ढूँढ़ डाला ?
   (i) ------------------------
   (ii) ------------------------

12. क्या उसने फूल कूड़े में फेंक डाले ?
   (i) ------------------------
   (ii) ------------------------

13. क्या उसने आपको निमंत्रण दे रखा है ?
   (i) ------------------------
   (ii) ------------------------

14. क्या उसने अँगूठी पहन रखी होगी ?
   (i) ------------------------
   (ii) ------------------------

- सेब, जासूस, कमरा, मकान, फूल, कूड़ा, निमंत्रण—पुंलिंग संज्ञाएँ हैं।
- दवा, कमाई, नौकरी, दुकान, बात, अँगूठी—स्त्रीलिंग संज्ञाएँ हैं।
- खाना, पीना, करना, छोड़ना, बनाना, ढूँढ़ना, बेचना, फेंकना, देना—क्रियाएँ हैं।
- सारा, नष्ट, अपना, बदनाम, बंद, पक्का—विशेषण हैं।
- के पीछे—संबंधबोधक है।

51 संयोज्य क्रिया—आना

अ 'आना' संयोज्य क्रिया अकर्मक है। इसमें सहज अग्रसरता की विवक्षा है। इसके साथ मुख्य क्रिया धातु रूप में, वर्तमान कृदंत रूप में तथा भूतकृदंत रूप में प्रयुक्त होती है।

मुख्य क्रिया—दौड़ना (अ०), पढ़ना (स०)

	मुख्य क्रिया धातु रूप में	**मुख्य क्रिया वर्तमान कृदंत रूप में**	**मु.क्रि. भूतकृदंत (अकर्मक धातु रूप में)**
सामान्य वर्त० :	वह दौड़ आता है/दौड़ आती है।	वह दौड़ता आता है/दौड़ती आती है।	वह दौड़ा आता है/दौड़ी आती है।
	वह पढ़ आता है/पढ़ आती है।	वह पढ़ता आता है/पढ़ती आती है।	× ×
अपूर्ण भूत :	वह दौड़ आता था/दौड़ आती थी।	वह दौड़ता आता था/दौड़ती आती थी।	वह दौड़ा आता था/दौड़ी आती थी।
	वह... पढ़ आता था/पढ़ आती थी।	वह... पढ़ता आता था/पढ़ती आती थी।	× ×
संदिग्ध वर्त० :	वह दौड़ आता होगा/दौड़ आती होगी।	वह दौड़ता आता होगा/दौड़ती आती होगी।	वह दौड़ा आता होगा/दौड़ी आती होगी।
	वह... पढ़ आता होगा/पढ़ आती होगी।	वह... पढ़ता आता होगा/पढ़ती आती होगी।	× ×
संभाव्य वर्त०:	वह दौड़ आता हो/दौड़ आती हो।	वह दौड़ता आता हो/दौड़ती आती हो।	वह दौड़ा आता हो/दौड़ी आती हो।
	वह... पढ़ आता हो/पढ़ आती हो।	वह... पढ़ता आता हो/पढ़ती आती हो।	× ×
आसन्न भूत :	वह दौड़ आया है/दौड़ आई है।	वह दौड़ता आया है/दौड़ती आई है।	वह दौड़ा आया है/दौड़ी आई है।
	वह... पढ़ आया है/पढ़ आई है।	वह... पढ़ता आया है/पढ़ती आई है।	× ×
पूर्ण भूत :	वह दौड़ आया था/दौड़ आई थी।	वह दौड़ता आया था/दौड़ती आई थी।	× ×
	वह... पढ़ आया था/पढ़ आई थी।	वह पढ़ता आया था/पढ़ती आई थी।	× ×
संदिग्ध भूत :	वह दौड़ आया होगा/दौड़ी आई होगी।	वह दौड़ता आया होगा/दौड़ती आई होगी।	वह दौड़ा आया होगा/दौड़ी आई होगी।
	वह... पढ़ आया होगा/पढ़ आई होगी।	वह... पढ़ता आया होगा/पढ़ती आई होगी।	× ×
संभाव्य भूत :	वह दौड़ आया हो/दौड़ आई हो।	वह दौड़ता आया हो/दौड़ती आई हो।	वह दौड़ा आया हो/दौड़ी आई हो।
	वह... पढ़ आया हो/पढ़ आई हो।	वह... पढ़ता आया है/पढ़ती आई हो।	× ×
सामान्य भूत :	वह दौड़ आया/दौड़ आई।	वह दौड़ता आया/दौड़ती आई।	वह दौड़ा आया/दौड़ी आई
	वह...पढ़ आया/पढ़ आई।	वह... पढ़ता आया/पढ़ती आई।	× ×
आव० संभा० वर्त०:	उसे दौड़ आना हो।	उसे दौड़ते आना हो।	उसे दौड़े आना हो।
	उसे पढ़ आना हो।	उसे पढ़ते आना हो।	× ×
सामान्य भविष्य :	वह दौड़ आएगा।	वह दौड़ता आएगा।	वह दौड़ा आएगा।
	वह पढ़ आएगा।	वह...पढ़ता आएगा।	× ×
विध्यर्थ :	तू दौड़ आ।	तू दौड़ता आ/दौड़ती आ।	तू दौड़ा आ/दौड़ी आ।
	तू दौड़ आना।	तू दौड़ता आना/दौड़ती आना।	तू दौड़ा आना/दौड़ी आना।
	तुम दौड़ आओ।	तुम दौड़ते आओ/दौड़ती आओ।	तुम दौड़े आओ/दौड़ी आओ।
	तुम पढ़ आओ।	तुम पढ़ते आओ/पढ़ती आओ।	× ×
संकेतार्थ :	वह दौड़ आए।	वह दौड़ता आए/दौड़ती आए।	वह दौड़ा आए/दौड़ी आए।
	वह पढ़ आए।	वह पढ़ता आए/पढ़ती आए।	× ×
	तू दौड़ आए।	तू दौड़ता आए/दौड़ती आए।	तू दौड़ा आए/दौड़ी आए।
	तू पढ़ आए।	तू पढ़ता आए/पढ़ती आए।	× ×
	मैं दौड़ आऊँ।	मैं दौड़ता आऊँ/दौड़ती आऊँ।	मैं दौड़ा जाऊँ/दौड़ी जाऊँ।

आ संयोज्य क्रिया 'आना' के साथ आवश्यकताबोधक कालों में मुख्य क्रिया के वर्तमान तथा भूतकृदंत तिर्यक् होते हैं :

मुख्य क्रिया तिर्यक् रूप में	**मुख्य क्रिया तिर्यक् रूप में**	
उसे दौड़ आना है/था/होगा	उसे दौड़ते आना है/था/होगा	उसे दौड़े आना है/था/होगा
उसे पढ़ आना है/था/होगा	उसे पढ़ते आना है/था/होगा	× ×

इ संयोज्य क्रिया 'आना' के साथ मुख्य क्रिया 'कर' धातु का भूतकृदंत 'करा' प्रयुक्त होता है 'क्रिया' नहीं; जैसे—

मैं बालक को स्कूल में भरती करा आया हूँ। वह हजामत करा आया है।

इक्यावनवाँ अभ्यास

बताएँ कि निम्नलिखित वाक्यों के क्रियापद (क) किस काल के हैं, (ख) मुख्य क्रिया का स्वरूप क्या है और (ग) पुंलिंग कर्ता के स्थान पर स्त्रीलिंग कर्ता का प्रयोग करके वाक्य को पुनः लिखें -

1. वह लड़कों को कहानी सुना आया।

   (क) सामान्य भूतकाल

   (ख) 'सुनाना' मुख्य क्रिया धातु रूप में

   (ग) वह लड़कों को कहानी सुना आई।

2. वह घर से बाहर निकल आया था।

   (क) ------------------------

   (ख) ------------------------

   (ग) ------------------------

3. लड़का ससुराल से चला आया।

   (क) ------------------------

   (ख) ------------------------

   (ग) ------------------------

4. वह अब भी उसके यहाँ आता हो।

   (क) ------------------------

   (ख) ------------------------

   (ग) ------------------------

5. लड़का गरीबों में सामान बाँट आया होगा।

   (क) ------------------------

   (ख) ------------------------

   (ग) ------------------------

6. पति पत्नी को समझा आता है।

   (क) ------------------------

   (ख) ------------------------

   (ग) ------------------------

7. वह होटल जाकर बच्चों को भोजन करा आए।

   (क) ------------------------

   (ख) ------------------------

   (ग) ------------------------

8. मैं उनकी मशीन कल ठीक कर आऊँगा।

   (क) ------------------------

   (ख) ------------------------

   (ग) ------------------------

9. तू कुछ देर बाहर टहल आ।

   (क) ------------------------

   (ख) ------------------------

   (ग) ------------------------

10. आप तमाशा देख आएँ।

   (क) ------------------------

   (ख) ------------------------

   (ग) ------------------------

- घर, लड़का, गरीब, सामान, पति, बच्चा, होटल, भोजन, तमाशा—पुंलिंग संज्ञाएँ हैं।
- कहानी, ससुराल, पत्नी, मशीन—स्त्रीलिंग संज्ञाएँ हैं।
- सुनाना, निकलना, चलना, बाँटना, समझाना, कराना, देखना- -क्रियाएँ हैं।
- तब तक, अब, कल, बाहर—क्रियाविशेषण हैं।
- से बाहर, हमारे यहाँ—संबंधबोधक पदबंध है।

52 संयोज्य क्रिया : लाना/पाना

अ मुख्य क्रिया सकर्मक धातु के साथ 'लाना' क्रिया संयोज्य क्रिया अपने सामान्य अर्थ में प्रयुक्त होती है। आप देखेंगे कि जिस प्रकार आसन्न भूत, पूर्णभूत, संदिग्ध भूत, संभाव्य भूत तथा सामान्य भूत कालों में इसके कर्ता के साथ 'ने' का प्रयोग नहीं होता उसी प्रकार संयोज्य क्रिया के रूप में भी उक्त कालों में कर्ता के साथ 'ने' का प्रयोग नहीं होता।

मुख्य क्रिया—उठाना सकर्मक—धातु रूप में

सामान्य वर्तमान : वह पुस्तक उठा लाता है/उठा लाती है।
तू पुस्तक उठा लाता है/उठा लाती है।
मैं पुस्तक उठा लाता हूँ/उठा लाती हूँ।
वे पुस्तक उठा लाते हैं/उठा लाती हैं।
तुम पुस्तक उठा लाते हो/उठा लाती हो।
आप पुस्तक उठा लाते हैं/उठा लाती हैं।
हम पुस्तक उठा लाते हैं/उठा लाती हैं।

अपूर्ण भूत : वह पुस्तक उठा लाता था/उठा लाती थी।
संदिग्ध वर्तमान : वह पुस्तक उठा लाता होगा/लाती होगी।
संभाव्य वर्तमान : वह पुस्तक उठा लाता हो/उठा लाती हो।

आसन्नभूत : वह पुस्तक उठा लाया है/उठा लाई है।
पूर्णभूत : वह पुस्तक उठा लाया था/उठा लाई थी।
संदिग्ध भूत : वह पुस्तक उठा लाया होगा/लाई होगी।
संभाव्य भूत : वह पुस्तक उठा लाया हो/उठा लाई हो।
सामान्य भूत : वह पुस्तक उठा लाया/उठा लाई।

आवश्यकताबोधक वर्तमान :
उसे/उसको छाता उठा लाना है/घड़ी उठा लानी है।
आवश्यकताबोधक भूत :
उसे/उसको छाता उठा लाना था/घड़ी उठा लानी थी।
आवश्यकताबोधक संदिग्ध वर्तमान :
उसे/उसको छाते उठा लाने होंगे/घड़ियाँ उठा लानी होंगी।
आवश्यकताबोधक संभाव्य वर्तमान :
उसे/उसको छाते उठा लाने हों/घड़ियाँ उठा लानी हों।

सामान्य भविष्य : वह...उठा लाएगा/उठा लाएगी।
वर्तमान संकेतार्थ : यदि वह... उठा लाए/उठा लाए...।
भूत संकेतार्थ : यदि वह... उठा लाता/उठा लाती...।
भविष्य संकेतार्थ : वह... उठा लाया.../उठा लाई...।
विध्यर्थ : वह उठा लाए/वे उठा लाएँ।
तू (i) उठा ला / तुम (i) उठा लाओ।
(ii) उठा लाना / (ii) उठा लाना।
मैं उठा लाऊँ / हम/आप उठा लाएँ।

आ 'पाना' क्रिया भी सकर्मक संयोज्य क्रिया है और मुख्य क्रिया धातु के साथ 'सामर्थ्य' की सूचक है। स्वतंत्र रूप से जब यह प्रयुक्त होती है तो आसन्नभूत, पूर्ण भूत, संदिग्ध भूत, संभाव्य भूत, सामान्य कालों में कर्ता के साथ 'ने' का प्रयोग होता है। (जैसे—उसने दुःख पाया है/था/होगा/हो) परन्तु जब संयोज्य क्रिया के रूप में प्रयुक्त होती है तो कर्ता के साथ 'ने' का प्रयोग नहीं होता। 'पाना' और 'लाना' संयोज्य क्रियाओं का यह विशेषता महत्त्वपूर्ण है।

मुख्य क्रिया—उठाना सकर्मक—धातु रूप में

वह पुस्तक उठा पाता है/उठा पाती है।
तू पुस्तक उठा पाता है/उठा पाती है।
मैं पुस्तक उठा पाता हूँ/उठा पाती हूँ।
वे पुस्तक उठा पाते हैं/उठा पाती हूँ।
तुम पुस्तक उठा पाते हो/उठा पाती हो।
आप पुस्तक उठा पाते हैं/उठा पाती हैं।
हम पुस्तक उठा पाते हैं/उठा पाती हैं।
वह पुस्तक उठा पाता था/उठा पाती थी।
वह पुस्तक उठा पाता होगा/उठा पाती होगी।
वह पुस्तक उठा पाता हो/उठा पाती हो।

वह पुस्तक उठा पाया है/उठा पाई है।
वह पुस्तक उठा पाया था/उठा पाई थी।
वह पुस्तक उठा पाया होगा/उठा पाई होगी।
वह पुस्तक उठा पाया हो/उठा पाई हो।
वह पुस्तक उठा पाया/उठा पाई।

उसे/उसको छाता उठा पाना है/घड़ी उठा पानी है।

उसे/उसको छाता उठा पाना था/घड़ी उठा पानी थी।

उसे/उसको छाते उठा पाने होंगे/घड़ियाँ उठा पानी होंगी।

उसे/उसको छाते उठा पाने हों/घड़ियाँ उठा पानी हों।

वह उठा पाएगा/उठा पाएगी।
वह उठा पाए/उठा पाए...।
वह उठा पाता/उठा पाती...।
वह उठा पाया/उठा पाई...।
वह उठा पाए/वे उठा पाएँ।
तू (i) उठा पा / तुम (i) उठा पाओ।
(ii) उठा पाना / (ii) उठा पाना।
मैं उठा पाऊँ / हम/आप उठा पाएँ।

बावनवाँ अभ्यास

निम्नलिखित वाक्यों के (क) क्रियापदों का काल बताएँ और (ख) बहुवचन कर्ता के साथ प्रयुक्त भी करें -

1. मैं कल खेल नहीं पाया था।

   (क) पूर्ण भूतकाल—उत्तम पुरुष, पुंलिंग, बहु०।

   (ख) हम कल खेल नहीं पाए थे।

2. क्या लड़की आगे पढ़ पाएगी।

   (क) ------------------------

   (ख) ------------------------

3. मैं कुछ नहीं देख पाई थी।

   (क) ------------------------

   (ख) ------------------------

4. तू अपने बेटे को पकड़ लाता है।

   (क) ------------------------

   (ख) ------------------------

5. वह कैसे चल पाएगी?

   (क) ------------------------

   (ख) ------------------------

6. इतना बोझ मैं उठा पाता था।

   (क) ------------------------

   (ख) ------------------------

7. वह किसी की पुस्तक चुरा लाया।

   (क) ------------------------

   (ख) ------------------------

8. अगर तू उसे बुला लाए तो मैं तुझे रेडियो दूँ।

   (क) ------------------------

   (ख) ------------------------

9. मैं चल पाऊँ तो उसके घर भी जाऊँ।

   (क) ------------------------

   (ख) ------------------------

10. मेरा मित्र मुझे कल नई फिल्म दिखा लाया।

    (क) ------------------------

    (ख) ------------------------

11. लड़का गीत गुनगुनाता रहता था।

    (क) ------------------------

    (ख) ------------------------

12. लड़की अपनी माता के साथ रह रही होगी।

    (क) ------------------------

    (ख) ------------------------

- बेटा, बोझ, रेडियो, घर, मित्र, लड़का—पुंलिंग संज्ञाएँ हैं।
- फिल्म, गीत, लड़की, माता—स्त्रीलिंग संज्ञा है।
- कुछ—सर्वनाम है।
- इतना—विशेषण है।
- खेलना, पकड़ना, चलना, उठाना, चुराना, बुलाना, गुनगुनाना, रहना—क्रियाएँ हैं।
- आगे, कैसे—क्रियाविशेषण हैं।
- अगर—योजक है।

53 चाहिए : विशिष्ट क्रिया-रूप

अ अविकारी क्रिया-रूप है। जो सकर्मक 'चाहना' क्रिया का ही विशिष्ट रूप प्रतीत होता है।

आ यह क्रिया-रूप संयोज्य क्रिया के रूप में भी प्रयुक्त होता है और स्वतंत्र क्रिया के रूप में भी।

इ 'चाहिए' का प्रयोग वर्तमान आवश्यकताबोधक काल में वर्तमानकालिक सहायक क्रिया 'है' के विभिन्न रूपों के स्थान पर होता है। 'है' क्रिया जहाँ आवश्यकता सूचक होती है वहाँ 'चाहिए' कर्तव्य-निर्वाह, आशावादिता, तर्कसंगति आदि की सूचक होती है; जैसे—

	है		**चाहिए**
उसको/उसे	आना है।	उसको/उसे	आना चाहिए।
तुझको/तुझे	जाना है।	तुझको/तुझे	जाना चाहिए।
मुझको/मुझे	खेलना है।	मुझको/मुझे	खेलना चाहिए।
उसे/उन्हें	कैमरा खरीदना है।	उसे/उन्हें	कैमरा खरीदना चाहिए।
तुम्हें/हमें	कैमरे खरीदने हैं।	तुम्हें/हमें	कैमरे खरीदने चाहिए।
तुझे/आपको	अलमारी खरीदनी है।	तुझे/आपको	अलमारी खरीदनी चाहिए।
तुम्हें/हमें	अलमारियाँ खरीदनी हैं।	उन्हें/हमें	अलमारियाँ खरीदनी चाहिए।

ई भूत आवश्यकताबोधक काल के क्रियापद में क्रियार्थक कृदंत और 'था' सहायक क्रिया के मध्य में 'चाहिए' का प्रयोग होता है :

उसको/उसे	आना था।	उसको/उसे	आना चाहिए था।
तुझको/तुझे	जाना था।	तुझको/तुझे	जाना चाहिए था।
मुझको/मुझे	खेलना था।	मुझको/मुझे	खेलना चाहिए था।
उसे/उन्हें	कैमरा खरीदना था।	उसे/उन्हें	कैमरा खरीदना चाहिए था।
तुम्हें हमें	कैमरे खरीदने थे।	तुम्हें/हमें	कैमरे खरीदने चाहिए थे।
तुझे/आपको	अलमारी खरीदनी थी।	तुझे/आपको	अलमारी खरीदनी चाहिए थी।
उन्हें/हमें	अलमारियाँ खरीदनी थीं।	उन्हें/हमें	अलमारियाँ खरीदनी चाहिए थीं।

उ स्वतंत्र अविकारी सकर्मक क्रिया के रूप में 'चाहिए' का प्रयोग सामान्य, संदिग्ध तथा संभाव्य वर्तमान कालों में तथा सामान्य भूत काल में होता है; जैसे—

उसे / उन्हें	पुस्तक चाहिए / चाहिए होगी / चाहिए हो।
तुझे / तुम्हें	कंप्यूटर चाहिए / चाहिए होगा / चाहिए हो।
मुझे / हमें	पुस्तकें चाहिए / चाहिए होंगी / चाहिए हों।
उन्हें / हमें	दस कंप्यूटर चाहिए / चाहिए होंगे / चाहिए हों।
सामान्य भूत :	उसको / उसे पुस्तक चाहिए थी।
	उसको / उसे कंप्यूटर चाहिए था।

ऊ सामान्य, संदिग्ध तथा संभाव्य वर्तमान तथा सामान्य भूतकाल के लिए प्रयुक्त उक्त क्रियापदों का प्रयोग संकेतार्थ क्रियापदों के लिए भी होता है :

वर्तमान संकेतार्थ :	यदि उसे पुस्तक चाहिए तो आकर ले जाए।
संदिग्ध वर्तमान संकेतार्थ :	यदि उसे पुस्तक चाहिए होगी तो आकर ले जाएगा।
संभाव्य वर्तमान संकेतार्थ :	यदि उसे पुस्तक चाहिए हो तो ले जाए।
भूत संकेतार्थ :	यदि उसे पुस्तक चाहिए थी तो ले जाता।

तिरपनवाँ अभ्यास

पहले उपयुक्त क्रिया-रूप लिखें, फिर वाक्य को प्रश्नवाचक रूप दें तथा 'हाँ' और 'नहीं' में उत्तर भी दें-

1. हमें मनुष्य -------- चाहिए। (बनना)
   (क) हमें मनुष्य बनना चाहिए।
   (ख) क्या हमें मनुष्य बनना चाहिए?
   (ग) हाँ, हमें मनुष्य बनना चाहिए।
   (घ) नहीं, हमें मनुष्य नहीं बनना चाहिए।

2. उसे कार ---------- चाहिए। (बेचना)
   (क) ------------------------
   (ख) ------------------------
   (ग) ------------------------
   (घ) ------------------------

3. बड़ों को नमस्कार ----- चाहिए। (करना)
   (क) ------------------------
   (ख) ------------------------
   (ग) ------------------------
   (घ) ------------------------

4. बच्चों को परिश्रम ------ चाहिए। (करना)
   (क) ------------------------
   (ख) ------------------------
   (ग) ------------------------
   (घ) ------------------------

5. हमें अपना कर्तव्य ----- चाहिए। (निभाना)
   (क) ------------------------
   (ख) ------------------------
   (ग) ------------------------
   (घ) ------------------------

6. आपको सभी फिल्में ----- चाहिए। (देखना)
   (क) ------------------------
   (ख) ------------------------
   (ग) ------------------------
   (घ) ------------------------

7. उन्हें अपनी इच्छा ----- चाहिए। (बताना)
   (क) ------------------------
   (ख) ------------------------
   (ग) ------------------------
   (घ) ------------------------

8. आपको हमारी बात ---- चाहिए थी। (मानना)
   (क) ------------------------
   (ख) ------------------------
   (ग) ------------------------
   (घ) ------------------------

9. तुम्हें ताला ------- चाहिए था। (लगाना)
   (क) ------------------------
   (ख) ------------------------
   (ग) ------------------------
   (घ) ------------------------

10. हमें गोलगप्पे ----- चाहिए थे। (खाना)
   (क) ------------------------
   (ख) ------------------------
   (ग) ------------------------
   (घ) ------------------------

- मनुष्य, बड़ा (मूलत: विशेषण), नमस्कार, बच्चा, परिश्रम, कर्तव्य, ताला, गोलगप्पा—पुंलिंग संज्ञाएँ हैं।
- कार, फिल्में, इच्छा, बात—स्त्रीलिंग संज्ञा हैं।
- सभी—विशेषण है।

54

संयोज्य क्रियाओं की विविध रूपावली

संयोज्य क्रिया	कर्ता	कर्म	सामान्य वर्तमान	आसन्न भूत	संदिग्ध वर्तमान
1. **सकना** (अ०)	वह / तू	—	दौड़ सकता है / दौड़ सकती है।	दौड़ सका है / दौड़ सकी है।	दौड़ सकता होगा / दौड़ सकती होगी।
मुख्य क्रिया धातु	मैं	—	दौड़ सकता हूँ / दौड़ सकती हूँ।	दौड़ सका हूँ / दौड़ सकी हूँ।	दौड़ सकता होऊँगा / दौड़ सकी होऊँगी।
'दौड़' अकर्मक	वे / आप / हम	—	दौड़ सकते हैं / दौड़ सकती हैं।	दौड़ सके हैं / दौड़ सकी हैं।	दौड़ सकते होंगे / दौड़ सकती होंगी।
-दौड़ सकना-	तुम	—	दौड़ सकते हो / दौड़ सकती हो।	दौड़ सके हो / दौड़ सकी हो।	दौड़ सकते होगे / दौड़ सकती होगी।
मुख्य क्रिया धातु	वह / तू	पत्र / पुस्तक	पढ़ सकता है / पढ़ सकती है।	पढ़ सका है / पढ़ सकी है।	पढ़ सकता होगा / पढ़ सकती होगी।
'पढ़' सकर्मक	मैं	पत्र / पुस्तक	पढ़ सकता हूँ / पढ़ सकती हूँ।	पढ़ सका हूँ / पढ़ सकी हूँ।	पढ़ सकता होऊँगा / पढ़ सकती होऊँगी।
-पढ़ सकना-	वे / आप / हम	पत्र / पुस्तक	पढ़ सकते हैं / पढ़ सकती हैं।	पढ़ सके हैं / पढ़ सकी हैं।	पढ़ सकते होंगे / पढ़ सकती होंगी।
	तुम	पत्र / पुस्तक	पढ़ सकते हो / पढ़ सकती हो।	पढ़ सके हो / पढ़ सकी हो।	पढ़ सकते होगे / पढ़ सकती होगी।
2. **चुकना** (अ०)	वह / तू	—	दौड़ चुकता है / दौड़ चुकती है।	दौड़ चुका है / दौड़ चुकी है।	दौड़ चुकता होगा / दौड़ चुकती होगी।
मुख्य क्रिया धातु	मैं	—	दौड़ चुकता हूँ / दौड़ चुकती हूँ।	दौड़ चुका हूँ / दौड़ चुकी हूँ।	दौड़ चुकता होऊँगा / दौड़ चुकती होऊँगी।
'दौड़' अकर्मक	वे / आप / हम	—	दौड़ चुकते हैं / दौड़ चुकती हैं।	दौड़ चुके हैं / दौड़ चुकी हैं।	दौड़ चुकते होंगे / दौड़ चुकती होंगी।
-दौड़ चुकना-	तुम	—	दौड़ चुकते हो / दौड़ चुकती हो।	दौड़ चुके हो / दौड़ चुकी हो।	दौड़ चुकते होगे / दौड़ चुकती होगी।
मुख्य क्रिया धातु	वह / तू	पत्र / पुस्तक	पढ़ चुकता है / पढ़ चुकती है।	पढ़ चुका है / पढ़ चुकी है।	पढ़ चुकता होगा / पढ़ चुकती होगी।
'पढ़' सकर्मक	मैं	पत्र / पुस्तक	पढ़ चुकता हूँ / पढ़ चुकती हूँ।	पढ़ चुका हूँ / पढ़ चुकी हूँ।	पढ़ चुकता होऊँगा / पढ़ चुकती होऊँगी।
-पढ़ चुकना-	वे / आप / हम	पत्र / पुस्तक	पढ़ चुकते हैं / पढ़ चुकती हैं।	पढ़ चुके हैं / पढ़ चुकी हैं।	पढ़ चुकते होंगे / पढ़ चुकती होंगी।
	तुम	पत्र / पुस्तक	पढ़ चुकते हो / पढ़ चुकती हो।	पढ़ चुके हो / पढ़ चुकी हो।	पढ़ चुकते होगे / पढ़ चुकती होगी।
3. **पड़ना** (अ०)	वह / तू	—	दौड़ पड़ता है / दौड़ पड़ती है।	दौड़ पड़ा है / दौड़ पड़ी है।	दौड़ पड़ता होगा / दौड़ पड़ती होगी।
मुख्य क्रिया धातु	मैं	—	दौड़ पड़ता हूँ / दौड़ पड़ती हूँ।	दौड़ पड़ा हूँ / दौड़ पड़ी हूँ।	दौड़ पड़ता होऊँगा / दौड़ पड़ती होऊँगी।
'दौड़' अकर्मक	वे / आप / हम	—	दौड़ पड़ते हैं / दौड़ पड़ती हैं।	दौड़ पड़े हैं / दौड़ पड़ी हैं।	दौड़ पड़ते होंगे / दौड़ पड़ती होंगी।
-दौड़ पड़ना-	तुम	—	दौड़ पड़ते हो / दौड़ पड़ती हो।	दौड़ पड़े हो / दौड़ पड़ी हो।	दौड़ पड़ते होगे / दौड़ पड़ती होगी।
● मुख्य क्रिया सकर्मक धातु के साथ संयोज्य क्रिया 'पड़ना' का प्रयोग नहीं होता।					
4. **जाना** (अ०)	वह / तू	—	दौड़ जाता है / दौड़ जाती है।	दौड़ गया है / दौड़ गई है।	दौड़ जाता होगा / दौड़ जाती होगी।
मुख्य क्रिया धातु	मैं	—	दौड़ जाता हूँ / दौड़ जाती हूँ।	दौड़ गया हूँ / दौड़ गई हूँ।	दौड़ जाता होऊँगा / दौड़ जाती होऊँगी।
'दौड़' अकर्मक	वे / आप / हम	—	दौड़ जाते हैं / दौड़ जाती हैं।	दौड़ गए हैं / दौड़ गई हैं।	दौड़ जाते होंगे / दौड़ जाती होंगी।
-दौड़ जाना-	तुम	—	दौड़ जाते हो / दौड़ जाती हो।	दौड़ गए हो / दौड़ गई हो।	दौड़ जाते होगे / दौड़ जाती होगी।
मुख्य क्रिया धातु	वह / तू	पत्र / पुस्तक	पढ़ जाता है / पढ़ जाती है।	पढ़ गया है / पढ़ गई है।	पढ़ जाता होगा / पढ़ जाती होगी।
'पढ़' सकर्मक	मैं	पत्र / पुस्तक	पढ़ जाता हूँ / पढ़ जाती हूँ।	पढ़ गया हूँ / पढ़ गई हूँ।	पढ़ जाता होऊँगा / पढ़ जाती होऊँगी।
-पढ़ जाना-	वे / आप / हम	पत्र / पुस्तक	पढ़ जाते हैं / पढ़ जाती हैं।	पढ़ गए हैं / पढ़ गई हैं।	पढ़ जाते होंगे / पढ़ जाती होंगी।
	तुम	पत्र / पुस्तक	पढ़ जाते हो / पढ़ जाती हो।	पढ़ गए हो / पढ़ गई हो।	पढ़ जाते होगे / पढ़ जाती होगी।
5. **जाना** (अ०)	वह / तू	—	दौड़ता जाता है / दौड़ती जाती है।	दौड़ता गया है / दौड़ती गई है।	दौड़ता जाता होगा / दौड़ती जाती होगी।
मु० क्रि० वर्तमान	मैं	—	दौड़ता जाता हूँ / दौड़ती जाती हूँ।	दौड़ता गया हूँ / दौड़ती गई हूँ।	दौड़ता जाता होऊँगा / दौड़ती जाती होऊँगी।
कृदंत (अ०)	वे / आप / हम	—	दौड़ते जाते हैं / दौड़ती जाती हैं।	दौड़ते गए हैं / दौड़ती गई हैं।	दौड़ते जाते होंगे / दौड़ती जाती होंगी।
-दौड़ता जाना-	तुम	—	दौड़ते जाते हो / दौड़ती जाती हो।	दौड़ते गए हो / दौड़ती गई हो।	दौड़ते जाते होगे / दौड़ती जाती होगी।
मु० क्रि० वर्तमान	वह / तू	पत्र / पुस्तक	पढ़ता जाता है / पढ़ती जाती है।	पढ़ता गया है / पढ़ती गई है।	पढ़ता जाता होगा / पढ़ती जाती होगी।
कृदंत (स०)	मैं	पत्र / पुस्तक	पढ़ता जाता हूँ / पढ़ती जाती हूँ।	पढ़ता गया हूँ / पढ़ती गई हूँ।	पढ़ता जाता होऊँगा / पढ़ती जाती होऊँगी।
-पढ़ता जाना-	वे / आप / हम	पत्र / पुस्तक	पढ़ते जाते हैं / पढ़ती जाती हैं।	पढ़ते गए हैं / पढ़ती गई हैं।	पढ़ते जाते होंगे / पढ़ती जाती होंगी।
	तुम	पत्र / पुस्तक	पढ़ते जाते हो / पढ़ती जाती हो।	पढ़ते गए हो / पढ़ती गई हो।	पढ़ते जाते होगे / पढ़ती जाती होगी।
6. **जाना** (अ०)	उससे	—			
मु०क्रि० भूतकृदंत	तुमसे (भाव वाच्य)	—	दौड़ा जाता है।	दौड़ा गया है।	दौड़ा जाता होगा।
(अकर्मक)	मुझसे	—			
-दौड़ा जाना-	आपसे	—			

संयुक्त क्रिया = मुख्य क्रिया + संयोज्य क्रिया (+ सहक्रिया)]

भविष्यकाल	संकेतार्थ			विध्यर्थ अन्य पुरुषों तथा उत्तम पुरुषों के लिए वर्तमान संकेतार्थ क्रियापद ही चलते हैं।
	वर्तमान	भूत	भविष्य	
ड़ सकेगा / दौड़ सकेगी।	दौड़ सके	दौड़ सकता / दौड़ सकती	दौड़ सका / दौड़ सकी	तू (i) दौड़ सक* (ii) दौड़ सकना
ड़ सकूँगा / दौड़ सकूँगी।	दौड़ सकूँ	दौड़ सकता / दौड़ सकती	दौड़ सका / दौड़ सकी	तुम (i) दौड़ सको (ii) दौड़ सकना
ड़ सकेंगे / दौड़ सकेंगी।	दौड़ सकें	दौड़ सकते / दौड़ सकतीं	दौड़ सके / दौड़ सकतीं	आप (i) दौड़ सकें/सकिए (ii) दौड़ सकना
ड़ सकोगे / दौड़ सकोगी।	दौड़ सको	दौड़ सकते / दौड़ सकती	दौड़ सके / दौड़ सकती	
़ सकेगा / पढ़ सकेगी।	पढ़ सके	पढ़ सकता / पढ़ सकती	पढ़ सका / पढ़ सकी	तू (i) पढ़ सक* (ii) पढ़ सकना
़ सकूँगा / पढ़ सकूँगी।	पढ़ सकूँ	पढ़ सकता / पढ़ सकती	पढ़ सका / पढ़ सकी	तुम (i) पढ़ सको (ii) पढ़ सकना
़ सकेंगे / पढ़ सकेंगी।	पढ़ सकें	पढ़ सकते / पढ़ सकतीं	पढ़ सके / पढ़ सकीं	आप (i) पढ़ सकें/सकिए (ii) पढ़ सकना
़ सकोगे / पढ़ सकोगी।	पढ़ सको	पढ़ सकते / पढ़ सकती	पढ़ सके / पढ़ सकी	
ड़ चुकेगा / दौड़ चुकेगी।	दौड़ चुके	दौड़ चुकता / दौड़ चुकती	दौड़ चुका / दौड़ चुकी	तू (i) दौड़ चुक* (ii) दौड़ चुकना
ड़ चुकूँगा / दौड़ चुकूँगी।	दौड़ चुकूँ	दौड़ चुकता / दौड़ चुकती	दौड़ चुका / दौड़ चुकी	तुम (i) दौड़ चुको (ii) दौड़ चुकना
ड़ चुकेंगे / दौड़ चुकेंगी।	दौड़ चुकें	दौड़ चुकते / दौड़ चुकतीं	दौड़ चुके / दौड़ चुकीं	आप (i) दौड़ चुकें/चुकिए (ii) दौड़ चुकना
ड़ चुकोगे / दौड़ चुकोगी।	दौड़ चुको	दौड़ चुकते / दौड़ चुकती	दौड़ चुके / दौड़ चुकी	
़ चुकेगा / पढ़ चुकेगी।	पढ़ चुके	पढ़ चुकता / पढ़ चुकती	पढ़ चुका / पढ़ चुकी	तू (i) पढ़ चुक* (ii) पढ़ चुकना
़ चुकूँगा / पढ़ चुकूँगी।	पढ़ चुकूँ	पढ़ चुकता / पढ़ चुकती	पढ़ चुका / पढ़ चुकी	तुम (i) पढ़ चुको (ii) पढ़ चुकना
़ चुकेंगे / पढ़ चुकेंगी।	पढ़ चुकें	पढ़ चुकते / पढ़ चुकतीं	पढ़ चुके / पढ़ चुकीं	आप (i) पढ़ चुकें/चुकिए (ii) पढ़ चुकना
़ चुकोगे / पढ़ चुकोगी।	पढ़ चुको	पढ़ चुकते / पढ़ चुकती	पढ़ चुके / पढ़ चुकी	
ड़ पड़ेगा / दौड़ पड़ेगी।	दौड़ पड़े	दौड़ पड़ता / दौड़ पड़ती	दौड़ पड़ा / दौड़ पड़ी	तू (i) दौड़ पड़* (ii) दौड़ पड़ना
ड़ पड़ूँगा / दौड़ पड़ूँगी।	दौड़ पड़ूँ	दौड़ पड़ता / दौड़ पड़ती	दौड़ पड़ा / दौड़ पड़ी	तुम (i) दौड़ पड़ो (ii) दौड़ पड़ना
ड़ पड़ेंगे / दौड़ पड़ेंगी।	दौड़ पड़ें	दौड़ पड़ते / दौड़ पड़तीं	दौड़ पड़े / दौड़ पड़ीं	आप (i) दौड़ पड़ें/पड़िए (ii) दौड़ पड़ना
ड़ पड़ोगे / दौड़ पड़ोगी।	दौड़ पड़ो	दौड़ पड़ते / दौड़ पड़ती	दौड़ पड़े / दौड़ पड़ी	
ड़ जाएगा / दौड़ जाएगी।	दौड़ जाए	दौड़ जाता / दौड़ जाती	दौड़ गया / दौड़ गई	तू (i) दौड़ जा (ii) दौड़ जाना
ड़ जाऊँगा / दौड़ जाऊँगी।	दौड़ जाऊँ	दौड़ जाता / दौड़ जाती	दौड़ गया / दौड़ गई	तुम (i) दौड़ जाओ (ii) दौड़ जाना
ड़ जाएँगे / दौड़ जाएँगी।	दौड़ जाएँ	दौड़ जाते / दौड़ जातीं	दौड़ गए / दौड़ गईं	आप (i) दौड़ जाएँ/जाइए/ जावें (ii) दौड़ जाना
ड़ जाओगे / दौड़ जाऊँगी।	दौड़ जाओ	दौड़ जाते / दौड़ जाती	दौड़ गए / दौड़ गई	
जाएगा / पढ़ जाएगी।	पढ़ जाए	पढ़ जाता / पढ़ जाती।	पढ़ गया / पढ़ गई।	तू (i) पढ़ जा (ii) पढ़ जाना
जाऊँगा / पढ़ जाऊँगी।	पढ़ जाऊँ	पढ़ जाता / पढ़ जाती।	पढ़ गया / पढ़ गई।	तुम (i) पढ़ जाओ (ii) पढ़ जाना
जाएँगे / पढ़ जाएँगी।	पढ़ जाएँ	पढ़ जाते / पढ़ जातीं।	पढ़ गए / पढ़ गईं।	आप (i) पढ़ जाएँ/जाइए/ जावें (ii) पढ़ जाना
जाओगे / पढ़ जाओगी।	पढ़ जाओ	पढ़ जाते / पढ़ जाती।	पढ़ गए / पढ़ गई।	
़ता जाएगा / दौड़ती जाएगी।	दौड़ता जाए / दौड़ती जाए	दौड़ता जाता / दौड़ती जाती।	दौड़ता गया / दौड़ती गई।	तू (i) दौड़ता जा (ii) दौड़ता जाना
़ता जाऊँगा / दौड़ती जाऊँगी।	दौड़ता जाऊँ / दौड़ती जाऊँ	दौड़ता जाता / दौड़ती जाती।	दौड़ता गया / दौड़ती गई।	तुम (i) दौड़ते जाओ (ii) दौड़ता जाना
़ते जाएँगे / दौड़ती जाएँगी।	दौड़ते जाएँ / दौड़ती जाएँ	दौड़ते जाते / दौड़ती जातीं।	दौड़ते गए / दौड़ती गईं।	आप (i) दौड़ते जाएँ/जाइए/ जावें (ii) दौड़ता जाना
़ते जाओगे / दौड़ती जाऊँगी।	दौड़ते जाओ / दौड़ती जाओ	दौड़ते जाते / दौड़ती जाती	दौड़ते गए / दौड़ती गई।	
ता जाएगा / पढ़ती जाएगी।	पढ़ता जाए / पढ़ती जाए।	पढ़ता जाता / पढ़ती जाती।	पढ़ता गया / पढ़ती गई।	तू (i) पढ़ता जा (ii) पढ़ता जाना
ता जाऊँगा / पढ़ती जाऊँगी।	पढ़ता जाऊँ / पढ़ती जाऊँ।	पढ़ता जाता / पढ़ती जाती।	पढ़ता गया / पढ़ती गई।	तुम (i) पढ़ते जाओ (ii) पढ़ते जाना
ते जाएँगे / पढ़ती जाएँगी।	पढ़ते जाएँ / पढ़ती जाएँ।	पढ़ते जाते / पढ़ती जातीं।	पढ़ते गए / पढ़ती गईं।	आप (i) पढ़ते जाएँ/जाइए/ जावें (ii) पढ़ते जाना
ते जाओगे / पढ़ती जाओगी।	पढ़ते जाओ / पढ़ती जाओ।	पढ़ते जाते / पढ़ती जाती।	पढ़ते गए / पढ़ती गई।	
				तू (i) दौड़ा जा (ii) दौड़ा जाना
ा जाएगा।	दौड़ा जाए।	दौड़ा जाता।	दौड़ा गया।	तुम (i) दौड़े जाओ (ii) दौड़े जाना
				आप (i) दौड़े जाएँ/जाइए/ जावें (ii) दौड़े जाना

संयोज्य क्रिया	कर्ता	कर्म	सामान्य वर्तमान	आसन्न भूत	संदिग्ध वर्तमान
मु०क्रि०-भूतकृदंत	उससे	पत्र (एक०)	पढ़ा जाता है।	पढ़ा गया है।	पढ़ा जाता होगा।
(सकर्मक)	तुमसे कर्म	पत्र (बहु०)	पढ़े जाते हैं।	पढ़े गए हैं।	पढ़े जाते होंगे।
-पढ़ा जाना-	मुझसे वाच्य	पुस्तक (एक०)	पढ़ी जाती है।	पढ़ी गई है।	पढ़ी जाती होगी।
	हमसे	पुस्तकें (बहु०)	पढ़ी जाती हैं।	पढ़ी गई हैं।	पढ़ी जाती होंगी।

● ध्यान रहे कि संयोज्य क्रिया 'जाना' हो और उसके साथ प्रयुक्त होनेवाली मुख्य क्रिया भूतकृदंत रूप में हो तो भाववाच्य/कर्मवाच्य वाक्य रचनाएँ होंगी।

संयोज्य क्रिया	कर्ता	कर्म	सामान्य वर्तमान	आसन्न भूत	संदिग्ध वर्तमान
7. **जाना** (अ०)	वह/तू	—	दौड़ने जाता है/दौड़ने जाती है	दौड़ने गया है/दौड़ने गई है	दौड़ने जाता होता है/जाती होती है
मु०क्रि०-तिर्यक्	मैं	—	दौड़ने जाता हूँ/दौड़ने जाती हूँ	दौड़ने गया हूँ/दौड़ने गई हूँ	दौड़ने जाता होता हूँ/जाती होती हूँ
क्रियार्थक कृ०(अ०)	हम/आप/वे	—	दौड़ने जाते हैं/दौड़ने जाती हैं	दौड़ने गए हैं/दौड़ने गई हैं	दौड़ने जाते होते हैं/जाती होती हैं
-दौड़ने जाना-	तुम	—	दौड़ने जाते हो/दौड़ने जाती हो	दौड़ने गए हो/दौड़ने गई हो	दौड़ने जाते होते हो/जाती होती हो
मु०क्रि०-तिर्यक्	वह/तू	पत्र (एक०)	पढ़ने जाता है/पढ़ने जाती है	पढ़ने गया है/पढ़ने गई है	पढ़ने जाता होता है/जाती होती हूँ
क्रियार्थक कृ०(स०)	मैं	पत्र (बहु०)	पढ़ने जाता हूँ/पढ़ने जाती हूँ।	पढ़ने गया हूँ/पढ़ने गई हूँ	पढ़ने जाता होता हूँ/जाती होती हूँ
-पढ़ने जाना-	हम/आप/वे	पुस्तक (एक०)	पढ़ने जाते हैं/पढ़ने जाती हैं।	पढ़ने गए हैं/पढ़ने गई हैं	पढ़ने जाते होते हैं/जाती होती हैं
	तुम	पुस्तकें (बहु०)	पढ़ने जाते हो/पढ़ने जाती हो	पढ़ने गए हो/पढ़ने गई हो	पढ़ने जाते होते हो/जाती होती हो
8. **आना** (अ०)	वह / तू	—	दौड़ आता है / दौड़ आती है।	दौड़ आया है / दौड़ आई है।	दौड़ आता होगा / दौड़ आती होगी।
मुख्य क्रिया धातु	मैं	—	दौड़ आता हूँ / दौड़ आती हूँ।	दौड़ आया हूँ / दौड़ आई हूँ।	दौड़ आता होऊँगा / दौड़ आती होऊँगी।
'दौड़' अकर्मक	वे / आप / हम	—	दौड़ आते हैं / दौड़ आती हैं।	दौड़ आए हैं / दौड़ आई हैं।	दौड़ आते होंगे / दौड़ आती होंगी।
-दौड़ आना-	तुम	—	दौड़ आते हो / दौड़ आती हो।	दौड़ आए हो / दौड़ आई हो।	दौड़ आते होगे / दौड़ आती होगी।
मुख्य क्रिया धातु	वह / तू	पत्र / पुस्तक	पढ़ आता है / पढ़ आती है।	पढ़ आया है / पढ़ आई है।	पढ़ आता होगा / पढ़ आती होगी।
'पढ़' सकर्मक	मैं	पत्र / पुस्तक	पढ़ आता हूँ / पढ़ आती हूँ।	पढ़ आया हूँ / पढ़ आई हूँ।	पढ़ आता होऊँगा / पढ़ आती होऊँगी।
-पढ़ आना-	वे / आप / हम	पत्र / पुस्तक	पढ़ आते हैं / पढ़ आती हैं।	पढ़ आए हैं / पढ़ आई हैं।	पढ़ आते होंगे / पढ़ आती होंगी।
	तुम	पत्र / पुस्तक	पढ़ आते हो / पढ़ आती हो।	पढ़ आए हो / पढ़ आई हो।	पढ़ आते होगे / पढ़ आती हो।
9. **आना** (अ०)	वह / तू	—	दौड़ता आता है / दौड़ती आती है।	दौड़ता आया है / दौड़ती आई है।	दौड़ता आता होगा / दौड़ती आती होगी।
मु० क्रि० वर्तमान	मैं	—	दौड़ता आता हूँ / दौड़ती आती हूँ।	दौड़ता आया हूँ / दौड़ती आई हूँ।	दौड़ता आता होऊँगा / दौड़ती आती होऊँगी।
कृदंत अकर्मक	वे / आप / हम	—	दौड़ते आते हैं / दौड़ती आती हैं।	दौड़ते आए हैं / दौड़ती आई हैं।	दौड़ते आते होंगे / दौड़ती आती होंगी।
-दौड़ता आना-	तुम	—	दौड़ते आते हो / दौड़ती आती हो।	दौड़ते आए हो / दौड़ती आई हो।	दौड़ते आते हो / दौड़ती आती हो।
मु० क्रि० वर्तमान	वह / तू	पत्र / पुस्तक	पढ़ता आता है / पढ़ती आती है।	पढ़ता आया है / पढ़ती आई है।	पढ़ता आता होगा / पढ़ती आती होगी।
कृदंत सकर्मक	मैं	पत्र / पुस्तक	पढ़ता आता हूँ / पढ़ती आती हूँ।	पढ़ता आया हूँ / पढ़ती आई हूँ।	पढ़ता आता होऊँगा / पढ़ती आती होऊँगी।
-पढ़ता आना-	वे / आप / हम	पत्र / पुस्तक	पढ़ते आते हैं / पढ़ती आती हैं।	पढ़ते आए हैं / पढ़ती आई हैं।	पढ़ते आते होंगे / पढ़ती आती होंगी।
	तुम	पत्र / पुस्तक	पढ़ते आते हो / पढ़ती आती हो।	पढ़ते आए हो / पढ़ती आई हो।	पढ़ते आते होगे / पढ़ती आती हो।
10. **आना** (अ०)	वह / तू	—	दौड़ा आता है / दौड़ी आती है।	दौड़ा आया है / दौड़ी आई है।	दौड़ा आता होगा / दौड़ी आती होगी।
मु०क्रि०-भूत-	मैं	—	दौड़ा आता हूँ / दौड़ी आती हूँ।	दौड़ा आया हूँ / दौड़ी आई हूँ।	दौड़ा आता होऊँगा / दौड़ी आती होऊँगी।
कृदंत (अकर्मक)	वे / आप / हम	—	दौड़े आते हैं / दौड़ी आती हैं।	दौड़े आए हैं / दौड़ी आई हैं।	दौड़े आते होंगे / दौड़ी आती होंगी।
-दौड़ा आना-	तुम	—	दौड़े आते हो / दौड़ी आती हो।	दौड़े आए हो / दौड़ी आई हो।	दौड़े आते हो / दौड़ी आती हो।

● सकर्मक भूतकृदंत के साथ संयोज्य क्रिया 'आना' का प्रयोग नहीं होता।

संयोज्य क्रिया	कर्ता	कर्म	सामान्य वर्तमान	आसन्न भूत	संदिग्ध वर्तमान
11. **आना** (अ०)	वह / तू	—	दौड़ने आता है / दौड़ने आती है।	दौड़ने आया है / दौड़ने आई है।	दौड़ने आता होगा / दौड़ने आती होगी।
मु०क्रि०-तिर्यक्	मैं	—	दौड़ने आता हूँ / दौड़ने आती हूँ।	दौड़ने आया हूँ / दौड़ने आई हूँ।	दौड़ने आता होऊँगा / दौड़ने आती होऊँगी।
क्रियार्थक कृ०(अ०)	वे / आप / हम	—	दौड़ने आते हैं / दौड़ने आती हैं।	दौड़ने आए हैं / दौड़ने आई हैं।	दौड़ने आते होंगे / दौड़ने आती होंगी।
-दौड़ने आना-	तुम	—	दौड़ने आते हो / दौड़ने आती हो।	दौड़ने आए हो / दौड़ने आई हो।	दौड़ने आते हो / दौड़ने आती हो।
मु०क्रि०-तिर्यक्	वह / तू	पत्र / पुस्तक	पढ़ने आता है / पढ़ने आती है।	पढ़ने आया है / पढ़ने आई है।	पढ़ने आता होगा / पढ़ने आती होगी।
क्रियार्थक कृ०(स०)	मैं	पत्र / पुस्तक	पढ़ने आता हूँ / पढ़ने आती हूँ।	पढ़ने आया हूँ / पढ़ने आई हूँ।	पढ़ने आता होऊँगा / पढ़ने आती होऊँगी।
-पढ़ने आना-	वे / आप / हम	पत्र / पुस्तक	पढ़ने आते हैं / पढ़ने आती है।	पढ़ने आए हैं / पढ़ने आई हैं।	पढ़ने आते होंगे / पढ़ने आती होंगी।
	तुम	पत्र / पुस्तक	पढ़ने आते हो / पढ़ने आती हो।	पढ़ने आए हो / पढ़ने आई हो।	पढ़ने आते होगे / पढ़ने आती हो।

भविष्यकाल	संकेतार्थ वर्तमान	भूत	भविष्य	विध्यर्थ अन्य पुरुषों तथा उत्तम पुरुषों के लिए वर्तमान संकेतार्थ क्रियापद ही चलते हैं।	
ा जाएगा।	पढ़ा जाए।	पढ़ा जाता।	पढ़ा गया।	तू (i) पढ़ जा	(ii) पढ़ जाना
जाएँगे।	पढ़े जाएँ।	पढ़े जाते।	पढ़े गए।	तुम (i) पढ़ जाओ	(ii) पढ़ जाना
ी जाएगी।	पढ़ी जाए।	पढ़ी जाती।	पढ़ी गई।	आप (i) पढ़ जाएँ/जाइए/ जावें	(ii) पढ़ जाना
ी जाएँगी।	पढ़ी जाएँ।	पढ़ी जातीं।	पढ़ी गईं।		

उक्त वाक्य क्रमशः भाववाच्य तथा कर्मवाच्य के हैं।

भविष्यकाल	वर्तमान	भूत	भविष्य	विध्यर्थ	
ड़ने जाएगा/जाएगी	दौड़ने जाए	दौड़ने जाता/जाती	दौड़ने गया/गई	तू (i) दौड़ने जा	(ii) दौड़ने जाना
ड़ने जाऊँगा/जाऊँगी	दौड़ने जाऊँ	दौड़ने जाता/जाती	दौड़ने गया/गई	तुम (i) दौड़ने जाओ	(ii) दौड़ने जाना
ड़ने जाएँगे/जाएँगी	दौड़ने जाएँ	दौड़ने जाते/जातीं	दौड़ने गए/गईं	आप (i) दौड़ने जाएँ/जाइए/ जावें	(ii) दौड़ने जाना
ड़ने जाओगे/जाओगी	दौड़ने जाओ	दौड़ने जाते/जाती	दौड़ने गए/गई		
ने जाएगा/जाएगी	पढ़ने जाए	पढ़ने जाता/जाती	पढ़ने गया/गई	तू (i) पढ़ने जा	(ii) पढ़ने जाना
ने जाऊँगा/जाऊँगी	पढ़ने जाऊँ	पढ़ने जाता/जाती	पढ़ने गया/गई	तुम (i) पढ़ने जाओ	(ii) पढ़ने जाना
ने जाएँगे/जाएँगी	पढ़ने जाएँ	पढ़ने जाते/जातीं	पढ़ने गए/गईं	आप (i) पढ़ने जाएँ/जाइए/ जावें	(ii) पढ़ने जाना
ने जाओगे/जाओगी	पढ़ने जाओ	पढ़ने जाते/जाती	पढ़ने गए/गई		
आएगा / दौड़ आएगी।	दौड़ आए	दौड़ आता / दौड़ आती	दौड़ आया / दौड़ आई	तू (i) दौड़ आ	(ii) दौड़ आना
आऊँगा / दौड़ आऊँगी।	दौड़ आऊँ	दौड़ आता / दौड़ आती	दौड़ आया / दौड़ आई	तुम (i) दौड़ आओ	(ii) दौड़ आना
आएँगे / दौड़ आएँगी।	दौड़ आएँ	दौड़ आते / दौड़ आतीं	दौड़ आए / दौड़ आईं	आप (i) दौड़ आएँ/आइए/ आवें	(ii) दौड़ आना
आओगे / दौड़ आऊँगी।	दौड़ आओ	दौड़ आते / दौड़ आती	दौड़ आए / दौड़ आई		
आएगा / पढ़ आएगी।	पढ़ आए	पढ़ आता / पढ़ आती	पढ़ आया / पढ़ आई	तू (i) पढ़ आ	(ii) पढ़ आना
आऊँगा / पढ़ आऊँगी।	पढ़ आऊँ	पढ़ आता / पढ़ आती	पढ़ आया / पढ़ आई	तुम (i) पढ़ आओ	(ii) पढ़ आना
आएँगे / पढ़ आएँगी।	पढ़ आएँ	पढ़ आते / पढ़ आतीं	पढ़ आएँ / पढ़ आईं	आप (i) पढ़ आएँ/आइए/ आवें	(ii) पढ़ आना
आओगे / पढ़ आओगी।	पढ़ आओ	पढ़ आते / पढ़ आती	पढ़ आए / पढ़ आई		
ता आएगा / दौड़ती आएगी।	दौड़ता आए	दौड़ता आता / दौड़ती आती	दौड़ता आया / दौड़ती आई	तू (i) दौड़ता आ	(ii) दौड़ता आना
ता आऊँगा / दौड़ती आऊँगी।	दौड़ता आऊँ	दौड़ता आता / दौड़ती आती	दौड़ता आया / दौड़ती आई	तुम (i) दौड़ते आओ	(ii) दौड़ते आना
ते आएँगे / दौड़ती आएँगी।	दौड़ते आएँ	दौड़ते आते / दौड़ती आतीं	दौड़ते आए / दौड़ती आईं	आप (i) दौड़ते आएँ/आइए/ आवें	(ii) दौड़ते आना
ते आओगे / दौड़ती आऊँगी।	दौड़ते आओ	दौड़ते आते / दौड़ती आती	दौड़ते आए / दौड़ती आई		
ा आएगा / पढ़ती आएगी।	पढ़ता आए	पढ़ता आता / पढ़ती आती	पढ़ता आया / पढ़ती आई	तू (i) पढ़ता आ	(ii) पढ़ता आना
ा आऊँगा / पढ़ती आऊँगी।	पढ़ता आऊँ	पढ़ता आता / पढ़ती आती	पढ़ता आया / पढ़ती आई	तुम (i) पढ़ते आओ	(ii) पढ़ते आना
आएँगे / पढ़ती आएँगी।	पढ़ते आएँ	पढ़ते आते / पढ़ते आतीं	पढ़ते आएँ / पढ़ती आईं	आप (i) पढ़ते आएँ/जाइए/ आवें	(ii) पढ़ते आना
आओगे / पढ़ती आओगी।	पढ़ते आओ	पढ़ते आते / पढ़ते आती	पढ़ते आए / पढ़ती आई		
आएगा / दौड़ी आएगी।	दौड़ा आए	दौड़ा आता / दौड़ी आती	दौड़ा आया / दौड़ी आई	तू (i) दौड़ा आ	(ii) दौड़ा आना
आऊँगा / दौड़ी आऊँगी।	दौड़ा आऊँ	दौड़ा आता / दौड़ी आती	दौड़ा आया / दौड़ी आई	तुम (i) दौड़े आओ	(ii) दौड़े आना
आएँगे / दौड़ी आएँगी।	दौड़े आएँ	दौड़े आते / दौड़ी आतीं	दौड़े आएँ / दौड़ी आईं	आप (i) दौड़े आएँ/आइए/ आवें	(ii) दौड़े आना
आओगे / दौड़ी आऊँगी।	दौड़े आओ	दौड़े आते / दौड़ी आती	दौड़े आए / दौड़ी आई		
आएगा / दौड़ने आएगी।	दौड़ने आए	दौड़ने आता / दौड़ने आती	दौड़ने आया / दौड़ने आई	तू (i) दौड़ने आ	(ii) दौड़ने आना
आऊँगा / दौड़ने आऊँगी।	दौड़ने आऊँ	दौड़ने आता / दौड़ने आती	दौड़ने आया / दौड़ने आई	तुम (i) दौड़ने आओ	(ii) दौड़ने आना
आएँगे / दौड़ने आएँगी।	दौड़ने आएँ	दौड़ने आते / दौड़ने आतीं	दौड़ने आए / दौड़ने आईं	आप (i) दौड़ने आएँ/ आइए/आवें	(ii) दौड़ने आना
आओगे / दौड़ने आऊँगी।	दौड़ने आओ	दौड़ने आते / दौड़ने आती	दौड़ने आए / दौड़ने आई		
आएगा / पढ़ने आएगी।	पढ़ने आए	पढ़ने आता / पढ़ने आती	पढ़ने आया / पढ़ने आई	तू (i) पढ़ने आ	(ii) पढ़ने आना
आऊँगा / पढ़ने आऊँगी।	पढ़ने आऊँ	पढ़ने आता / पढ़ने आती	पढ़ने आया / पढ़ने आई	तुम (i) पढ़ने आओ	(ii) पढ़ने आना
आएँगे / पढ़ने आएँगी।	पढ़ने आएँ	पढ़ने आते / पढ़ने आतीं	पढ़ने आएँ / पढ़ने आईं	आप (i) पढ़ने आएँ/ आइए/आवें	(ii) पढ़ने आना
आओगे / पढ़ने आओगी।	पढ़ने आओ	पढ़ने आते / पढ़ने आती	पढ़ने आए / पढ़ने आई		

संयोज्य क्रिया	कर्ता	कर्म	सामान्य वर्तमान	आसन्न भूत	संदिग्ध वर्तमान
12. **पाना** (अ०)	वह / तू	—	दौड़ पाता है / दौड़ पाती है।	दौड़ पाया है / दौड़ पाई है।	दौड़ पाता होगा / दौड़ पाती होगी।
मुख्य क्रिया धातु	मैं	—	दौड़ पाता हूँ / दौड़ पाती हूँ।	दौड़ पाया हूँ / दौड़ पाई हूँ।	दौड़ पाता होऊँगा / दौड़ पाती होऊँगी।
'दौड़' अकर्मक	वे / आप / हम	—	दौड़ पाते हैं / दौड़ पाती हैं।	दौड़ पाए हैं / दौड़ पाई हैं।	दौड़ पाते होंगे / दौड़ पाती होंगी।
-दौड़ पाना-	तुम	—	दौड़ पाते हो / दौड़ पाती हो।	दौड़ पाए हो / दौड़ पाई हो।	दौड़ पाते हो / दौड़ पाती हो।
मुख्य क्रिया धातु	वह / तू	भोजन	कर पाता है / कर पाती है।	कर पाया है / कर पाई है।	कर पाता होगा / कर पाती होगी।
'कर' सकर्मक	मैं	भोजन	कर पाता हूँ / कर पाती हूँ।	कर पाया हूँ / कर पाई हूँ।	कर पाता होऊँगा / कर पाती होऊँगी।
-कर पाना-	वे / आप / हम	भोजन	कर पाते हैं / कर पाती हैं।	कर पाए हैं / कर पाई हैं।	कर पाते होंगे / कर पाती होंगी।
	तुम	भोजन	कर पाते हो / कर पाती हो।	कर पाए हो / कर पाई हो।	कर पाते होगे / कर पाती हो।
13. **लाना** (स०) (i) मुख्य क्रिया अकर्मक धातु के साथ 'लाना' संयोज्य क्रिया का प्रयोग नहीं होता। (ii) 'लाना' सकर्मक होने पर भी अकर्मक क्रिया की तरह प्रयुक्त होत					
मुख्य क्रिया धातु	वह / तू	चित्र	बना लाता है / बना लाती है।	बना लाया है / बना लाई है।	बना लाता होगा / बना लाती होगी।
'बना' सकर्मक	मैं	चित्र	बना लाता हूँ / बना लाती हूँ।	बना लाया हूँ / बना लाई हूँ।	बना लाता होऊँगा / बना लाती होऊँगी।
-बना लाना-	वे / आप / हम	चित्र	बना लाते हैं / बना लाती हैं।	बना लाए हैं / बना लाई हैं।	बना लाते होंगे / बना लाती होंगी।
	तुम	चित्र	बना लाते हो / बना लाती हो।	बना लाए हो / बना लाई हो।	बना लाते होगे / बना लाती होगी।
14. **लगना** (अ०)	वह / तू	—	दौड़ने लगता है / दौड़ने लगती है।	दौड़ने लगा है / दौड़ने लगी है।	दौड़ने लगता होगा / दौड़ने लगती होगी।
मु० क्रि० तिर्यक्	मैं	—	दौड़ने लगता हूँ / दौड़ने लगती हूँ।	दौड़ने लगा हूँ / दौड़ने लगी हूँ।	दौड़ने लगता होऊँगा / दौड़ने लगती होऊँगी।
क्रियार्थक कृ०(अ०)	वे / आप / हम	—	दौड़ने लगते हैं / दौड़ने लगती हैं।	दौड़ने लगे हैं / दौड़ने लगी हैं।	दौड़ने लगते होंगे / दौड़ने लगती होंगी।
-दौड़ने लगना-	तुम	—	दौड़ने लगते हो / दौड़ने लगती हो।	दौड़ने लगे हो / दौड़ने लगी हो।	दौड़ने लगते होगे / दौड़ने लगती होगी।
मु० क्रि०-तिर्यक्	वह / तू	पत्र / पुस्तक	पढ़ने लगता है / पढ़ने लगती है।	पढ़ने लगा है / पढ़ने लगी है।	पढ़ने लगता होगा / पढ़ने लगती होगी।
क्रियार्थक कृ०(स०)	मैं	पत्र / पुस्तक	पढ़ने लगता हूँ / पढ़ने लगती हूँ।	पढ़ने लगा हूँ / पढ़ने लगी हूँ।	पढ़ने लगता होऊँगा / पढ़ने लगती होऊँगी।
-पढ़ने लगना-	वे / आप / हम	पत्र / पुस्तक	पढ़ने लगते हैं / पढ़ने लगती हैं।	पढ़ने लगे हैं / पढ़ने लगी हैं।	पढ़ने लगते होंगे / पढ़ने लगती होंगी।
	तुम	पत्र / पुस्तक	पढ़ने लगते हो / पढ़ने लगती हो।	पढ़ने लगे हो / पढ़ने लगी हो।	पढ़ने लगते होगे / पढ़ने लगती होगी।
15. **होना** (अ०)	वह / तू	—	आया होता है / आई होती है।	आया हुआ है / आई हुई है।	आया होता होगा / आई होती होगी।
मु० क्रि० भूत	मैं	—	आया होता हूँ / आई होती हूँ।	आया हुआ हूँ / आई हुई हूँ।	आया होता होऊँगा / आई होती होऊँगी।
कृदंत अकर्मक	वे / आप / हम	—	आए होते हैं / आई होती हैं।	आए हुए हैं / आई हुई हैं।	आए होते होंगे / आई होती होंगी।
-आया होना-	तुम	—	आए होते हो / आई होती हो।	आए हुए हो / आई हुई हो।	आए होते होगे / आई होती हो।
मु० क्रि० भूत	वह / तू	पत्र / पुस्तक	पढ़ा होता है / पढ़ी होती है।	पढ़ा हुआ है / पढ़ी हुई है।	पढ़ा होता होगा / पढ़ी होती होगी।
कृदंत सकर्मक	मैं	पत्र / पुस्तक	पढ़ा होता हूँ / पढ़ी होती हूँ।	पढ़ा हुआ हूँ / पढ़ी हुई हूँ।	पढ़ा होता होऊँगा / पढ़ी होती होऊँगी।
-पढ़ा होना-	वे / आप / हम	पत्र / पुस्तक	पढ़े होते हैं / पढ़ी होती हैं।	पढ़े हुए हैं / पढ़ी हुई हैं।	पढ़े होते होंगे / पढ़ी होती होंगी।
	तुम	पत्र / पुस्तक	पढ़े होते हो / पढ़ी होती हो।	पढ़े हुए हो / पढ़ी हुई हो।	पढ़े होते होगे / पढ़ी होती होगी।
16. **होना** (अ०)	वह / तू	—	दौड़ता होता है / दौड़ती होती है।	वर्तमान कृदंत+हुआ	दौड़ता होता होगा / दौड़ती होती होगी।
मु० क्रि० वर्तमान	मैं	—	दौड़ता होता हूँ / दौड़ती होती हूँ।	विशेषण रूप धारण	दौड़ता होता होऊँगा / दौड़ती होती होऊँगी।
कृदंत अकर्मक	वे / आप / हम	—	दौड़ते होते हैं / दौड़ती होती हैं।	करते हैं क्रियापद	दौड़ते होते होंगे / दौड़ती होती होंगी।
-दौड़ता होना-	तुम	—	दौड़ते होते हो / दौड़ती होती हो।	नहीं रहते।	दौड़ते होते होगे / दौड़ती होती होगी।
मु० क्रि० वर्तमान	वह / तू	पत्र / पुस्तक	पढ़ता होता है / पढ़ती होती है।		पढ़ता होता होगा / पढ़ती होती होगी।
कृदंत सकर्मक	मैं	पत्र / पुस्तक	पढ़ता होता हूँ / पढ़ती होती हूँ।	पढ़ा + हुआ	पढ़ता होता होऊँगा / पढ़ती होती होऊँगी।
-पढ़ता होना-	वे / आप / हम	पत्र / पुस्तक	पढ़ते होते हैं / पढ़ती होती हैं।	= विशेषण	पढ़ते होते होंगे / पढ़ती होती होंगी।
	तुम	पत्र / पुस्तक	पढ़ते होते हो / पढ़ती होती हो।		पढ़ते होते होगे / पढ़ती होती होगी।
17. **होना** (अ०)	उसे/तुझे/मुझे	—			
मु०क्रि० क्रियार्थक	उन्हें/आपको	—	दौड़ना होता है।	×	दौड़ना होता होगा।
कृदंत अकर्मक	हमें/तुम्हें	—			
-दौड़ना होना-		—			

भविष्यकाल	संकेतार्थ			विध्यर्थ अन्य पुरुषों तथा उत्तम पुरुषों के लिए वर्तमान संकेतार्थ क्रियापद ही चलते हैं।	
	वर्तमान	भूत	भविष्य		
दौड़ पाएगा / दौड़ पाएगी।	दौड़ पाए	दौड़ पाता / दौड़ पाती	दौड़ पाया / दौड़ पाई	तू (i) दौड़ पा	(ii) दौड़ पाना
दौड़ पाऊँगा / दौड़ पाऊँगी।	दौड़ पाऊँ	दौड़ पाता / दौड़ पाती	दौड़ पाया / दौड़ पाई	तुम (i) दौड़ पाओ	(ii) दौड़ पाना
दौड़ पाएँगे / दौड़ पाएँगी।	दौड़ पाएँ	दौड़ पाते / दौड़ पातीं	दौड़ पाए / दौड़ पाईं	आप (i) दौड़ पाएँ/	(ii) दौड़ पाना
दौड़ पाओगे / दौड़ पाऊँगी।	दौड़ पाओ	दौड़ पाते / दौड़ पाती	दौड़ पाए / दौड़ पाई	पाइए/पावें	
कर पाएगा / कर पाएगी।	कर पाए	कर पाता / कर पाती	कर पाया / कर पाई	तू (i) कर पा	(ii) कर पाना
कर पाऊँगा / कर पाऊँगी।	कर पाऊँ	कर पाता / कर पाती	कर पाया / कर पाई	तुम (i) कर पाओ	(ii) कर पाना
कर पाएँगे / कर पाएँगी।	कर पाएँ	कर पाते / कर पातीं	कर पाए / कर पाईं	आप (i) कर पाएँ/	(ii) कर पाना
कर पाओगे / कर पाओगी।	कर पाओ	कर पाते / कर पाती	कर पाए / कर पाई	पाइए/पावें	
बना लाएगा / बना लाएगी।	बना लाए	बना लाता / बना लाती	बना लाया / बना लाई	तू (i) बना ला	(ii) बना लाना
बना लाऊँगा / बना लाऊँगी।	बना लाऊँ	बना लाता / बना लाती	बना लाया / बना लाई	तुम (i) बना लाओ	(ii) बना लाना
बना लाएँगे / बना लाएँगी।	बना लाएँ	बना लाते / बना लातीं	बना लाए / बना लाईं	आप (i) बना लाएँ/	(ii) बना लाना
बना लाओगे / बना लाओगी।	बना लाओ	बना लाते / बना लाती	बना लाए / बना लाई	लाइए/लावें	
दौड़ने लगेगा / दौड़ने लगेगी।	दौड़ने लगे	दौड़ने लगता / दौड़ने लगती	दौड़ने लगा / दौड़ने लगी	तू (i) दौड़ने लग	(ii) दौड़ने लगना
दौड़ने लगूँगा / दौड़ने लगूँगी।	दौड़ने लगूँ	दौड़ने लगता / दौड़ने लगती	दौड़ने लगा / दौड़ने लगी	तुम (i) दौड़ने लगो	(ii) दौड़ने लगना
दौड़ने लगेंगे / दौड़ने लगेंगी।	दौड़ने लगें	दौड़ने लगते / दौड़ने लगतीं	दौड़ने लगे / दौड़ने लगीं	आप (i) दौड़ने लगें/लगिए	(ii) दौड़ने लगना
दौड़ने लगोगे / दौड़ने लगोगी।	दौड़ने लगो	दौड़ने लगते / दौड़ने लगती	दौड़ने लगे / दौड़ने लगी		
पढ़ने लगेगा / पढ़ने लगेगी।	पढ़ने लगे	पढ़ने लगता / पढ़ने लगती	पढ़ने लगा / पढ़ने लगी	तू (i) पढ़ने लग	(ii) पढ़ने लगना
पढ़ने लगूँगा / पढ़ने लगूँगी।	पढ़ने लगूँ	पढ़ने लगता / पढ़ने लगती	पढ़ने लगा / पढ़ने लगी	तुम (i) पढ़ने लगो	(ii) पढ़ने लगना
पढ़ने लगेंगे / पढ़ने लगेंगी।	पढ़ने लगें	पढ़ने लगते / पढ़ने लगतीं	पढ़ने लगे / पढ़ने लगीं	आप (i) पढ़ने लगें/लगिए	(ii) पढ़ने लगना
पढ़ने लगोगे / पढ़ने लगोगी।	पढ़ने लगो	पढ़ने लगते / पढ़ने लगती	पढ़ने लगे / पढ़ने लगी		
आया होगा / आई होगी	आया होता हो / आई होती हो	आया होता / आई होती	आया हुआ / आई हुई	तू (i) आया हो	(ii) आया होना
आया होगा / आई होगी	आया होता होऊँ / आई होती होऊँ	आया होता / आई होती	आया हुआ / आई हुई	तुम (i) आए हो	(ii) आए होना
आए होंगे / आई होंगी	आए होते हों / आई होती हों	आए होते / आई होती	आए हुए / आई हुईं	आप (i) आए हों	(ii) आए होना
आए होगे / आई होगी	आए होते हो / आई होती हो	आए होते / आई होती	आए हुए / आई हुई		
पढ़ा होगा / पढ़ी होगी	पढ़ा होता हो / पढ़ी होती हो	पढ़ा होता / पढ़ी होती	पढ़ा हुआ / पढ़ी हुई	तू (i) पढ़ा हो	(ii) पढ़ा होना
पढ़ होगा / पढ़ी होगी	पढ़ा होता होऊँ / पढ़ी होती होऊँ	पढ़ा होता / पढ़ी होती	पढ़ा हुआ / पढ़ी हुई	तुम (i) पढ़े हो	(ii) पढ़े होना
पढ़े होंगे / पढ़ी होंगी	पढ़े होते हों / पढ़ी होती हों	पढ़े होते / पढ़ होतीं	पढ़ आए / पढ़ आईं	आप (i) पढ़े हों/होवें	(ii) पढ़े होना
पढ़े होगे / पढ़ी होगी	पढ़े होते हो / पढ़ी होती हो	पढ़े होते / पढ़ी होती	पढ़ हुए / पढ़ी हुई		
दौड़ता होगा / दौड़ती होगी।	दौड़ता होता हो	दौड़ता होता / दौड़ती होती		तू (i) दौड़ता हो	(ii) दौड़ता होना
दौड़ता होऊँगा / दौड़ती होऊँगी।	दौड़ता होता होऊँ	दौड़ता होता / दौड़ती होती	भूतकृदंत + हुआ	तुम (i) दौड़ते हो	(ii) दौड़ते होना
दौड़ते होंगे / दौड़ती होंगी।	दौड़ते होते हों	दौड़ते होते / दौड़ती होतीं	= विशेषण	आप (i) दौड़ते हों	(ii) दौड़ते होना
दौड़ते होगे / दौड़ती होगी।	दौड़ते होते हो	दौड़ते होते / दौड़ती होती			
पढ़ता होगा / पढ़ती होगी।	पढ़ता होता हो / पढ़ती होती हो	पढ़ता होता/पढ़ती होती		तू (i) पढ़ता हो	(ii) पढ़ता होना
पढ़ता होऊँगा / पढ़ती होऊँगी।	पढ़ता होता होऊँ /पढ़ती होती होऊँ	पढ़ता होता/पढ़ती होती	भूतकृदंत + हुआ	तुम (i) पढ़ते हो	(ii) पढ़ते होना
पढ़ते होंगे / पढ़ती होंगी।	पढ़ते होते हों / पढ़ती होती हों	पढ़ते होते/पढ़ती होतीं	= विशेषण	आप (i) पढ़ते हों/होवें	(ii) पढ़ते होना
पढ़ते होगे / पढ़ती हो।	पढ़ते होते हो / पढ़ती होती हो	पढ़ते होते/पढ़ती होती			
				तुझे/तुझको (i) दौड़ना हो	अप्रयुक्त
दौड़ना होगा।	दौड़ना हो	दौड़ना होता	दौड़ना हुआ	तुम्हें/तुमको (i) दौड़ना हो	अप्रयुक्त
				आपको (i) दौड़ना हो	अप्रयुक्त

संयोज्य क्रिया	कर्ता	कर्म	सामान्य वर्तमान	आसन्न भूत	संदिग्ध वर्तमान
मु०क्रि० क्रियार्थक	उसे/तुझे/मुझे	समाचार-पत्र	पढ़ना होता है।	×	पढ़ना होता होगा।
कृदंत सकर्मक	उन्हें/आपको	,, (बहु०)	पढ़ने होते हैं।		पढ़ने होते होंगे।
-पढ़ना होना-	हमें/तुम्हें	पुस्तक	पढ़नी होती है।		पढ़नी होती होगी।
		पुस्तकें	पढ़नी होती हैं।		पढ़नी होती होंगी।
18. **रहना** (अ०)	वह / तू	—	दौड़ता रहता है / दौड़ती रहती है।	दौड़ता रहा है / दौड़ती रही है।	दौड़ता रहता होगा / दौड़ती रहती होगी।
मु० क्रि० वर्तमान	मैं	—	दौड़ता रहता हूँ / दौड़ती रहती हूँ।	दौड़ता रहा हूँ / दौड़ती रही हूँ।	दौड़ता रहता होऊँगा / दौड़ती रहती होऊँगी।
कृदंत अकर्मक	वे / आप / हम	—	दौड़ते रहते हैं / दौड़ती रहती हैं।	दौड़ते रहे हैं / दौड़ती रही हैं।	दौड़ते रहते होंगे / दौड़ती रहती होंगी।
-दौड़ता रहना-	तुम	—	दौड़ते रहते हो / दौड़ती रहती हो।	दौड़ते रहे हो / दौड़ती रही हो।	दौड़ते रहते होगे / दौड़ती रहती होगी।
मु० क्रि० वर्तमान	वह / तू	पत्र / पुस्तक	पढ़ता रहता है / पढ़ती रहती है।	पढ़ता रहा है / पढ़ती रही है।	पढ़ता रहता होगा / पढ़ती रहती होगी।
कृदंत सकर्मक	मैं	पत्र / पुस्तक	पढ़ता रहता हूँ / पढ़ती रहती हूँ।	पढ़ता रहा हूँ / पढ़ती रही हूँ।	पढ़ता रहता होऊँगा / पढ़ती रहती होऊँगी।
-पढ़ता रहना-	वे / आप / हम	पत्र / पुस्तक	पढ़ते रहते हैं / पढ़ती रहती हैं।	पढ़ते रहे हैं / पढ़ती रही हैं।	पढ़ते रहते होंगे / पढ़ती रहती होंगी।
	तुम	पत्र / पुस्तक	पढ़ते रहते हो / पढ़ती रहती हो।	पढ़ते रहे हो / पढ़ती रही हो।	पढ़ते रहते होगे / पढ़ती रहती होगी।
19. **रहना** (अ०)	वह / तू	—	आया रहता है / आई रहती है।	आया रहा है / आई रही है।	आया रहता होगा / आई रहती होगी।
मु०क्रि० भूतकृदंत	मैं	—	आया रहता हूँ / आई रहती हूँ।	आया रहा हूँ / आई रही हूँ।	आया रहता होऊँगा / आई रहती होऊँगी।
अकर्मक	वे / आप / हम	—	आए रहते हैं / आई रहती हैं।	आए रहे हैं / आई रही हैं।	आए रहते होंगे / आई रहती होंगी।
-दौड़ा रहना-	तुम	—	आए रहते हो / आई रहती हो।	आए रहे हो / आई रही हो।	आए रहते होगे / आई रहती होगी।
मु०क्रि० भूतकृदंत	वह / तू	पत्र / पुस्तक	पढ़ा रहता है / पढ़ी रहती है।	पढ़ा रहा है / पढ़ी रही है	पढ़ा रहता होगा / पढ़ी रहती होगी।
सकर्मक	मैं	पत्र / पुस्तक	पढ़ा रहता हूँ / पढ़ी रहती हूँ।	पढ़ा रहा हूँ / पढ़ी रही हूँ	पढ़ा रहता होऊँगा / पढ़ी रहती होऊँगी।
-पढ़ा रहना-	वे / आप / हम	पत्र / पुस्तक	पढ़े रहते हैं / पढ़ी रहती हैं।	पढ़े रहे हैं / पढ़ी रही हैं	पढ़े रहते होंगे / पढ़ी रहती होंगी।
	तुम	पत्र / पुस्तक	पढ़े रहते हो / पढ़ी रहती हो।	पढ़े रहे हो / पढ़ी रही हो	पढ़े रहते होगे / पढ़ी रहती होगी।
20. **रहना** (अ०)	उसे/तुझे/मुझे /	—			
मु०क्रि० क्रियार्थक	उन्हें/आपको /	—	दौड़ना रहता है।	दौड़ना रहा है।	दौड़ना रहता होगा।
कृदंत अकर्मक	हमें/तू/	—			
-दौड़ना रहना-	तुम्हें	—			
मु०क्रि० क्रियार्थक	उसे/तुझे/मुझे/	पत्र	पढ़ना रहता है।	पढ़ना रहा है।	पढ़ना रहता होगा।
कृदंत सकर्मक	उन्हें/आपको/	पत्र (बहु०)	पढ़ने रहते हैं।	पढ़ने रहे हैं।	पढ़ने रहते होंगे।
-पढ़ना रहना-	हमें / तू /	पुस्तक	पढ़नी रहती है।	पढ़नी रही है।	पढ़नी रहती होगी।
	तुम्हें	पुस्तकें	पढ़नी रहती हैं।	पढ़नी रही हैं।	पढ़नी रहती होंगी।
21. **चलना** (अ०)	वह / तू	—	आता चलता है / आती चलती है।	आता चला है / आती चली है।	आता चलता होगा / आती चलती होगी।
मु० क्रि० वर्तमान	मैं	—	आता चलता हूँ / आती चलती हूँ।	आता चला हूँ / आती चली हूँ।	आता चलता होऊँगा /आती चलती होऊँगी।
कृदंत अकर्मक	वे / आप / हम	—	आते चलते हैं / आती चलती हैं।	आते चले हैं / आती चली हैं।	आते चलते होंगे / आती चलती होंगी।
-आता चलना-	तुम	—	आते चलते हो / आती चलती हो।	आते चले हो / आती चली हो।	आते चलते होगे / आती चलती होगी।
मु० क्रि० वर्तमान	वह / तू	पत्र / पुस्तक	पढ़ता चलता है / पढ़ती चलती है।	पढ़ता चला है / पढ़ती चली है।	पढ़ता चलता होगा / पढ़ती चलती होगी।
कृदंत सकर्मक	मैं	पत्र / पुस्तक	पढ़ता चलता हूँ / पढ़ती चलती हूँ।	पढ़ता चला हूँ / पढ़ती चली हूँ।	पढ़ता चलता होऊँगा / पढ़ती चलती होऊँगी।
-पढ़ता चलना-	वे / आप / हम	पत्र / पुस्तक	पढ़ते चलते हैं / पढ़ती चलती हैं।	पढ़ते चले हैं / पढ़ती चली हैं।	पढ़ते चलते होंगे / पढ़ती चलती होंगी।
	तुम	पत्र / पुस्तक	पढ़ते चलते हो / पढ़ती चलती हो।	पढ़ते चले हो / पढ़ती चली हो।	पढ़ते चलते होगे / पढ़ती चलती होगी।
22. **करना** (स०)	वह / तू	—	आया करता है / आया करती है।		आया करता होगा / आया करती होगी।
मु०क्रि० अविकारी	मैं	—	आया करता हूँ / आया करती हूँ।	×	आया करता होऊँगा / आया करती होऊँगी।
भूतकृदंत अकर्मक	वे / आप / हम	—	आया करते हैं / आया करती हैं।		आया करते होंगे / आया करती होंगी।
-आया करना-	तुम	—	आया करते हो / आया करती हो।		आया करते होगे / आया करती होगी।

भविष्यकाल	संकेतार्थ			विध्यर्थ अन्य पुरुषों तथा उत्तम पुरुषों के लिए वर्तमान संकेतार्थ क्रियापद ही चलते हैं।
	वर्तमान	भूत	भविष्य	
पढ़ना होगा।	पढ़ना होता हो।	पढ़ना होता।	पढ़ना हुआ।	तुझे/तुझको (i) पढ़ना हो (ii) अप्रयुक्त
पढ़ने होंगे।	पढ़ने होते हों।	पढ़ने होते।	पढ़ने हुए।	तुम्हें/तुमको (i) पढ़ना हो (ii) अप्रयुक्त
पढ़नी होगी।	पढ़नी होती हो।	पढ़नी होती।	पढ़नी हुई।	आपको (i) पढ़ना हो (ii) अप्रयुक्त
पढ़नी होंगी।	पढ़नी होती हों।	पढ़नी होती।	पढ़नी हुईं।	
दौड़ता रहेगा / दौड़ती रहेगी।	दौड़ता रहे / दौड़ती रहे	दौड़ता रहता / दौड़ती रहती	दौड़ता रहा / दौड़ती रही	तू (i) दौड़ता रह (ii) दौड़ता रहना
दौड़ता रहूँगा / दौड़ती रहूँगी।	दौड़ता रहूँ / दौड़ती रहूँ	दौड़ता रहता / दौड़ती रहती	दौड़ता रहा / दौड़ती रही	तुम (i) दौड़ते रहो (ii) दौड़ते रहना
दौड़ते रहेंगे / दौड़ती रहेंगी।	दौड़ते रहें / दौड़ती रहीं	दौड़ते रहते / दौड़ती रहतीं	दौड़ते रहे / दौड़ती रहीं	आप (i) दौड़ते रहें/रहिए (ii) दौड़ते रहना
दौड़ते रहोगे / दौड़ती रहोगी।	दौड़ते रहो / दौड़ती रहो	दौड़ते रहते / दौड़ती रहती	दौड़ते रहे / दौड़ती रही	
पढ़ता रहेगा / पढ़ती रहेगी।	पढ़ता रहे / पढ़ती रहे	पढ़ता रहता / पढ़ती रहती	पढ़ता रहा / पढ़ती रही	तू (i) पढ़ता रह (ii) पढ़ता रहना
पढ़ता रहूँगा / पढ़ती रहूँगी।	पढ़ता रहूँ / पढ़ती रहूँ	पढ़ता रहता / पढ़ती रहती	पढ़ता रहा / पढ़ती रही	तुम (i) पढ़ते रहो (ii) पढ़ते रहना
पढ़ते रहेंगे / पढ़ती रहेंगी।	पढ़ते रहें / पढ़ती रहें	पढ़ते रहते / पढ़ती रहतीं	पढ़ते रहे / पढ़ती रहीं	आप (i) पढ़ते रहें/रहिए (ii) पढ़ते रहना
पढ़ते रहोगे / पढ़ती रहोगी।	पढ़ते रहो / पढ़ती रहो	पढ़ते रहते / पढ़ती रहती	पढ़ते रहे / पढ़ती रही	
आया रहेगा / आई रहेगी।	आया रहे / आई रहे	आया रहता / आई रहती	आया रहा / आई रही	तू (i) आया रह (ii) आया रहना
आया रहूँगा / आई रहूँगी।	आया रहूँ / आई रहूँ	आया रहता / आई रहती	आया रहूँ / आई रहूँ	तुम (i) आए रहो (ii) आए रहना
आए रहेंगे / आई रहेंगी।	आए रहें / आई रहें	आए रहते / आई रहतीं	आए रहे / आई रही	आप (i) आए रहें/रहिए (ii) आए रहना
आए रहोगे / आई रहोगी।	आए रहो / आई रहो	आए रहते / आई रहती	आए रहे / आई रहे	
पढ़ा रहेगा / पढ़ी रहेगी।	पढ़ा रहे / पढ़ी रहे	पढ़ा रहता / पढ़ी रहती	पढ़ा रहा / पढ़ी रही	तू (i) पढ़ा रह (ii) पढ़ा रहना
पढ़ा रहूँगा / पढ़ी रहूँगी।	पढ़ा रहूँ / पढ़ी रहूँ	पढ़ा रहता / पढ़ी रहती	पढ़ा रहा / पढ़ी रही	तुम (i) पढ़े रहो (ii) पढ़े रहना
पढ़े रहेंगे / पढ़ी रहेंगी।	पढ़े रहें / पढ़ी रहें	पढ़े रहते / पढ़ी रहतीं	पढ़े रहे / पढ़ी रहीं	आप (i) पढ़े रहें/रहिए (ii) पढ़े रहना
पढ़े रहोगे / पढ़ी रहोगी।	पढ़े रहो / पढ़ी रहो	पढ़े रहते / पढ़ी रहती	पढ़े रहे / पढ़ी रही	
				तुझे/तुझको (i) दौड़ना रहे (ii) अप्रयुक्त
दौड़ना रहेगा।	दौड़ना रहे।	दौड़ना रहता।	दौड़ना रहा।	तुम्हें/तुमको (i) दौड़ना रहे (ii) अप्रयुक्त
				आपको (i) दौड़ना रहे (ii) अप्रयुक्त
				[देखें नियम—26 ई]
पढ़ना रहेगा।	पढ़ना रहे।	पढ़ना रहता।	पढ़ना रहा।	तुझे/तुझको (i) पढ़ना रहे (ii) अप्रयुक्त
पढ़ने रहेंगे।	पढ़ने रहे।	पढ़ने रहते।	पढ़ने रहे।	तुम्हें/तुमको (i) पढ़ना रहे (ii) अप्रयुक्त
पढ़नी रहेगी।	पढ़नी रहे।	पढ़नी रहती।	पढ़नी रही।	आपको (i) पढ़ना रहे (ii) अप्रयुक्त
पढ़नी रहेंगी।	पढ़नी रहें।	पढ़नी रहतीं।	पढ़नी रहीं।	[देखें नियम—26 ई]
आता चलेगा / आती चलेगी।	आता चले / आती चले	आता चलता / आती चलती	आता चला / आती चली	तू (i) आता चल (ii) आता चलना
आता चलूँगा / आती चलूँगी।	आता चलूँ / आती चलूँ	आता चलता / आती चलती	आता चला / आती चली	तुम (i) आते चलो (ii) आते चलना
आते चलेंगे / आती चलेंगी।	आते चलें / आती चलीं	आते चलते / आती चलतीं	आते चले / आती चलीं	आप (i) आते चलें/चलिए (ii) आते चलना
आते चलोगे / आती चलोगी।	आते चलो / आती चलो	आते चलते / आती चलती	आते चले / आती चली	
पढ़ता चलेगा / पढ़ती चलेगी।	पढ़ता चले / पढ़ती चले	पढ़ता चलता / पढ़ती चलती	पढ़ता चला / पढ़तो चली	तू (i) पढ़ता चल (ii) पढ़ता चलना
पढ़ता चलूँगा / पढ़ती चलूँगी।	पढ़ता चलूँ / पढ़ती चलूँ	पढ़ता चलता / पढ़ती चलती	पढ़ता चला / पढ़ती चली	तुम (i) पढ़ते चलो (ii) पढ़ते चलना
पढ़ते चलेंगे / पढ़ती चलेंगी।	पढ़ते चलें / पढ़ती चलीं	पढ़ते चलते / पढ़ती चलतीं	पढ़ते चलें / पढ़ती चलीं	आप (i) पढ़ते चलें/चलिए (ii) पढ़ते चलना
पढ़ते चलोगे / पढ़ती चलोगी।	पढ़ते चलो / पढ़ती चलो	पढ़ते चलते / पढ़ती चलती	पढ़ते चले / पढ़ती चली	
आया करेगा / आया करेगी।	आया करे	आया करता / आया करती		तू (i) आया कर (ii) आया करना
आया करूँगा / आया करूँगी।	आया करूँ	आया करता / आया करती	×	तुम (i) आया करो (ii) आया करना
आया करेंगे / आया करेंगी।	आया करें	आया करते / आया करतीं		आप (i) आया करें/करिए (ii) आया करना
आया करोगे / आया करोगी।	आया करो	आया करते / आया करती		

संयोज्य क्रिया	कर्ता	कर्म	सामान्य वर्तमान	आसन्न भूत	संदिग्ध वर्तमान
मु०क्रि० अविकारी	वह / तू	पत्र / पुस्तक	पढ़ा करता है / पढ़ा करती है।	×	पढ़ा करता होगा / पढ़ा करती होगी।
भूतकृदंत सकर्मक	मैं	पत्र / पुस्तक	पढ़ा करता हूँ / पढ़ा करती हूँ।		पढ़ा करता होऊँगा / पढ़ा करती होऊँगी।
-पढ़ा करना-	वे / आप / हम	पत्र / पुस्तक	पढ़ा करते हैं / पढ़ा करती हैं।		पढ़ा करते होंगे / पढ़ा करती होंगी।
	तुम	पत्र / पुस्तक	पढ़ा करते हो / पढ़ा करती हो।		पढ़ा करते होगे / पढ़ा करती होगी।
23. **देना** (स०)	वह / तू	—	चल देता है / चल देती है।	चल दिया है / चल दी है।	चल देता होगा / चल देती होगी।
मुख्य क्रिया धातु	मैं		चल देता हूँ / चल देती हूँ।	चल दिया हूँ / चल दी हूँ।	चल देता होऊँगा / चल देती होऊँगी।
'चल' अकर्मक	वे / आप / हम		चल देते हैं / चल देती हैं।	चल दिए हैं / चल दी हैं।	चल देते होंगे / चल देती होंगी।
-चल देना-	तुम		चल देते हो / चल देती हो।	चल दिए हो / चल दी हो।	चल देते होगे / चल देती होगी।
24. **देना** (स०)	वह / तू	पत्र / पुस्तक	पढ़ देता है / पढ़ देती है।	उसने पत्र पढ़ दिया है।	पढ़ देता होगा / पढ़ देती होगी।
मु०क्रि० तिर्यक्	मैं	पत्र / पुस्तक	पढ़ देता हूँ / पढ़ देती हूँ।	तुमने कई पत्र पढ़ दिए हैं।	पढ़ देता होऊँगा / पढ़ देती होऊँगी।
क्रियार्थक कृ०(अ०)	वे / आप / हम	पत्र / पुस्तक	पढ़ देते हैं / पढ़ देती हैं।	मैंने,हमने पुस्तक पढ़ दी है।	पढ़ देते होंगे / पढ़ देती होंगी।
-पढ़ने देना-	तुम	पत्र / पुस्तक	पढ़ देते हो / पढ़ देती हो।	आपने पुस्तकें पढ़ दी है।	पढ़ देते होगे / पढ़ देती होगी।
25. **देना** (स०)	वह / तू	—	दौड़ने देता है / दौड़ने देती है।	उसने	दौड़ने देता होगा / दौड़ने देती होगी।
मु०क्रि० तिर्यक्	मैं	—	दौड़ने देता हूँ / दौड़ने देती हूँ।	तुमने } दौड़ने दिया है।	दौड़ने देता होऊँगा / दौड़ने देती होऊँगी।
क्रियार्थक कृ०(अ०)	वे / आप / हम	—	दौड़ने देते हैं / दौड़ने देती हैं।	आदि	दौड़ने देते होंगे / दौड़ने देती होंगी।
-दौड़ने देना-	तुम	—	दौड़ने देते हो / दौड़ने देती हो।		दौड़ने देते हो / दौड़ने देती हो।
मु०क्रि० तिर्यक्	वह / तू	पत्र / पुस्तक	पढ़ने देता है / पढ़ने देती है।	उसने/तूने पत्र पढ़ने दिया है।	पढ़ने देता होगा / पढ़ने देती होगी।
क्रियार्थक कृ०(स०)	मैं	पत्र / पुस्तक	पढ़ने देता हूँ / पढ़ने देती हूँ।	मैंने/उन्होंने कई पत्र पढ़ने दिए हैं।	पढ़ने देता होऊँगा / पढ़ने देती होऊँगी।
-पढ़ने देना-	वे / आप / हम	पत्र / पुस्तक	पढ़ने देते हैं / पढ़ने देती हैं।	आपने/हमने पुस्तक पढ़ने दी है।	पढ़ने देते होंगे / पढ़ने देती होंगी।
	तुम	पत्र / पुस्तक	पढ़ने देते हो / पढ़ने देती हो।	तुमने पुस्तकें पढ़ने दी हैं।	पढ़ने देते होगे / पढ़ने देती होगी।
26. **लेना** (स०)	वह / तू	—	दौड़ लेता है / दौड़ लेती है।	उसने	दौड़ लेता होगा / दौड़ लेती होगी।
मुख्य क्रिया धातु	मैं	—	दौड़ लेता हूँ / दौड़ लेती हूँ।	तुमने } दौड़ लिया है।	दौड़ लेता होऊँगा / दौड़ लेती होऊँगी
'दौड़' अकर्मक	वे / आप / हम	—	दौड़ लेते हैं / दौड़ लेती हैं।	आदि	दौड़ लेते होंगे / दौड़ लेती होंगी।
-दौड़ लेना-	तुम	—	दौड़ लेते हो / दौड़ लेती हो।		दौड़ लेते हो / दौड़ लेती हो।
मुख्य क्रिया धातु	वह / तू	पत्र / पुस्तक	पढ़ लेता है / पढ़ लेती है।	उसने/तूने पत्र पढ़ लिया है।	पढ़ लेता होगा / पढ़ लेती होगी।
'पढ़' सकर्मक	मैं	पत्र / पुस्तक	पढ़ लेता हूँ / पढ़ लेती हूँ।	मैंने/उन्होंने कई पत्र पढ़ने दिए हैं।	पढ़ लेता होऊँगा / पढ़ लेती होऊँगी।
-पढ़ लेना-	वे / आप / हम	पत्र / पुस्तक	पढ़ लेते हैं / पढ़ लेती हैं।	आपने/हमने पुस्तक पढ़ ली है।	पढ़ लेते होंगे / पढ़ लेती होंगी।
	तुम	पत्र / पुस्तक	पढ़ लेते हो / पढ़ लेती हो।	तुमने पुस्तकें पढ़ ली हैं।	पढ़ लेते होगे / पढ़ लेती होगी।
27. **डालना** (स०)	वह / तू	पत्र / पुस्तक	पढ़ डालता है / पढ़ डालती है।	उसने पुस्तक पढ़ डाली है।	पढ़ डालता होगा / पढ़ डालती होगी।
मुख्य क्रिया धातु	मैं	पत्र / पुस्तक	पढ़ डालता हूँ / पढ़ डालती हूँ।	तुमने पुस्तक पढ़ डाला है।	पढ़ डालता होऊँगा / पढ़ डालती होऊँगी।
'पढ़' सकर्मक	वे / आप / हम	पत्र / पुस्तक	पढ़ डालते हैं / पढ़ डालती हैं।	मैंने,हमने पुस्तकें पढ़ डाली है।	पढ़ डालते होंगे / पढ़ डालती होंगी।
-पढ़ डालना-	तुम	पत्र / पुस्तक	पढ़ डालते हो / पढ़ डालती हो।	आपने कई पत्र पढ़ डाले हैं।	पढ़ डालते होगे / पढ़ डालती होगी।
● मुख्य क्रिया अकर्मक धातु के साथ 'डालना' संयोज्य क्रिया का प्रयोग नहीं होता।					
28. **रखना** (स०)	वह / तू	पत्र / पुस्तक	पढ़ रखता है / पढ़ रखती है।	उसने पुस्तक पढ़ रखी है।	पढ़ रखता होगा / पढ़ रखती होगी।
मुख्य क्रिया धातु	मैं	पत्र / पुस्तक	पढ़ रखता हूँ / पढ़ रखती हूँ।	तुमने पत्र पढ़ रखा है।	पढ़ रखता होऊँगा / पढ़ रखती होऊँगी।
'पढ़' सकर्मक	वे / आप / हम	पत्र / पुस्तक	पढ़ रखते हैं / पढ़ रखती हैं।	मैंने,हमने पुस्तकें पढ़ रखी है।	पढ़ रखते होंगे / पढ़ रखती होंगी।
-पढ़ रखना-	तुम	पत्र / पुस्तक	पढ़ रखते हो / पढ़ रखती हो।	आपने कई पत्र पढ़ रखे हैं।	पढ़ रखते होगे / पढ़ रखती होगी।
● मुख्य क्रिया अकर्मक धातु के साथ 'रखना' संयोज्य क्रिया का प्रयोग नहीं होता।					

नोट—अन्य कालों के क्रियापदों की रूपवाली भी उक्त कालों के आधार पर आसानी से जानी जा सकती है।

भविष्यकाल	संकेतार्थ				विध्यर्थ (अन्य पुरुषों तथा उत्तम पुरुषों के लिए वर्तमान संकेतार्थ क्रियापद ही चलते हैं।)		
	वर्तमान	भूत	भविष्य				
पढ़ा करेगा / पढ़ा करेगी।	पढ़ा करे	पढ़ा करता / पढ़ा करती			तू	(i) पढ़ा कर	(ii) पढ़ा करना
पढ़ा करूँगा / पढ़ा करूँगी।	पढ़ा करूँ	पढ़ता करता / पढ़ा करती	×		तुम	(i) पढ़ा करो	(ii) पढ़ा करना
पढ़ा करेंगे / पढ़ा करेंगी।	पढ़ा करें	पढ़ता करते / पढ़ा करतीं			आप	(i) पढ़ा करें/करिए	(ii) पढ़ा करना
पढ़ा करोगे / पढ़ा करोगी।	पढ़ा करो	पढ़ा करते / पढ़ा करती					
चल देगा / चल देगी।	चल दे	चल देता / चल देती	चल दिया / चल दी		तू	(i) चल दे	(ii) चल देना
चल दूँगा / चल दूँगी।	चल दूँ	चल देता / चल देती	चल दिया / चल दी		तुम	(i) चल दो	(ii) चल देना
चल देंगे / चल देंगी।	चल दें	चल देते / चल देतीं	चल दिए / चल दीं		आप	(i) चल दें/दीजिए/ देवें	(ii) चल देना
चल दोगे / चल दोगी।	चल दो	चल देते / चल देती	चल दिए / चल दी				
पढ़ देगा / पढ़ देगी।	पढ़ दे	पढ़ देता / पढ़ देती	उसने/	पत्र पढ़ दिया	तू	(i) पढ़ दे	(ii) पढ़ देना
पढ़ दूँगा / पढ़ दूँगी।	पढ़ दूँ	पढ़ देता / पढ़ देती	तूने	कई पत्र पढ़ दिए	तुम	(i) पढ़ दो	(ii) पढ़ देना
पढ़ देंगे / पढ़ देंगी।	पढ़ दें	पढ़ देतें / पढ़ देतीं	तुमने	पुस्तक पढ़ दी	आप	(i) पढ़ दें/दीजिए/ देवें	(ii) पढ़ देना
पढ़ दोगे / पढ़ दोगी।	पढ़ दो	पढ़ देते / पढ़ देती	हमने	पुस्तकें पढ़ दीं			
दौड़ने देगा / दौड़ने देगी।	दौड़ने दे	दौड़ने देता / दौड़ने देती	उसने		तू	(i) दौड़ने दे	(ii) दौड़ने देना
दौड़ने दूँगा / दौड़ने दूँगी।	दौड़ने दूँ	दौड़ने देता / दौड़ने देती	तुमने	दौड़ने दिया	तुम	(i) दौड़ने दो	(ii) दौड़ने देना
दौड़ने देंगे / दौड़ने देंगी।	दौड़ने दें	दौड़ने देते / दौड़ने देतीं	आदि		आप	(i) दौड़ने दें/ दीजिए/देवें	(ii) दौड़ने देना
दौड़ने दोगे / दौड़ने दोगी।	दौड़ने दो	दौड़ने देते / दौड़ने देती					
पढ़ने देगा / पढ़ने देगी।	पढ़ने दे	पढ़ने देता / पढ़ने देती	उसने	पत्र पढ़ने दिया	तू	(i) पढ़ने दे	(ii) पढ़ने देना
पढ़ने दूँगा / पढ़ने दूँगी।	पढ़ने दूँ	पढ़ने देता / पढ़ने देती	तुमने	कई पत्र पढ़ने दिए	तुम	(i) पढ़ने दो	(ii) पढ़ने देना
पढ़ने देंगे / पढ़ने देंगी।	पढ़ने दे	पढ़ने देते / पढ़ने देतीं	आदि	पुस्तक पढ़ने दी	आप	(i) पढ़ने दें/ दीजिए/देवें	(ii) पढ़ने देना
पढ़ने दोगे / पढ़ने दोगी।	पढ़ने दो	पढ़ने देते / पढ़ने देती		पुस्तकें पढ़ने दीं			
दौड़ लेगा / दौड़ लेगी।	दौड़ ले	दौड़ लेता / दौड़ लेती	उसने		तू	(i) दौड़ ले	(ii) दौड़ लेना
दौड़ लूँगा / दौड़ लूँगी।	दौड़ लूँ	दौड़ लेता / दौड़ लेती	तुमने	दौड़ लिया	तुम	(i) दौड़ लो	(ii) दौड़ लेना
दौड़ लेंगे / दौड़ लेंगी।	दौड़ लें	दौड़ लेते / दौड़ लेतीं	आदि		आप	(i) दौड़ लें/ लीजिए/देवें	(ii) दौड़ लेना
दौड़ लोगे / दौड़ लोगी।	दौड़ लो	दौड़ लेते / दौड़ लेती					
पढ़ लेगा / पढ़ लेगी।	पढ़ ले	पढ़ लेता / पढ़ लेती		पत्र पढ़ लिया	तू	(i) पढ़ ले	(ii) पढ़ लेना
पढ़ लूँगा / पढ़ लूँगी।	पढ़ लूँ	पढ़ लेता / पढ़ लेती	उसने	कई पत्र पढ़ लिए	तुम	(i) पढ़ लो	(ii) पढ़ लेना
पढ़ लेंगे / पढ़ लेंगी।	पढ़ ले	पढ़ लेते / पढ़ लेतीं	आदि	पुस्तक पढ़ ली	आप	(i) पढ़ लें/ लीजिए/देवें	(ii) पढ़ लेना
पढ़ लोगे / पढ़ लोगी।	पढ़ लो	पढ़ लेते / पढ़ लेती		पुस्तकें पढ़ लीं			
पढ़ डालेगा / पढ़ डालेगी।	पढ़ डाले	पढ़ डालता / पढ़ डालती	उसने	पत्र पढ़ डाला	तू	(i) पढ़ डाल	(ii) पढ़ डालना
पढ़ डालूँगा / पढ़ डालूँगी।	पढ़ डालूँ	पढ़ डालता / पढ़ डालती	तूने	कई पत्र पढ़ डाले	तुम	(i) पढ़ डालो	(ii) पढ़ डालना
पढ़ डालेंगे / पढ़ डालेंगी।	पढ़ डालें	पढ़ डालतें / पढ़ डालतीं	तुनने	पुस्तक पढ़ डाली	आप	(i) पढ़ डालें/ डालिए	(ii) पढ़ डालना
पढ़ डालोगे / पढ़ डालोगी।	पढ़ डालो	पढ़ डालते / पढ़ डालती	हमने	पुस्तकें पढ़ डालीं			
पढ़ रखेगा / पढ़ रखेगी।	पढ़ रखे	पढ़ रखता / पढ़ रखती	उसने	पुस्तक पढ़ रखी	तू	(i) पढ़ रख	(ii) पढ़ रखना
पढ़ रखूँगा / पढ़ रखूँगी।	पढ़ रखूँ	पढ़ रखता / पढ़ रखती	तूने	पत्र पढ़ रखा	तुम	(i) पढ़ रखो	(ii) पढ़ रखना
पढ़ रखेंगे / पढ़ रखेंगी।	पढ़ रखें	पढ़ रखते / पढ़ रखतीं	तुमने	पुस्तकें पढ़ रखीं	आप	(i) पढ़ रखें/ रखिए	(ii) पढ़ रखना
पढ़ रखोगे / पढ़ रखोगी।	पढ़ रखो	पढ़ रखते / पढ़ रखती	हमने	कई पत्र पढ़ रखे			

55 सहक्रियाओं तथा अकर्मक क्रियाओं के विशिष्ट प्रयोग

अ 'है', 'था', 'होगा' और 'हो' ये चारों सहायक क्रियाएँ स्वतंत्र रूप से भी प्रयुक्त होती हैं। ये चारों अकर्मक हैं। अत: अकर्मक क्रियाओं की तरह इनके साथ भी कर्म नहीं आता।

आ 'को' परसर्ग मुख्यत: कर्मकारक का सूचक है। परंतु अकर्मक क्रियाओं के साथ ऐसे नामपद भी प्रयुक्त होते हैं जिनके साथ 'को' परसर्ग का प्रयोग होता है; जैसे—

- *राम को पुस्तक मिली।*
- *कृष्ण को चोट लगी।*
- *मुझको / मुझे बुखार चढ़ा था।*

उक्त वाक्यों के कर्ता क्रमश: पुस्तक (मिलनेवाली), चोट (लगनेवाली) और बुखार (चढ़नेवाला) ही है। मिलना, लगना और चढ़ना उक्त तीनों क्रियाएँ अकर्मक हैं। अत: राम को, कृष्ण को, मुझको कर्म नहीं हो सकते।

इ अकर्मक क्रियाओं की तरह सहक्रियाओं का प्रयोग होता है; जैसे—

- *राम को दुख है।*
- *कृष्ण को तकलीफ थी।*
- *मुझको / मुझे ईर्ष्या होगी।*

राम को, कृष्ण को, मुझको कर्म नहीं क्योंकि है, था, होगा क्रियाएँ अकर्मक हैं।

इन वाक्यों के कर्ता क्रमश: दुख (होनेवाला), तकलीफ (होनेवाली) और ईर्ष्या (होनेवाली) ही हैं। राम, कृष्ण और मैं न क्रिया करते हैं और न ही क्रिया इनके द्वारा अन्वित होती है। अत: ये उद्देश्य/कर्ता भी नहीं।

ई अकर्मक क्रियापद होने पर जिस नामपद से उसकी अन्विति होती है वही उसका कर्ता/उद्देश्य होता है। अब जरा उद्देश्य/कर्ता जानने के लिए कर्तृवाचक कृदंत का प्रयोग करें—

कर्तृवाचक कृदंत	कर्ता/उद्देश्य
मिलनेवाला/मिलनेवाली	पुस्तक
लगनेवाला/लगनेवाली	चोट
चढ़नेवाला	बुखार
है—होनेवाला	दुख
थी—होनेवाली	तकलीफ
होगी—होनेवाली	ईर्ष्या

उ अब प्रश्न उठता है कि 'को' परसर्गयुक्त नामपद कौन-सा कारक है।

उक्त सभी 'को' से युक्त नामपद यहाँ कुछ ग्रहण या सहन कर रहे हैं। चाहे पुस्तक, चाहे चोट, चाहे बुखार, चाहे दुख, चाहे तकलीफ और चाहे ईर्ष्या। गृहीता या भोक्ता यदि कर्ता अथवा कर्म नहीं तो करण और अपादान भी नहीं। करण इसलिए नहीं कि ये क्रिया का माध्यम नहीं और अपादान इसलिए नहीं कि इनसे कुछ अलग नहीं होता। अब संप्रदान या अधिकरण दो कारक बचते हैं। संप्रदान वह जिसके लिए क्रिया हो और अधिकरण वह जो आधार हो। क्रिया इनके निमित्त नहीं होती इसलिए संप्रदानकारक भी नहीं। हाँ, आधार ये अवश्य हैं क्योंकि यही तो क्रियाओं के गृहीता हैं। अत: इन्हें अधिकरणकारक मानना अधिक तर्कसंगत है।

उ आवश्यकताबोधक कालों में जब 'को' परसर्गयुक्त नामपद कर्ता माना जाता है तो प्रस्तुत वाक्यों में 'को' परसर्गयुक्त नामपदों को क्यों नहीं कर्ता माना जाता?

उत्तर में कहा जा सकता है कि 'कर्ता' का मापदंड 'को' या कोई अन्य परसर्ग नहीं होता। क्रिया को संपादित करनेवाला नामपद कर्ता/उद्देश्य होता है :

- *लड़के को जाना है।*

जानेवाला—लड़का।

लड़का उद्देश्य/कर्ता हुआ न!

परंतु अब यह वाक्य देखें—

- *लड़के को दुख होगा।*

होनेवाला—दुख।

यहाँ होनेवाला 'लड़का' नहीं।

उ होना, आना, लगना आदि अकर्मक क्रियाओं और उनके साथ प्रयुक्त होनेवाले पूरक विशेषण को कुछ विद्वान संयुक्त क्रिया के रूप में भी स्वीकार करते हैं; जैसे—

- *उसको मेरी बात अच्छी लगी।*
- *उन्हें पुरानी बातें विस्मृत हो गई हैं।*
- *मुझे उनसे यह बात मालूम हुई थी।*
- *उन्हें पूरी कविता कंठस्थ हो गई।*
- *उसे मेरी बात याद रही।*

उक्त वाक्यों में अच्छा, विस्मृत, मालूम, कंठस्थ और याद पूरक विशेषण ही हैं। आप चाहें तो अच्छा लगना, विस्मृत होना, मालूम होना, कंठस्थ होना तथा याद रहना को संयुक्त क्रिया मान भी सकते हैं।

पचपनवाँ अभ्यास

निम्नलिखित वाक्यों में 'को' नामपदों के संबंध में बताएँ कि वे किस कारक से संबद्ध हैं ? साथ ही यह भी बताएँ कि क्रियापद किस काल-भेद का सूचक है ?

1. मुझको आपसे मिलना था।
   (1) मुझको—कर्ताकारक, आपसे—करणकारक
   (2) क्रियापद—आवश्यकताबोधक—भूतकाल।
2. आप उनको अपने घर बुला लें।
   (1) ------------------------
   (2) ------------------------
3. तुम दिल को दुखी मत करो।
   (1) ------------------------
   (2) ------------------------
4. आप अपने को सँभालें।
   (1) ------------------------
   (2) ------------------------
5. उसने मेरी बात को महत्त्व नहीं दिया।
   (1) ------------------------
   (2) ------------------------
6. ऐसा करने पर उन्हें दुख होगा।
   (1) ------------------------
   (2) ------------------------
7. उसे शांति नहीं मिली।
   (1) ------------------------
   (2) ------------------------
8. कल उसे बुखार हुआ था।
   (1) ------------------------
   (2) ------------------------
9. आप उन्हें अनुचित न कहें।
   (1) ------------------------
   (2) ------------------------
10. उनको अपशब्द न कहें।
    (1) ------------------------
    (2) ------------------------
11. उसको पहले से आपकी कहानी मालूम थी।
    (1) ------------------------
    (2) ------------------------
12. यह उपन्यास तुम्हें अच्छा लगा।
    (1) ------------------------
    (2) ------------------------
13. उसे अब कुछ याद नहीं।
    (1) ------------------------
    (2) ------------------------
14. आपका निमंत्रण हमको स्वीकार है।
    (1) ------------------------
    (2) ------------------------

- घर, दिल, महत्त्व, ऐसा (मूलतः विशेषण), बुखार, अपशब्द, उपन्यास, कुछ (सर्वनाम), निमंत्रण—पुंलिंग संज्ञाएँ हैं।
- बात, शांति, कहानी—स्त्रीलिंग संज्ञाएँ हैं।
- मिलना, बुलाना, लेना, सँभालना, देना, होना, कहना, लगना—क्रियाएँ हैं।
- दुखी, अनुचित, मालूम, अच्छा, याद, स्वीकार—विशेषण हैं।
- मत, नहीं, न—निपात हैं।
- पहले से—क्रियाविशेषण है।

56 प्रेरणार्थक क्रिया

अ कर्ता जब किसी माध्यम या अभिकर्ता के द्वारा कोई काम करवाता है तो सकर्मक क्रिया के स्थान पर प्रेरणार्थक क्रिया का प्रयोग करते हैं; जैसे—

(क) *लड़का पत्र लिखता है।*
(लिखना—सकर्मक क्रिया)

(ख) *लड़का अपने भाई से पत्र लिखवाता है।*
(लिखवाना—प्रेरणार्थक क्रिया)

'लिखता है' क्रियापद 'लिखना' सकर्मक क्रिया से बना है और 'लिखवाता है' क्रियापद 'लिखवाना' प्रेरणार्थक क्रिया से।

आ सामान्यत: सकर्मक क्रिया की धातु में 'वा' मध्य प्रत्यय जोड़ने से प्रेरणार्थक क्रिया बनती है। इसके अतिरिक्त सकर्मक धातु के दीर्घ स्वरों आ, ई और ऊ को ह्रस्व, ए और ऐ को इ तथा ओ को उ करते हैं। उदाहरणार्थ :

सकर्मक क्रियाएँ	**प्रेरणार्थक क्रियाएँ**
करना (धातु-कर)	करवाना (धातु-करवा)
पढ़ना (धातु-पढ़)	पढ़वाना (धातु-पढ़वा)
चलाना (धातु-चला)	चलवाना (धातु-चलवा)
ढूँढ़ना (धातु-ढूँढ़)	ढुँढ़वाना (धातु-ढुँढ़वा)
बाँधना (धातु-बाँध)	बँधवाना (धातु-बँधवा)
निकालना (धातु-निकाल)	निकलवाना (धातु-निकलवा)
पीसना (धातु-पीस)	पिसवाना (धातु-पिसवा)
पिलाना (धातु-पिला)	पिलवाना (धातु-पिलवा)
लूटना (धातु-लूट)	लुटवाना (धातु-लुटवा)
सिलना (धातु-सिल)	सिलवाना (धातु-सिलवा)
देखना (धातु-देख)	दिखवाना (धातु-दिखवा)
बैठाना (धातु-बैठा)	बिठवाना (धातु-बिठ)
तोड़ना (धातु-तोड़)	तुड़वाना (धातु-तुड़वा)

- *मालिक नौकर से काम करवाता है।*
- *अध्यापक शिष्य से पुस्तक पढ़वाता है।*
- *किसान मजदूर से हल चलवाता है।*
- *रमेश भाई से ताली ढुँढ़वाता है।*

इ सकर्मक क्रिया और उनसे बनी प्रेरणार्थक क्रिया के वर्तमान, भूत, संकेतार्थ कृदंतों की पहचान सहज ही है-

सकर्मक—करना — करता / किया / करे
प्रेरणार्थक—करवाना— करवाता / करवाया / करवाए

सकर्मक—पढ़ना — पढ़ता / पढ़ा / पढ़े
प्रेरणार्थक—पढ़वाना— पढ़वाता / पढ़वाया / पढ़वाए

सकर्मक—चलाना — चलाता / चलाया / चलाए
प्रेरणार्थक—चलवाना— चलवाता / चलवाया / चलवाए

सकर्मक—पिलाना — पिलाता / पिलाया / पिलाए
प्रेरणार्थक—पिलवाना—पिलवाना / पिलवाया / पिलवाए

सकर्मक—लूटना — लूटता / लूटा / लूटे
प्रेरणार्थक—लुटवाना—लुटवाता / लुटवाया / लुटवाए

सकर्मक—सिलना — सिलवा / सिला / सिले
प्रेरणार्थक—सिलवाना—सिलवाता / सिलवाया / सिलवाए

ई माध्यम या अभिकर्ता क्रिया के साधन में सबसे अधिक सहायक होता है। इसलिए सदा करणकारक में रहता है। माध्यम या अभिकर्ता करणकारक ही रहता है, कर्ताकारक कदापि नहीं।

(च) *राम काम करता है।* (कर्ता—राम)
(छ) *राम मजदूर से काम करवाता है।* (कर्ता—राम)
जैसे करनेवाला—राम; वैसे करवानेवाला भी राम।

(ज) *अध्यापक शिष्य को पढ़ाता है।* (कर्ता—अध्यापक)
(झ) *अध्यापक अपनी बेटी से शिष्य को पढ़वाता है।* (,,)
जैसे पढ़ानेवाला अध्यापक; वैसे पढ़वानेवाला भी अध्यापक।

(ट) *लड़की सिलाई मशीन चलाती है।* (कर्ता—लड़की)
(ठ) *लड़की सेविका से सिलाई मशीन चलवाती है।* (,,)
जैसे चलानेवाली लड़की; वैसे ही चलवानेवाली भी लड़की।

इस प्रकार हम कह सकते हैं कि, (च) और (छ) वाक्यों में 'राम' (ज) और (झ) वाक्यों में 'अध्यापक' तथा (ट) और (ठ) वाक्यों में 'लड़की' ही कर्ता/उद्देश्य है।

उ प्रेरणार्थक क्रियाओं के विभिन्न कालों के क्रियारूप अन्य क्रियाओं की तरह ही बनते हैं।

सामान्य वर्तमान :	किसान मजदूर से हल चलवाता है।
अपूर्ण भूत :	किसान मजदूर से हल चलवाता था।
संदिग्ध वर्तमान :	किसान मजदूर से हल चलवाता होगा।
संभाव्य वर्तमान :	किसान मजदूर से हल चलवाता हो।
तात्कालिक वर्त० :	किसान मजदूर से हल चलवा रहा है।
सामान्य भूत :	किसान ने मजदूर से हल चलवाया।
आसन्न भूत :	किसान ने मजदूर से हल चलवाया है।
पूर्ण भूत :	किसान ने मजदूरों से हल चलवाया था।
संदिग्ध भूत :	किसान ने मजदूर से हल चलवाया होगा।
संभाव्य भूत :	किसान ने मजदूर से हल चलवाया हो।
तात्कालिक भूत :	किसान मजदूर से हल चलवा रहा था।
सामान्य भविष्य :	किसान मजदूर से हल चलवाएगा।
वर्तमान संकेतार्थ :	किसान मजदूर से हल चलवाए।

छप्पनवाँ अभ्यास

क्रियापदों को प्रेरणार्थक रूप दें तथा माध्यम या अभिकर्ता का भी उल्लेख करें -

1. वह पत्र लिखता है।

(अ) प्रेरणार्थक रूप—वह भाई से पत्र लिखवाता है।

(ब) माध्यम—भाई से

2. वह पुस्तक लिखेगा।

----

3. लड़की गंदी मेज साफ करती है।

----

4. राम अपनी बेटी को पढ़ा रहा था।

----

5. किसान हल जोत रहे हैं।

----

6. आतंकियों ने सिपाही पर गोली चलाई।

----

7. मालिक ने बच्चे को कुचला था।

----

8. उसने स्कूल का काम किया था।

----

9. वह सफाई करे।

----

10. अध्यापक प्रधानाध्यापक को घेरेंगे।

----

11. उसने अपने भाई को संदेश भेजा था।

----

12. उन्होंने हमारे लिए गीत लिखा।

----

13. बुढ़िया गेहूँ पीसती थी।

----

14. मिस्तरी पत्थर तोड़ रहा होगा। '

- पत्र, किसान, हल, आतंकी, सिपाही, मालिक, बच्चा, स्कूल, काम, अध्यापक, प्रधानाध्यापक, भाई, संदेश, गीत, गेहूँ, मिस्त्री, पत्थर—पुंलिंग संज्ञाएँ हैं।
- पुस्तक, लड़की, मेज, बेटी, गोली, सफाई, बुढ़िया—स्त्रीलिंग संज्ञाएँ हैं।
- लिखना, लिखवाना, करना, करवाना, पढ़ाना, जोतना, जुतवाना, चलाना, चलवाना, कुचलना, घेरना, घिरवाना, भेजना, भिजवाना, पीसना, पिसवाना—क्रियाएँ हैं।
- गंदा, साफ—क्रियाविशेषण हैं।

57 क्रियाओं का रूपांतरण (1)

अ अनेक अकर्मक क्रियाओं की धातुओं में मध्य प्रत्यय 'आ' जोड़ने से सकर्मक क्रियाएँ बनती हैं; जैसे—

उड़ना / उड़ाना	निकलना / निकालना
खौलना / खौलाना	पहुँचना / पहुँचाना
गिरना / गिराना	फैलना / फैलाना
चढ़ना / चढ़ाना	बढ़ना / बढ़ाना
जलना / जलाना	बनना / बनाना
ठहरना / ठहराना	मिलना / मिलाना
डरना / डराना	लेटना / लेटाना
तैरना / तैराना	लौटना / लौटाना
दौड़ना / दौड़ाना	हँसना / हँसाना

- *पतंग उड़ रही है।* (उड़ना—अकर्मक)
- *वह पतंग उड़ा रहा है।* (उड़ाना—सकर्मक)
- *दूध खौल रहा है।* (खौलना—अकर्मक)
- *दुकानदार दूध खौला रहा है।* (खौलाना—सकर्मक)
- *छत गिरी।* (गिरना—अकर्मक)
- *मिस्तरी ने छत गिराई।* (गिराना—सकर्मक)

आ कुछ अकर्मक क्रियाओं को सकर्मक क्रिया का रूप देने के लिए मध्य प्रत्यय 'आ' जोड़ने से पहले धातु के आ, ई और ऊ दीर्घ स्वरों को ह्रस्व, ए को इ और ओ को उ करते हैं; जैसे—

काँपना / कँपाना	बीतना / बिताना
जागना / जगाना	डूबना / डुबाना
भागना / भगाना	खेलना / खिलाना

इ कुछ अकर्मक क्रियाओं से बननेवाली सकर्मक क्रियाएँ अनियमित होती हैं, जैसे--

टूटना / तोड़ना	भीगना / भिगोना
नहाना / नहलाना	रोना / रुलाना
फटना / फाड़ना	

उदाहरण :

डाल टूटी।	उसने डाल तोड़ी।
वह नहाएगा।	वह बच्चे को नहलाएगा।

ई कुछ सकर्मक क्रियाओं की धातु के दीर्घ स्वर को ह्रस्व करने से अकर्मक क्रियाएँ बनती हैं; जैसे—

काटना / कटना	चीरना / चिरना
खोलना / खुलना	जोड़ना / जुड़ना
घेरना / घिरना	लूटना / लुटना

उ अनेक सकर्मक क्रियाओं की धातुओं के दीर्घ स्वर को (यदि हो तो) ह्रस्व करने के बाद मध्य प्रत्यय 'आ' जोड़ने से द्विकर्मक सकर्मक क्रियाएँ बनती हैं; जैसे—

करना / कराना	पढ़ना / पढ़ाना
काटना / कटाना	पहनना / पहनाना
खींचना / खिंचाना	पीना / पिलाना*
चीरना / चिराना	जीना / जिलाना*
चूसना / चुसाना	लिखना / लिखाना
देखना / दिखाना	सुनना / सुनाना

- *मैं स्कूल का काम करता हूँ।* करना—सकर्मक
- *माँ बच्चे को स्कूल का काम कराती है।* कराना—द्विकर्मक
- *मैंने पुस्तक पढ़ी।* पढ़ना—सकर्मक
- *मैंने विद्यार्थी को पुस्तक पढ़ाई।* पढ़ाना—द्विकर्मक
- *मैंने निबंध लिखा।* लिखना—सकर्मक
- *मैंने राम को निबंध लिखाया।* लिखाना—द्विकर्मक
- *मैंने पानी पिया।* पीना—अकर्मक
- *मैंने अतिथियों को पानी पिलाया।* पिलाना—द्विकर्मक

ऊ यद्यपि उक्त द्विकर्मक क्रियाओं का प्रेरणार्थक क्रियाओं की तरह प्रयोग होता है तो भी ध्यान रखें कि उक्त द्विकर्मक क्रियाओं से प्रेरणार्थक क्रियाएँ भिन्न हैं क्योंकि उनमें मध्य प्रत्यय 'वा' का योग होता है और साथ ही माध्यम या अभिकर्ता की करणकारक के रूप में अवतारणा भी होती है; जैसे—

- *मुझे पत्र मिला।* मिलना—अकर्मक
- *मैंने हाथ मिलाया।* मिलाना—सकर्मक
- *मैंने अपने मित्र को मंत्री से मिलवाया।* मिलवाना—प्रेरणार्थक
- *मैं हिंदी पढ़ता हूँ।* पढ़ना—सकर्मक
- *मैं राम को हिंदी पढ़ाता हूँ।* पढ़ाना—द्विकर्मक
- *मैं अध्यापक से राम को हिंदी पढ़वाता हूँ।* पढ़वाना—प्रेरणार्थक
- *मैंने पुस्तकालय देखा।* देखना—सकर्मक
- *मैंने मोहन को पुस्तकालय दिखाया।* दिखाना—द्विकर्मक
- *मैंने अपने शिष्य से उन्हें पुस्तकालय दिखावाया।* दिखवाना—प्रेरणार्थक

* अपवाद हैं।

सत्तावनवाँ अभ्यास

अकर्मक, सकर्मक, द्विकर्मक या प्रेरणार्थक क्रिया का प्रयोग करें और तीन-तीन वाक्य बनाएँ। आशय समीचीन होना चाहिए -

1. पतंग आकाश में ------------------------------ है। (उड़ना / उड़ाना / उड़वाना)
— पतंग आकाश में उड़ती है।
2. उसने कुएँ से पानी ------------------------------ । (निकलना / निकलाना / निकलवाना)
------------------------------ ------------------------------
3. डॉक्टर ने मरीज को मेज पर ------------------------------ । (लेटना / लिटाना / लिटवाया)
------------------------------ ------------------------------
4. वह दिल्ली से कब ------------------------------ । (लौटना / लौटाना / लौटवाना)
------------------------------ ------------------------------
5. नदी का पानी ------------------------------ । (बढ़ना / बढ़ाना / बढ़वाना)
------------------------------ ------------------------------
6. मंत्री ने नया मकान ------------------------------ । (बनना / बनाना / बनवाना)
------------------------------ ------------------------------
7. उसने चोर को पुलिस से ------------------------------ । (पकड़ना / पकड़ाना / पकड़वाना)
------------------------------ ------------------------------
8. बारात होटल में ------------------------------ । (ठहरना / ठहराना / ठहरवाना)
------------------------------ ------------------------------
9. उन्होंने नया गीत ------------------------------ । (गाना / गवाना)
------------------------------ ------------------------------
10. मैंने बढ़ई से लकड़ी ------------------------------ । (चिरना / चीरना / चिरवाना)
------------------------------ ------------------------------
11. मैंने उसे बहन के हाथ संदेशा ------------------------------ । (भेजना / भेजवाना)
------------------------------ ------------------------------
12. आपने किससे चित्र ------------------------------ । (बनना / बनाना / बनवाना)
------------------------------ ------------------------------
13. आप किससे पुस्तक ------------------------------ । (माँगना / मँगाना / मँगवाना)
------------------------------ ------------------------------
14. वह जेब से रूमाल ------------------------------ । (निकलना / निकालना / निकलवाना)
------------------------------ ------------------------------
15. आपने हमें स्टेशन मास्टर से ------------------------------ । (मिलना / मिलाना / मिलवाना)
------------------------------ ------------------------------

- आकाश, कुआँ, पानी, डॉक्टर, मरीज, मंत्री, चोर, होटल, गीत, बढ़ई, संदेशा, चित्र, जेब, रूमाल, स्टेशन मास्टर— पुंलिंग संज्ञाएँ हैं।
- पतंग, मेज, नदी, पुलिस, बारात, लकड़ी, बहन, पुस्तक—स्त्रीलिंग संज्ञाएँ हैं।

58 क्रियाओं का रूपांतरण (2)

अ अनेक अकर्मक क्रियाओं में आ और वा मध्य प्रत्यय जोड़कर उन्हें सकर्मक और प्रेरणार्थक क्रिया बनाया जाता है; जैसे—

अकर्मक क्रिया	सकर्मक क्रिया	प्रेरणार्थक क्रिया
धातु + ना प्रत्यय	+ आ मध्य प्रत्यय	+ वा मध्य प्रत्यय

बनना	बनाना	बनवाना
पकना	पकाना	पकवाना
जलना	जलाना	जलवाना
डरना	डराना	डरवाना
चलना	चलाना	चलवाना
बढ़ना	बढ़ाना	बढ़वाना
गिरना	गिराना	गिरवाना
ठहरना	ठहराना	ठहरवाना
पहुँचना	पहुँचाना	पहुँचवाना
मिलना	मिलाना	मिलवाना
लगना	लगाना	लगवाना
लड़ना	लड़ाना	लड़वाना
लौटना	लौटाना	लौटवाना

अकर्मक क्रिया = कर्ता + क्रिया

- *मकान बनता है।*
- *दीवार गिरती है।*
- *पत्र मिलता है।*

सकर्मक क्रिया = कर्ता + कर्म + क्रिया

- *लड़का मकान बनाता है।*
- *मजदूर दीवार गिराता है।*
- *मैं फोन मिलाता हूँ।*

प्रेरणार्थक क्रिया = कर्ता + करण + कर्म + क्रिया

- *लड़का ठेकेदार से मकान बनवाता है।*
- *मालिक मजदूर से दीवार गिरवाता है।*
- *मैं मोहन से राम को मिलवाता हूँ।*

'कर्म' करण से पहले भी हो सकता है; जैसे—

- *मैं राम को मोहन से मिलवाता है।*

आ अकर्मक क्रिया को सकर्मक या प्रेरणार्थक क्रिया का रूप देते समय धातु के दीर्घ स्वर में इस प्रकार परिवर्तन होता है—

आ	ई	ऊ	ए	ओ
↓	↓	↓	↓	↓
अ	इ	उ	इ	उ

नाचना(धातु-नाच) →← नच=नचाना, नचवाना
जागना(धातु-जाग) →← जग=जगाना, जगवाना
डूबना(धातु-डूब) →← डुब=डुबाना, डुबवाना
खेलना(धातु-खेल) →← खिल=खिलाना, खिलवाना
लेटना(धातु-लेट) →← लिट=लिटाना, लिटवाना
बोलना(धातु बोल) →← बुल=बुलाना, बुलवाना

इ कुछ अकर्मक क्रियाओं के सकर्मक तथा प्रेरणार्थक क्रियारूप असामान्य भी होते हैं और कुछ के सकर्मक तथा प्रेरणार्थक रूप होते ही नहीं।

अकर्मक	**सकर्मक**	**प्रेरणार्थक**
कटना	काटना	कटवाना
मरना	मारना, मराना	मरवाना
टूटना	तोड़ना	तुड़वाना
रोना	रुलाना	रुलवाना
सोना	सुलाना	सुलवाना
भागना	भगाना	भगवाना
रहना	—	—
लजाना	—	—
होना	—	—

[रहना के रहाना, लजाना के लजवाना तथा होना के हुआना आदि रूप कभी-कभी देखने में तो अवश्य आते हैं परंतु वे मानक रूप नहीं।]

- *पेड़ कटता है।*

•• *मैं पेड़ काटता हूँ।*

••• *वह वनवासियों से पेड़ कटवाता है।*

- *बेटा रोता है।*

•• *बेटा माँ को रुलाता है।*

••• *बेटे ने पत्नी से माँ को रुलवाया।*

ई प्रेरणार्थक क्रिया का प्रयोग होने पर माध्यम या अभिकर्ता अर्थात् करणकारक का प्रयोग किसी कारणवश न किए जाने पर भी वह प्रकट रहता है; जैसे—

- *जमींदार ने किसान को मरवाया।*
  (अपने सेवकों से, गुंडों से आदि-आदि)
- *उस इमारत को इन्हीं लोगों ने गिरवाया।*
  (अपने सहायको या समर्थकों से)
- *सरकार ने ट्रैक्टर चलवाए।*
  (अपने सहयोगियों या कर्मचारियों से)

अट्ठावनवाँ अभ्यास

अकर्मक क्रिया के स्थान पर (क) सकर्मक तथा (ख) प्रेरणार्थक क्रियाओं का प्रयोग करके नए वाक्यों की रचना करें। ध्यान रहे कि अर्थ समीचीन रहे।

1. गुलाब का पौधा बाग में लगा था।
   (i) उसने गुलाब का पौधा लगाया था। (सकर्मक)
   (ii) उसने माली से गुलाब का पौधा लगवाया था। (प्रेरणार्थक)
2. बच्चे अँधेरे में डरते हैं।
   (i) ------------------------------
   (ii) ------------------------------
3. पार्सल आज सुबह पहुँचा।
   (i) ------------------------------
   (ii) ------------------------------
4. अगले हफ्ते सड़क बनेगी।
   (i) ------------------------------
   (ii) ------------------------------
5. मकान जल रहा है।
   (i) ------------------------------
   (ii) ------------------------------
6. आज घर में खीर बनी थी।
   (i) ------------------------------
   (ii) ------------------------------
7. दीपक बुझा था।
   (i) ------------------------------
   (ii) ------------------------------
8. बच्ची सोयी थी।
   (i) ------------------------------
   (ii) ------------------------------
9. उसका कान कटा था।
   (i) ------------------------------
   (ii) ------------------------------
10. बच्चा नहा रहा था।
    (i) ------------------------------
    (ii) ------------------------------
11. गुड़िया नाचेगी।
    (i) ------------------------------
    (ii) ------------------------------

- गुलाब, पौधा, बाग, बच्चा, अँधेरा, पार्सल, हफ्ता, मकान, घर, दीप, कान, बच्चा—पुंलिंग संज्ञाएँ हैं।
- सड़क, खीर, बच्ची, गुड़िया—स्त्रीलिंग संज्ञाएँ हैं।
- आज सुबह, अगले हफ्ते, आज—क्रिया विशेषण पदबंध हैं।
- लगना, लगाना, लगवाना; डरना, डराना, डरवाना; बनना, बनाना, बनवाना; जलाना, बुझना, बुझाना, बुझवाना; सोना, सुलाना, सुलवाना; कटना, नहाना, नहलाना, नहलवाना; नाचना, नचाना, नचवाना—अकर्मक क्रियाएँ हैं।

59 वाच्य : कर्तृवाच्य

अ हिंदी वाक्य रचना में कर्ता, कर्म और क्रिया तीन मुख्य स्तंभ माने जाते हैं और इनको वाक्य में मिलनेवाली प्रमुखता के आधार पर कथन के भी तीन प्रकार माने जाते हैं जिन्हें वाच्य कहते हैं :

(i) कर्तृवाच्य—वाक्य में कर्ता को प्रमुखता मिलने पर
(ii) कर्मवाच्य—वाक्य में कर्म को प्रमुखता मिलने पर
(iii) भाववाच्य—वाक्य में क्रिया को प्रमुखता मिलने पर

आ अनेक विद्वानों के मत से जब कर्ता के लिंग-वचन-पुरुष से क्रियापद की अन्विति हो तो कथन-प्रकार कर्तृवाच्य होगा, कर्म के लिंग-वचन-पुरुष के अनुसार क्रियापद की अन्वित हो तो कथन-प्रकार कर्मवाच्य होगा और यदि क्रियापद पर कर्ता अथवा कर्म के लिंग-वचन-पुरुष का प्रभाव शून्य हो और क्रियापद पुंलिंग, एकवचन, अन्य पुरुष रहे तो कथन-प्रकार भाववाच्य होगा; जैसे—

1. लडका पुस्तक पढता है।
2. लडकी पुस्तक पढती है।
3. लडके पुस्तक पढते हैं।
4. लडकियाँ पुस्तक पढती हैं। — कर्तृवाच्य
5. लड़के ने पुस्तक पढ़ी।
6. लड़के ने पुस्तकें पढ़ीं।
7. लड़के ने समाचार पत्र पढ़ा। — कर्मवाच्य
8. लड़के को जाना होगा।
9. अध्यापक ने लड़के को बुलाया।
10. अध्यापिका ने लड़की को बुलाया।
11. अध्यापक ने लड़कों को बुलाया।
12. अध्यापिका ने लड़कियों को बुलाया। — भाववाच्य

इ यदि उक्त उदाहरणों को ध्यानपूर्वक देखें तो हम इस निष्कर्ष पर पहुँचेंगे कि कथन-प्रकार का उक्त वर्गीकरण परसर्गों की प्रमुखता पर आधारित है न कि कर्ता, कर्म और क्रिया की प्रमुखता पर आधारित। कर्ता अगर परसर्ग से रहित हो तो क्रियापद उसी के लिंग-वचन-पुरुष के अनुसार होगा। कर्ता में परसर्ग होने पर क्रियापद कर्म के लिंग-वचन-पुरुष के अनुरूप अन्वित होगा तथा कर्ता और कर्म दोनों के परसर्गयुक्त होने पर क्रियापद पुलिंग-एकवचन-अन्य पुरुष होगा। इस प्रकार उक्त वर्गीकरण में वस्तुत: कर्ता, कर्म अथवा क्रिया की प्रमुखता नहीं, परसर्गों की प्रमुखता है। अत: यह वर्गीकरण हमारा आदर्श नहीं हो सकता।

ई तथ्य यह है कि वाक्य में कर्ता की प्रधानता इस बात से सूचित होती है कि उसके बिना वाक्य अधूरा रहे और कर्म की प्रधानता इस बात से सूचित होती है कि कर्ता के बिना भी वाक्य पूरा रहे। कर्तृवाच्य में वाक्य की पूर्णता कर्ता पर निर्भर होती है और कर्मवाच्य में वाक्य की पूर्णता कर्म पर निर्भर होती है। कर्ता की पहचान हम मुख्य क्रिया से बने कर्तृवाचक कृदंत [क्रियार्थक संज्ञा+वाला (प्रत्यय)] के सहारे कर सकते हैं; जैसे—

- *लड़का जाता है।*
  (कर्ता—लड़का; जानेवाला कौन ?—लड़का)
- *लड़की पुस्तक पढ़ रही है।*
  (कर्ता—लड़की; पढ़नेवाला/पढ़नेवाली कौन ?—लड़की)
- *राम ने पुस्तक खरीदी।*
  (कर्ता—राम(ने); खरीदनेवाला कौन ?—राम)
- *मोहन को पुस्तक पढ़नी चाहिए।*
  (कर्ता—मोहन (को); पढ़नेवाला कौन ?—मोहन)
- *काम हो गया।*
  (कर्ता—काम; होनेवाला कौन/क्या ?—काम)

उक्त वाक्यों से कर्ता लड़का, लड़की, राम (ने), मोहन (को) और काम क्रमश: हटा दें तो वाक्य अधूरे हो जाएँगे। इन वाक्यों के लिए कर्ता अपरिहार्य है। अत: उक्त वाक्य कर्तृवाच्य के सूचक हैं अर्थात् कर्तृवाचक हैं। अब निम्नलिखित वाक्य देखें—

- *आम खाया गया।*
  (कर्ता— ×; — खानेवाला कौन ?—कोई उत्तर नहीं)
- *पुस्तक पढ़ी गई।*
  (कर्ता—×; — पढ़नेवाला कौन ?—कोई उत्तर नहीं)

उक्त वाक्यों में क्रमश: 'खाना' और 'पढ़ना' क्रियाओं के कर्ता हैं ही नहीं, अत: उक्त वाक्य कर्तृवाच्य के अंतर्गत नहीं आते।

उ 'आ' के अंतर्गत 5 से 12 तक जिन वाक्यों का उल्लेख कर्मवाच्य अथवा भाववाच्य के रूप में किया गया है, वे भी कर्ता के बिना अधूरे रहते हैं; जैसे—

5. पुस्तक पढ़ी।	9. लड़के को बुलाया।
6. पुस्तकें पढ़ीं।	10. लड़की को बुलाया।
7. समाचार पत्र पढ़ा।	11. लड़कों को बुलाया।
8. जाना होगा।	12. लड़कियों को बुलाया।

अत: उक्त वाक्य कर्मवाच्य या भाववाच्य के अंतर्गत नहीं रखे जाने चाहिए। वे सब के सब कर्तृवाच्य ही हैं। जिस वाक्य में कर्ता आवश्यक हो वह कर्तृवाच्य माना जाएगा।

उनसठवाँ अभ्यास

बताएँ कि निम्नलिखित वाक्य कर्तृवाच्य के हैं या नहीं -

1. पंडित जी ने कथा सुनाई।
   मुख्य क्रिया — सुनाना;
   कर्तृवाचक कृदंत — सुनानेवाला;
   सुनानेवाला कौन — पंडित जी (ने);
   कर्ता है — अत: वाक्य कर्तृवाचक।
2. कथा सुनाई गई।
   ----
3. साइकिल टूट गई।
   ----
4. साइकिल तोड़ी गई।
   ----
5. आतंकियों ने घर जला डाला।
   ----
6. घर का सारा सामान जल गया।
   ----
7. घर जलाया गया।
   ----
8. कपड़े फट गए।
   ----
9. कपड़े फाड़े गए।
   ----
10. पुस्तक नहीं लिखी गई।
    ----
11. लेखक ने पंद्रह पुस्तकें लिखी थीं।
    ----
12. पत्नी को ससुराल में रहना है।

- पंडित, आतंकी, घर, सामान, कपड़ा, लेखक, ससुराल—पुंलिंग संज्ञाएँ हैं।
- कथा, साइकिल, पुस्तक, पत्नी—स्त्रीलिंग संज्ञाएँ हैं।
- टूटना, तोड़ना, जलना, फटना, रहना—अकर्मक क्रियाएँ हैं।
- सुनाना, तोड़ना, जलाना, डालना, फाड़ना, लिखना—सकर्मक क्रियाएँ हैं।

60 वाच्य : कर्मवाच्य

अ कर्मवाच्य में कर्म की प्रमुखता रहती है। कर्म ही वाक्य को पूर्णता प्रदान करने में सक्षम रहता है। कर्ता या तो रहता नहीं और यदि रहता भी है तो उसके साथ कारणकारक का परसर्ग 'से' आता है। इसे कर्ता की पदावनति भी माना जा सकता है। जिस प्रकार कर्ता की पहचान कर्तृवाचक कृदंत से करते हैं उसी प्रकार हम कर्मवाचक कृदंत की संकल्पना कर सकते हैं और उसके द्वारा कर्म की पहचान भी कर सकते हैं। मुख्य धातु के भूतकृदंत और जा धातु के कर्तृवाचक कृदंत के योग से कर्मवाचक कृदंत बनता है; जैसे—

मुख्यधातु खा—भूतकृदंत—खाया+जानेवाला=खाया जानेवाला

- *आम खाया गया।*

  यहाँ मुख्य धातु 'खाना' है।

  कर्तृवाचक कृदंत — खानेवाला (कर्ता) = ×

  कर्मवाचक कृदंत — खाया जानेवाला (कर्म) = आम
- *पुस्तक पढ़ी गई।*

  यहाँ मुख्य धातु 'पढ़ना' है।

  कर्तृवाचक कृदंत — पढ़नेवाला (कर्ता) = ×

  कर्मवाचक कृदंत—पढ़ा जानेवाला/पढ़ी जानेवाली=पुस्तक

उक्त वाक्यों में कर्ता है ही नहीं। आप चाहें तो करणकारक में कर्ता रख सकते हैं; जैसे—

- *राम से आम खाया गया।*
- *मोहन से पुस्तक पढ़ी गई।*

आ प्राय: 'से' परसर्ग के स्थान पर 'के द्वारा' संबंधबोधक का प्रयोग अधिक वरीय होता है; जैसे—

- *राम के द्वारा आम खाया गया।*
- *मोहन के द्वारा पुस्तक पढ़ी गई।*

इ कर्तृवाच्य के हर उस वाक्य को कर्मवाच्य में ढाला जा सकता है जिसमें कर्म हो अर्थात् क्रियापद सकर्मक धातु से बना हो। निम्नलिखित वाक्यों को देखें :

- *सिपाही ने चोर को पकड़ा।*
- *लड़की रोटी पका रही है।*
- *लड़का पुस्तक पढ़ रहा है।*

उक्त वाक्य कर्तृवाच्य में हैं क्योंकि इनमें कर्ता उपस्थित है :

पकड़नेवाला—सिपाही (ने)—कर्ता

पकानेवाला/पकानेवाली—लड़की—कर्ता

पढ़नेवाला—लड़का—कर्ता

अब कर्म भी पहचान लीजिए :

पकड़ा जानेवाला—चोर (को)—कर्म

पकाई जानेवाली—रोटी—कर्म

पढ़ी जानेवाली—पुस्तक—कर्म

कर्तृवाचक वाक्यों को कर्मवाच्य में ढालने के लिए चार उपाय करने पड़ते हैं। सबसे पहले (क) कर्ता को हटाया जाता है। वाक्यों का शेष अंश बचेगा—

- *चोर को पकड़ा।*
- *रोटी पका रही है।*
- *पुस्तक पढ़ रहा है।*

दूसरे (ख) क्रियापद की मुख्य क्रिया को भूतकृदंत रूप देना होता है। यदि वह पहले से भूतकृदंत रूप में ही हो तो ठीक ही है।

उक्त वाक्यों की पकड़ना, पकाना और पढ़ना क्रियाओं के क्रमशः भूतकृदंत रूप होंगे—

पकड़ा, पकाया, और पढ़ा।

'पकड़ा' भूतकृदंत रूप तो पहले से है, पका और पढ़ धातुओं के स्थान पर क्रमश: 'पकाया' और 'पढ़ा' भूतकृदंत रखने होंगे।

(ग) इसके बाद 'जा' धातु को वही रूप देना होगा जो कर्तृवाच्य में मुख्य क्रिया को प्राप्त है। मुख्य क्रिया पकड़ा भूतकृदंत रूप में है, पका और पढ़ धातु रूप में। 'जा' का भूतकृदंत रूप होगा—गया। पका और पढ़ धातु रूप हैं अत: 'जा' रूप ही रहेगा। वाक्यों के रूप बनेंगे—

(क) चोर को पकड़ा गया।

(ख) रोटी पकाया जा रही है। ×

(ग) पुस्तक पढ़ा जा रहा है। ×

और अब अंत में (घ) कर्म (मुख्य) के लिंग वचन के अनुसार क्रियापदों को संशोधित कर लें।

(क) वाक्य—चोर को पकड़ा गया।—सही है।

(ख) रोटी स्त्रीलिंग एकवचन संज्ञा के अनुसार क्रियापद का सही रूप होगा—

रोटी पकाई जा रही है।

और पुस्तक स्त्रीलिंग एकवचन संज्ञा के अनुसार क्रियापद का सही रूप होगा—

पुस्तक पढ़ी जा रही है।

उक्त नए वाक्यों में कर्म का वर्चस्व स्थापित हो गया है। अत: इस कथन प्रकार को कर्मवाच्य कहते हैं और वाक्य प्रकार को कर्मवाचक।

साठवाँ अभ्यास

निम्नलिखित वाक्यों को कर्मवाच्य में ढालें। बिना कर्ता के और कर्ता सहित दोनों रूप लिखें -

1. मैंने एक नया घर बनाया है।
   (i) नया घर बनाया गया है।
   (ii) मेरे द्वारा नया घर बनाया गया है।
2. वह दो पुस्तकें लिख रहा है।
   (i) ----------------------------
   (ii) ----------------------------
3. क्या तुमने घड़ी में चाबी दी है ?
   (i) ----------------------------
   (ii) ----------------------------
4. वे कुछ नहीं कर सकते।
   (i) ----------------------------
   (ii) ----------------------------
5. उन्होंने हमारा खाता खोला था।
   (i) ----------------------------
   (ii) ----------------------------
6. आप नया कंप्यूटर ही लें।
   (i) ----------------------------
   (ii) ----------------------------
7. वे अपना मकान बेच रहे हैं।
   (i) ----------------------------
   (ii) ----------------------------
8. वे सारा प्रबंध करेंगे।
   (i) ----------------------------
   (ii) ----------------------------
9. हम नाटक का मंचन कर सकते हैं।
   (i) ----------------------------
   (ii) ----------------------------
10. तुम मिठाई मत बाँटो।
    (i) ----------------------------
    (ii) ----------------------------
11. किसान बरसात के मौसम में हल जोतते हैं।
    (i) ----------------------------
    (ii) ----------------------------
12. उसने दाढ़ी बना ली।
    (i) ----------------------------
    (ii) ----------------------------
13. आप पानी पिएँ।
    (i) ----------------------------
    (ii) ----------------------------
14. तुम दुकान खोलो।
    (i) ----------------------------
    (ii) ----------------------------
15. उन्होंने यह उपन्यास 1975 में लिखा था।
    (i) ----------------------------
    (ii) ----------------------------
16. वह कमरे में गीत गा रहा होगा।
    (i) ----------------------------
    (ii) ----------------------------

- घर, कुछ (सर्वनाम) खाता, कंप्यूटर, मकान, प्रबंध, नाटक, मंचन, मौसम, हल, पानी, उपन्यास, कमरा—पुंलिंग संज्ञाएँ हैं।
- पुस्तक, घड़ी, मिठाई, बरसात, दाढ़ी, दुकान—स्त्रीलिंग संज्ञाएँ हैं।
- बनाना, लिखना, देना, करना, खोलना, लेना, बेचना, करना, बाँटना, जोतना, पीना, गाना—सकर्मक क्रियाएँ हैं।

61 वाच्य : कर्मवाच्य, भाववाच्य

अ कर्मवाच्य वाक्य रचना में, अब यदि आपकी इच्छा हो तो कर्तृवाच्य के कर्ता को करणकारक में स्थान भी दे सकते हैं—

- *सिपाही के द्वारा चोर पकड़ा गया।*
- *लड़की के द्वारा रोटी पकाई जा रही है।*
- *लड़के के द्वारा पुस्तक पढ़ी जा चुका है।*

आ कुछ कर्मवाच्य के सूचक वाक्यों में कर्ता का रखा जाना आवश्यक है; जैसे—

- *किसने यह नाटक लिखा?* कर्तृवाच्य
- •• *यह नाटक लिखा गया?* कर्मवाच्य
- •• *किसके द्वारा यह नाटक लिखा गया?* कर्मवाच्य

इ कर्मवाच्य की वाक्य-रचना में उद्देश्य और कर्ता के बीच का अंतर भी प्रकट होता है; जैसे—

- *रोटी खाई गई।*

'रोटी' यहाँ उद्देश्य तो है क्योंकि उसी के बारे में कहना अभिप्रेत है। परंतु यहाँ 'रोटी' कर्ता नहीं कर्म है। ध्यान रहे कि कर्ता तो उद्देश्य होगा परंतु उद्देश्य कर्ता हो यह आवश्यक नहीं।

ई यदि कर्तृवाच्य वाक्य रचना का क्रियापद संयुक्त क्रियापद हो तो कर्मवाच्य वाक्य-रचना में यह सावधानी बरतें कि 'जा' धातु से बना क्रियारूप संयोज्य क्रिया के बाद रखा जाएगा और संयोज्य क्रियारूप को ही भूतकृदंत रूप में ढाला जाएगा; जैसे—

(क) *शिकारी ने शेर को मार डाला।*

यहाँ 'मार डाला' क्रियापद 'मार' और 'डाला' दो धातुओं से बना है। अतः संयुक्त क्रियापद है। इस कर्तृवाचक वाक्य का कर्मवाचक रूप होगा—

- *शेर को मार डाला गया।*

(ख) *वे नई साइकिल ले लेंगे।*

कर्मवाच्य—नई साइकिल ले ली जाएगी।

ध्यान दें—'ले लेंगे' में 'लेना' मुख्य क्रिया है वैसी ही रहेगी। यहाँ संयोज्य क्रिया 'लेना' भी है जो सामान्य भविष्यकाल में है। इसी संयोज्य क्रिया को अब हम भूतकृदंत रूप 'लिया' के रूप में रखेंगे। साइकिल स्त्रीलिंग संज्ञा है। इसलिए 'लिया' की जगह उसका स्त्रीवाची रूप रहेगा—ली। 'लेंगे' सामान्य भविष्यकाल की क्रिया है। अतः 'जाना' क्रिया भी सामान्य भविष्यकाल में रहेगी—जाएँगे। 'साइकिल' एकवचन स्त्रीलिंग संज्ञा होने के कारण रूप होगा 'जाएगी'। कर्मवाच्य में वाक्य का रूप हुआ—

- *साइकिल ले ली जाएगी।*

उ कर्मवाच्य वाक्य-रचना में उद्देश्य (जो वस्तुतः कर्म है) यदि 'को' परसर्ग से युक्त है तो उसे बिना 'को' के भी रख सकते हैं; जैसे—

- *शेर को मार डाला गया।*
- •• *शेर मार डाला गया।*
- *चोर को पकड़ लिया गया।*
- •• *चोर पकड़ लिया गया।*
- *शत्रु को फाँसी पर लटका दिया जाता है।*
- •• *शत्रु फाँसी पर लटका दिया जाता है।*

ऊ कर्मवाच्य में संयोज्य क्रियाओं 'सकना' और 'चुकना' से पहले 'जा' धातु के क्रियारूप का प्रयोग किया जाता है—

- *वह पुस्तक पढ़ चुका है।* (पढ़ना—मुख्य क्रिया)
- *पुस्तक पढ़ी जा चुकी है।*
- *मैं विद्यार्थियों को यह पुस्तक पढ़ा चुका हूँ।* (पढ़ाना—क्रिया)
- *विद्यार्थियों को यह पुस्तक पढ़ाई जा चुकी है।*

ऋ भाववाच्य में भी क्रियापदों का रूपांतर कर्मवाच्य की तरह होता है। यहाँ भी कर्ता को कुछ अवसरों पर हटाया जाता है। परंतु अधिकतर अवसरों पर उसे करणकारक के परसर्ग 'से' या 'के द्वारा' संबंधबोधक से युक्त किया जाता है; जैसे—

- *अब हम घर चलें।* —कर्तृवाच्य
- •• *अब घर चला जाए।* —भाववाच्य
- *मैं नहा लूँ।* —कर्तृवाच्य
- •• *नहा लिया जाए।* —भाववाच्य
- *क्या आप दिल्ली में रह रहे हैं?* —कर्तृवाच्य

ए कर्मवाच्य में मुख्य धातु 'जा' धातु का भूतकृदंत 'जाया' होता है; जैसे—

- •• *क्या दिल्ली में रहा जा रहा है?* —भाववाच्य
- *वह सुबह उठता है।* —कर्तृवाच्य
- •• *उससे सुबह उठा जाता है।* —भाववाच्य

ऐ अनेक अकर्मक क्रियाओं के क्रियापद भाववाच्य में नहीं ढाले जा सकते; जैसे—

- *लड़का डूब गया।* •• *लड़के से डूबा गया।* ×
- *वह मर गया।* •• *उससे मरा गया।* ×

ओ कर्ताविहीन कर्मवाच्य तथा भाववाच्य वाक्य-रचनाओं का कर्ता कर्तृवाच्य का कर्ता ही माना जाएगा। भले ही उसका लोप हुआ हो या करणकारक में उपस्थित हो।

इकसठवाँ अभ्यास

सकर्मक क्रियापदों को कर्मवाच्य में और अकर्मक क्रियापदों को भाववाच्य में बदलें और उसी के अनुसार बिना कर्ता के और कर्ता सहित दो-दो वाक्य ढालें -

1. आतंकियों ने उसका घर उजाड़ दिया।
   (i) उसका घर उजाड़ दिया गया।
   (i) आतंकियों के द्वारा उसका घर उजाड़ दिया गया।
2. उसने हिरण को गोली मारी।
   (i) ------------------------------
   (ii) ------------------------------
3. वह अमरूद खा गया।
   (i) ------------------------------
   (ii) ------------------------------
4. मैंने लीची खा ली।
   (i) ------------------------------
   (ii) ------------------------------
5. आप पानी मेरे लिए गर्म कर दें।
   (i) ------------------------------
   (ii) ------------------------------
6. उन्होंने दरवाजा बंद कर लिया।
   (i) ------------------------------
   (ii) ------------------------------
7. वे कंप्यूटर खरीद लेंगे।
   (i) ------------------------------
   (ii) ------------------------------
8. उन्होंने बाग को उजाड़ दिया।
   (i) ------------------------------
   (ii) ------------------------------
9. आपने आखिर विजय पा ली।
   (i) ------------------------------
   (ii) ------------------------------
10. वह कूद-फाँद कर रहा था।
   (i) ------------------------------
   (ii) ------------------------------
11. उन्होंने मेरा जीना दूभर कर दिया।
   (i) ------------------------------
   (ii) ------------------------------
12. वे तमाशा देख सकते हैं।
   (i) ------------------------------
   (ii) ------------------------------
13. आप कुछ खा सकते थे।
   (i) ------------------------------
   (ii) ------------------------------
14. अवश्य हम जीतेंगे।
   (i) ------------------------------
   (ii) ------------------------------
15. मैं सोता था।
   (i) ------------------------------
   (ii) ------------------------------
16. वह कूद सकता है।
   (i) ------------------------------
   (ii) ------------------------------
17. हम सुबह उठ सकते हैं।
   (i) ------------------------------
   (ii) ------------------------------
18. आप नाच सकती हैं।
   (i) ------------------------------
   (ii) ------------------------------

- आतंकी, घर, हिरन, अमरूद, पानी, दरवाजा, कंप्यूटर, विजय, जीना (क्रियार्थक संज्ञा), तमाशा—पुंलिंग संज्ञाएँ हैं।
- गोली, लीची—स्त्रीलिंग संज्ञाएँ हैं।
- उजाड़ना, मारना, लेना, खरीदना, पाना, जीतना, कूदना, उठना, नाचना—क्रियाएँ हैं।
- आखिर, कूद-फाँद कर—क्रियाविशेषण हैं।

62 प्रत्यक्ष कथन : अप्रत्यक्ष कथन

अ किसी एक व्यक्ति के द्वारा किसी अन्य व्यक्ति से कही हुई बात प्रत्यक्ष कथन कहलाती है; जैसे—

- *राम ने श्याम से कहा, "तुम कल मेरे घर आना।"*

'तुम कल मेरे घर आना' यह प्रत्यक्ष कथन है।

इसी प्रकार

- *माँ बेटे से कहती है, "तुम रात को जल्दी घर आ जाना।"*

'तुम रात को जल्दी घर आ जाना' प्रत्यक्ष कथन है।

- *स्टेशन मास्टर ने मुझसे फरमाया, "आपकी गाड़ी दो घंटे लेट है।"*

'आपकी गाड़ी दो घंटे लेट है।' प्रत्यक्ष कथन है।

आ प्रत्यक्ष कथन को सामान्यत: दुहरे अवतरण चिह्नों में रखा जाता है। प्रत्यक्ष कथन वस्तुत: मिश्र वाक्य का उपवाक्य होता है। मिश्र वाक्य में कम से कम दो उपवाक्य होते हैं। एक मुख्य उपवाक्य जिसके बाद अल्पविराम लगाया जाता और दूसरा आश्रित उपवाक्य जो प्रत्यक्ष कथन के रूप में होता है जिसे मुख्य उपवाक्य के बाद रखते हैं तथा अवतरण चिह्नों के बीच रखा जाता है।

इ किसी के प्रत्यक्ष कथन को जब कोई व्यक्ति किसी अन्य व्यक्ति से दुहराता है तो उस कथन को अप्रत्यक्ष कथन कहते हैं।

ई प्रत्यक्ष कथन को अप्रत्यक्ष कथन का रूप देते समय चार बातों का ध्यान रखा जाता है—

❶ मुख्य उपवाक्य और प्रत्यक्ष कथन के बीच 'कि' योजक का आगमन होता है।

❷ मुख्य उपवाक्य के बाद के अल्पविराम को हटा दिया जाता है।

❸ अवतरण चिह्नों को भी हटा दिया जाता है।

❹ प्रत्यक्ष कथन में किसी प्रकार का परिवर्तन नहीं करते।

- *राम ने श्याम से कहा, "तुम कल मेरे घर आना।"*

मुख्य उपवाक्य है—राम ने श्याम से कहा। इसके बाद 'कि' योजक रखिए और अल्पविराम तथा अवतरण चिह्न दोनों को हटाने पर वाक्य का रूप होगा—

•• *राम ने श्याम से कहा कि तुम कल मेरे घर आना।*

- *माँ बेटे से कहती है, "तुम रात को जल्दी घर आ जाना।"*

अप्रत्यक्ष कथन होगा—

•• *माँ बेटे से कहती है कि तुम रात को जल्दी घर आ जाना।*

- *स्टेशन मास्टर ने मुझसे फरमाया, "आपकी गाड़ी दो घंटे लेट है।"*

अप्रत्यक्ष कथन होगा—

•• *स्टेशन मास्टर ने मुझसे फरमाया कि आपकी गाड़ी दो घंटे लेट है।*

उ अंग्रेजी पढ़े-लिखे हिंदी लेखक अंग्रेजी वाक्य-रचना से प्रभावित होकर प्रत्यक्ष कथन में आए सर्वनामों में परिवर्तन कर देते हैं, जिससे कुछ अवसरों पर वाक्य का स्वरूप तक बदल जाता है; जैसे—

प्रत्यक्ष कथन—

- *राम ने श्याम से कहा, "तुम कल मेरे घर आना।"*

अप्रत्यक्ष कथन—

•• *राम ने श्याम से कहा कि वह कल मेरे घर आए।*

उक्त अप्रत्यक्ष कथन का सूचक वाक्य अंग्रेजी व्याकरण के नियमों के अनुसार भले ही सही हो परंतु हिंदी भाषा की प्रकृति के विरुद्ध है।

अत: प्रत्यक्ष कथन में कभी परिवर्तन न करें।

ऊ परंतु मुख्य उपवाक्य के सर्वनाम में परिवर्तन प्रत्यक्ष कथन को अप्रत्यक्ष कथन में रूपायित करनेवाले पुरुष की दृष्टि से हो सकता है; जैसे—

- *स्टेशन मास्टर ने मुझसे (राम से) कहा, "आपकी गाड़ी दो घंटे लेट है।"*

यदि 'मैं' (राम ही) अप्रत्यक्ष कथन में वाक्य को ढाल रहा हूँ तब तो 'मुझसे' सर्वनाम (उत्तम पुरुष) ठीक है परंतु यदि कोई और व्यक्ति ऐसा कर रहा है तो वाक्य का रूप होगा—

•• *स्टेशन मास्टर ने उससे (राम से) कहा कि आपकी गाड़ी दो घंटे लेट है।*

- *डॉक्टर ने मरीज से कहा, "एक सप्ताह के बाद फिर आना।"*

•• *डॉक्टर ने उस मरीज से कहा कि एक सप्ताह के बाद फिर आना।*

बासठवाँ अभ्यास

निम्नलिखित वाक्यों को अप्रत्यक्ष कथन में ढालें—

1. गुरु जी ने शिष्यों से कहा, ''तुम लोग कल पुस्तक लेकर आना।''
   — गुरु जी ने शिष्यों से कहा कि तुम लोग कल पुस्तक लेकर आना।
2. सास ने बहू से कहा, ''बेटी, अपने पति से सवाल-जवाब नहीं करते।''
   ----
3. प्रधानाचार्य ने अपने संबोधन में कहा, ''हर विद्यार्थी को मेरे कमरे में आने की अनुमति है।''
   ----
4. उसने अपनी पत्नी से कहा, ''तुम्हें इस समय मायके नहीं जाना चाहिए।''
   ----
5. पिताजी हमेशा कहते रहे, ''किसी को सताना पाप है।''
   ----
6. आप कहना चाहते हैं, ''मैंने पुस्तक चुराई है?''
   ----
7. वह कहता है, ''आज के समाजवाद और पूँजीवाद में अधिक भेद नहीं।''
   ----
8. उसकी फरमाइश है, ''मेरे लिए आप आम भेजें।''
   ----
9. बेटी ने माँ से पूछा, ''क्या आज हम लोग सिनेमा देखने चलें?''
   ----
10. पुत्र ने पिता से कहा, ''आप मेरे लिए दस हजार रुपए की व्यवस्था करें।''
    ----
11. दुकानदार का कहना था, ''स्कूली पुस्तकें हम नहीं बेचते।''
    ----
12. दादी कहती हैं, ''मुझसे अब चला नहीं जाता।''

- गुरु, शिष्य, लोग (बहु०), पति, सवाल-जवाब, प्रधानाचार्य, संबोधन, विद्यार्थी, कमरा, मायका, पिता, समाजवाद, पूँजीवाद, भेद, आम, सिनेमा, पुत्र, रुपए, दुकानदार—पुंलिंग संज्ञाएँ हैं।
- पुस्तक, सास, बहू, अनुमति, फरमाइश, बेटी, माँ, व्यवस्था, दादी, छुट्टी—स्त्रीलिंग संज्ञाएँ हैं।
- सताना, चुराना, कहना, बेचना—क्रियाएँ हैं।
- इस समय, हमेशा, आज—क्रियाविशेषण हैं।

63 सरल, मिश्र और संयुक्त वाक्य

अ रचना की दृष्टि से वाक्यों के तीन प्रकार हैं—सरल, मिश्र और संयुक्त। जिस वाक्य में उद्देश्य और विधेय एक-एक इकाई के रूप में हों, उसे सरल वाक्य कहते हैं—

लड़का (उद्देश्य) पुस्तक पढ़ रहा है। (विधेय)

लड़के और लड़कियाँ (उद्देश्य) पुस्तक पढ़ रहे हैं। (विधेय)

वे (उद्देश्य) नाच और गा रहे थे। (विधेय)

इस प्रकार उक्त तीनों सरल वाक्य हैं।

आ जब उद्देश्य और विधेय की दो (या अधिक) इकाइयाँ एक वाक्य में प्रयुक्त हों तो वाक्य को संयुक्त या मिश्र वाक्य कहते हैं और उसकी उद्देश्य-विधेय की हर इकाई को उपवाक्य; जैसे—

- *राम दिल्ली में रहता है और श्याम चेन्नई में रहता है।*
- *राम ने कहा कि मैं वन जा रहा हूँ।*

रचना की दृष्टि से उक्त दोनों वाक्यों में दो-दो उपवाक्य हैं—
1-राम दिल्ली में रहता है। 2-श्याम चेन्नई में रहता है।
1-राम ने कहा। 2-मैं वन जा रहा हूँ।

इ सामान्यत: उपवाक्यों को योजकों द्वारा जोड़ा जाता है।

ऊपर लिखे हुए पहले वाक्य में 'और' योजक है और दूसरे में 'कि'।

ई मिश्र वाक्य में एक उपवाक्य मुख्य होता है और दूसरा उपवाक्य उस मुख्य उपवाक्य के अर्थ का पूरक होता है जिसे आश्रित उपवाक्य कहते हैं—

'राम ने कहा' मुख्य उपवाक्य है और 'मैं वन जा रहा हूँ' आश्रित उपवाक्य।

आश्रित उपवाक्य मुख्य उपवाक्य के अर्थ को पूर्णता प्रदान करता है। पहले वाक्य में 'राम ने' उद्देश्य है और 'कहा' विधेय। दूसरे उपवाक्य में 'मैं' उद्देश्य है और 'वन जा रहा हूँ' विधेय। पहले उपवाक्य कि क्रिया 'कहना' सकर्मक है। सकर्मक क्रिया होने पर भी पहले उपवाक्य में 'कर्म' की अनुपस्थिति है। इसी अनुपस्थिति या कमी को पूरा करने के लिए दूसरे उपवाक्य की आवश्यकता हुई। आवश्यकता पूरी करनेवाला इस प्रकार आश्रित उपवाक्य हुआ।

उ संयुक्त वाक्य के दो (या कई) उपवाक्य होते हैं और वे दोनों या सभी मुख्य वाक्य होते हैं अर्थात् अर्थ की दृष्टि से दोनों (या सभी) अपने में पूर्ण होते हैं तथा दोनों और, या, लेकिन, मगर आदि योजक के द्वारा परस्पर संबद्ध किए गए होते हैं; जैसे—

वह	यहाँ आया था	और	मैं	वहाँ गया था।
उद्देश्य	विधेय	योजक	उद्देश्य	विधेय

उक्त वाक्य में उद्देश्य—विधेय की दो भिन्न इकाइयाँ हैं। दोनों उपवाक्य अपने-अपने में पूर्ण हैं। एक का अस्तित्व दूसरे के बिना भी पूर्ण रहता; जैसे—

- *वह यहाँ आया था।*
- *मैं वहाँ गया था।*

एक और वाक्य लीजिए :

वह	आया	और	चला भी गया।
उद्देश्य	विधेय	योजक	विधेय

दूसरे उपवाक्य में 'वह' उद्देश्य का लोप हुआ है।

ऊ ध्यान रहे कि वाक्य के किसी पद का लोप होने पर भी उसके अस्तित्व को स्वीकारा जाता है।

ऋ संयुक्त तथा मिश्र वाक्यों में दो से अधिक उपवाक्य भी होते हैं; जैसे—

- *यदि पानी बरसा तो मैं आपके साथ चलूँगा पर मेरी पत्नी नहीं चल सकेगी।*

'यदि पानी बरसा' आश्रित उपवाक्य है, 'मैं आपके साथ चलूँगा' तथा 'मेरी पत्नी नहीं चल सकेगी' दोनों मुख्य उपवाक्य हैं, क्योंकि ये दोनों अपना-अपना अर्थ पूर्ण रूप से व्यक्त करने में सक्षम हैं। ध्यान रहे कि तो, और आदि योजक विभिन्न वाक्यों को बृहत् इकाई का रूप देने के लिए प्रयुक्त होते हैं।

- *वह कार से चल रहा है, मैं साइकिल से चलूँगा और आप बस से चलिए।*
- *वह कार से चल रहा है।*
- *मैं साइकिल से चलूँगा।*
- *आप बस से चलिए।*

यहाँ तीनों उपवाक्य अर्थ की दृष्टि से अपने में पूर्ण हैं तथा 'और' योजक से नत्थी भर कर दिए गए हैं। अत: तीनों मुख्य उपवाक्य हैं।

ए ऐसे वाक्य को मिश्र वाक्य ही कहते हैं जिसमें कई आश्रित और मुख्य उपवाक्य हों; जैसे—

- *यदि वह आए और हमारे घर आकर ठहरे, तो मैं उसे क्षमा कर दूँगा।*

'मैं उसे क्षमा कर दूँगा'—मुख्य उपवाक्य है और शेष दोनों उपवाक्य आश्रित उपवाक्य। दोनों आश्रित उपवाक्य पूर्ण अर्थ के परिचायक नहीं।

तिरसठवाँ अभ्यास

यह बतलाएँ कि (क) निम्नलिखित वाक्य मिश्र हैं या संयुक्त और (ख) यह भी बतलाएँ कि कौन-सा उपवाक्य मुख्य है और कौन-सा आश्रित ?

1. वे दोनों भले थे और वे एक दूसरे से प्यार करते थे।

   (क) संयुक्त वाक्य है। (ख) दोनों उपवाक्य मुख्य हैं।

2. जब वह भोजन कर लेगी तब हम चलेंगे।

   (क) ------------------------------ (ख) ------------------------------

3. जब गाड़ी ठहरेगी तभी तुम उतरना।

   (क) ------------------------------ (ख) ------------------------------

4. वह अपने भाई के घर तो गया पर बहन के घर नहीं गया।

   (क) ------------------------------ (ख) ------------------------------

5. यदि हवा चली तो हम पतंगें उड़ाएँगे।

   (क) ------------------------------ (ख) ------------------------------

6. हमें उम्मीद है कि भारत मैच जीत जाएगा।

   (क) ------------------------------ (ख) ------------------------------

7. अगर वह दिखाई पड़ा तो पुलिस उसे पकड़ लेगी।

   (क) ------------------------------ (ख) ------------------------------

8. आप यहाँ आएँ और खुशी-खुशी हमारे यहाँ टिकें।

   (क) ------------------------------ (ख) ------------------------------

9. जब मीटिंग शुरू हुई तब एक सदस्य ने खड़े होकर कहा कि यह मीटिंग वैधानिक नहीं।

   (क) ------------------------------ (ख) ------------------------------

10. जो तुमने कहा था वह सच निकला।

    (क) ------------------------------ (ख) ------------------------------

11. मुझे नहीं मालूम कि उसने तुमसे क्या कहा।

    (क) ------------------------------ (ख) ------------------------------

12. जो बूढ़ी औरत दरवाजे पर खड़ी थी वह इस घर की मालकिन है।

    (क) ------------------------------ (ख) ------------------------------

- प्यार, भोजन, भाई, घर, भारत, मैच, शुरू, सदस्य, दरवाजा—पुंलिंग संज्ञाएँ हैं।
- गाड़ी, बहन, हवा, पतंग, उम्मीद, पुलिस, मीटिंग, मालकिन—स्त्रीलिंग संज्ञाएँ हैं।
- चलना, उतरना, उड़ाना, पकड़ना, टिकना, कहना—क्रियाएँ हैं।
- दोनों, भला, एक, दूसरा, वैधानिक, सच, मालूम, बूढ़ा, खड़ा—विशेषण हैं। ➧ खुशी-खुशी—क्रियाविशेषण है।

आश्रित उपवाक्य

अ आश्रित उपवाक्यों के तीन भेद किए जाते हैं -
(i) संज्ञा उपवाक्य
(ii) विशेषण उपवाक्य
(iii) क्रियाविशेषण उपवाक्य

आ संज्ञा उपवाक्य मुख्यतः वही काम करता है जो संज्ञा पदबंध करता है। जिस प्रकार संज्ञा पदबंध मुख्यतः कारक (कर्ता, कर्म, करण आदि) या पूरक का काम करता है वैसे ही संज्ञा उपवाक्य भी कारक या पूरक का काम करता है; जैसे—

- *मैंने देखा कि बंदर पेड़ पर बैठा है।*

मुख्य उपवाक्य—मैंने देखा।

आश्रित उपवाक्य—बंदर पेड़ पर बैठा है।

मुख्य उपवाक्य 'मैंने देखा' में 'देखना' क्रिया सकर्मक है, परंतु इस उपवाक्य में कर्म नहीं। क्रिया सकर्मक हो और कर्म न हो तो वाक्य अधूरा होगा न! इसी कर्म का सूचक आश्रित उपवाक्य है।

इस आश्रित उपवाक्य को संज्ञा पदबंध (कर्मकारक) के रूप में प्रस्तुत करके मुख्य उपवाक्य में प्रयुक्त कर सकते हैं—मैंने पेड़ पर बैठा हुआ बंदर देखा।

'पेड़ पर बैठा हुआ बंदर' संज्ञा पदबंध और कर्मकारक है।

एक उदाहरण और लें—

- *समिति का सदस्य बनने का परिणाम यह हुआ कि मेरी स्वतंत्रता जाती रही।*

मुख्य उपवाक्य—समिति के सदस्य बनने का परिणाम यह हुआ।

आश्रित उपवाक्य है—मेरी स्वतंत्रता जाती रही।

मुख्य उपवाक्य में 'परिणाम' कर्ता/उद्देश्य है, 'समिति का सदस्य बनने का' पदबंध 'परिणाम' का विस्तार है, 'यह' सर्वनाम पूरक है और 'हुआ' क्रियापद है।

आश्रित उपवाक्य इसी पूरक 'यह' (सर्वनाम) का ही सूचक है और उसकी व्याख्या के रूप में है। पूरक नामपद है अतः इसे भी संज्ञा पदबंध का रूप दिया जा सकता है—मेरी स्वतंत्रता का जाना। 'समिति का सदस्य बनने का परिणाम मेरी स्वतंत्रता का जाना हुआ'। इस प्रकार आश्रित उपवाक्य संज्ञा पदबंध का काम कर रहा है।

इ जिस प्रकार विशेषण संज्ञा की विशेषता बताता है ठीक उसी प्रकार विशेषण उपवाक्य भी संज्ञा की विशेषता बतलाते हैं; जैसे—

- *जो आदमी आपको मिला था वह मेरा भाई था।*

मुख्य उपवाक्य है—वह मेरा भाई था।

आश्रित उपवाक्य है—जो आदमी आपको मिला था।

संज्ञा 'भाई' के संबंध में उक्त उपवाक्य विशेष जानकारी दे रहा है अतः विशेषण उपवाक्य हुआ। इस उपवाक्य को विशेषण रूप देने पर वाक्य का रूप होगा—आपसे मिलनेवाला आदमी मेरा भाई था।

- *गाँधी ने यह उपदेश दिया कि संयम बरतें।*

मुख्य उपवाक्य है—गाँधी ने यह उपदेश दिया।

और आश्रित उपवाक्य है—संयम बरतें।

मुख्य उपवाक्य अपने में पूर्ण है—कर्ता, कर्म और क्रिया से युक्त है। आश्रित उपवाक्य मुख्य उपवाक्य के कर्म 'यह उपदेश' (संज्ञा पदबंध) की विशेषता बतलाने के लिए प्रयुक्त हुआ है। अतः विशेषण उपवाक्य हुआ। आप इसे विशेषण का रूप देकर देखें—गाँधी जी ने 'संयम बरतने का' उपदेश दिया। यहाँ 'संयम बरताना' संज्ञा पदबंध है और 'का' परसर्ग उसे संबंधकारक का अर्थात् विशेषण का रूप दे रहा है।

ई क्रियाविशेपण उपवाक्य भी वही काम करता है जो क्रियाविशेषण पदबंध करता है अर्थात् क्रिया के संबंध में समय, स्थान, रीति, शर्त आदि की जानकारी देता है; जैसे—

- *जब मैं होस्टल पहुँचा तो मुझे फाटक बंद मिला।*

मुख्य उपवाक्य है—मुझे फाटक बंद मिला।

आश्रित उपवाक्य है—जब मैं होटल पहुँचा।

इस उपवाक्य को क्रियाविशेषण रूप दीजिए—

होस्टल पहुँचने पर मुझे फाटक बंद मिला।

- *यदि गाड़ी समय पर पहुँची तो मैं आपसे मिलूँगा।*

मुख्य उपवाक्य—मैं आपसे मिलूँगा।

आश्रित उपवाक्य—यदि गाड़ी समय पर पहुँची।

समयसूचक उपवाक्य है अतः क्रियाविशेषण उपवाक्य है। इसे क्रियाविशेषण का रूप दें तो वाक्य होगा—गाड़ी के समय पर पहुँचने पर मैं आपसे मिलूँगा।

उ देखने में आता है कि संज्ञा उपवाक्य मुख्य उपवाक्य के बाद 'कि' योजक के सहारे आते हैं। परंतु यदि संज्ञा उपवाक्य को पहले लाया जाए तो 'कि' का लोप हो जाता है। ऐसी अवस्था में संज्ञा उपवाक्य के बाद अल्पविराम रखते हैं; जैसे—

- *हमें आशा है कि वह उत्तीर्ण हो जाएगा।*
- • *वह उत्तीर्ण हो जाएगा, हमें आशा है।*
- *यह निश्चित था कि वह आएगा।*
- • *वह आएगा, यह निश्चित था।*

चौसठवाँ अभ्यास

बताएँ कि निम्नलिखित वाक्यों में (क) मुख्य उपवाक्य और आश्रित उपवाक्य कौन-कौन से हैं और (ख) आश्रित उपवाक्यों का भेद भी बताइए -

1. वह मुझे यह समझा रहा था कि सरकारी नौकरी के दोष बहुत-से हैं।
   (क) वह मुझे समझा रहा था—मुख्य उपवाक्य; सरकारी नौकरी के दोष बहुत-से हैं।
   (ख) आश्रित उपवाक्य—संज्ञा उपवाक्य।
2. जब तुम्हारी बात खत्म होगी तभी मैं जा सकूँगा।
   (क) ------------------------------ (ख) ------------------------------
3. यदि वे आनेवाले हों तो आप उन्हें साथ में लेते आएँ।
   (क) ------------------------------ (ख) ------------------------------
4. यदि घड़ी बंद हो जाए तो उसे बनवा लेना।
   (क) ------------------------------ (ख) ------------------------------
5. यदि रात हो जाए तो तुम वहीं रह जाना।
   (क) ------------------------------ (ख) ------------------------------
6. आप उनसे यह बात कह दें कि आपका काम हो जाएगा।
   (क) ------------------------------ (ख) ------------------------------
7. जब वह नहीं रहा तो मैं जीकर क्या करूँगा?
   (क) ------------------------------ (ख) ------------------------------
8. आप यह न भूलें कि मैं उपस्थित हूँ।
   (क) ------------------------------ (ख) ------------------------------
9. मुझे पुस्तक अच्छी लगी इसलिए मैंने ले ली।
   (क) ------------------------------ (ख) ------------------------------
10. मुझे मकान इसलिए पसंद नहीं आया कि वह छोटा था।
    (क) ------------------------------ (ख) ------------------------------
11. हमें आशा है कि भारत श्रृंखला जीतेगा।
    (क) ------------------------------ (ख) ------------------------------
12. मुझे यकीन है कि वह सच्चा है।
    (क) ------------------------------ (ख) ------------------------------

सामान्यत: 'कि' उपवाक्य संज्ञा उपवाक्य, जो/जिस उपवाक्य विशेषण उपवाक्य तथा जब, यदि, अगर उपवाक्य क्रियाविशेषण उपवाक्य होते हैं।

- दोष, काम, मकान, भारत, यकीन—पुंलिंग संज्ञाएँ हैं।
- नौकरी, बात, घड़ी, रात, पुस्तक, आशा, श्रृंखला—स्त्रीलिंग संज्ञाएँ हैं।
- समझाना, लेना, बनवाना, रहना, जीना, भूलना, लगना, जीतना—क्रियाएँ हैं।
- सरकारी, बहुत-से, खत्म, बंद, उपस्थित, अच्छा, पसंद, छोटा, सच्चा—विशेषण हैं।
- साथ में, इसलिए—क्रियाविशेषण हैं।

मिश्र वाक्य (1)

अ 'यदि... तो...' योजक समूह ऐसे मिश्र वाक्य की रचना करता है जिसमें 'तो' वाक्य मुख्य उपवाक्य होता है और 'यदि' उपवाक्य आश्रित उपवाक्य। 'यदि' वाक्य 'कारण' उपवाक्य होता है और 'तो' उपवाक्य 'कार्य' उपवाक्य; जैसे—

- *यदि वह आया तो मैं जाऊँगा।*
  'यदि' उपवाक्य 'तो' उपवाक्य

➤ **ध्यान दें :**
उसका आना—कारण (उपवाक्य) बना और
कार्य (उपवाक्य) बना—मेरा जाना।

कारण उपवाक्य आश्रित उपवाक्य होता है और कार्य उपवाक्य मुख्य उपवाक्य। 'योजक' का उपयोग उपवाक्यों को जोड़ने भर के लिए होता है।

आ कारण और कार्य वाक्यों का वर्तमान काल में होना सूचित करने के लिए वर्तमान संकेतार्थ या विध्यर्थ क्रियापद प्रयुक्त होते हैं। यदि का प्राय: लोप भी होता है :

- *(यदि) वह आए तो मैं जाऊँ।*
- *(यदि) तू पत्र लिखे / लिख तो मैं भी लिखूँ।*
  (लिखे—संकेतार्थ है और लिख—विध्यर्थ है)
- *(यदि) वे आएँ तो हम खेलें।*
- *(यदि) वह मिले तो (तुम) उसे नमस्कार करो।*
- *यदि वह खेले तो तुम भी खेलना।*
- *यदि वह कुछ कहे तो तुम चुप रहना।*

इ संकेतार्थ क्रियापद की जगह संभाव्य कालों के क्रियापदों का प्रयोग विभिन्न अर्थों को सूचित करने के लिए होता है; जैसे—

- *यदि वह आया हो तो उसे साथ लाना।*
- *यदि उसे आना हो तो आने देना।*
- *यदि वह सो रहा हो तो उसे मत उठाना।*
- *यदि वह पढ़ता हो तो चुप रहना।*

ई भविष्यकाल सूचित करने के लिए कारण वाक्य में भूतकृदंत का प्रयोग होता है और कार्य वाक्य में भविष्यत् काल का; जैसे—

- *यदि वह आया तो मैं जाऊँगा।*
- *(यदि) उसने पत्र लिखा तो मैं उत्तर दूँगा।*
- *(यदि) वे गए तो हम भी जाएँगे।*
- *(यदि) आप हमारे यहाँ आए, तो हम आपका हार्दिक स्वागत करेंगे।*

उ कारण वाक्यों की तरह कार्य वाक्यों में भी भूतकृदंत क्रियापद का प्रयोग तब भविष्यकाल को सूचित करने के लिए होता है जब 'नहीं' निपात का प्रयोग क्रिया की आकस्मिक अग्रसरता का सूचक हो; जैसे—

- *वह आया नहीं कि मैं गया नहीं।*
- *बच्चा सोया नहीं कि माँ गोबर पाथने लगी नहीं।*
- *घड़ी गिरी नहीं कि टूटी नहीं।*
- *सर्दी आई नहीं कि लोगों ने गर्म कपड़े पहने नहीं।*

अन्यथा पूर्ववत् :

- *वह आता हो तो उसे तुम अपने साथ ही लाना।*
- *वह आ रही हो तो वह उसे अपने साथ लाए।*
- *वह आया हो तो उसे अपने साथ लाना।*

यदि 'नहीं' निपात अग्रसरता का सूचक न हो तब भी पूर्ववत्; जैसे—

- • *यदि वह आए तो तुम जाना।*
- •• *यदि वह नहीं / न आए तो (भी) तुम जाना।*
- • *यदि वह गया होता तो मैं यहाँ रहता।*
- •• *यदि वह नहीं गया होता तो (भी) मैं यहाँ रहता।*
- • *यदि वह गया तो मैं यहीं रहूँगा।*
- •• *यदि वह नहीं गया तो (भी) यहीं रहूँगा।*

ऊ कारण या कार्य वाक्यों में संयुक्त क्रियापद हो तो संयोज्य क्रिया का रूप काल का निर्धारक माना जाएगा; जैसे—

- **वर्तमान काल :** वह आ जाए तो आगे की सोची जाए।
- आप उन्हें समझा दें तो वे मान जाएँ।
- **भूतकाल :** यदि बच्चा सो जाता तो मैं भी आपके साथ चल पड़ता।
- **भविष्यकाल :** यदि तब तक घर बन गया तो मैं नौकरी छोड़ दूँगा।

ए अंग्रेजी वाक्य शैली का प्रभाव कारण वाक्यों पर पड़ा है, जैसे वर्तमान काल में संकेतार्थ क्रियापद की जगह सामान्य वर्तमान क्रियापद का प्रयोग तथा भविष्यकाल के लिए भूतकृदंत की जगह भविष्य कृदंत का प्रयोग :

क- *(यदि) वह आता है तो मैं भी जाऊँगा।*
ख- *(यदि) वह आएगा तो मैं भी जाऊँगा।*

(क) वाक्य में 'आए' की जगह 'आता है' का प्रयोग किया गया। (ख) वाक्य में 'आया' की जगह 'आएगा' का प्रयोग किया गया है।

> यद्यपि इस प्रकार के प्रयोग हो रहे हैं तो भी हिंदी के प्रयोगों को वरीयता देना अपनी भाषिक अस्मिता को जीवंत रखना होगा।

पैंसठवाँ अभ्यास

उपयुक्त क्रियापद की रचना करें—

1. यदि वह आता तो मैं...। (जाना)

   (क) यदि वह आता तो मैं जाता। (ख) जाता—वर्तमान कृदंत, सामान्य भूतकाल का सूचक क्रियापद

2. यदि पानी बरसा तो हम... । (चलना)

   (क) ------------------------------ (ख) ------------------------------

3. यदि बरसात हुई तो हम छाता...। (खरीदना)

   (क) ------------------------------ (ख) ------------------------------

4. यदि घड़ी टूट जाए तो (तुम) उसे...। (फेंकना—संयोज्य देना/डालना)

   (क) ------------------------------ (ख) ------------------------------

5. यदि वह तुम्हें बुलाए तो तुम भी उसे...। (बुलाना)

   (क) ------------------------------ (ख) ------------------------------

6. यदि वह सिनेमा देखने के लिए जाए तो उसे...। (रोकना)

   (क) ------------------------------ (ख) ------------------------------

7. यदि काम हो जाए तो आप मत...। (रुकना)

   (क) ------------------------------ (ख) ------------------------------

8. यदि विद्यालय बंद रहा तो हम क्रिकेट...। (खेलना)

   (क) ------------------------------ (ख) ------------------------------

9. यदि आप मेरी बात मानते तो मुझे प्रसन्नता...। (होना)

   (क) ------------------------------ (ख) ------------------------------

10. यदि गाड़ी समय पर आई तो मैं भी...। (चलना)

    (क) ------------------------------ (ख) ------------------------------

11. यदि पानी नहीं बरसा तो वह नहीं...। (आना)

    (क) ------------------------------ (ख) ------------------------------

12. यदि तू नहीं खेला तो वह भी नहीं...। (खेलना)

    (क) ------------------------------ (ख) ------------------------------

> - पानी, छाता, सिनेमा, काम, विद्यालय, क्रिकेट, समय—पुंलिंग संज्ञाएँ हैं।
> - बरसात, घड़ी, बात, प्रसन्नता, गाड़ी—स्त्रीलिंग संज्ञाएँ हैं।
> - आना, जाना, बरसना, चलना, खरीदना, टूटना, फेंकना, देना, डालना, बुलाना, देखना, रोकना, होना, रुकना, खेलना, मानना—क्रियाएँ हैं।

मिश्र वाक्य (2)

अ 'जब.... तब....' क्रियाविशेषण-समूह भी योजक-समूह की तरह प्रयुक्त होता है और दो ऐसे उपवाक्यों को जोड़ता है जिनमें समय के विचार से एक क्रिया के संपन्न होने के उपरांत दूसरी क्रिया आरंभ होती है। ध्यान रहे कि दोनों के क्रियापदों में कालगत समानता रहती है :

- *जब वह आया तब मैं गया।* (सामान्य भूत)
- *जब वह आएगा तब मैं जाऊँगा।* (सामान्य भविष्य)
- *जब वह आता है तब मैं जाता हूँ।* (सामान्य वर्तमान)
- *जब वह आए तब मैं जाऊँ।* (वर्तमान संकेतार्थ)
- *जब वह आ रहा था तब मैं जा रहा था।* (तात्कालिक भूत)

आ 'जैसे... वैसे...' तथा 'जैसे ही... वैसे ही...' क्रियाविशेषण ऐसे समूह हैं जिनके क्रियापदों के काल (क) समान भी हो सकते हैं और (ख) भिन्न भी :

क-
- *जैसे (ही) वह आया वैसे (ही) मैं गया।*
- *जैसे (ही) वह आएगा वैसे (ही) मैं जाऊँगा।*
- *जैसे (ही) वह आए वैसे (ही) आप जाएँ।*

ख-
- *जैसे वह आया वैसे तुम भी आओ।*
- *जैसे वह गया वैसे तुम भी जाओ।*
- *जैसे वह पढ़ रहा है वैसे तुम भी पढ़ो।*
- *जैसे वह खेले वैसे तुम भी खेलना।*

आया	—	गया	दोनों सामान्य भूत
आएगा	—	जाऊँगा	दोनों सामान्य भविष्य
आए	—	जाएँ	दोनों वर्तमान संकेतार्थ
आया	—	आओ	सामान्य भूत-विध्यर्थ
गया	—	जाओ	सामान्य भूत-विध्यर्थ
पढ़ रहा है	—	पढ़ो	तात्का० वर्तमान-विध्यर्थ
खेले	—	खेलना	वर्तमान संकेतार्थ-विध्यर्थ

इ 'जैसे' में 'जब' की तरह 'जिस समय' का अर्थ तो है ही 'जिस तरह' का भी अर्थ है। यही बात 'वैसे' के संबंध में भी कही जा सकती है :

- *वह जैसे (जिस समय या जिस तरह) आया वैसे (उसी समय या उसी तरह) गया।*
- *वह जैसे (जिस समय या जिस तरह) आएगा वैसे (उसी समय या उसी तरह) जाएगा।*

ई 'जिस तरह...उस तरह... (या उसी तरह...)', 'जिस प्रकार...उस प्रकार.... (या उसी प्रकार...)' और 'जिस भाँति...उस भाँति.... (या उसी भाँति...)' क्रियाविशेषण पद समूह भी 'जैसे...वैसे...' योजक समूह की तरह प्रयुक्त होते हैं।

उ 'इसलिए...कि' क्रियाविशेषण योजक समूह है जिसमें 'कि' योजक क्रियाविशेषण उपवाक्य का सूचक होता है, जैसे—

- *वह इसलिए प्रसन्न था कि मेरा मित्र आ रहा है।*

'कि ' उपवाक्य को क्रियाविशेषण पदबंध के रूप में रखने पर वाक्य का स्वरूप होगा :

- *मित्र के आने से वह प्रसन्न था।*

ऊ जैसा...वैसा..., जितना...उतना...ऐसे विशेषण समूह हैं जो योजक समूह की तरह भी काम करते हैं, जैसे—

- *जैसा बेटा उन्हें मिला, वैसा सबको मिले।*
- *जितना धन कमाओ, उतना खर्च करो।*

'जैसा बेटा उन्हें मिला' और 'जितना धन कमाओ' विशेषण उपवाक्य हैं जो अपने मुख्य उपवाक्यों के अर्थ के पूरक हैं; जैसे—

- *उनके जैसा बेटा सबको मिले।*
- *कमाया हुआ धन खर्च करो।*

इन दोनों योजक समूहों का क्रियाविशेषणों की तरह भी प्रयोग होता है, जैसे—

- *जैसा करोगे वैसा भरोगे।*
- *वह जितना कमाएगा, उतना उड़ाएगा भी।*

ऋ आगे...पीछे..., पहले...बाद में... आदि भी क्रियाविशेषण योजक समूहों की तरह प्रयुक्त होते हैं—

- *आगे वह चलेगा, पीछे हम (चलेंगे)।*
- *पहले उसकी बारी है, बाद में हमारी।*

एक वाक्य देखें—

- *कभी वह जीता, कभी हम जीते।*

ऐसा प्रतीत होता है कि 'कभी...कभी...' वाले उपवाक्य मिश्र वाक्य की रचना करते हैं परंतु वास्तविकता यह है कि यहाँ 'और' योजक का लोप है—

- *कभी वह जीता और कभी हम।*

वस्तुतः ये दोनों मुख्य उपवाक्य हैं और इनके समूह को संयुक्त वाक्य कहा जाएगा।

छियासठवाँ अभ्यास

मिश्र वाक्यों में आए क्रियापदों के काल तथा लिंग-वचन-पुरुष संबंधी विवरण दें -

1. जैसे उसके दिन फिरे वैसे सबके दिन फिरें।
   (i) फिरे—अकर्मक 'फिरना' क्रिया का सामान्य भूतकालिक अन्यपुरुष, पुंलिंग, बहुवचन रूप।
   (ii) फिरें—अकर्मक 'फिरना' क्रिया का वर्तमान संकेतार्थ अन्यपुरुष, पुंलिंग, बहुवचन रूप।
2. जैसे वह गया वैसे तुम भी जाओ।
   (i) ---------------------------
   (ii) ---------------------------
3. जैसे लड़का पढ़े वैसे उपाय करो।
   (i) ---------------------------
   (ii) ---------------------------
4. यदि उसने घड़ी बनाई हो तो लेते आना।
   (i) ---------------------------
   (ii) ---------------------------
5. तुम बाहर जाना तो दरवाजा बंद कर देना।
   (i) ---------------------------
   (ii) ---------------------------
6. जब वह आएगा तो मैं दरवाजा खोल दूँगा।
   (i) ---------------------------
   (ii) ---------------------------
7. यदि सोने लगो तो बत्ती बुझा देना।
   (i) ---------------------------
   (ii) ---------------------------
8. यदि गर्मी लगे तो पंखा चला लेना।
   (i) ---------------------------
   (ii) ---------------------------
9. अगर स्कूल बंद हो तो लौट आना।
   (i) ---------------------------
   (ii) ---------------------------
10. जैसे ही गाड़ी रुके वैसे ही भारत माता की जय बोलें।
    (i) ---------------------------
    (ii) ---------------------------
11. जब दस बजें तब यहाँ से चल पड़ना।
    (i) ---------------------------
    (ii) ---------------------------
12. वह सोचता है कि आज के लोग कितने स्वार्थी हैं।
    (i) ---------------------------
    (ii) ---------------------------
13. वे इसलिए दुखी थे कि उनकी माता का देहांत हुआ था।
    (i) ---------------------------
    (ii) ---------------------------
14. जब वह गाता है तो खूब गाता है।
    (i) ---------------------------
    (ii) ---------------------------

- दिन, उपाय, दरवाजा, पंखा, स्कूल, लोग (बहुवचन), देहांत—पुंलिंग संज्ञाएँ हैं।
- घड़ी, बत्ती, गर्मी, गाड़ी, भारत माता, जय, माता—स्त्रीलिंग संज्ञाएँ हैं।
- जाना, खोलना, सोना, लगना, बुझाना, देना, चलाना, लेना, लौटना, रुकना, बोलना, बजना, चलना, पड़ना, सोचना, होना, गाना—क्रियाएँ हैं।
- बाहर, आज—क्रियाविशेषण हैं।
- बंद, दस, कितना, स्वार्थी, दुखी—विशेषण हैं।

विशेषण

अ विशेषण मुख्य रूप से संज्ञाओं की विशेषता बतलाते हैं। इनका प्रयोग दो प्रकार से होता है—(क) विशेष्य विशेषण के रूप में और (ख) विधेय विशेषण के रूप में; जैसे—

- *मोहन काला चश्मा पहनता है।*
- *सीता ने गुलाबी साड़ी खरीदी थी।*
- *पानी ठंडा था।* • *आकाश नीला है।*

काला, गुलाबी, ठंडा तथा नीला चारों विशेषण हैं जो क्रमश: चश्मा, साड़ी, पानी और आकाश संज्ञाओं की विशेषता बतलाते हैं।

यदि विशेषण विशेष्य* से (ठीक) पहले हो तो उसे विशष्य विशेषण (विशेष्य का विशेषण) कहते हैं। इस प्रकार 'काला' और 'गुलाबी' विशेष्य विशेषण हुए।

परंतु विशेषण जब विशेष्य के बाद आए तो विधेय का अंग (पूरक) होने के कारण उसे विधेय विशेषण कहते हैं। उक्त वाक्यों में 'ठंडा' और 'नीला' विधेय विशेषण हैं।

आ विशेष्य विशेषण सर्वनाम के ठीक बाद आता है; जैसे—

- *वह गरीब लुट गया।* • *वे सभी यहाँ पधारेंगे।*

यदि उक्त वाक्यों में वह, हम और वे सर्वनामों की जगह संज्ञाओं का प्रयोग करें तो वाक्यों के रूप होंगे—

- *गरीब लड़का लुट गया।* • *सभी नेता यहाँ पधारेंगे।*

इ अधिकतर आकारांत विशेषण विकारी होते हैं। आकारांत विशेषणों का पुंलिंग एकवचन संज्ञा के साथ प्रयोग होता है। बहुवचन पुंलिंग संज्ञा के साथ वे एकारांत हो जाते हैं और स्त्रीलिंग एकवचन तथा बहुवचन संज्ञाओं के साथ ईकारांत; जैसे—

विशेष्य विशेषण	विधेय विशेषण
वह अच्छा लड़का है।	*वह लड़का अच्छा है।*
वे अच्छे लड़के हैं।	*वे लड़के अच्छे हैं।*
वह अच्छी लड़की है।	*वह लड़की अच्छी है।*
वे अच्छी लड़कियाँ हैं।	*वे लड़कियाँ अच्छी हैं।*

अपवाद—बढ़िया, घटिया, उम्दा, ताज़ा, पुख़्ता, ज़्यादा आदि विशेषण अविकारी हैं अर्थात् सदा एक रूप रहते हैं :

- *बढ़िया कुर्ता/कुर्ते* • *बढ़िया धोती/धोतियाँ*
- *घटिया चश्मा/चश्मे* • *घटिया घड़ी/घड़ियाँ*

ई निम्नलिखित परिस्थितियों में आकारांत विशेष्य विशेषण तिर्यक् हो जाते हैं :

(i) एकवचन पुंलिंग संज्ञा विशेष्य के उपरांत परसर्ग होने पर;

काला घोड़ा	— काले घोड़े पर
नीला आकाश	— नीले आकाश में

(ii) एकवचन पुंलिंग संज्ञा विशेष्य के उपरांत 'तक' निपात या 'वाला' प्रत्यय होने पर :

मेरा घर	— मेरे घर तक
बड़ा दिल	— बड़े दिलवाला

उ विशेषण जब अन्य विशेषणों/क्रियाविशेषणों की विशेषता बतलाते हैं तो उन्हें प्रविशेषण कहते हैं; जैसे—

- *उसने बहुत अच्छे कपड़े पहने थे।* (अच्छा—विशे०)
- *गाड़ी बहुत तेज चल रही थी।* (तेज—क्रियाविशे०)

उक्त वाक्यों में 'बहुत' प्रविशेषण है।

ऊ विशेषणों के गुणवाचक (भला, बुरा, शांत), आकार वाचक (बड़ा, छोटा, लंबा), रंगवाचक (नीला, पीला, लाल), परिमाणवाचक (थोड़ा, बहुत, आधा), संख्यावाचक (एक, दो, तीन), क्रमवाचक (पहला दूसरा तीसरा), स्थानवाचक (शहरी, देहाती, भारतीय) आदि अनेक भेद किए जाते हैं।

ऋ प्रश्नवाचक, निश्चयवाचक, अनिश्चयवाचक तथा संबंधवाचक सर्वनाम विशेषणों की तरह प्रयुक्त होते हैं। ये सार्वनामिक विशेषण उस समय तिर्यक् रूप धारण कर लेते हैं जब विशेष्य के परे परसर्ग, संबंधबोधक या तक निपात हो, जैसे—

- • *वहाँ कौन अधिकारी था?*
- •• *तुम किस अधिकारी से मिले थे?*
- • *वह स्त्री पढ़ी-लिखी नहीं थी।*
- •• *उस स्त्री का भाई आया है।*
- • *वह दुकानदार बीमार है।*
- •• *उस दुकानदार की बात सुनो।*

ए अनेक विशेषणों का प्रयोग संज्ञा की तरह भी होता है; जैसे—

$क_1$- *गरीब लड़के की मदद करें।*
$क_2$- *किसी गरीब की मदद करें।*
$ख_1$- *पीड़ित व्यक्तियों के लिए रहने की व्यवस्था यहाँ है।*
$ख_2$- *पीड़ितों के लिए रहने की व्यवस्था यहाँ है।*

ऐ 'से' और 'का' परसर्गों का प्रयोग द्विरुक्त विशेषणों के मध्य क्रमश: 'अत्यंत' और 'वैसा ही' अर्थ सूचित करने के लिए होता है; जैसे—

गरीब से गरीब लडका	अत्यंत गरीब लडका
काले से काला आदमी	अत्यंत काला आदमी
गरीब का गरीब	वैसे का वैसा गरीब
काले का काला	वैसे का वैसा काला

* वह नामपद जिसकी विशेषता सूचित की जाए।

सड़सठवाँ अभ्यास

कोष्ठक में दिए हुए विशेषण का सही रूप में उपयोग करें -

1. आप फल खाएँ। (मीठा) — आप मीठे फल खाएँ।
2. लड़की डॉक्टर है। (मोटा) ------------------------------
3. उसकी चूड़ियाँ हैं। (सुनहरा) ------------------------------
4. भोजन था। (ताज़ा) ------------------------------
5. उस पेड़ के पत्ते थे। (कोमल) ------------------------------
6. उस कमरे में चार व्यक्ति सोए थे। (छोटा) ------------------------------
7. बच्चे मैदान में पतंग उड़ा रहे थे। (कुछ) ------------------------------
8. व्यक्ति ने अपनी कहानी सुनाई। (वह) ------------------------------
9. स्टेशन मास्टर की लड़की अध्यापिका है। (बड़ा) ------------------------------
10. उसके नाखून थे। (बड़ा) ------------------------------
11. पुस्तक मेज पर है। (तुम्हारा) ------------------------------
12. क्या यह कंप्यूटर है ? (मेरा) ------------------------------
13. उसके पिताजी पुस्तकों से प्यार करता है। (बहुत) ------------------------------
14. विजय के लिए उसने परिश्रम किया। (यथेष्ट) ------------------------------
15. हम परी की कहानी सुनकर रह गए। (चकित) ------------------------------
16. उसे यह बात है। (मालूम) ------------------------------
17. मुझे कविता थी। (कंठस्थ) ------------------------------
18. उन्होंने गाड़ी खरीदी होगी। (नया) ------------------------------
19. पेड़ से पत्ते निकल आए हैं। (नया) ------------------------------
20. ये लोग पहाड़ पर रहते हैं। (ऊँचा) ------------------------------

- फल, भोजन, पेड़, पत्ता, कमरा, व्यक्ति, बच्चा, मैदान, स्टेशन मास्टर, नाखून, कंप्यूटर, पिता, प्यार, विजय, परिश्रम—पुंलिंग संज्ञाएँ हैं।
- लड़की, चूड़ी, पतंग, कहानी, अध्यापिका, मेज, परी—स्त्रीलिंग संज्ञाएँ हैं।
- खाना, बनना, उड़ाना, सुनाना—क्रियाएँ हैं।

68 क्रियाविशेषण

अ क्रिया के संबंध में विशेष जानकारी देनेवाले शब्दों का वर्ग क्रियाविशेषण कहलाता है। सामान्यत: यह जानकारी स्थान, समय, रीति आदि के संबंध में होती है और कहाँ, कब और कैसे प्रश्नवाचक शब्दों के द्वारा क्रियापद से जानी जा सकती है; जैसे—

- *वह बाहर बैठा है।*

—कहाँ बैठा है? *—बाहर* (स्थानवाची क्रि.वि.)

- *वह अभी जाएगा।*

—कब जाएगा? *—अभी* (समयवाची क्रि.वि.)

- *हम पैदल जाएँगे।*

—कैसे जाएँगे? *—पैदल* (रीतिसूचक क्रि.वि.)

यहाँ, वहाँ, कहाँ, आगे, पीछे, ऊपर, नीचे, पास, दूर आदि स्थानवाची; आज, कल, परसों, अभी, अब, तब आदि समयवाची और धीरे, जल्दी, चुपचाप आदि रीतिवाची क्रियाविशेषण हैं।

आ ऐसे पद या पदबंध जो क्रिया की मात्रा या परिमाण के वाचक हों, वे भी क्रियाविशेषण होते हैं :

- *पूँजी लगभग डूब गई है।*
- *काम पूरी तरह से रुक गया है।*

इ ऐसे भी क्रियाविशेषण पद या पदबंध हैं जो क्रियापद क्या पूरे वाक्य के संबंध में जानकारी देते हैं और प्राय: वाक्य के आरंभ में प्रयुक्त होते हैं; जैसे—

- *प्राय: हम यहीं मिलते हैं।* • *शायद वह निराश हो।*
- *अत: बैठक स्थगित हुई।*
- *आम तौर पर दुकानें बंद रहती हैं।*

ई अनेक आकारांत विशेषण भी तिर्यक् रूप में क्रियाविशेषण की तरह प्रयुक्त होते हैं; जैसे—

- *वह पहले आया।* (पहला—विशेषण)
- *वह कैसे गया?* (कैसा—विशेषण)

उ क्रियाविशेषण रूप में कई आकारांत विशेषण अविकारी ही रहते हैं; जैसे—

- *वह अच्छा गाता है।* • *वह अच्छा गाती है।*
- *वे अच्छा गाते हैं।* • *वे अच्छा गाती हैं।*

ऊ अनेक परसर्गरहित संज्ञाएँ भी जब कब, कहाँ और कैसे के उत्तर के रूप में प्रयुक्त होती हैं तो उन्हें भी क्रियाविशेषण मानने की प्रवृत्ति बढ़ रही है :

- *वह घर चला गया।* *(कहाँ?)*
- *वह अमरीका पहुँच गया है।* *(कहाँ?)*
- *पिछली रात भूकंप आया था।* *(कब?)*
- *वह सुबह चला जाएगा।* *(कब?)*

ऋ अनेक आकारांत स्थानवाची पुंलिंग संज्ञाएँ तिर्यक् रूप में क्रियाविशेषण की तरह प्रयुक्त होती हैं :

- *वह गुरुद्वारे गया है।*
- *वह समुद्र के किनारे बैठी थी।*

कहाँ—गुरुद्वारे में, किनारे पर।

वस्तुत: यहाँ 'में' और 'पर' परसर्गों का लोप हुआ है।

ए संबंधबोधकों से युक्त अधिकतर पदबंध भी क्रियाविशेषण होते हैं; जैसे—

- *कुत्ता मेज के नीचे बैठा था।* *(कहाँ?)*
- *डाकू अस्पताल के सामने खड़ा था।* *(कहाँ?)*
- *गाड़ी आधे घंटे के बाद पहुँची।* *(कब?)*
- *उसने दस वर्ष तक लेखन-कार्य किया।* *(कब तक?)*

ऐ 'से' परसर्ग तथा '-पूर्वक' और '-वश' प्रत्ययों से युक्त क्रियाविशेषणों की संख्या बहुत अधिक है; जैसे—

क- शांति से (आप शांति से बैठें। —कैसे?), समझदारी से, मुश्किल से, आसानी से, तेजी से, ईमान से, सौभाग्य से, दुर्भाग्य से, भूल से, बदकिस्मती से, सावधानी से, वहाँ से, कब से, पहले से, कहाँ से, पीछे से आदि।

ख- उत्सुकतापूर्वक (वह मेरी ओर उत्सुकतापूर्वक देखता रहा। —कैसे?), ध्यानपूर्वक, आतुरतापूर्वक, शांतिपूर्वक, प्रेमपूर्वक, स्नेहपूर्वक, क्रोधपूर्वक आदि।

ग- मूर्खतावश, (मैं मूर्खतावश बीच में बोल पड़ा। —कैसे?), भ्रमवश, दयावश, करुणावश, कार्यवश आदि।

ओ पहले कृदंतों का प्रयोग क्रियाविशेषण के रूप में (क) नामपद के लिंग-वचन के अनुरूप ही होता था परंतु (ख) अब तिर्यक् रूप में ही कृदंतों का प्रयोग क्रिया-विशेषण में करते हैं; जैसे—

क- • *लड़का हँसता हुआ आया।* • *लड़के हँसते हुए आए।*
• *लड़की हँसती हुई आई।* • *लड़कियाँ हँसती हुई आईं।*

ख- • *लड़का हँसते हुए आया।* • *लड़के हँसते हुए आए।*
• *लड़की हँसते हुए आई।* • *लड़कियाँ हँसते हुए आईं।*

औ जब संज्ञा क्रियाविशेषण के रूप में प्रयुक्त हो तो उसका आकारांत विशेषण भी तिर्यक् हो जाता है :

- *वह सारे शहर घूमता रहा।*
- *उसने पूरे महीने छुट्टी मनाई।*
- *मैं उनके घर गया था।*

अड़सठवाँ अभ्यास

वाक्यों में प्रयुक्त क्रियाविशेषणों का उल्लेख करें और यह बताएँ कि वे स्थानवाची हैं, समयवाची हैं या रीतिवाची हैं -

1. गाड़ी धीरे चल रही थी।

   — धीरे — क्रियाविशेषण — रीतिवाची।

2. स्टेशन मास्टर की बेटी अभी घर में है।

   ----

3. विद्वान सर्वत्र आदर पाते हैं।

   ----

4. मैं इंजीनियर से रात में मिला।

   ----

5. पिछले हफ्ते वह दिल्ली में घूम रहा था।

   ----

6. उसने शांति से हमारी बातें सुनीं।

   ----

7. इस हफ्ते उससे मेरी मुलाकात अवश्य होगी।

   ----

8. कल माँ ने अपने बेटे को बहुत समझाया।

   ----

9. वह चारपाई पर लेटकर पढ़ता है।

   ----

10. वह गीत गुनगुनाते हुए बगीचे में घूम रही थी।

    ----

11. मैं उसकी दुर्दशा देखकर दुखी था।

    ----

12. संभवत: परसों लॉटरी खुलेगी।

    ----

13. उनकी कार सबसे आगे आकर खड़ी हो गई।

    ----

14. बर्फ पिघलकर आ रही है।

    ----

15. माँ अंदर बैठी होगी।

    ----

16. वहाँ हमारी आवभगत खूब हुई।

    ----

17. हम वहाँ कभी-कभी जाते हैं।

    ----

18. वह उनके घर कभी नहीं जाएगा।

    ----

19. तुम निश्चिंत होकर पढ़ो।

    ----

20. बिलकुल झूठ बोलते हो।

- स्टेशन मास्टर, घर, विद्वान, आदर, इंजीनियर, बेटा, झूठ—पुंलिंग संज्ञाएँ हैं।
- गाड़ी, बेटी, बात, माँ, मुलाकात, चारपाई, दुर्दशा, लॉटरी, बर्फ, आवभगत—स्त्रीलिंग संज्ञाएँ हैं।
- चलना, पाना, मिलना, घूमना, सुनना, होना, समझाना, लेटना, पढ़ना, गुनगुनाना, देखना, खुलना, पिघलना, बैठना, जाना, बोलना—क्रियाएँ हैं।
- धीरे, अभी, घर में, सर्वत्र, रात में, पिछले हफ्ते, दिल्ली में, शांति से, इस हफ्ते, अवश्य, कल, बहुत, लेटकर, गुनगुनाते हुए, बगीचे में, देखकर, संभवतः, परसों, सबसे आगे, आकर, पिघलकर, अंदर, खूब, वहाँ, कभी-कभी, कभी नहीं, दुखी, निश्चिंत होकर, बिलकुल—क्रियाविशेषण हैं।

69 पुरुषवाचक और निदेशवाचक सर्वनाम

अ वह, यह, वे, ये, तू, तुम, आप, मैं तथा हम पुरुषवाचक सर्वनाम हैं। वह, यह, तू और मैं एकवचन हैं और वे, ये, तुम, आप और हम बहुवचन सर्वनाम हैं। इनमें से वह, यह, वे तथा ये चार सर्वनाम निदेशसूचक सर्वनाम भी हैं।

आ पुरुषवाचक सर्वनामों का प्रयोग मुख्यत: (क) उपस्थित या संबद्ध व्यक्तियों तथा वस्तुओं के लिए होता है और (ख) उन व्यक्तियों तथा वस्तुओं के लिए भी होता है जिनका उल्लेख पहले किया जा चुका हो या जिनकी चर्चा हो रही हो; जैसे—

- *मैं अभी स्कूल जा रहा हूँ।*
- *आप पहले प्रधानाध्यापक से मिल लें।*
- *मेरी बहन बीमार है। वह दफ़्तर आज नहीं जाएगी।*
- *वे जो व्यापार करना चाहते हैं वह घाटे का सौदा है।*
- *अस्पताल के डॉक्टर छुट्टी पर हैं इसलिए वे आज नहीं मिल सकेंगे।*

> 'मैं' सर्वनाम उपस्थित व्यक्ति है जो वक्ता भी है। 'आप' सर्वनाम उपस्थित व्यक्ति है जिसे राय दी जा रही है। 'वह' सर्वनाम का प्रयोग पूर्व वर्णित 'मेरी बहन' के लिए हुआ है। 'वे' सर्वनाम का प्रयोग उन व्यक्तियों के लिए किया जा रहा है जिनकी चर्चा हम पहले से कर रहे हैं। 'वे' सर्वनाम का प्रयोग पूर्व वर्णित 'डॉक्टरों' के लिए हुआ है।

इ निर्देशसूचक सर्वनाम वह, वे, यह, ये व्यक्तियों या वस्तुओं की ओर संकेत करने के लिए प्रयुक्त होते हैं; जैसे—

- *वह मेरा भाई है।*
- *वे सांसद हैं।*
- *यह नेहरू की अमानत है।*
- *ये गाँधी विचार के हैं।*

> 'वह' निदेशसूचक सर्वनाम का प्रयोग 'मेरे भाई' की ओर संकेत के लिए हुआ। 'वे' निदेशसूचक सर्वनाम का प्रयोग 'सांसदों' की ओर संकेत के लिए हुआ। 'यह' निदेशसूचक सर्वनाम का प्रयोग 'अमानत' की ओर संकेत के लिए हुआ। 'ये' निदेशसूचक सर्वनाम का प्रयोग 'विचार' (बहुवचन) की ओर संकेत के लिए हुआ।

ई पुरुषवाचक बहुवचन सर्वनामों का प्रयोग किसी आदरणीय व्यक्ति के लिए भी होता है; जैसे—

- *पिताजी अस्वस्थ हैं। वे आज दफ्तर नहीं जाएँगे।*
- *मोहन कुमार हमारे नए प्रबंधक हैं। वे कल से दफ्तर आएँगे।*

उ मैं, मुझको, मेरा आदि के स्थान पर कुछ लोग हम, हमें, हमारा आदि का भी प्रयोग करते हैं। ऐसा अहं के निवारण के लिए भी होता है और अहं के प्रदर्शन के लिए भी हो सकता है।

ऊ विभिन्न कारकों में परसर्गों का योग होने पर वह, वे, यह और ये के तिर्यक् रूप उस, उन, इस और इन हो जाते हैं; जैसे—

- *विद्यार्थी आज्ञाकारी था। उसका भाई भी हमारी हर आज्ञा का पालन करता था।*
- *मोहन गिर पड़ा था। हम उसको अस्पताल ले गए।*
- *राम आया है। उसके लिए रहने का प्रबंध यहीं है।*
- *मैंने अलमारी खरीदी तो है पर उसमें ताला नहीं।*

ऋ निदेशसूचक सर्वनाम विशेषण की तरह भी प्रयुक्त होते हैं :

- *यह लड़का अच्छा है।*
- *ये लड़के अच्छे हैं।*
- *वह कार महँगी है।*
- *वे कारें महँगी हैं।*

ए परसर्गयुक्त संज्ञा के साथ जब कोई सर्वनाम विशेषण रूप में प्रयुक्त होता है तो वह तिर्यक् रूप में प्रयुक्त होता है, जैसे—

- *घर में चावल नहीं।* • *उस घर में चावल नहीं।*
- *कमरों में रोशनी है।* • *इन कमरों में रोशनी है।*

ऐ निर्देशसूचक सर्वनाम विशेषण तिर्यक् रूप में उस समय प्रयुक्त होते हैं जब समय और स्थानवाची संज्ञाएँ क्रियाविशेषण रूप में प्रयुक्त हों; जैसे—

- *उस वर्ष मैं जापान में था।*
- *उस महीने वर्षा कम हुई।*
- *इस घड़ी आप चुप रहें।*
- *इस हफ्ते वह आएगा।*
- *उस जगह मत बैठें।*
- *उस किनारे चले जाएँ।*

उनहत्तरवाँ अभ्यास

निम्नलिखित सर्वनामों के संबंध में बताएँ कि ये पुरुषवाचक हैं या निर्देशसूचक ?

1. मैं तो गुरुजी के घर जाता हूँ पर वे कभी मेरे घर नहीं आते।

   (i) मैं—पुरुषवाचक—उत्तम पुरुष, पुंलिंग, एक०।

   (ii) वे—पुरुषवाचक—अन्य पुरुष, पुंलिंग, बहु०।

2. वह कविता पाठ नहीं कर रहा। यदि आप कविता-पाठ करें तो वह भी करे।

   (i) ------------------------------

   (ii) ------------------------------

3. तुम यह क्या उठा लाए हो ?

   (i) ------------------------------

   (ii) ------------------------------

4. एक सज्जन मेरे यहाँ ठहरे हैं। वे तुमसे मिलना चाहते हैं।

   (i) ------------------------------

   (ii) ------------------------------

5. मैं इसे पसंद करूँगी।

   (i) ------------------------------

   (ii) ------------------------------

6. वे इन दिनों हरिद्वार में होंगे।

   (i) ------------------------------

   (ii) ------------------------------

7. मेरा मित्र रहता तो इसी शहर में है पर मुझे उसका पता नहीं मालूम।

   (i) ------------------------------

   (ii) ------------------------------

8. तुम गुरुजी की आज्ञा नहीं मानते।

   (i) ------------------------------

9. तू क्या इस घर में रहता है ?

   (i) ------------------------------

   (ii) ------------------------------

10. यह ऐसी बात है जो मैं नहीं समझती।

    (i) ------------------------------

    (ii) ------------------------------

11. हम दिल्ली गए थे पर वह नगरी हमें अच्छी नहीं लगी।

    (i) ------------------------------

    (ii) ------------------------------

12. वह सीता को चाहता है पर वह उसे नहीं चाहती।

    (i) ------------------------------

    (ii) ------------------------------

    (iii) ------------------------------

13. उसने मुझसे कहा कि मैं बीमार हूँ।

    (i) ------------------------------

    (ii) ------------------------------

14. यह बात हमारी समझ में नहीं आई।

    (i) ------------------------------

    (ii) ------------------------------

15. यह रास्ता वह जानता था।

    (i) ------------------------------

    (ii) ------------------------------

- गुरुजी, घर, कविता पाठ, सज्जन, मिलना, हरिद्वार, मित्र, शहर, पता, रास्ता—पुंलिंग संज्ञाएँ हैं।
- नगरी, बात, सीता, समझ—स्त्रीलिंग संज्ञाएँ हैं।
- आना, करना, उठाना, लाना, ठहरना, रहना, समझना, लगना, चाहना, कहना, जानना—क्रियाएँ हैं।
- पसंद, मालूम, अच्छा, बीमार—विशेषण हैं।
- कभी, मेरे यहाँ, इन दिनों—क्रियाविशेषण हैं।

70 कौन, क्या, कुछ और कोई

अ 'कौन' और 'क्या' दोनों प्रश्नवाचक सर्वनाम हैं। दोनों का प्रयोग जानकारी या परिचय प्राप्त करने के लिए होता है। 'कौन' का प्रयोग प्राणियों के लिए और 'क्या' का वस्तुओं, विचारों, कार्यों, नगण्य जीव-जंतुओं आदि के लिए होता है; जैसे—

- *वह व्यक्ति कौन है?*
- *उस गठरी में क्या है?*

आ 'कौन' का प्रयोग एकवचन तथा बहुवचन में सभी कारकों में तथा पूरक के रूप में होता है और परसर्ग का योग होने पर इसका तिर्यक् रूप एकवचन में 'किस' और बहुवचन में 'किन' हो जाता है, जैसे—

- *कौन दिल्ली से आ रहा है?* (कर्ताकारक)
- *किसने/किन्होंने यह पत्र लिखा है?* (कर्ताकारक)
- *आप किसको/किनको पूछ रहे हैं?* (कर्मकारक)
- *वे किससे/किनसे बात करेंगे?* (करणकारक)
- *आप किसके/किनके लिए दवा लेंगे?* (संप्रदानका०)
- *लड़की किससे/किनसे बिछड़ी है?* (अपादानका०)
- *किसमें/किनमें इतना दम होगा?* (अधिकरण०)
- *आप किसका/किनका घर पूछ रहे थे?* (संबंधकारक)
- *आप किसके/किनके घर में जाना चाहते हैं?* (संबंधका०)
- *वह लड़की कौन है?* (पूरक)
- *वे खिलाड़ी कौन हैं?* (पूरक)

इ 'क्या' का प्रयोग सदा एकवचन पुंलिंग रूप में होता है, इसके साथ सामान्यत: कोई परसर्ग प्रयुक्त नहीं होता और यह मात्र कर्ता, और कर्मकारक के रूप में प्रयुक्त होता है; जैसे—

- *वहाँ क्या हुआ?* (कर्ताकारक)
- *उनके पास क्या रखा था?* (कर्ताकारक)
- *मैं क्या कर सकता हूँ?* (कर्मकारक)
- *उसने क्या खा लिया?* (कर्मकारक)

ई 'क्या' प्रश्नवाचक सर्वनाम का 'क्या' प्रश्नवाचक निपात से कोई संबंध नहीं। 'क्या' निपात का प्रयोग विभिन्न प्रकार के वाक्यों को प्रश्नवाचक रूप देने के लिए वाक्य के आरंभ या अंत में होता है और विस्मयादिसूचक रूप देने के लिए वाक्य के अंत में; जैसे—

- *वह सोया है।* • *वह क्रिकेट खेल रहा है।*
- *क्या वह सोया है?* • *क्या वह क्रिकेट खेल रहा है?*
- *वह सोया है क्या?* • *वह क्रिकेट खेल रहा है क्या?*
- *अभी तक वह सोया है क्या?* • *वह क्रिकेट खेल नहीं रहा क्या?*

उ 'किसका' और 'कौन-सा' दोनों विशेषण हैं। 'किसका' संबंधसूचक है तथा 'कौन-सा' रूप-रंग, आकार-प्रकार, गुण-धर्म आदि का सूचक; जैसे—

- *आप किसका मकान ढूँढ़ रहे हैं?*
- *आप कौन-सा स्कूटर चाहते हैं?*

किसका मकान—किस व्यक्ति से संबद्ध मकान; और कौन-सा स्कूटर—बड़े पहियोंवाला या छोटे पहियोंवाला, ऊँची सीटवाला या नीची सीटवाला अथवा किस ब्रांड या छापवाला आदि।

ऊ 'कुछ' का प्रयोग संख्या में कम लोगों या वस्तुओं के लिए होता है; जैसे—

- *मीटिंग में 50 व्यक्ति सम्मिलित हुए थे। उनमें कुछ विदेशी थे।*
- *आपने बहुत-से पत्र भेजे थे। उनमें से कुछ मेरे पास हैं।*

ऋ 'कुछ' का भिन्न कारकों में प्रयोग होता है तथा इसके रूप में विकार नहीं होता; जैसे—

- *सभी दलों के प्रतिनिधि आए थे, पर कुछ ने ही हमारा प्रस्ताव माना।* (कर्ताकारक)
- *यहाँ बहुत-से पत्रकार हैं, पर हमने कुछ को ही बुलाया है।* (कर्मकारक)
- *कुछ का व्यापार सिंगापुर में है।* (संबंधकारक)

ए लाक्षणिक अर्थ में यह संख्या का नहीं बल्कि विलक्षणता का सूचक भी होता है; जैसे—

- *कुछ बात है कि हस्ती मिटती नहीं हमारी।*

ऐ 'कोई' का प्रयोग किसी ऐसे व्यक्ति, जीव, वस्तु, स्थान आदि के लिए किया जाता है जो अनजाना हो या जिसके संबंध में विवरण देना आवश्यक न हो; जैसे—

- *कोई आया होगा।*

आशय यह है कि बहुत से लोग आते रहते हैं उनमें से कोई एक होगा। वह ज्ञात भी हो सकता है और अज्ञात भी।

- *तुम कोई पुस्तक ले लो।*

अनेक पुस्तकें सामने हैं इनमें से अपनी मर्जी से जिसे चाहो ले लो।

ओ 'कोई' और 'कुछ' का प्रयोग विशेषण रूप में भी होता है; जैसे—

- *कोई भला आदमी ऐसी बात नहीं कह सकता। कोई मूर्ख ही तुमसे सहमत होगा।*
- *आज कुछ लोग आनेवाले हैं।*
- *कुछ पुस्तकें पुरानी थीं।*

सत्तरवाँ अभ्यास

I. प्रश्नों का उत्तर दें -

1. वह व्यक्ति कौन है? — वह व्यक्ति मेरा भाई है।
2. उस अलमारी में क्या रखा है? ---------------------------------
3. वहाँ क्या हुआ? ---------------------------------
4. आपने कौन-सी पुस्तक पढ़ी? ---------------------------------
5. आप क्या पिएँगे? ---------------------------------
6. उस घर में कौन रहता है? ---------------------------------
7. आप बाज़ार से क्या लेने के लिए गए थे? ---------------------------------
8. वह दुकान से क्या लाया है? ---------------------------------
9. आपने किस भाषा में गीत गाया? ---------------------------------
10. आपने कौन-सा मकान खरीदा था? ---------------------------------
11. क्या आपने कुछ खरीदा? ---------------------------------
12. क्या आप कुछ खाएँगे? ---------------------------------
13. क्या उसने आपसे कुछ कहा? ---------------------------------
14. क्या कोई मुझसे मिलने के लिए आया है? ---------------------------------
15. क्या इस कमरे में कोई सोया है? ---------------------------------

II. निम्नलिखित वाक्यों में कौन, क्या, कोई अथवा कुछ का प्रयोग करें-

1. ------------------------ दिन पहले मैं वहाँ गया था।
2. वह ----------------- है जिसने गोदान उपन्यास लिखा?
3. मुझे ------------- अच्छी पुस्तकें मिल जाएँ तो खरीद लूँ।
4. उसे अभी तक ------------------- काम नहीं मिला।
5. आपके लिए ----------------------------- लाऊँ?
6. --------------------------- दिल्ली जाना चाहता है?
7. आप ------------------------------- सेब ले जाएँ।
8. उनसे मिलने के लिए ---------------------- आया था।

> - व्यक्ति, घर, बाजार, गीत, मकान, कमरा, उपन्यास—पुंलिंग संज्ञाएँ हैं।
> - अलमारी, पुस्तक, दुकान, भाषा—स्त्रीलिंग संज्ञाएँ हैं।
> - रखना, होना, पढ़ना, पीना, रहना, जाना, लाना, गाना, खरीदना, खाना, कहना, आना, सोना, लिखना, मिलना, चाहना—क्रियाएँ हैं।

जो—वह/सो

अ 'जो' संबंधवाचक सर्वनाम है क्योंकि इसका संबंध किसी अन्य नामपद से (सर्वनाम या संज्ञा) से जुड़ा होता है। सामान्यतया मिश्र वाक्य के आश्रित उपवाक्य में इसका प्रयोग होता है और इसका तत्संबंधी मुख्य उपवाक्य में होता है; जैसे—

- *जो आएगा, वह एक दिन जाएगा।*

आश्रित उपवाक्य 'जो आएगा' में प्रयुक्त 'जो' सर्वनाम इसलिए संबंधवाचक है क्योंकि यह मुख्य उपवाक्य के सर्वनाम 'वह' से जुड़ा है।

आ 'जो' सर्वनाम एकवचन तथा बहुवचन में प्रयुक्त होता है, प्राय: सभी कारकों में प्रयुक्त होता है तथा परसर्ग के आने पर इसका रूप एकवचन में 'जिस' और बहुवचन में 'जिन' हो जाता है; जैसे—

- *जो गरजता है, वह बरसता नहीं।* (कर्ता.)
- *जिसने मुँह दिया है, वह खाने को भी देगा।* (कर्ता.)
- *जिन्होंने गोली चलाई, वे नक्सली थे।* (कर्ता.)
- *वे जो कहते हैं, करते भी हैं।* (कर्म.)
- *वे जिनसे बातें कर रहे थे, वे संसद सदस्य हैं।* (करण.)
- *आप जिससे मिले थे, वह मेरा भाई था।* (करण.)
- *जिनमें दम हो, वे आगे आएँ।* (अधिकरण.)
- *जिसका साथ हुआ, वह बेवफा निकला।* (संबंध.)
- *जिनके घर जले, उन्होंने प्रदर्शन किया।* (संबंध.)

इ 'जो' विशेषण रूप में भी प्रयुक्त होता है; जैसे—

- *जो घर आप खरीद रहे हैं, वह मेरे भाई का है।*
- *जिस घर में आप रहते हैं, वह भुतहा है।*
- *जिस काम से वह आया था, वह हुआ नहीं।*
- *जिस नाव पर वह बैठा था, उसमें छेद था।*
- *जिस फिल्म की वह नायिका है, वह अभी आई नहीं।*
- *जिन खेतों में फसलें लहलहाती थीं, वे अब बंजर पड़े हैं।*

उक्त वाक्यों के जो घर, जो काम, जो नाव, जो फिल्म और जो खेत पदबंधों के 'जो' सार्वनामिक विशेषण का रूप 'जिस' विशेष्य के साथ परसर्ग के आने से हुआ है।

ई 'जो' सर्वनाम जिस सर्वनाम से संबद्ध होता है उसे तत्संबंधी कहते हैं; जैसे—

- *जो जीतेगा वह हारेगा भी।*
- *जो खेलेगा वह गिरेगा भी।*
- *जो लड़ता है वह मरता ही है।*
- *जो आएँ हम सब उनका स्वागत करें।*

'जो' संबंधवाचक और 'वह' उसका तत्संबंधी सर्वनाम है।

उ 'जो' को संबंधवाचक सर्वनाम और जो-उपवाक्य को संबंधवाचक या आश्रित उपवाक्य भी कहते हैं। जो-उपवाक्य व्याख्यापरक या परिचयात्मक होता है; जैसे—

- *जो घर मैंने खरीदा था वह पुराना था।* अथवा
- *मैंने जो घर खरीदा था वह पुराना था।*

उक्त वाक्य का मुख्य उपवाक्य है—वह पुराना था और आश्रित या संबंधवाचक उपवाक्य है—जो घर मैंने खरीदा था।

मुख्य उपवाक्य के सर्वनाम 'वह' के संबंध में जो-उपवाक्य जानकारी देता है। बताता है कि यह वह घर है जिसको मैंने खरीदा था। यदि जो-उपवाक्य को निकाल दिया जाए तो पता ही नहीं चलेगा कि किस घर की बात हो रही है। इसी प्रकार—

- *यूरोप में मैंने वह नगर देखा जो चित्रकारों की बस्ती थी।*

उक्त जो-उपवाक्य वस्तुत: मुख्य-उपवाक्य के संज्ञा पदबंध 'वह नगर' की व्याख्या करता है। वह नगर — कौन नगर — जिसमें चित्रकार रहते थे।

ऊ आवश्यक नहीं कि मुख्य-उपवाक्य 'जो' सर्वनाम का तत्संबंधी 'वह' सर्वनाम ही हो, कोई संज्ञापद भी हो सकता है; जैसे—

- *मैंने ऐसा तमाशा देखा जिसमें हाथी शेर को सूँढ़ से उठा लेता है।*

यहाँ 'जिसमें' का तत्संबंधी है—ऐसा तमाशा।

ऋ 'जो' के तत्संबंधी 'वह' के लिए 'सो' का प्रयोग भी होता था; जैसे—

- *जो आया सो गया भी।*

ए जोर देने के लिए अनेक सर्वनामों की द्विरुक्ति एकवचन में भी होती है और बहुवचन में भी; जैसे—

- *जो-जो पुस्तक खरीदेगा वह-वह पुरस्कृत होगा।*
- *जो-जो सफल होंगे वे-वे सम्मानित भी होंगे।*
- *मैं भी कुछ-कुछ समझता हूँ।*
- *कौन-कौन आ रहा है?*
- *कोई-कोई ऐसी पुस्तकें पढ़ता है।*

इकहत्तरवाँ अभ्यास

खाली स्थान में 'जो' सर्वनाम का प्रयोग करें और बताएँ कि किस कारक में प्रयोग कर रहे हैं।

1. हमने ------- देखा वह दीनहीन था।

   — हमने जिसे देखा, वह दीनहीन था। जिसे — कर्मकारक

2. कोलंबस पहला व्यक्ति था ------ अमेरिका की खोज की।

   ----

3. ------ शराब पी थी वह जेल में है।

   ----

4. सिपाही ने ----- पकड़ा था वह वह तस्कर था।

   ----

5. ------ हम आए वह तीन घंटे लेट थी।

   ----

6. ------- हम ठहरे थे वह स्टेशन के पास था।

   ----

7. --------- एकता होती है वह समृद्ध होता।

   ----

8. आप -------- पढ़ें उस पर कुछ मत लिखें।

   ----

9. आपने ------- ब्याह किया वह मेरी पड़ोसिन थी।

   ----

10. -------- मैं मिला था वह सांसद था।

    ----

11. तुमने -------- यह घर बनाया था, वह अब इस संसार में नहीं रहा।

    ----

12. यह -------- चित्र है, वह कभी मंत्री था।

- दुकानदार, सिपाही, विदेशी, तस्कर, घंटा, स्टेशन, समाज, ब्याह, मित्र, सांसद, घर, संसार, चित्र, मंत्री—पुंलिंग संज्ञाएँ हैं।
- शराब, एकता, गाड़ी, पड़ोसिन—स्त्रीलिंग संज्ञाएँ हैं।
- दीनहीन, पहला, तीन, लेट, समृद्ध—विशेषण हैं।
- खोजना, पीना, पकड़ना, ठहरना—क्रियाएँ हैं।

72 अपना

अ मेरा, तेरा, उसका, इसका, हमारा, तुम्हारा, उनका, इनका, जिसका, किसका आदि की तरह 'अपना' भी सार्वनामिक विशेषण है। 'अपना' उक्त अन्य सार्वनामिक विशेषणों से इस दृष्टि से भिन्न है कि 'अपना' का प्रयोग वाक्य के उद्देश्य/कर्ता के विचार से होता है और उक्त अन्य सार्वनामिक विशेषणों का प्रयोग 'वक्ता' या 'लेखक' के विचार से; जैसे—

(क) *आप अपना काम करें।* (उद्देश्य का)
— अर्थात् उद्देश्य (आप) की दृष्टि से; उद्देश्य का।

(ख) *आप मेरा काम करें।* (वक्ता का)
— अर्थात् वक्ता (मैं) की दृष्टि से; वक्ता का।

क और ख दोनों वाक्यों का कर्ता एक ही 'आप' है, पर इन वाक्यों को कहनेवाला 'वक्ता' तो 'मैं' हूँ क्योंकि उक्त वाक्य 'आप' नहीं कह रहे बल्कि 'मैं' कह रहा हूँ। अब वाक्यों को इस प्रकार समझें—

- *आप अपना* (जिसका संबंध आपसे है) *काम करें।*
- *आप मेरा* (जिसका संबंध मुझसे है) *काम करें।*

इन वाक्यों को बार-बार देखें और मन में बैठा लें—

- *मैं अपनी पुस्तक पढ़ता हूँ।*
- *मैं तुम्हारी पुस्तक पढ़ता हूँ।*
- *मैं उसकी पुस्तक पढ़ता हूँ।*

- *वे अपनी पुस्तक पढ़ते हैं।*
- *हम अपनी पुस्तक पढ़ते हैं।*
- *तुम अपनी पुस्तक पढ़ते हो।*
- *वे अपनी पुस्तक पढ़ते हैं।*

- *वे मेरी पुस्तक पढ़ते हैं।*
- *वे तुम्हारी पुस्तक पढ़ते हैं।*
- *वे उसकी पुस्तक पढ़ते हैं।*

आ कर्ता 'मैं' हो तो मेरा/मेरी/मेरे तथा हमारा/हमारी का, कर्ता 'तू' हो तो तेरा/तेरी/तेरे तथा तुम्हारा/तुम्हारी/तुम्हारे का, कर्ता तुम या आप हो तो तुम्हारा, तुम्हारी, तुम्हारे तथा आपका/आपकी/आपके का और कर्ता हम हो तो हमारा/हमारी/हमारे का प्रयोग न करें :

- *मैं मेरी/हमारी पुस्तक पढ़ता हूँ।* ×
- *तुम तुम्हारी पुस्तक पढ़ते हो।* ×
- *आप आपकी पुस्तक पढ़ते हैं।* ×
- *हम हमारी पुस्तक पढ़ते हैं।* ×

इ मेरा, तेरा, उसका, हमारा, तुम्हारा, उनका आदि पर जोर देने के लिए उनके बाद 'अपना' का प्रयोग भी होता है; जैसे—

- *यह मेरा अपना घर है।*
- *वह उसका अपना घर है।*
- *यह तुम्हारा अपना घर है।*
- *वह तो तुम्हारा अपना घर है।*

ई जब वाक्य का कर्ता/उद्देश्य निदेशसूचक सर्वनाम हो तो 'अपना' मेरा और हमारा की तरह वक्ता का ही सूचक होता है, जैसे—

- *वह अपना घर है।*
- *वह मेरा घर है।*

उक्त वाक्यों में 'वह' सर्वनाम निदेशसूचक है तथा घर को संकेतित करता है; जैसे—

- *वह घर अपना घर है।*

जिस प्रकार मेरा, तेरा, तुम्हारा, हमारा आदि सर्वनामिक विशेषण मैं, तू, तुम, हम आदि से बने हैं वैसे ही अपना संभवत: मराठी 'आपुन' से बना लगता है। आपुन (?) का कर्ताकारक में प्रयोग मुम्बई आदि नगरों में देखा जाता है; जैसे—आपुन आपसे बात करेगा। हिंदी वाक्य-रचना में 'अपना' का प्रयोग कर्ता/उद्देश्य के रूप में नहीं होता। 'अपना कोई नहीं रहा।' जैसे वाक्यों में 'अपना' विशेषण ही है और वाक्य का असली रूप है—कोई अपना नहीं रहा। अन्य कारकों में 'अपना' का प्रयोग होता है; जैसे कर्मकारक में अपने को, करणकारक में अपने से, संप्रदानकारक में अपने लिए, अपादानकारक में अपने से, अधिकरणकारक में अपने में/पर। 'के' परसर्ग उसके तिर्यक् रूप 'अपने' में अंतर्भुक्त माना जाता है; जैसे अपने लिए, अपने साथ, अपने द्वारा आदि जैसे—

(क) *मैं अपने लिए साइकिल खरीदूँगा।*

(ख) *वह अपने साथ बेटे को लाया है।*

उ 'अपना-अपना' पदबंध से अभिप्राय है—हर एक की दृष्टि से उसका; जैसे—

- *सब लोग अपना-अपना काम देखें।*

अर्थात् सब लोगों के विचार से ऐसा काम जो उन उनसे संबंद्ध हो।

बहत्तरवाँ अभ्यास

अपना, मेरा, हमारा, उसका, उनका, तेरा, तुम्हारा, आपका आदि का प्रयोग करें। सभी विकल्पों का उल्लेख करें -

1. यह ----- घर है।
— मेरा, तेरा, हमारा, तुम्हारा, उसका, उनका, इसका, इनका या आपका।
2. आपने ----- घर देखा है ।
3. वह ----- काम कर रहा था ।
4. गाड़ी ----- दरवाज़े पर खड़ी थी ।
5. आप ----- साइकिल मुझे दें।
6. मैं ----- पेंसिल से चित्र बनाऊँगा।
7. मैं ----- हजामत बना रहा हूँ।
8. आप ----- काम अवश्य करें।
9. हम ----- साथ विदेश जाएँगे।
10. हम उसे ----- साथ ले गए।
11. मैंने ----- पास एक हिरण देखा था।
12. वे ----- आगे किसी को नहीं समझते।
13. वह ----- के भरोसे रहता है।
14. यह ----- अपना स्कूटर है।

- घर, काम, दरवाजा, चित्र, विदेश, हिरण, भरोसा, स्कूटर—पुंलिंग संज्ञाएँ हैं।
- गाड़ी, साइकिल, पेंसिल, हजामत—स्त्रीलिंग संज्ञाएँ हैं।
- के साथ, के पास, के आगे, के भरोसे—संबंधबोधक हैं।
- खड़ा—विशेषण है।
- अवश्य—क्रियाविशेषण है।

73 इतना, उतना, जितना, कितना

अ ये चारों विशेषण, प्रविशेषण तथा सर्वनाम रूप में प्रयुक्त होते हैं। इनका सीधा संबंध क्रमश: इस (यह), उस (वह), जिस (जो) तथा किस (कौन) सर्वनामों से है। 'कितना' प्रश्नवाचक है।

आ 'इतना' से आशय है—इस मात्रा या परिमाण का; 'उतना' से आशय है—उस मात्रा या परिमाण का या उसके समान; 'जितना' से आशय है—जिस मात्रा या परिमाण का और 'कितना' से आशय है—किस मात्रा या परिमाण का; जैसे—

विशेषण रूप में

- *मैं इतना काम कर लूँगा।*
- *वह उतना काम नहीं कर सकता।*
- *वह कितना समय चाहता है?*

सर्वनाम रूप में

- *मैं इतना नहीं खा सकता।*
- *आप उतना ही करें?*
- *वह रेडियो की मरम्मत का कितना माँगता है?*

प्रविशेषण रूप में

- *वह इतनी सुंदर होगी, मुझे कल्पना नहीं थी।*
- *यह नदी उतनी गहरी नहीं।*
- *वह कितना अमीर होगा?*

इ 'कितना' विशेषण संख्या तथा परिमाण दोनों का सूचक है। संख्यासूचक होने पर यह सदा बहुवचन रूप प्राप्त करता हैं तथा परिमाणसूचक होने पर सदा एकवचन ही रहता है; जैसे—

- *उसने <u>कितने</u> कारखाने खरीदे?*
- *उसने <u>कितनी</u> दुकानें खरीदीं?*

यहाँ 'कितने' और 'कितनी' संख्यासूचक हैं और बहुवचन में हैं; परंतु

- *उसने <u>कितना</u> काम किया?*
- *वह <u>कितनी</u> सफाई कर लेगा?*

परिमाणसूचक हैं और एकवचन में हैं।

ई 'कितना' प्रविशेषण भी है। प्रविशेषण कहते हैं जो विशेषण का विशेषण हो। कितना प्रविशेषण रूप में 'बहुत अधिक' का भी सूचक होता है और उस अवस्था में यह प्रश्नवाचक नहीं रहता, बल्कि विस्मयादिसूचक होता है; जैसे—

- *लड़की कितनी सुंदर है!*
- *बूढ़ा कितना क्रूर निकला!*

परंतु अपने सामान्य अर्थ में कितना प्रविशेषण प्रश्नवाचक ही होगा; जैसे—

- *पानी <u>कितना</u> गहरा होगा?*
- *कमरा <u>कितना</u> लंबा था?*

उ 'जितना' का प्रयोग उसके तत्संबंधी 'उतना' के साथ ही होता है अर्थात् 'जितना... उतना...' योजक समूह की तरह काम करता है; जैसे—

- *आप जितना काम चाहें उतना ले लें।*
- *आप जितने दिन चाहें उतने दिन रह लें।*
- *तुम्हें जितना कहा गया है उतना ही करो।*
- *उतना खाओ जितना पचा सको।*

ऊ इन विशेषणों के सर्वनाम रूप में प्रयुक्त होने पर 'ने' परसर्ग के अतिरिक्त अन्य सभी परसर्ग इनमें आते हैं—

- *हमारा इतने से काम नहीं चलेगा।*
- *वह इतने पर राजी नहीं होगा।*
- *जितने में तुम एक काम करोगे उतने में वह तीन काम करेगा।*
- *सौदा कितने में तय हुआ?*
- *कितनों से झगड़ा करोगे?*

ऋ क्रियाविशेषण रूप में भी 'कितना' का प्रयोग अविकारी रूप में होता है। यहाँ भी वह प्रश्नवाचक नहीं रहता। आशय रहता है—बहुत अधिक; जैसे—

- *मैंने उसे कितना समझाया पर वह माना नहीं।*

ए 'इतने में' क्रियाविशेषण रूप में प्रयुक्त होता और इसका आशय होता है—इसी बीच में, इस अवधि के अंदर; जैसे—

- *हम बातें कर रहे थे कि इतने में गाड़ी आ गई।*

ऐ 'इतना तो' भी क्रियाविशेषण पदबंध है। इसका आशय है—कम से कम इस मात्रा में, जैसे—

- *इतना तो मैं भी जानता हूँ कि रात में कर्फ्यू लगेगा।*

ओ 'इतना-उतना' सर्वनाम पदबंध का प्रयोग मात्रा और परिमाण के अर्थ में होता है, जैसे—

- *मैं इतना-उतना नहीं लूँगा बल्कि आधा लूँगा।*

तिहत्तरवाँ अभ्यास

खाली जगह भरें। इतना, उतना, जितना या कितना में से किसी उपयुक्त शब्द ग्रहण करें -

1. वहाँ --------- औरतें थीं ?
   — वहाँ कितनी औरतें थीं ?
2. आप --------- काम करेंगे ?
   ----
3. वे --------- धन चाहते हैं ?
   ----
4. गाड़ी --------- में आ गई।
   ----
5. आप --------- रुपए चाहें उतने ले लें।
   ----
6. मैं --------- समय व्यर्थ नहीं गँवाऊँगा।
   ----
7. इस काम में आपने --------- समय लगाया ?
   ----
8. --------- में बस आ पहुँची।
   ----
9. इस काम के लिए उसे ------ रुपए चाहिए ?
   ----
10. वह --------- पर राजी नहीं होगा।
    ----
11. मेरा --------- से काम नहीं चलेगा।
    ----
12. जितना कम वेतन होगा --------- अधिक तुम्हारा शोषण होगा।

    ----
13. --------- तो मैं भी जानता था।
    ----
14. वह --------- से प्रसन्न नहीं होगा।
    ----
15. आप --------- घंटे वहाँ रहे ?
    ----
16. वह --------- दिन कहाँ रहा ?
    ----
17. वह जितना समय चाहता है मैं --------- नहीं दे सकता।

    ----
18. उसने ----- पुस्तकें लिखी हैं उतनी मैंने नहीं।
    ----
19. आप ----- छाते चाहें उतने ले लें।
    ----
20. वह ----- अच्छा आदमी था!

- काम, धन, रुपया, समय, वेतन, शोषण, घंटा, दिन, छाता, आदमी—पुंलिंग संज्ञाएँ हैं।
- औरत, गाड़ी, बस, पुस्तक—स्त्रीलिंग संज्ञाएँ हैं।
- व्यर्थ, राजी, कम, अधिक, प्रसन्न—विशेषण हैं।
- करना, चाहना, गँवाना, लगाना, पहुँचना, चलना, जानना, रहना, लिखना—क्रियाएँ हैं।

74 ऐसा, वैसा, जैसा, कैसा

अ ये चारों शब्द विशेषण, सर्वनाम तथा प्रविशेषण रूप में प्रयुक्त होते हैं। इनका सीधा संबंध क्रमशः इस, उस, जिस तथा किस सर्वनामों से जोड़ा जाता है। 'जैसा' संबंधवाचक है और 'कैसा' प्रश्नवाचक।

आ इनके आशय इस प्रकार हैं—

ऐसा—इस प्रकार का, इस जैसा।

वैसा—उस प्रकार का, उस जैसा।

जैसा—जिस प्रकार का।

कैसा—किस प्रकार का?

विशेषण रूप में

- *ऐसा काम वह कर सकता है।*
- *वैसी कमाई ठीक नहीं।*
- *जैसा शहर बनारस है वैसा ही इलाहाबाद।*
- *तुम कैसी बात कर रहे हो?*

सर्वनाम रूप में

- *ऐसा मत कहो।*
- *जैसा उसने किया वैसा मैं नहीं कर सकता।*
- *वहाँ कैसा रहा?*

(अर्थात् कैसा हाल रहा?)

प्रविशेषण रूप में

- *ऐसी बुरी बात नहीं कहते।*
- *तुम्हें वैसा योग्य लड़का कहीं और नहीं मिलेगा।*
- *उस जैसी समझदार औरत जल्दी नहीं मिलेगी।*

इ प्रविशेषण रूप में कैसा प्रश्नवाचक नहीं बल्कि विस्मयादिबोधक होता है।

- *उसने कैसा उज्ज्वल भविष्य दिखलाया था!*

ई 'ऐसा-वैसा' विशेषण पदबंध का अर्थ होता है अनुपयुक्त या अनुचित; जैसे—

- *क्या तुमने उनसे कोई ऐसी-वैसी बात तो नहीं कही?*

उ ऐसे, वैसे, जैसे और कैसे क्रियाविशेषण रूप में प्रयुक्त होते हैं—

ऐसे—इस प्रकार या इस ढंग से।

— वह ऐसे चलता है जैसे साँप।

जैसे—किसी के अनुरूप या उसी तरह।

वैसे—उस प्रकार या उस ढंग से।

— जैसे वह गया वैसे तुम भी जाओ।

कैसे—(i) किस प्रकार या ढंग से?

(ii) किस कार्य से?

- *वह कैसे आया?*

अर्थात् उसके आने का साधन क्या था—गाड़ी, साइकिल, रेल या पैदल। अथवा उसके आने का प्रयोजन क्या था—कुछ जानने, कुछ लेने, कुछ बताने या और किसी काम से।

ऊ 'जैसा...वैसा...' और 'जैसे...वैसे...' दोनों योजक-समूह के रूप में प्रयुक्त होते हैं। 'जैसा...वैसा...' विशेषण तथा सर्वनाम का और जैसे... वैसे... क्रियाविशेषण का गुण-धर्म भी निभाते हैं; जैसे—

- *तुम जैसा काम करोगे, वैसा मैं भी करूँगा।*
- *जैसी योग्य वह है, वैसी मैं नहीं।*

यहाँ जैसा/जैसी विशेषण रूप में और वैसा/वैसी सर्वनाम रूप में प्रयुक्त हुए हैं। वैसा—उस जैसा काम। वैसी—उस जैसी औरत।

- *काम जैसे बने वैसे ही करो।*

जैसे...वैसे... क्रियाविशेषण पदबंध हैं। जैसे अर्थात् जिस ढंग या उपाय से और वैसे अर्थात् उसी ढंग या उपाय के द्वारा।

ऋ 'जैसे ही...वैसे ही...' योजक समूह किसी विशिष्ट क्षण के द्योतक हैं; जैसे—

- *जैसे ही वह आए वैसे ही उसे भगा देना।*

अर्थात् जिस क्षण वह आए उसी क्षण उसे भगा देना।

ए 'वैसे ही' क्रियाविशेषण का प्रयोग बिना मतलब के या योंही होता है;

- *मैं उनसे मिलने वैसे ही चला गया था।*

ऐ 'के जैसा' पदबंध संबंधबोधक है जो विशेषण के रूप में—आकारांत विशेषण की तरह—प्रयुक्त होता है; जैसे—

- *मोहन के जैसा परिश्रमी लड़का मिलना कठिन है।*
- *उनके जैसी उदारता मुझमें नहीं।*
- *आपके जैसे चमत्कार पहले देखने में नहीं आए।*

ओ ऐसा-ऐसा, ऐसा-वैसा, कैसा-कैसा आदि अनेक पदबंध भी देखने में आते हैं जो श्रेष्ठता, विलक्षणता या अटपटेपन के सूचक हैं :

- *उसने ऐसी-ऐसी बातें कहीं कि मेरे रोंगटे खड़े हो गए।*
- *वह ऐसा-वैसा काम नहीं करेगा।*
- *उसने न जाने कैसे-कैसे चित्र बना डाले हैं।*

चौहत्तरवाँ अभ्यास

इन वाक्यों को पूरा करें। प्रस्तुत पाठ में उल्लिखित (क) विशेषणों तथा क्रियाविशेषणों का प्रयोग करें और (ख) बतलाएँ कि आपने विशेषण का प्रयोग किया है या क्रियाविशेषण का ?

1. तुम ------ काम चाहते हो ?

   — तुम कैसा काम चाहते हो ?

   ----

2. तुम वहाँ ------ गए ?

   ----

3. उसके ------ लड़की यहाँ कोई और नहीं।

   ----

4. ------ बात अब कभी मत करना।

   ----

5. काम ------ नहीं होता।

   ----

6. तुम ------ करोगे वैसा भरोगे।

   ----

7. किसी से ------ बात नहीं कहते।

   ----

8. कल मैं उनसे मिलने के लिए ------ जाऊँ ?

   ----

9. यह गाँव ------ है वैसा ही वह गाँव भी।

   ----

10. ------ तुमसे करते बने वैसा तुम करो।

    ----

11. ------ काम मुझसे हो सका वैसा मैंने किया।

    ----

12. ------ समय अभी नहीं आया कि हम लोग दो पैसे कमा सकें।

    ----

13. गाड़ी ------ नहीं चलाते।

    ----

14. तुमने यह ------ बात जानी।

- काम, मिलना, गाँव, समय, हम लोग (बहुवचन), पैसा—पुंलिंग संज्ञाएँ हैं।
- लड़की, बात, गाड़ी—स्त्रीलिंग संज्ञाएँ हैं।
- चाहना, होना, करना, मरना, कहना, बनना, कमाना, चलाना, जानना—क्रियाएँ हैं।
- अभी, कल—क्रियाविशेषण हैं।
- मत, ही, भी—निपात हैं।

75 संबंधबोधक

अ के, की, से या को परसर्ग और क्रियाविशेषण, विशेषण या संज्ञा के योग से बना पदबंध संबंधबोधक कहलाता हैं। ऐसे अधिकतर संबंधबोधक पूर्ववर्ती संज्ञा आदि के साथ इकाई रूप में क्रियाविशेषण या विशेषण का काम करते हैं; जैसे—

(i) घर के बाहर, घर के सामने, शहर से दूर, कुएँ से आगे, परिस्थिति को देखते हुए।

(ii) पुस्तक के अतिरिक्त, वातावरण के अनुकूल, उनके समान, स्थिति के अनुरूप।

(iii) आँधी की तरह, नदी की ओर, पति के साथ, नौकर के हाथ।

आ के बाहर, के सामने, से परे, से आगे, की तरह, की ओर, के साथ, के हाथ आदि ऐसे संबंधबोधक हैं जो क्रियाविशेषण पदबंधों की रचना करते हैं; जैसे—

- *वह घर के बाहर बैठा था।*
- *हमारा घर उनके सामने है।*
- *विद्यालय शहर से दूर है।*
- *मैं कुएँ से आगे जाऊँगा।*
- *वह आँधी की तरह आया।*
- *आप नदी की ओर बढ़ें।*

इ परसर्ग और विशेषणों से बने अधिकतर संबंधबोधक विशेषणों की तरह प्रयुक्त होते हैं; जैसे—

के समान, के योग्य, के बराबर, के अतिरिक्त, के अनुकूल, के धनी, के जैसा; जैसे—

- *उसकी आँखें कमल के समान हैं।*
- *उसके कमल के जैसे हाथ हैं।*
- *उसकी कमल के जैसी आँखें हैं।*
- *राम के अतिरिक्त मोहन भी वहाँ गया था।*

> 'के जैसा' संबंधबोधक जब विशेषण रूप में प्रयुक्त होता ही है तो 'जैसा' के आकारांत होने के कारण उसमें लिंग-वचन का परिवर्तन विशेष्य के लिंग-वचन के अनुसार होना भी स्वाभाविक है।

ई जब संबंधबोधकों से बने पदबंध वाक्य के आरंभ में प्रयुक्त होते हैं तो वे पूरे वाक्य के अर्थ को विशेषित या प्रभावित करते प्रतीत होते हैं; जैसे—

- *घर के बाहर वह बैठा था।*
- *कुएँ से आगे मैं नहीं जाऊँगा।*
- *वेतन के अतिरिक्त महँगाई भत्ता भी उसे मिला।*

ई हिंदी भाषा में संबंधबोधकों की सूची बहुत लंबी है। कुछ बहुप्रचलित संबंधबोधक इस प्रकार है—

के अनुसार, के आज्ञानुसार, के द्वारा, के कारण, के प्रति, के बिना, के आगे, के चलते, के दौरान, के पास, के पहले, के पीछे, के बदले, के बाद, के नीचे, के भरोसे, के मारे, के योग्य, के विरुद्ध, के हाथ, के साथ, के सहारे, के सामने, की अपेक्षा, की बनिस्बत, की मार्फत, की ओर, से आगे, से पहले आदि। की वजह से, की दृष्टि से, के बारे में, के विचार से आदि पदबंध के रूप में भी संबंधबोधक काम करते हैं।

उ 'के' परसर्ग के साथ तिर्यक् रूप में वर्तमान कालिक कृदंत तथा को/से परसर्ग के साथ तिर्यक् रूप में भूतकालिक कृदंत भी संबंधबोधकों के रूप में प्रयुक्त होते हैं; जैसे—

- *प्रधानमंत्री के आते (ही) सब लोग खड़े हो गए।*
- *अतिथियों के जाते (ही) हम आराम से सो गए।*
- *अथाह धन के होते हुए (भी) उसने भिखारी का जीवन बिताया।*
- *सूरज को चढ़े (हुए) दो घंटे हो गए।*
- *माता को गए (हुए) हफ्ता हो गया।*
- *बेटी से मिले (हुए) कई दिन बीत गए।*

तिर्यक् वर्तमान कृदंत प्राय: 'ही' निपात के सहित रहता है और कार्य के आरंभ होने का सूचक होता है। तिर्यक वर्तमान कृदंत के साथ 'हुए' तिर्यक कृदंत का प्रयोग उत्पन्न स्थिति की ओर आकृष्ट करता है। तिर्यक् भूतकृदंत प्राय: 'हुए' तिर्यक् कृदंत के सहित होता है और कार्य के पहले से पूर्ण हो चुके होने का सूचक होता है।

ऊ 'को' परसर्ग के साथ वर्तमान कृदंत (प्राय: द्विरुक्त रूप में) और भूतकृदंत तिर्यक् रूप में तथा पूर्वकालिक कृदंत संबंधबोधकों की तरह प्रयुक्त होते हैं; जैसे—

- *माँ बच्चे को सुलाते-सुलाते स्वयं सो गई।*
- *पिताजी को गए हुए दस दिन हो गए।*
- *उस दृश्य को देखकर मैं रो पड़ा।*

ऋ 'से' परसर्ग के साथ तिर्यक् वर्तमान तथा भूतकृदंत भी संबंधबोधकों की तरह प्रयुक्त होते हैं; जैसे—

- *वहाँ से चलते-चलते हम यहाँ पहुँचे।*
- *घर से आए (हुए) मुझे दो दिन हो गए।*

पचहत्तरवाँ अभ्यास

निम्नलिखित वाक्यों में प्रयुक्त संबंधबोधकों को पहचानिए—

1. भगवान के वास्ते चुप रहें।
   — के वास्ते — संबंधबोधक।
2. पोस्टमास्टर की मार्फत पत्र भेजें।
   ----
3. चपरासी के हाथ मैं पुस्तक भेज रहा हूँ।
   ----
4. पति के साथ पत्नी जाने के लिए तैयार नहीं।
   ----
5. ससुर के सामने बहू पर्दा करती है।
   ----
6. डाक के द्वारा उसने पार्सल भेजा होगा।
   ----
7. रामनवमी के बाद हम लोग तीर्थयात्रा करेंगे।
   ----
8. शर्म के मारे वह कुछ बोली नहीं।
   ----
9. सरकार मजदूरी के बदले अन्न देती है।
   ----
10. इस पद के योग्य बनो।
    ----
11. कक्षा में विद्यार्थी को गुरुजी से पहले पहुँचना चाहिए।
    ----
12. वह कन्या विवाह के योग्य है।
    ----
13. हवा के विरुद्ध वह गेंद फेंक रहा था।
    ----
14. मैं लाठी के सहारे चल लेता हूँ।
    ----
15. यहाँ मुझको आए हुए दो महीने हो गए।
    ----
16. पिता के रहते उसने बेटी का विवाह कर दिया था।
    ----
17. वह पत्र को पढ़कर अत्यंत दुखी हुआ।
    ----
18. घर से निकलते-निकलते दस बज गए।
    ----
19. बच्चे को सुलाते-सुलाते माँ भी सो गई।
    ----
20. सूरज के डूबते-डूबते हम घर पहुँच गए।
    ----
21. मैं गुरुजी के आज्ञानुसार चलूँगा।
    ----
22. यह घटना पर्दे के पीछे घटी।

- भगवान, वास्ता, पोस्टमास्टर, पत्र, चपरासी, हाथ, पति, साथ, जाना, ससुर, पर्दा, पार्सल, अन्न, विद्यार्थी, गुरुजी, विवाह, गेंद, सहारा, महीना, बच्चा, सूरज, घर—पुंलिंग संज्ञाएँ हैं।
- मार्फत, पुस्तक, पत्नी, बहू, डाक, रामनवमी, तीर्थयात्रा, शर्म, सरकार, मजदूरी, बात, कक्षा, कन्या, लाठी, बेटी, माँ, घटना—स्त्रीलिंग संज्ञाएँ हैं।
- भेजना, बोलना, देना, पहुँचना, फेंकना, आना, रहना, निकलना, बजना, सुलाना, चलना, घटना—क्रियाएँ हैं।
- चुप, तैयार, धनी, योग्य, विरुद्ध, दो, दुखी, दस—विशेषण हैं।
- सामने, द्वारा, बाद, पहले, आज्ञानुसार, पीछे—क्रियाविशेषण हैं।

कृदंत (1)

अ कृदंतों की संख्या कुछ विद्वान पाँच और कुछ सात मानते हैं :

वर्तमान कृदंत, भूतकृदंत, क्रियार्थ कृदंत, पूर्वकालिक कृदंत और कर्तृवाचक कृदंत - ये पाँच मुख्य कृदंत हैं।

अन्य दो कृदंत हैं—विध्यर्थ और सामान्य भविष्यकाल के क्रियापद।

आ वर्तमान कृदंतों, भूतकृदंतों और क्रियार्थ कृदंतों का प्रयोग विविध कालों के सूचक क्रियापदों में होता है; जैसे—

(क) वर्तमान कृदंत का प्रयोग

(i) सामान्य वर्तमान में — वह आता है।
(ii) अपूर्ण भूत में — वह आता था।
(iii) संदिग्ध वर्तमान में — वह आता होगा।
(iv) संभाव्य वर्तमान में — वह आता हो।
(v) सामान्य भूत में — वह कभी-कभी यहाँ आता।
(vi) संकेतार्थ भूत में — यदि वह आता तो... ।

(ख) भूतकृदंत का प्रयोग

(i) आसन्नभूत में — वह आया है।
(ii) पूर्णभूत में — वह आया था।
(iii) संदिग्ध भूत में — वह आया होगा।
(iv) संभाव्य भूत में — वह आया हो।
(v) सामान्य भूत में — वह आया।
(vi) संकेतार्थ भविष्य में — यदि वह आया तो.... ।

(ग) क्रियार्थ कृदंत का प्रयोग

(i) आवश्यकताबोधक वर्तमान में — उसको आना है।
(ii) आवश्यकताबोधक भूत में — उसको आना था।
(iii) आवश्यकताबोधक भविष्य में—उसको आना होगा।
(iv) विध्यर्थ — तू/तुम/आप वहाँ जाना।

इ वर्तमान कृदंत और भूतकृदंत आकारांत विशेषणों की तरह प्रयुक्त होते हैं। विशेषण रूप में (क) वर्तमान कृदंत किसी विशिष्ट क्रिया में प्रवृत्त होने का सूचक होता है और (ख) भूतकृदंत विशिष्ट क्रियागत स्थिति की प्राप्ति का सूचक होता है। प्राय: इनके साथ 'हुआ' भूतकृदंत का प्रयोग भी होता है; जैसे—

- *मैंने नाचता हुआ मोर देखा।*
- चोर *भागता हुआ इधर से निकला।*
- *पलँग पर लेटा हुआ बच्चा मुझे देख रहा था।*
- *लड़की का स्वास्थ्य गिरा हुआ था।*

नाचता हुआ, दौड़ता हुआ — वर्तमान कृदंत।
लेटा हुआ, गिरा हुआ — भूतकृदंत।

'नाचता हुआ', 'दौड़ता हुआ' तथा 'लेटा हुआ' का प्रयोग विशेष्य विशेषण की तरह हुआ है और 'गिरा हुआ' का विधेय विशेषण की तरह।

'नाचती हुई', 'दौड़ती हुई', 'लेटी हुई' तथा 'गिरी हुई' स्त्रीवाची रूप स्त्रीलिंग एकवचन तथा बहुवचन संज्ञाओं के साथ प्रयुक्त होते हैं और नाचते हुए, दौड़ते हुए, सोए हुए तथा गिरे हुए रूप पुंलिंग बहुवचन संज्ञाओं के साथ प्रयुक्त होते हैं; जैसे—

- *खेलती हुई लड़की आ रही है।*
- *खेलती हुई लड़कियाँ जा रही थीं।*
- *खेलते हुए बच्चे अच्छे लग रहे हैं।*

ई वर्तमान कृदंत और भूतकृदंत तिर्यक एकारांत रूप में क्रियाविशेषण की तरह भी प्रयुक्त होते हैं; जैसे—

- *लड़का नाचते हुए आया।*
- *लड़की नाचते हुए आई।*

निरंतरता सूचित करने के लिए द्विरुक्ति भी संभव है—

- *बच्चे हँसते-हँसते (हुए) आ रहे थे।*
- *लड़के पढ़ते-पढ़ते (हुए) सो गए।*
- *बुढ़िया सोए-सोए मर गई।*
- *लड़के खेलते-खेलते आए।*
- *लड़कियाँ नाचते-नाचते चली गईं।*

उ क्रियार्थ कृदंत आकारांत पुंलिंग एकवचन संज्ञा की तरह भी प्रयुक्त होते हैं; जैसे—

- *कमाना सरल नहीं।* (कर्ताकारक)
- *मैं जाना* चाहता *हूँ।* (कर्मकारक)
- *वह जाने के लिए तैयार है।* (संप्रदानकारक)
- *काम वहाँ जाने से बनेगा।* (करणकारक)

इस प्रकार क्रियार्थ कृदंत का प्रयोग संज्ञा और क्रिया दोनों रूपों में होता है।

ऊ संज्ञा पुंलिंग एकवचन एकारांत के रूप में प्रयुक्त क्रियार्थ कृदंत में '-वाला' प्रत्यय के योग से कर्तृवाचक कृदंत की रचना होती है जो आकारांत विशेषण की तरह प्रयुक्त होता है :

नाचनेवाला	लड़का
गरजनेवाला	बादल
नाचनेवाले	लड़के
नाचनेवाली	लड़की
गरजनेवाली	तोपें

छिहत्तरवाँ अभ्यास

बताएँ कि वाक्यों में रेखांकित कृदंतों का प्रयोग किस रूप में हुआ है ?

1. यहाँ हँसने पर रोक नहीं। (धातु—हँस) — क्रियार्थक कृदंत संज्ञा रूप में
2. चलती गाड़ी में मत पढ़ें। (धातु—चल) ------------------------
3. उड़ती चिड़िया किसने मारी? (धातु—उड़) ------------------------
4. लोग उगते हुए सूरज को नमस्कार करते हैं। (धातु—उग) ------------------------
5. पहाड़ की उस ऊँची उठी हुई चोटी पर हमें चढ़ना होगा। (धातु—उठ, चढ़) ------------------------
6. मुझे किसी का गिरा हुआ चश्मा मिला था। (धातु—गिर, मिल) ------------------------
7. उसका कुर्ता फटा हुआ था। (धातु—फट) ------------------------
8. काली घटा छाई हुई थी। (धातु—छा) ------------------------
9. लड़कियाँ नाचते हुए जा रही थीं। (धातु—नाच, रह) ------------------------
10. उसका हाथ टूटा हुआ है। (धातु—टूट) ------------------------
11. उसका पेट खाते-खाते फूल गया। (धातु—खा) ------------------------
12. वे टहलते हुए आ रहे थे। (धातु—टहल, रह) ------------------------
13. यहाँ कोई देखनेवाला नहीं है। (धातु—देख) ------------------------
14. उसे दौड़ने में कष्ट होता है। (धातु—दौड़, हो) ------------------------
15. हम उस टीम को हराने में सफल होंगे। (धातु—हरा) ------------------------
16. वह खेलने के लिए तैयार है। (धातु—खेल) ------------------------
17. मैं पढ़ते-पढ़ते सो गया। (धातु—पढ़, जा) ------------------------
18. उसको देखे हुए बहुत दिन हो गए। (धातु—देख, जा) ------------------------
19. हम बराबर चलते रहे। (धातु—चल, रह) ------------------------
20. गाड़ी रुकनेवाली नहीं। (धातु—रुक) ------------------------

- हँसना, लोग (बहुवचन), सूरज, नमस्कार, पहाड़, चश्मा, कुर्ता, हाथ, पेट, खेलना—पुंलिंग संज्ञाएँ हैं।
- रोक, गाड़ी, चिड़िया, चोटी, घटा, लड़की, टीम—स्त्रीलिंग संज्ञाएँ हैं।
- चलना, उड़ना, मारना, उगना, उठना, चढ़ना, गिरना, मिलना, फटना, छाना, नाचना, टूटना, खाना, फूलना, टहलना, देखना, दौड़ना, हराना, पढ़ना, सोना, देखना, चलना, रुकना—क्रियाएँ हैं।
- ऊँचा, कष्ट, सफल, तैयार—विशेषण हैं।

77 कृदंत (2)

अ धातुओं में 'कर' प्रत्यय जोड़कर पूर्वकालिक कृदंत की रचना की जाती है; जैसे—

खा	+	कर	=	खाकर
जा	+	कर	=	जाकर
देख	+	कर	=	देखकर
पढ़	+	कर	=	पढ़कर
लिख	+	कर	=	लिखकर

कुछ लोग 'कर' की जगह 'करके' प्रत्यय का भी प्रयोग करते हैं—खाकर के, जाकर के, देखकर के, पढ़कर के, लिख करके आदि। परंतु अब यह प्रथा धीरे-धीरे समाप्त हो रही है।

आ पूर्वकालिक कृदंत क्रियाविशेषण की तरह प्रयुक्त होता है—

- *वह पुस्तक पढ़कर आया है।*
- *मैं समाचार सुनकर आया हूँ।*
- *आप घड़ी देखकर समय बताएँ।*

ध्यान रहे कि क्रियाविशेषण की तरह प्रयुक्त होनेवाला पूर्वकालिक कृदंत असमापिका क्रिया भी है। इसीलिए 'देखना' क्रिया के साथ 'घड़ी' कर्म की तरह प्रयुक्त हुआ है।

इ शब्दार्थ की दृष्टि 'पूर्वकालिक कृदंत' से अभिप्राय है—ऐसा कृदंत जो पूर्वकाल से संबद्ध हो। क्रियाविशेषण रूप में प्रयुक्त पूर्वकालिक कृदंत ऐसी क्रिया का सूचक होता है जो क्रम के विचार से मुख्य क्रिया के घटित होने से पहले अस्तित्व में आए; जैसे—

- *वह नहाकर दफ्तर गया।*

यहाँ दो क्रियाएँ हैं—'नहाना' और 'जाना'। नहाना पूर्वकालिक कृदंत है और जाना मुख्य क्रिया है। आशय है कि वह दफ्तर जाने से पहले नहाया था। दूसरे शब्दों में कह सकते हैं कि वह नहाने के बाद दफ्तर गया।

- *मैं खाकर जाऊँगा।*

यहाँ भी दो क्रियाएँ हैं—'खाना' और 'जाना'। यहाँ खाना पूर्वकालिक कृदंत है और जाना मुख्य क्रिया। इस प्रकार पहले खाना और बाद में जाना।

ई पूर्वकालिक कृदंत में तीन विवक्षाएँ और भी हैं (क) धारण करके और (ख) क्रिया में रत रहते हुए; और (ग) क्रिया के परिणामस्वरूप; जैसे—

क- • *वह चश्मा लगाकर पढ़ता है।*
  • *वह टोपी पहनकर नाचा।*

ख- • *तुम ज़रा देखकर चला करो।*
  • *अपनी कहानी पढ़कर सुनाओ।*

ग- • *वह वहाँ जाकर खुश है।*
  • *दिल्ली रहकर उसने सफलता पाई।*

उ 'होकर' पूर्वकालिक कृदंत में 'होते हुए' विशेषतः 'किसी स्थान से गुजरते हुए या किसी मार्ग से होते हुए' का भी अर्थ लक्षित होता है; जैसे—

- *कालका मेल दिल्ली होकर चंडीगढ़ जाएगी।*
- *मैं हरिद्वार होकर आया हूँ।*

ऊ जब किसी पूर्वकालिक कृदंत का प्रयोग मुख्य क्रिया 'रहना' या 'मानना' से पहले होता है तो आशय होता है अवश्य घटित होना; जैसे—

- *यह शादी होकर रहेगी।*
- *मकान बनकर रहा।*
- *बुढ़िया जान देकर मानी।*

'यह शादी होकर रहेगी' का यह आशय नहीं कि पहले शादी होगी और बाद में रहने की क्रिया। 'बनकर रहा' का भी यह अर्थ नहीं कि मकान पहले बना और बाद में रहा। 'जान देकर मानी' का यह अर्थ नहीं कि बुढ़िया ने पहले जान दे दी और बाद में मानी; बल्कि आशय है कि शादी अवश्य होगी, मकान अवश्य बना और बुढ़िया जान दे ही दी।

ऋ 'कर' धातु के साथ 'कर' प्रत्यय के स्थान पर 'के' प्रत्यय लगता है; जैसे—

- *मैं स्नान करके आया हूँ।*
- *तुम भोजन करके चले जाना।*
- *देश की सेवा करके वह प्रसन्न है।*

ए विध्यर्थ और सामान्य भविष्य के सूचक कृदंत क्रियापद के रूप में ही प्रयुक्त होते हैं। क्रिया प्रकरणों में इनका विस्तार से उल्लेख हुआ है।

ऐ साठवें अध्याय में कर्तृवाचक कृदंत की तरह कर्मवाचक कृदंत की संकल्पना की गई है। जिस प्रकार कर्तृवाचक कृदंत से वाक्य के कर्ता का पता लगता है उसी प्रकार कर्मवाचक कृदंत से कर्म का पता लगता है। कर्मवाचक कृदंत की रचना धातु+जानेवाला के रूप में होती है।

विशेष—देखें साठवें अध्याय के अंतर्गत।

सतहत्तरवाँ अभ्यास

निर्दिष्ट धातु से बने किसी (क) उपयुक्त कृदंत का प्रयोग करें और (ख) उस कृदंत का नाम भी बताएँ-

1. हम दिल्ली --------- आगरा जाएँगे। (धातु—हो)
   — हम दिल्ली होकर / होते हुए आगरा जाएँगे। (ख) — पूर्वकालिक कृदंत।
2. वह --------- से जी चुराता है। (धातु—पढ़)
   (क) -------------------------------------- (ख) --------------------
3. मैं कल नई फिल्म ----- के लिए सिनेमा गया था। (धातु—देख)
   (क) -------------------------------------- (ख) --------------------
4. पत्नी पति से --------- मायके चली गई। (धातु—झगड़)
   (क) -------------------------------------- (ख) --------------------
5. गुरुजी के दर्शन --------- हम प्रसन्न थे। (धातु—कर)
   (क) -------------------------------------- (ख) --------------------
6. --------- से योग्यता बढ़ेगी। (धातु—पढ़)
   (क) -------------------------------------- (ख) --------------------
7. आप --------- कहाँ जा रहे थे? (धातु—दौड़)
   (क) -------------------------------------- (ख) --------------------
8. उन्हें यहाँ --------- दो वर्ष हो गए। (धातु—रह)
   (क) -------------------------------------- (ख) --------------------
9. माँ से --------- वह सुखी हुई। (धातु—मिल)
   (क) -------------------------------------- (ख) --------------------
10. नया ------ मकान भूकंप के कारण गिर गया। (धातु—बन)
    (क) -------------------------------------- (ख) --------------------
11. आप --------- बातों पर विश्वास न करें। (धातु—सुन)
    (क) -------------------------------------- (ख) --------------------
12. मैंने उसे --------- देखा है। (धातु—तड़प)
    (क) -------------------------------------- (ख) --------------------
13. अधिक --------- से वह थक गया। (धातु—चल)
    (क) -------------------------------------- (ख) --------------------
14. काम पूरा --------- पर तुम्हें मजदूरी मिलेगी। (धातु—कर)
    (क) -------------------------------------- (ख) --------------------
15. --------- हुआ तीर वापस नहीं आता। (धातु—छूट)
    (क) -------------------------------------- (ख) --------------------

- जी, सिनेमा, पति, गुरु, दर्शन, वर्ष, मकान, भूकंप, विश्वास, तीर—पुंलिंग संज्ञाएँ हैं।
- फिल्म, पत्नी, योग्यता, माँ, बात, मजदूरी—स्त्रीलिंग संज्ञाएँ हैं।
- नया, प्रसन्न, सुखी, दो, पूरा—विशेषण हैं।
- चुराना, चलना, बढ़ना, दौड़ना, रहना, मिलना, गिरना, बनना, सुनना, तड़पना, चलना, थकना, आना—सकर्मक क्रियाएँ हैं।
- के कारण—संबंधबोधक है।
- वापस—क्रियाविशेषण है।

78 समापिका और असमापिका क्रियाएँ

अ हिंदी की क्रियाओं की यह विशेषता है कि वे अथवा उनके विविध रूप क्रियापदों की तरह भी प्रयुक्त होते हैं और संज्ञा, विशेषण तथा क्रियाविशेषण पदों के रूप में भी।

आ क्रियापद वाक्य या उपवाक्य की समाप्ति का सूचक होता है इसलिए उसे समापिका क्रिया कहते हैं; जैसे—

- *वह घर में रहता है।*
- *मैं पुस्तक पढ़ रहा हूँ।*
- *लड़की धनी है और लड़का निर्धन है।*
- *वह आया और मेरे यहाँ रहा।*

इ क्या, नहीं, मत आदि निपात कभी-कभी क्रियापदों के बाद भी रखे जाते हैं, इसे वैयक्तिक शैली कह सकते हैं; जैसे—

- *वह आया है क्या?*
- *क्या तुमने खाया नहीं?*
- *वहाँ जाना मत।*
- *यहाँ आओ तो।*

इनके सामान्य रूप हैं—

- *क्या वह आया है?*
- *क्या तुमने नहीं खाया?*
- *वहाँ मत जाना।*
- *यहाँ तो आओ।*

ई कभी-कभी किसी नामपद, विशेषण आदि को क्रियापद के बाद भी रख दिया जाता है; जैसे—

- *क्या वहाँ गए नहीं तुम?*
- *वह आया नहीं कंबख्त!*

ऐसे अवसरों पर भी क्रियापद समापिका क्रिया ही जाना जाता है, क्योंकि उक्त वाक्यों के सामान्य रूप हैं :

- *क्या तुम वहाँ नहीं गए?*
- *वह कंबख्त नहीं आया!*

उ परंतु जब कृदंतों का प्रयोग क्रियापदों के रूप में न होकर विशेषण, संज्ञा या क्रियाविशेषण के रूप में होता है तो उन्हें असमापिका क्रिया कहा जाता है क्योंकि उनके उपरांत भी क्रियापद की आवश्यकता होती है; जैसे—

- *वह हँसता हुआ आया।*
- *उसने कुछ हँसते हुए कहा था।*
- *उन्हें मेरा हँसना अच्छा नहीं लगा।*

उक्त वाक्यों में क्रमशः आया, कहा था और लगा समापिका क्रियाएँ हैं जबकि 'हँसना' क्रिया से बने हँसता हुआ (विशेषण) हँसते हुए (क्रिया-विशेषण) और हँसना (संज्ञा) असमापिका क्रियाएँ हैं।

ऊ संज्ञा, विशेषण तथा क्रियाविशेषण के रूप में प्रयुक्त कृदंतों को असमापिका क्रिया इसलिए भी कहा जाता है कि ये आंशिक रूप से क्रियापदों का धर्म भी निभाते हैं। जिस प्रकार क्रियापदों के साथ कारकों तथा क्रियाविशेषणों का प्रयोग होता है ठीक उसी तरह इन कृदंतों के साथ भी कारकों और क्रियाविशेषणों का प्रयोग होता है; जैसे—

($क_1$) *लड़का पुस्तक पढ़ता है।*

($क_2$) *लड़का पुस्तक पढ़कर आया।*

($क_1$) में क्रियापद 'पढ़ता है' और उसका कर्म पुस्तक है। परंतु ($क_2$) में 'आया' क्रियापद अकर्मक है। अकर्मक के लिए कर्म की आवश्यकता नहीं। 'पढ़कर' क्रियाविशेषण है। यहाँ पुस्तक इसी पढ़ना क्रिया का कर्म है जो असमापिका क्रिया के रूप में प्रयुक्त 'पढ़कर' क्रियाविशेषण में आई है।

($ख_1$) *नौकर बाजार गया है।*

($ख_2$) *नौकर सामान लाने के लिए बाजार गया है।*

($ख_1$) में 'गया है' क्रियापद है और बाजार अधिकरणकारक है। कहाँ गया है?—बाजार। ($ख_2$) में 'सामान लाने के लिए' संप्रदानकारक है। इसमें 'लाना' कृदंत संज्ञा की तरह प्रयुक्त हुआ है। परंतु असमापिका क्रिया के रूप में क्रियापद का धर्म भी निभा रहा है उसके साथ 'सामान' कर्म के रूप में प्रयुक्त हुआ है; जैसे—वह सामान लाता है।

(ग) *विदेश में जाकर रहना मेरे लिए संभव नहीं।*

उक्त वाक्य में 'विदेश में जाकर रहना' उद्देश्य है। इसमें प्रयुक्त 'रहना' कृदंत संज्ञा है। 'रहना' क्रियार्थक संज्ञा के साथ 'जाकर' क्रियाविशेषण इसलिए प्रयुक्त हुआ है कि वह असमापिका क्रिया भी है। 'विदेश में' अधिकरणकारक पदबंध भी इसी 'जाकर' क्रियाविशेषण कृदंत से जुड़ा है। वाक्य का रूप यदि 'विदेश जाकर रहना मेरे लिए संभव नहीं' होता तो 'विदेश' का प्रयोग क्रियाविशेषण माना जाता। 'कहाँ जाकर रहना? —विदेश'।

समापिका क्रिया और असमापिका क्रिया मूलतः हिंदी व्याकरण के शब्द नहीं। अंग्रेजी व्याकरण के अनुसार जब क्रियारूप उद्देश्य (subject) के लिंग, वचन और पुरुष के अनुसारी होते हैं तो उन्हें समापिका क्रिया (finite verb) कहते हैं और जब लिंग, वचन और पुरुष के विचार से मुक्त रहते हैं तब उन्हें असमापिका क्रिया (infinite verb) कहते हैं। हिंदी के कृदंत विशेषणों पर यह सिद्धांत लागू नहीं होता।

अठहत्तरवाँ अभ्यास

बताएँ, निम्नलिखित पद या पदबंध किस समापिका अथवा असमापिका क्रिया से जुड़े हैं ?

1. वह किसी गाँव में रहता है।
   — 'किसी गाँव में' संज्ञा पदबंध है और अधिकरणकारक के रूप में 'रहना' समापिका क्रिया से जुड़ा है।
2. मैंने उससे पुस्तक मेज पर रखने के लिए कहा था।
   ---
3. हम इस विषय पर चाय पीने के बाद बातें करेंगे।
   ---
4. वह बंद कमरे में सोने से बीमार पड़ा।
   ---
5. जरा आप पुस्तक खोलकर रखें।
   ---
6. वह घड़ी देखकर आया था।
   ---
7. उसने यह संपादकीय लिखकर नाम कमाया।
   ---
8. उसने अपना मकान बेचकर कर्ज चुकाया।
   ---
9. अभी मैंने पिताजी को लिखा हुआ पत्र डाकखाने में छोड़ा है।
   ---
10. मालिन फूलों के हार बनाकर बेचती है।
    ---
11. अपनी आपबीती सुनाकर उसने हमारी सहानुभूति पाई।
    ---
12. बिल्ली बिलौटे को उठाकर ले गई।

- गाँव, कमरा, संपादकीय, मकान, डाकखाना, फूल, हार, बिलौटा—पुंलिंग संज्ञाएँ हैं।
- मेज, चाय, घड़ी, आपबीती: सहानुभूति, बिल्ली—स्त्रीलिंग संज्ञाएँ हैं।

79 न, नहीं, मत

अ न, नहीं और मत तीनों निपात हैं। 'नहीं' का प्रयोग मुख्यत: वाक्य को निषेधात्मक या नकारात्मक रूप देने के लिए होता है और प्राय: क्रियापद के पहले होता है; जैसे—

- *मैं आऊँगा।*
- •• *मैं नहीं आऊँगा।*
- *वह वकालत करता था।*
- •• *वह वकालत नहीं करता था।*

आ निषेधात्मक या नकारात्मक वाक्यों में वर्तमान कालिक सहक्रिया 'है' तथा उसके विभिन्न रूपों का प्राय: लोप भी होता है; जैसे—

- *वह आया है।* (आसन्न भूत)
- •• *वह नहीं आया है।* (आसन्न भूत)
- •• *वह नहीं आया।* (आसन्न भूत)
- *वह आ रहा है।* (तात्कालिक वर्तमान)
- •• *वह नहीं आ रहा है।* (तात्कालिक वर्तमान)
- •• *वह नहीं आ रहा।* (तात्कालिक वर्तमान)
- *क्या तुम सो रहे हो?* (तात्कालिक संभाव्य)
- •• *क्या तुम सो नहीं रहे हो?* (तात्कालिक संभाव्य)
- •• *क्या तुम सो नहीं रहे?* (तात्कालिक संभाव्य)
- *क्या हम दलित हैं?* (सामान्य वर्तमान)
- •• *क्या हम दलित नहीं हैं?* (सामान्य वर्तमान)
- •• *क्या हम दलित नहीं?* (सामान्य वर्तमान)

इ ध्यान रहे कि वर्तमान सहक्रिया का लोप होने पर भी क्रियापद का काल पूर्ववत् ही रहता है।

ई इंकार करने या कोरा जवाब देने के लिए भी 'नहीं' का प्रयोग किया जाता है; जैसे—

- *तुम इस लड़की से शादी करोगे?*
- *नहीं।*
- *वह हिंदी बोल सकता है?*
- *नहीं।*

इस संबंध में बिल्कुल नहीं, कतई नहीं, हरगिज नहीं, कुछ नहीं, कभी नहीं आदि पदबंध भी अत्यंत प्रशस्त प्रयोग है।

उ विध्यर्थ क्रियापदों के साथ 'न' का प्रयोग भला लगता है। इसका प्रयोग व्यक्ति अनुरोध करने, विकल्प जानने, असहमति जतलाने आदि के लिए करता है; जैसे—

- *आप वहाँ न जाएँ।* (अनुरोध)
- *माँ, तू व्रत न रख।* (अनुरोध)
- *मैं आगे पढ़ूँ या न पढ़ूँ।* (विकल्प)
- *मैं उसकी सहायता कभी न करता।* (निश्चय)

ऊ कुछ न कुछ, कभी न कभी, किसी न किसी समय, किसी न किसी दिन आदि पदबंधों में नकारात्मकता है ही नहीं बल्कि सकारात्मकता झलकती है; जैसे—

- *किसी न किसी दिन वह आएगा ही।*
- *कुछ न कुछ तो वह ले ही जाएगा।*
- *कभी न कभी तो सत्य उद्‌घाटित होगा।*

ऋ 'न' का प्रयोग विस्मयादि के रूप में वाक्य के अंत में होता है तथा किसी कथन या तथ्य से उद्‌घाटित आशंकित परिणाम या सत्य की ओर दृढ़ संकेत करता है; जैसे—

- *आखिर तुम वहाँ गए न!*
- *उसने थूककर चाटा न!*
- *अच्छे दिन आए न!*

ए असमर्थता सूचित करते समय सकना, पाना आदि के क्रियापदों के साथ 'न' और 'नहीं' दोनों का प्रयोग होता है; जैसे—

- *मैं वहाँ जा नहीं सका।*
- *मैं वहाँ जा न सका।*
- *आज मैं खेल नहीं पाऊँगा।*
- *आज मैं खेल न पाऊँगा।*

ऐ 'मत' में नीति आधारित वर्जना की प्रधानता रहती है; जैसे—

- *झूठ मत बोला करो।*
- *उसे मत सताया करो।*

ओ औचित्य दरशाने के लिए 'क्यों न' और 'क्यों नहीं' दोनों निपात पदबंध प्रयुक्त होते हैं। विध्यर्थ क्रियापदों के साथ 'क्यों न' तथा अन्य क्रियापदों के साथ 'क्यों नहीं' का प्रयोग वरीय प्रतीत है; जैसे—

- *क्यों न उसी डॉक्टर को बुलाएँ।*
- *क्यों न हम आपस में समझौता कर लें।*
- *क्यों नहीं तू उसी डॉक्टर के पास जाता।*
- *क्यों नहीं तुम्हारी बीमारी जाती।*

उन्यासीवाँ अभ्यास

न, नहीं तथा मत का प्रयोग करें -

1. आप मेरे घर क्यों ------ आते ?
   ----
2. वह मुझसे बात ------ करता।
   ----
3. वह आज ------ जाए तो अच्छा हो।
   ----
4. बेटे को विदेश जाने से ------ रोकें।
   ----
5. आप मुझसे ------ बोला करें।
   ----
6. वह मुझे पत्र ------ लिखता तो ------ लिखे पर अपनी माँ को तो पत्र लिखे।
   ----
7. आज की रात ------ बीतेगी।
   ----
8. जो यह बात ------ समझे, वह अनाड़ी है।
   ----
9. आँधी-पानी में घर से ------ निकलें।
   ----
10. फिर मैंने वह कंप्यूटर ------ खरीदा।
    ----
11. तुमने सुबह से कुछ ------ खाया।
    ----
12. इस कमाई से उसकी पूरी ------ पड़ती।

- घर, बेटा, विदेश, पत्र, आँधी-पानी, कंप्यूटर—पुंलिंग संज्ञाएँ हैं।
- बात, माँ, रात, कमाई—स्त्रीलिंग संज्ञाएँ हैं।
- आना, करना, जाना, रोकना, बोलना, लिखना, बीतना, समझना, निकलना, खरीदना—क्रियाएँ हैं।
- अनाड़ी, पूरा—विशेषण हैं।
- अच्छा, आज, सुबह—क्रियाविशेषण हैं।

80 प्रमुख उपपदों के प्रयोग

❶ परसर्ग :

(i) ने

अ 'ने' परसर्ग कर्तृवाच्य में कर्ताकारक के नामपद के साथ ही आता है। इसके लिए दो शर्तें हैं -

(1) जब क्रियापद भूतकृदंत हो; और

(2) भूतकृदंत भी सकर्मक धातु का हो।

उदाहरण के लिए 'पढ़ना' सकर्मक क्रिया है। इसकी 'पढ़' धातु से भूतकृदंत 'पढ़ा' बनेगा। जब 'पढ़ा' क्रियापद के रूप में होगा तो कर्ता में 'ने' आएगा; जैसे—

- *लड़के ने समाचार-पत्र पढ़ा है।*
- *लड़के ने समाचार-पत्र पढ़ा था।*
- *लड़के ने समाचार-पत्र पढ़ा होगा।*
- *लड़के ने समाचार-पत्र पढ़ा हो।*
- *लड़के ने समाचार-पत्र पढ़ा।*

कर्ता में 'ने' परसर्ग आने पर क्रियापद कर्म के लिंग-वचन के अनुरूप होता है। उक्त वाक्यों में 'समाचार-पत्र' कर्म है और संज्ञा-पुंलिंग-एकवचन है। 'पढ़ा है' क्रियापद भी पुंलिंग-एकवचन है। कर्म के लिंग-वचन में परिवर्तन होने पर क्रियापद में विकार होगा :

- *लड़के ने पुस्तक पढ़ी है/पढ़ी थी/पढ़ी होगी/पढ़ी।*
- *लड़के ने पुस्तकें पढ़ी हैं/पढ़ी थीं/पढ़ी होंगी/पढ़ीं।*
- *लड़के ने कई पत्र पढ़े हैं/पढ़े थे/पढ़े होंगे/पढ़े।*

'पढ़ना' क्रिया के संबंध में एक महत्त्वपूर्ण तथ्य का उल्लेख करना आवश्यक है। वह यह कि 'पढ़ना' क्रिया जब अध्येता होने के अर्थ में प्रयुक्त होती है तब अकर्मक क्रिया होती है। क्रियापद में जब अकर्मक धातु का भूतकृदंत प्रयुक्त हो तो कर्ता में 'ने' नहीं आएगा और तब उसकी अन्विति कर्ता के लिंग-वचन-पुरुष से ही होगी; जैसे—

- *लड़का दसवीं कक्षा तक पढ़ा है।*
- *लड़की दसवीं कक्षा तक पढ़ी है।*
- *लड़के दसवीं कक्षा तक पढ़े हैं।*
- *लड़कियाँ दसवीं कक्षा तक पढ़ी हैं।*

आ 'लाना' सकर्मक क्रिया का भूतकृदंत मुख्य क्रिया के रूप में प्रयुक्त होने पर भी कर्ता में 'ने' का प्रयोग नहीं होता। अत: क्रियापद कर्ता के लिंग-वचन-पुरुष से ही अन्वित होता है :

- *लड़का पुस्तक लाया है/लाया था/लाया होगा/लाया हो।*
- *लड़की पुस्तक लाई है/लाई थी/लाई होगी/लाई हो।*
- *लड़की पुस्तकें लाई है/लाई थी/लाई होगी/लाई हो।*

इ संयुक्त क्रियापद की सकर्मकता-अकर्मकता संयोज्य क्रिया की सकर्मकता-अकर्मकता से निर्धारित होती है। यदि संयोज्य क्रिया सकर्मक हो और भूतकृदंत रूप में हो तो कर्ता में 'ने' आएगा -

- *उसने बेटी का विवाह कर दिया है।*
- *उसने नया मकान बना लिया था।*
- *उन्होंने सभी प्रबंध कर दिए होंगे।*

ई संयुक्त क्रियापद में मुख्य क्रिया सकर्मक भूतकृदंत होने पर कर्ता में परसर्ग तब तक नहीं आएगा जब तक संयोज्य क्रिया सकर्मक भूतकृदंत रूप में न हो; जैसे—

- *लड़का यहीं भोजन किया करता था।*

यहाँ मुख्य क्रिया 'किया' सकर्मक है तथा भूतकृदंत रूप में है परंतु संयोज्य क्रिया भूतकृदंत नहीं। अत: कर्ता में 'ने' परसर्ग नहीं।

उ कर्मवाच्य तथा भाववाच्य में कर्ता गौणकारक (करणकारक) के रूप में रहता है इसलिए उसके साथ 'ने' के प्रयोग का प्रश्न ही नहीं उठता।

ऊ मैं, तू, हम, तुम, आप तथा कुछ सर्वनामों में 'ने' परसर्ग के फलस्वरूप विकार नहीं होता है :

मैंने, तूने, तुमने, आपने, हमने परंतु जो-जिसने; कौन-किसने; वह-उसने, यह-इसने; वे-उन्होंने; ये-इन्होंने आदि। [शेष देखें पाठ-8]

(ii) को

अ 'को' मुख्यत: कर्मकारक का सूचक परसर्ग है। कर्म यदि (क) प्राणी का वाचक हो तो उसके साथ 'को' का प्रयोग अवश्य होता है और यदि कर्म (ख) वस्तु या नगण्य जीव-जंतु का वाचक हो तो उसके साथ 'को' की आवश्यकता नहीं -

क- • *गुरु ने शिष्य को पुकारा।*
- *विद्यालय ने खिलाड़ियों को सम्मानित किया।*
- *आप बच्चे को मत पीटें।*

ख- • *लड़का पुस्तक पढ़ता है।*

- *उसने चित्र बनाया।*
- *वह रात-दिन संगीत सुनता है।*

शिष्य, खिलाड़ी और बच्चा प्राणीवाचक संज्ञाएँ हैं और पुस्तक, चित्र और संगीत अप्राणीवाचक संज्ञाएँ।

आ यदि अप्राणीवाचक सूचक कर्म पर जोर देना अभीष्ट हो तो उसके साथ भी 'को' का प्रयोग किया जाता है; जैसे—

- *उसने मेरी बात सुनी।*
- •• *उसने मेरी बात को ध्यान से सुना।*
- *उसने लोटा ज़मीन से उठाया।*
- •• *उसने लोटे को ज़मीन पर पटक दिया।*
- *साँप पक्षी के अंडे खा गया।*
- •• *साँप पक्षी के अंडों को खा जाएगा।*

इ कर्मकारक में सर्वनामों के साथ 'को' परसर्ग आने पर परिवर्तन तथा विकार इस प्रकार होते हैं -

यह + को = (i) इसको, (ii) इसे (एकवचन)
वह + को = (i) उसको, (ii) उसे (एकवचन)
तू + को = (i) तुझको, (ii) तुझे (एकवचन)
मैं + को = (i) मुझको, (ii) मुझे (एकवचन)
कौन + को = (i) किनको, (ii) किन्हें (एकवचन)
[शेष के लिए देखें पाठ-8]

ई आना, चढ़ना, जँचना, पड़ना, पहुँचना, भाना, मिलना, रहना, लगना, सूखना, होना आदि अकर्मक क्रियाओं की धातुओं से बने क्रियापदों का कर्ता सदा परसर्ग-रहित होता है परंतु वाक्य में प्रयुक्त उस प्राणीवाचक संज्ञापद के साथ 'को' का प्रयोग होता है जो कर्ता का आधार हो; जैसे—

- *राष्ट्रपति को हिंदी आती है।*
- *लड़की को बुखार चढ़ा था।*
- *मुझको उनकी बात जँची नहीं।*
- *उसको बहुत मार पड़ी।*
- *उसको इस व्यवहार से कष्ट पहुँचा।*
- *उसको लड़की अच्छी लगी।*

आना, चढ़ना, जँचना, पड़ना, पहुँचना और लगना सभी क्रियाएँ अकर्मक हैं। उक्त वाक्यों में कर्ता/उद्देश्य क्रमश: हिंदी (स्त्री०), बुखार (पुं०), बात (स्त्री०), मार (स्त्री०), कष्ट (पुं०), लड़की (स्त्री०) हैं और राष्ट्रपति को, लड़की को, मुझको, उसको आदि कर्ता के आधार हैं; फलत: अधिकरणकारक हैं।

उ 'जिसके लिए क्रिया की जाए' अर्थात् संप्रदानकारक की सूचक संज्ञा के साथ भी 'को' आता है; जैसे—

- *बहन ने भाई को राखी भेजी।*
- *सरकार हमारी संस्था को अनुदान देगी।*
- *आपने किसको सामान पहुँचाया?*

ऊ 'जाना' गतिसूचक अकर्मक क्रिया के क्रियापदों की उपस्थिति में 'की ओर' के अर्थ में स्थानवाची संज्ञाओं के साथ 'को' का प्रयोग प्राय: होता है; जैसे—

- *गाड़ी दिल्ली जाएगी।*
- •• *गाड़ी दिल्ली को जाएगी।*
- *लड़का मुम्बई जाता है।*
- •• *लड़का मुम्बई को जाता है।*
- *यह सड़क गाँव जाती है।*
- •• *यह सड़क गाँव को जाती है।*

ऋ समयसूचक संज्ञाओं के साथ काल का अंश सूचित करने के लिए 'को' का प्रयोग होता है; जैसे—

- *हम लोग शाम को फिल्म देखेंगे।*
- *रात को चोर इधर आया होगा।*

ॠ क्रियार्थक संज्ञाओं के साथ 'को' का प्रयोग व्यापार-संबंधी उद्यतता सूचित करने के लिए होता है :

- *उस समय बारात आने को थी।*
- *वह आज खेलने को है।*

(iii) से

अ 'से' परसर्ग करणकारक के चिह्न के रूप में भी आता है और अपादानकारक के चिह्न के रूप में भी।

आ करणकारक वाक्य के उस नामपद का सूचक होता है जो क्रिया में सबसे अधिक सहायक हो अर्थात् साधन बने; जैसे—

- *लड़का कलम से लिखता है।*
- *लड़का हाथ से लिखता है।*
- *लड़का स्याही से लिखता है।*

वैसे लिखने की क्रिया में कागज और मेज या डेस्क भी सहायक होते हैं परंतु आधार रूप में प्रयुक्त होने के कारण उनका अधिकरणकारक 'में' प्रयोग समीचीन होता है।

इ कारण के सूचक नामपद के साथ; जैसे—

- *लड़की हैजे से मर गई।*
- *वे बाढ़ से उजड़ गए।*

ई उस खनिज या पदार्थ के लिए भी 'से' परसर्ग प्रयुक्त होता है जिससे कोई चीज बनती या उत्पन्न होती हो; जैसे—

- *लोटा पीतल से बना है।*

- *यह मूर्ति कागज से बनती है।*
- *दूध से घी निकलता है।*

उ उस नामपद के साथ भी 'से' परसर्ग प्रयुक्त होता है जिससे परिणाम निकाला जाए; जैसे—

- *उनकी बातों से लगता है कि यह रिश्ता उन्हें स्वीकार नहीं।*

ऊ उस नामपद के साथ भी 'से' का प्रयोग होता है जिससे किसी की (क) तुलना की जाए या (ख) एकरूपता अथवा भिन्नता दिखलाई जाए; जैसे—

क- • *यह घर उस घर से अच्छा है।*
  • *यह लड़की उस लड़की से लंबी है।*

ख- • *इस बच्चे की शक्ल माँ से नहीं मिलती।*
  • *यह पुस्तक उस पुस्तक से नहीं मिलती।*

ऋ क्रिया, प्रक्रिया, ढंग या रीति सूचित करने के लिए भी 'से' का प्रयोग होता है; जैसे—

- *सोचने से काम नहीं बनेगा।*
- *भारत ने मैच आसानी से जीत लिया।*
- *भगवान प्रेम से मिलेंगे।*

ए 'से' संबंधबोधक के रूप में भी प्रयुक्त होता है :

- *वह भय से व्याकुल थी।*
- *देश संकट से ग्रस्त है।*
- *यह बात सच्चाई इससे हटकर है।*

ऐ कर्मवाच्य तथा भाववाच्य में कर्ता के साथ 'से' परसर्ग आता है :

- *लड़की से रोज-रोज के ताने नहीं सहे जाते।*
- *मोहन से अब नहीं चला जाता।*

ओ अपादानकारक का 'से' परसर्ग उस नामपद के साथ आता है जिससे विच्छेद, अलगाव या दूरी सूचित करनी होती है :

- *पत्ता पेड़ से गिरता है।*
- *लड़का हवाई जहाज से कूद पड़ा।*
- *यह माल जापान से आया है।*
- *यहाँ हम घंटों से बैठे हैं।*
- *लड़का घर से भाग निकला।*

(iv) के लिए

अ 'के लिए' संप्रदानकारक का सूचक परसर्ग है। किसी के हित या लाभ के विचार से --

- *यह पुस्तक गुरुजी के लिए है।*

आ उपयोग के विचार से :

- *ये खिलौने बच्चों के लिए हैं।*
- *सीमेंट मरम्मत के लिए मँगवाया है।*

इ कुछ चाहने या माँगने के विचार से :

- *मकान मालिक किराए के लिए आया था।*

ई किसी काम के विचार से :

- *हम लोग सुबह टहलने के लिए कंपनी बाग जाते हैं।*

उ रक्षा या सुरक्षा के विचार से :

- *वह देश के लिए लड़ेगा।*

ऊ उद्देश्य या प्राप्ति के रूप में :

- *लड़का नौकरी के लिए आया है।*
- *पैसे के लिए वह कुछ भी कर सकता है।*

ऋ परिवर्तन के विचार से :

- *इन अंग्रेजी शब्दों के लिए हमें हिंदी शब्द चाहिए।*

ए चिकित्सार्थ :

- *यह दवा खाँसी के लिए है।*

ऐ अवधि सूचित करने की दृष्टि से :

- *मैं दो हफ्ते के लिए विदेश जा रहा हूँ।*

ओ सामर्थ्य के विचार से :

- *आपके लिए यह काम मुश्किल नहीं।*

(v) में

अ 'में' अधिकरणकारक का सूचक परसर्ग है। इसका प्रयोग अनेक स्थितियों को सूचित करने के लिए होता है।

आ भीतरी भाग में स्थित होने पर -

- *चाय केतली में है।*
- *पुस्तक अलमारी में रखी थी।*

इ सीमाओं से आबद्ध होने पर –

- *वह गाँव में रह रहा है।*
- *मैं कमरे में बैठा रहा।*

ई घिर जाने पर –

- *नाव तूफान में फँस गई।*
- *हमें अँधेरे में कुछ दिखाई न पड़ा।*

उ समय की सीमा बतलाने के लिए –

- *मैं दस दिन में लौट आऊँगा।*
- *लड़का दो घंटे में वहाँ पहुँच जाएगा।*

ऊ युक्तता, लगाव या व्यस्तता सूचित करने के लिए –

- *वह गले में हार पहने थी।*
- *अभिनेत्री प्रेम में पागल थी।*
- *हम काम में लगे थे।*

ऋ के बीच, के मध्य, के दौरान आदि की विवक्षा सूचित करने के लिए –

- *हमें गर्मियों में आम खाने को मिले।*
- *वे फुर्सत में आपसे बात करेंगे।*

ए क्रम, माध्यम, व्यवहार, रीति आदि सूचित करने के लिए –

- *वह पंक्ति में खड़ा था।*
- *नेहरू जी अंग्रेजी में लिखते थे।*
- *मैंने सरल भाषा में अपने विचार रखे।*
- *उस समय मैं जल्दी में था।*

ऐ काम करने या रहने का स्थान सूचित करने के लिए–

- *वह बैंक में नौकरी करता है।*
- *मैं सरकारी आवास में रहता था।*

ओ क्रियापद मुख्य क्रिया 'जाना' या 'पहुँचना' से संबद्ध हो तो घर, दफ्तर, कारखाने के साथ 'में' का लोप होता है परंतु उसकी अवस्थिति स्वीकार की जाती है; जैसे—

- *वह घर जाएगा।*
- *मुझे दफ्तर जाना था।*
- *वह कारखाने पहुँचता होगा।*

औ संबंधबोधक के रूप में 'में' और 'पर' दोनों आधार के सूचक हैं –

- *लड़की ध्यान में मग्न है।*
- *केदारनाथ हिमालय की चोटी पर स्थित है।*

(vi) पर

अ 'पर' भी 'में' की तरह अधिकरणकारक का सूचक परसर्ग है। इसका प्रयोग निम्नलिखित अवस्थाएँ सूचित करने के लिए होता है –

आ आधार का ऊपरी तल सूचित करने के लिए –

- *साधु पहाड़ पर रहता है।*
- *वह चौकी पर बैठा था।*

इ आधार का बाहरी भाग सूचित करने के लिए –

- *मैंने कलाई पर घड़ी बाँधी थी।*
- *पोस्टर नोटिस बोर्ड पर चिपका था।*

ई समय-संबंधी निश्चितता सूचित करने के लिए –

- *गाड़ी समय पर आई।*

उ क्रियार्थक संज्ञा के साथ 'के उपरांत' की विवक्षा सूचित करने के लिए –

- *बैंक खुलने पर ही पैसा मिलेगा।*
- *काम हो जाने पर आपको इनाम देंगे।*

ऊ प्रयोजन सूचित करने के लिए –

- *उसे काम पर जाना है।*
- *मुझे घर पर रहना होगा।*

ऋ किसी क्रिया की ओर उन्मुखता की विवक्षा सूचित करने के लिए :

- *यहाँ हँसने पर रोक है।*
- *घूस लेने-देने पर दंडित होंगे।*

ए निर्भरता सूचित करने के लिए –

- *वह दूध पर जीवित है।*
- *सारा परिवार मेरी आय पर आश्रित था।*

ऐ जिस पर दाँव या शर्त लगाई जाए –

- *मैंने काले घोड़े पर रुपया लगाया था।*

ओ 'पर' संबंधबोधक के रूप में अधिकता या निरंतरता सूचित करने के लिए भी प्रयुक्त होता है –

- *शरणार्थियों पर शरणार्थी चले आ रहे हैं।*
- *धमाकों पर धमाके हो रहे हैं।*

(vii) का/की/के; के

अ 'का' की गिनती परसर्गों में होती तो है परंतु इसकी कुछ ही विशेषताएँ अन्य परसर्गों के समान हैं, कुछ इसकी अपनी निजी विशेषताएँ भी हैं।

आ यह अन्य परसर्गों की तरह उपपद है।

इ इसकी उपस्थिति में नामपदों में वे सब विकार होते हैं जो अन्य परसर्गों की उपस्थित में होते हैं।

ई परंतु 'का' विकारी उपपद है जबकि अन्य परसर्ग अविकारी हैं।

उ 'का' के योग से नामपद आकारांत विशेषण के रूप में प्रयुक्त होता है जबकि अन्य किसी परसर्ग से युक्त होने पर सामान्यत: कारक का कार्य करता है अर्थात् नामपद को क्रियापद से जोड़ता है।

ऊ किसी अन्य परसर्ग से युक्त नामपद कारक माना जाता है परंतु 'का' उपपद से युक्त नामपद विशेषण पद की तरह नामपदबंध का अंश होता है।

ऋ 'का' उपपद आकारांत विशेषण की भाँति किसी नामपद (विशेष्य) के लिंग-वचन से अनुशासित होता है परंतु किसी अन्य परसर्ग पर नामपद के लिंग-वचन का प्रभाव नहीं पड़ता।

ए तू, तुम, मैं और हम—इन चार सर्वनामों में 'का' के स्थान पर 'रा' प्रत्यय का योग होता है तथा क्रमश: रूप बनते हैं—तेरा, तुम्हारा, मेरा और हमारा।

ऐ 'का' का प्रयोग दो नामपदों के बीच होनेवाले किसी न किसी प्रकार के संबंध पर आधारित होता है; जैसे—

- *मोहन का बेटा*
- *दरवाजे का पल्ला*
- *आँख की रोशनी*
- *सोने का हार*
- *बैंक के कर्मचारी*
- *तेरा काम*
- *हमारी जानकारी*
- *सोहन की पत्नी*
- *प्रेमचंद का गोदान*
- *खोए की मिठाइयाँ*
- *देश के नागरिक*
- *देश के लोग*
- *मेरी कहानी*
- *तुम्हारा स्वभाव*

ओ संबंध सूचित करने के फलस्वरूप का, के और की को संबंधबोधक या विशेषण प्रत्यय भी कहते हैं।

औ 'के' अविकारी रूप में किसी नामपद का संबंध (क) क्रियापद से जोड़ता है तो उसे परसर्ग ही कहा जाता है और उस नामपद को संबंधकारक कहते हैं। परंतु (ख) किसी क्रियाविशेषण, विशेषण या संज्ञा से जोड़ता है तो उसे संबंधबोधक कहते हैं :

क- • *मोहन के दो लड़के हैं।*
- *सीता के दो लड़कियाँ हैं।*
- *उसके दुकान थी।*

मोहन के, सीता के, उसके संबंधकारक के सूचक पदबंध हैं।

ख- • *मैं उसके यहाँ गया था।*
- *यह उसके जैसा है.।*
- *मैंने पुस्तक उसके हाथ भेजी थी।*

इन वाक्यों में 'के' संबंधबोधक है।

के यहाँ, के जैसा और के हाथ को भी संबंधबोधक कहते हैं क्योंकि ये भी किसी नामपद को क्रियापद से जोड़ते हैं।

❷ योजक :

(viii) और

अ किसी एक शब्दभेद के दो या अधिक पदों का समूह बनाने या उन्हें संयुक्त इकाई का रूप देने के लिए 'और' योजक का प्रयोग होता है; जैसे—

- *राम और श्याम जा रहे हैं।*
- *सीता, रमा और कृष्ण खेल रही थीं।*
- *सफेद, हरी और गुलाबी साड़ियाँ यहाँ मिलेंगी।*
- *आप यहाँ आ सकते हैं और रह भी सकते हैं।*

राम और श्याम दो नामपदों का समूह है। सीता, रमा और कृष्ण तीन नामपदों का समूह है। सफेद, हरी और गुलाबी तीन विशेषणों का समूह हैं और 'आ सकते हैं' और 'रह सकते हैं' दो क्रियापदों का समूह है।

आ सामान्यत: समूह की अंतिम कड़ी से पहले 'और' का प्रयोग होता है।

इ 'और' से युक्त नामपदों का समूह एक ही परसर्ग से शासित होता है; जैसे—

- *राम, कृष्ण और गोपाल ने अपने-अपने विचार प्रकट किए।*
- *मैंने यहाँ ब्रह्मा, शिव और विष्णु की कलाकृतियाँ देखी हैं।*
- *वे विद्यालय के अध्यापकों, विद्यार्थियों और प्रबंधकों से मिलेंगे।*
- *इस घाट पर बच्चों, बूढ़ों और जवानों को जाने से रोका जा रहा है।*

ई जब 'और' योजक से युक्त नामपदों के समूह द्वारा क्रियापद अन्वित होता हो तो पहले यह देखें कि नामपद-समूह वाक्य का कर्ता है या कर्म; जैसे—

- *मोहन, सोहन और दिनेश भोजन कर रहे हैं।* (कर्ता)
- *लड़के ने पुस्तकें और कॉपियाँ खरीदीं।* (कर्म)

उ कर्ता समूह में यदि (क) मात्र स्त्रीलिंग पद हों तो क्रियापद अन्यपुरुष स्त्रीलिंग बहुवचन होगा अन्यथा (ख) पुंलिंग अन्यपुरुष बहुवचन; जैसे—

क- • *सास और बहु भजन गा रही हैं।*
- *लड़कियाँ और औरतें रामायण पढ़ती हैं।*
- *लड़की और लड़का बातें कर रहे हैं।*

ख- • *कृष्ण और राधा कुंज में बैठे हैं।*
- *मैं और तुम यहीं रहेंगे।*
- *वे और मैं दफ्तर में मिलेंगे।*

ऊ क्रियापद यदि कर्म और योजक वाले समूह से शासित हो तो वह समूह की अंतिम इकाई के लिंग-वचन द्वारा अन्वित होगा; जैसे—

- *मैंने बालटियाँ और लोटा खरीदा।*
- *मैंने बालटियाँ और लोटे खरीदे।*
- *मैंने लोटा और बालटी खरीदी।*
- *मैंने लोटे और बालटी खरीदी।*
- *मैंने लोटा और बालटियाँ खरीदीं।*
- *मैंने लोटे और बाल्टियाँ खरीदीं।*

ऋ तथा, एवं और व योजकों का प्रयोग भी 'और' के स्थान पर होता है; जैसे—

- *राम तथा श्याम खेल रहे हैं।*
- *दिन एवं रात्रि बीत रहे हैं।*
- *सीता, रमा व कपिला आज विद्यालय नहीं आईं।*

ए 'आदि' भी इसी वर्ग का ऐसा योजक है जो उल्लिखित के अतिरिक्त ऐसी ही अन्य अनुल्लिखित इकाइयों को भी समावेशित करता है। इसे सभी कड़ियों के बाद रखते हैं; जैसे—

- *मोहन, सोहन, दिनेश, रमेश आदि इस समय क्रिकेट खेल रहे होंगे।*

आशय है कि मोहन, सोहन, दिनेश और रमेश के अतिरिक्त और भी लड़के क्रिकेट खेल रहे हैं।

ऐ 'और' उपवाक्यों को भी जोड़ता है; जैसे—

- *राम कल आया था और श्याम आज आएगा।*
- *राम ने कृष्ण से कहा कि तुम कल मेरे घर आना और अपनी पुस्तक ले जाना।*

ओ 'और' का प्रयोग विशेषण और संज्ञा के रूप में भी होता है; जैसे—

- *उसको और काम चाहिए।* (विशेषण)
- *हमें औरों से क्या प्रयोजन हो सकता है।* (संज्ञा)

(x) या

अ 'या' विकल्प सूचक योजक है। यह भी दो या अनेक पदों का समूह बनाता है। यदि इससे बना नाम पदबंध कर्ता अथवा कर्म के रूप में क्रियापद को शासित करता हो तो उसकी अंतिम कड़ी के लिंग, वचन और पुरुष के अनुसार क्रियापद अन्वित होगा; जैसे—

- *मोहन या श्याम जाएगा।*
- *मोहन या सीता जाएगी।*
- *लड़के या लड़कियाँ नाचती हैं।*
- *लड़के ने कंप्यूटर या कार खरीदी।*
- *लड़की ने कार या कंप्यूटर खरीदा।*
- *विद्यार्थी ने घड़ियाँ या पंखे खरीदे।*
- *विद्यार्थी ने पंखें या घड़ियाँ खरीदीं।*

आ 'या' की तरह 'अथवा' का भी प्रयोग होता है :

- *मोहन अथवा सोहन आ रहा है।*
- *राम अथवा सीता जाएगी।*
- *उनका लड़का अथवा लड़की ऑफिस में बैठती है।*
- *उन्होंने कोई मशीन अथवा पुरजें खरीदे हैं।*
- *शायद उनकी बेटी अथवा बेटा काशी में रहता था।*

इ 'या' के स्थान पर 'चाहे...चाहे' योजक समूह का भी प्रयोग होता है; जैसे—

- *चाहे मोहन चाहे श्याम जा सकता है।*
- *चाहे सीता चाहे राधा फोन उठाएगी।*

ई 'या', 'अथवा' तथा 'चाहे...चाहे' उपवाक्यों को भी जोड़ते है; जैसे—

- *पत्र आ गया होगा या कल तक पहुँच जाएगा।*
- *सीता खाना बनाती होगी अथवा कढ़ाई करती होगी।*
- *चाहे मोहन बनारस में रहे चाहे इलाहाबाद में रहे, उसका ध्यान कारखाने में ही रहता है।*

उ 'या' और 'अथवा' का प्रयोग दो अलग वाक्यों का विकल्प भी सूचित करता है। प्रश्नपत्रों में ऐसे प्रयोग दिखाई देते हैं, जैसे—

➧ सिद्ध करें--

कबीर निर्गुण कवि थे।

या

तुलसीदास सगुण कवि थे।

➧ *प्रसाद जी की जीवनी लिखें।*

अथवा

निराला की 'राम की शक्तिपूजा' का सार लिखें।

ऊ 'या तो...या' योजक पदसमूह का प्रयोग इस आशय को सूचित करने के लिए होता है कि इसके अतिरिक्त और कोई विकल्प या चारा नहीं; जैसे—

- *या तो आप दंड भरें या फिर जेल की हवा खाएँ।*

ऋ बोलचाल में कुछ अवसरों पर उपवाक्यों को जोड़ने में 'या' के स्थान पर 'कि' योजक का प्रयोग देखने में आता है; जैसे—

- *प्रेमचंद लेखक थे कि कवि?*

ए विकल्प को असत्य या अनुचित ठहराने के लिए 'न कि' योजक समूह का प्रयोग होता है; जैसे—

- *यह यथार्थ है न कि गल्प।*
- *आप इसे नरक समझें न कि स्वर्ग।*

❸ निपात :

(x) तक

अ 'तक' निपात मूलतः उपपद है। इसकी पहली विशेषता यह है कि जिस नाम पद या पदबंध के साथ प्रयुक्त होता है उसमें वे सभी विकार होते हैं जो किसी परसर्ग के फलस्वरूप होते हैं।

- *वह कमरे में गया।*
- •• *वह कमरे तक गया।*

'तक' निपात के कारण आकारांत पुंलिंग संज्ञा 'कमरा' एकारांत हो गया।

- *उन कमरों में पलँग हैं।*
- •• *उन कमरों तक पानी की बौछार आई।*

'तक' निपात के कारण बहुवचन 'कमरे' का 'कमरों' हो गया।

दूसरी विशेषता यह है कि यदि पद के साथ कोई परसर्ग और 'तक' निपात दोनों हों तो 'तक' के बाद परसर्ग रहेगा :

- *सरकार ने यात्रियों तक को सुविधाएँ दी हैं।*
- *बच्चों तक ने यह दृश्य देखा है।*

आ अर्थ की दृष्टि से (क) स्थान-सीमा का सूचक है—

- *मैं मंदिर तक जाऊँगा।*

(ख) दूरी का सूचक है:

- *हम लोग दक्षिणी ध्रुव तक नहीं गए।*

(ग) समय-सीमा तथा समय-विस्तार सूचक भी है:

- *वह पाँच बजे तक रुकेगा।*
- *दो बरस तक वह उसकी प्रतीक्षा करती रही।*

इ अन्य चीजों या बातों के अतिरिक्त भी -

- *चोर तवा-परात तक उठा ले गए।*
- *उसने बहन को कमीनी तक कहा।*

ई अधिकतम सीमा का सूचक -

- *इस कार में पाँच आदमी तक बैठ सकते हैं।*

उ अल्पतम सीमा का सूचक -

- *इस लड़के को 'क' तक लिखना नहीं आया।*
- *उसको माँ का खयाल तक नहीं आता।*

ऊ क्रियाविशेषणों के साथ पदबंध की रचना करता है-

- *अब तक, तब तक, यहाँ तक, वहाँ तक, कहाँ तक, जहाँ तक, अभी तक, तभी तक, यहीं तक, वहीं तक...।*

(xi) क्यों

अ निपात भी है और विस्मयादिबोधक भी।

आ निपात के रूप में प्रयुक्त होने पर 'क्यों' वाक्य को प्रश्नवाचक बना देता है और इसका अर्थ होता है-- किस कारण से, किस प्रयोजन से, किस लिए आदि; जैसे—

- *तुम वहाँ क्यों गए थे?*
- *उसने तुमसे क्यों विवाह किया?*
- *लड़का पढ़ने के लिए स्कूल क्यों नहीं जाता?*

इ विस्मयादिबोधक के रूप में आश्चर्य, उपेक्षा आदि का सूचक है।

- *क्यों! अब मेरी बात समझ में आई न!*

- *क्यों! अब कभी वहाँ जाने का नाम फिर लोगे!*
- *क्यों! नानी याद आई न!*

(xii) क्या

अ 'क्या' निपात, सर्वनाम, विशेषण तथा योजक के रूप में प्रयुक्त होता है।

आ निपात के रूप में यह विभिन्न वाक्यों को प्रश्नवाचक रूप देता है :

- *वह आ रहा है।*
- •• *क्या वह आ रहा है?*
- *भोजन तैयार है।*
- •• *क्या भोजन तैयार है?*
- *वह अभी तक नहीं आया।*
- •• *क्या अभी तक वह नहीं आया?*

इ योजक के रूप में इसका प्रयोग 'यह ही नहीं और भी' या 'इतना ही नहीं इससे भी बढ़कर' अर्थ में होता है। योजक के रूप में 'क्या' प्रश्नवाचक नहीं रहता; जैसे—

- *व्यापार में उन्होंने अपनी पूँजी क्या, अपना स्वास्थ्य भी गँवाया।*
- *उसे मुहल्ला क्या शहर छोड़कर भागना पड़ा।*

ई सर्वनाम के रूप में किसी वस्तु, बात या नगण्य जीव का सूचक होता है और वाक्य को प्रश्नवाचक रूप देता है; जैसे—

- *उसने फल खाया।*
- •• *उसने क्या खाया?*

उ सर्वनाम के रूप में सदा एकवचन पुंलिंग अन्यपुरुष के रूप में प्रयुक्त होता है। द्विरुक्त होने पर भी एकवचन रहता है; जैसे—

- *तुमने आज क्या बनाया है?*
- *उसने बाजार से क्या-क्या खरीदा?*

(xiii) उपसर्ग

अ ऐसे उपपदों को उपसर्ग कहते हैं जो पदों के पूर्व जुड़कर उनका अर्थ बदल देते हैं। मुख्य उपसर्ग हैं—

अ, अन्, अन, अनु, अव, उप, कु, गैर, निर्, दुर्, परा, परि, प्रति, बद, बे, ला, वि, सं, सु, सम आदि; जैसे—

अ + नियमित = अनियमित	परा + क्रम = पराक्रम
अन् + आदर = अनादर	परि + वेश = परिवेश
अन + पढ़ = अनपढ़	प्रति + रूप = प्रतिरूप
अनु + राग = अनुराग	बद + नाम = बदनाम
अव + नति = अवनति	बे + लगाम = बेलगाम
उप + देश = उपदेश	ला + पता = लापता
कु + पूत = कुपूत	वि + शेष = विशेष
गैर + हाजिर = गैरहाजिर	सं + यम = संयम
दुर् + भाव = दुर्भाव	सम + कालीन = समकालीन
निर् + देश = निर्देश	सु + कुमार = सुकुमार।

(xiv) प्रत्यय

अ ऐसे उपपदों को प्रत्यय कहते हैं जो पदों के अंत में जुड़कर नए शब्दों की रचना करते हैं। मुख्य प्रत्यय हैं—आ, आन, आलू, आस, आव, आवा, ई, ता, दार, ना, नी, पन, या, वाई, वार, वाला आदि; जैसे—

सुन + आ = सुना	थाना + दार = थानेदार
उड़ + आन = उड़ान	चल + ना = चलना
झगड़ा + आलू = झगड़ालू	शेर + नी = शेरनी
मीठा + आस = मिठास	लड़का + पन = लड़कपन
बह + आव = बहाव	आ + या = आया
पहन + आवा = पहनावा	सुन + वाई = सुनवाई
डॉक्टर + ई = डॉक्टरी	क्रम + वार = क्रमवार
सुंदर + ता = सुंदरता	रिक्शा + वाला = रिक्शेवाला।

आ प्रत्यय का योग होने पर पदों के दीर्घ स्वर प्रायः ह्रस्व हो जाते हैं; जैसे—

लड़का + पन = लड़कपन; मीठा + आस = मिठास।

इ दार, वर, वार, वाला आदि प्रत्ययों का योग होने पर आकारांत पुंलिंग संज्ञाएँ तिर्यक् हो जाती हैं; जैसे—

इक्का + वाला = इक्केवाला	घोड़ा + वाला = घोड़ेवाला
करना + वाला = करनेवाला	जाना + वाला = जानेवाला
किराया + दार = किराएदार	थाना + दार = थानेदार
पेशा + वर = पेशेवर	सिलसिला+वार=सिलसिलेवार।

◆

परिशिष्ट : 1

1. प्रमुख अकर्मक क्रियाएँ और उनके सकर्मक रूप
2. प्रमुख सकर्मक क्रियाएँ और उनके प्रेरणार्थक और द्विकर्मक रूप
3. संज्ञाओं के लिंग : कुछ सूत्र
4. पुंलिंग संज्ञाओं के स्त्रीलिंग रूप

1. प्रमुख अकर्मक क्रियाएँ और उनके सकर्मक रूप

(नोट : कोष्ठक में धातु रूप है)

अकर्मक	सकर्मक	अकर्मक	सकर्मक	अकर्मक	सकर्मक
अड़ना (अड़)	अड़ाना (अड़ा)	जाना (जा)	—	बँधना (बँध)	बाँधना (बाँध)
आना (आ)	—	जीना (जी)	जिलाना (जिला)	बचना (बच)	बचाना (बचा)
उजड़ना (उजड़)	उजाड़ना (उजाड़)	जुतना (जुत)	जोतना (जोत)	बढ़ना (बढ़)	बढ़ाना (बढ़ा)
उठना (उठ)	उठाना (उठा)	झड़ना (झड़)	झाड़ना (झाड़)	बनना (बन)	बनाना (बना)
उड़ना (उड़)	उड़ाना (उड़ा)	टहलना (टहल)	टहलाना (टहला)	बहना (बह)	बहाना (बहा)
उतरना (उतर)	उतारना (उतार)	टिकना (टिक)	टिकाना (टिका)	बिकना (बिक)	बेचना (बेच)
कटना (कट)	काटना (काट)	टूटना (टूट)	तोड़ना (तोड़)	बिछना (बिछ)	बिछाना (बिछा)
काँपना (काँप)	कँपाना (कँपा)	ठहरना (ठहर)	ठहराना (ठहरा)	बुझना (बुझ)	बुझाना (बुझा)
कूदना (कूद)	कुदाना (कुदा)	ठिठुरना (ठिठुर)	—	बैठना (बैठ)	1. बिठाना (बिठा)
खिलना (खिल)	खिलाना (खिला)	डरना (डर)	डराना (डरा)		2. बैठाना (बैठा)
खुदना (खुद)	खोदना (खोद)	डलना (डल)	डालना (डाल)	भरना (भर)	—
खुलना (खुल)	खोलना (खोल)	डूबना (डूब)	1. डुबाना (डुबा)	भागना (भाग)	भगाना (भगा)
खेलना (खेल)	खिलाना (खिला)		2. डुबोना (डुबो)	भीगना (भीग)	भीगोना (भिगो)
गिरना (गिर)	गिराना (गिरा)	दौड़ना (दौड़)	दौड़ाना (दौड़ा)	मरना (मर)	मारना (मार)
गुँथना (गुँथ)	गूँथना (गूँथ)	तैरना (तैर)	तैराना (तैरा)	मिलना (मिल)	मिलाना (मिला)
घटना (घट)	घटाना (घटा)	थकना (थक)	थकाना (थका)	रहना (रह)	—
घबराना (घबरा)	—	दिखना (दिख)	दिखाना (दिखा)	रुकना (रुक)	रोकना (रोक)
घिरना (घिर)	घेरना (घेर)	धुलना (धुल)	धुलाना (धुला)	रोना (रो)	रुलाना (रुला)
चढ़ना (चढ़)	चढ़ाना (चढ़ा)	नहाना (नहा)	नहलाना (नहला)	लगना (लग)	लगाना (लगा)
चमकना (चमक)	चमकाना (चमका)	नाचना (नाच)	नचाना (नचा)	लजाना (लजा)	—
चलना (चल)	चलाना (चला)	निकलना (निकल)	निकालना (निकाल)	लड़ना (लड़)	लड़ाना (लड़ा)
चिढ़ना (चिढ़)	चिढ़ाना (चिढ़ा)	पड़ना (पड़)	—	लेटना (लेट)	1. लिटाना (लिटा)
चिरना (चिर)	चीरना (चीर)	पिटना (पिट)	पीटना (पीट)		2. लेटाना (लेटा)
छपना (छप)	छापना (छाप)	पहुँचना (पहुँच)	पहुँचाना (पहुँचाना)	लौटना (लौट)	लौटाना (लौटा)
छूटना (छूट)	छोड़ना (छोड़)	पिसना (पिस)	पिसाना (पिसा)	सँभलना (सँभल)	सँभालना (सँभाल)
जगना (जग)	जगाना (जगा)	फटना (फट)	फाड़ना (फाड़)	सोना (सो)	सुलाना (सुला)
जलना (जल)	जलाना (जला)	फैलना (फैल)	फैलाना (फैला)	हँसना (हँस)	हँसाना (हँसा)
जागना (जाग)	जगाना (जगा)	बँटना (बँट)	बाँटना (बाँट)	होना (हो)	—

ध्यान रहे :

1. आना, घबराना, ठिठुरना, रहना, लजाना, होना आदि कुछ अकर्मक क्रियाओं के सकर्मक रूप नहीं होते।
2. डूबना, बैठना, लेटना आदि कुछ अकर्मक क्रियाओं के दो-दो सकर्मक रूप हैं।

2. प्रमुख सकर्मक क्रियाएँ, उनके प्रेरणार्थक तथा द्विकर्मक रूप

(नोट : कोष्ठक में धातु रूप है)

सकर्मक	प्रेरणार्थक	द्विकर्मक
उजाड़ना (उजाड़)	उजड़वाना (उजड़वा)	
उड़ाना (उड़ा)	उड़वाना (उड़वा)	
उठाना (उठा)	उठवाना (उठवा)	
कमाना (कमा)	कमवाना (कमवा)	
करना (कर)	करवाना (करवा)	कराना (करा)
कहना (कह)	1. कहवाना (कहवा)	
	2. कहलाना (कहला)	
काटना (काट)	कटवाना (कटवा)	कटाना (कटा)
कुदाना (कुदा)	कुदवाना (कुदवा)	
कुचलना (कुचल)	कुचलवाना (कुचलवा)	कुचलाना (कुचला)
खरीदना (खरीद)	खरीदवाना (खरीदवा)	
खाना (खा)	खिलवाना (खिलवा)	खिलाना (खिला)
खींचना (खींच)	खिंचवाना (खिंचवा)	
खेना (खे)	खेवाना (खेवा)	
खोजना (खोज)	1. खुजवाना (खुजवा)	
	2. खोजवाना (खोजवा)	
खोदना (खोद)	खुदवाना (खुदवा)	
खोना (खो)	—	
खोलना (खोल)	खुलवाना (खुलवा)	
गढ़ना (गढ़)	गढ़वाना (गढ़वा)	
गाना (गा)	गवाना (गवा)	
गिराना (गिरा)	गिरवाना (गिरवा)	
गूँथना (गूँथ)	गुँथवाना (गुँथवा)	
घटाना (घटा)	घटवाना (घटवाना)	
घेरना (घेर)	घिरवाना (घिरवा)	
चखना (चख)	चखवाना (चखवा)	
चमकाना (चमक)	चमकवाना (चमकवा)	
चलाना (चला)	चलवाना (चलवा)	
चालना (चाल)	चलवाना (चलवा)	
चाहना (चाह)	—	
चीरना (चीर)	चिरवाना (चिरवा)	
चुराना (चुरा)	चुरवाना (चुरवा)	
चूसना (चूस)	चुसवाना (चुसवा)	चुसाना (चुसा)
छापना (छाप)	छपवाना (छपवा)	
छूना (छू)	छुवाना (छुवा)	

सकर्मक	प्रेरणार्थक	द्विकर्मक
छोड़ना (छोड़)	छुड़वाना (छुड़वा)	
जगाना (जगा)	जगवाना (जगवा)	
जलाना (जला)	जलवाना (जलवा)	
जानना (जान)	जनवाना (जनवा)	
जीतना (जीत)	जितवाना (जितवा)	
जोतना (जोत)	जुतवाना (जुतवा)	
झाड़ना (झाड़)	झड़वाना (झड़वा)	
ठहराना (ठहरा)	ठहरवाना (ठहरवा)	
डराना (डरा)	डरवाना (डरवा)	
डाँटना (डाँट)	—	
डालना (डाल)	डलवाना (डलवा)	
डुबोना (डुबो)	डुबवाना (डुबवा)	
तैराना (तैरा)	तैरवाना (तैरवा)	
तोड़ना (तोड़)	तुड़वाना (तुड़वा)	
थकाना (थका)	थकवाना (थकवा)	
देखना (देख)	1. दिखवाना (दिखवा)	1. दिखाना (दिखा)
	2. दिखलवाना (दिखलवा)	2. दिखलाना (दिखला)
देना (दे)	दिलवाना (दिलवा)	दिलाना (दिला)
धमकाना (धमका)	धमकवाना (धमकवा)	
धुलाना (धुला)	धुलवाना (धुलवा)	
धोना (धो)	धुलवाना (धुलवा)	
नचाना (नचा)	नचवाना (नचवा)	
नहलाना (नहला)	नहलवाना (नहलवा)	
निकालना (निकाल)	निकलवाना (निकलवा)	
निगलना (निगल)	निगलवाना (निगलवा)	
पकड़ना (पकड़)	पकड़वाना (पकड़वा)	
पढ़ना (पढ़)	पढ़वाना (पढ़वा)	पढ़ाना (पढ़ा)
पहनना (पहन)	पहनवाना (पहनवा)	पहनाना (पहना)
पहुँचाना (पहुँचा)	पहुँचवाना (पहुँचवा)	
पाना (पा)	—	
पीटना (पीट)	पिटवाना (पिटवा)	
पीना (पी)	पिलवाना (पिलवा)	पिलाना (पिला)
पीसना (पीस)	पिसवाना (पिसवा)	
फटकना (फटक)	फटकवाना (फटकवा)	
फटकारना (फटकार)	—	
फाड़ना (फाड़)	फड़वाना (फड़वा)	
फेंकना (फेंक)	1. फिंकवाना (फिंकवा)	
	2. फेंकवाना	

सकर्मक		प्रेरणार्थक	द्विकर्मक
फैलाना (फैला)		फैलवाना (फैलवा)	
बचाना (बचा)		बचवाना (बचवा)	
बढ़ाना (बढ़ा)		बढ़वाना (बढ़वा)	
बनाना (बना)		बनवाना (बनवा)	
बाँटना (बाँट)		बँटवाना (बँटवा)	
बाँधना (बाँध)		बँधवाना (बँधवा)	बँधाना (बँधा)
बिछाना (बिछा)		बिछवाना (बिछवा)	
बिठाना (बिठा)		बिठवाना (बिठवा)	
बुझाना (बुझा)		बुझवाना (बुझवा)	
बुलाना (बुला)		बुलवाना (बुलवा)	
बेचना (बेच)	1.	बिचवाना (बिचवा)	
	2.	बिकवाना (बिकवा)	
बैठाना	1.	बैठवाना (बैठवा)	
	2.	बिठवाना (बिठवा)	
भरना (भर)		भरवाना (भरवा)	
भराना (भरा)		भरवाना (भरवा)	
भूलना (भूल)		भुलाना	
भेजना (भेज)		भिजवाना (भिजवा)	
मारना (मार)		मरवाना (मरवा)	
मिलाना (मिला)		मिलवाना (मिलवा)	
रखना (रख)		रखवाना (रखवा)	
रटना (रट)		रटवाना (रटवा)	रटाना (रटा)
रोकना (रोक)		रुकवाना (रुकवा)	
लगाना (लग)		लगवाना (लगवा)	
लाना (ला)		लिवाना (लिवा)	
लिखना		लिखवाना (लिखवा)	लिखना (लिखा)
सँभालना		सँभलवाना (सँभलवा)	
समझना (समझ)		समझवाना	समझाना (समझा)
सिलना (सिल)		सिलवाना	
सुनना		सुनवाना	सुनाना (सुना)
सुलाना (सुला)		सुलवाना (सुलवा)	
सूँघना		सुँघवाना	
सोचना (सोच)		सुचवाना (सुचवा)	

3. संज्ञाओं के लिंग : कुछ सूत्र

हिंदी में प्रयुक्त संज्ञाओं के लिंग का ज्ञान या तो लोक-कवार से संभव है अथवा हिंदी कोशों से। वैयाकरणों के नियम बनाने के प्रयास किए हैं परंतु उन नियमों के अपवाद भी कम नहीं। हिंदी में ऐसे शब्द भी हैं जो एक अर्थ में पुंलिंग है और दूसरे अर्थ में स्त्रीलिंग। 'बेल' प्रसिद्ध पेड़ तथा उसके फल के अर्थ में पुंलिंग है और लता के अर्थ में स्त्रीलिंग। 'चाँद' चंद्रमा के अर्थ में पुंलिंग है परंतु गंजी खोपड़ी के अर्थ में स्त्रीलिंग। स्रोत के विचार से हिंदी शब्दों के तीन प्रमुख भेद हैं – तत्सम, तद्भव और विदेशी। यहाँ उन्हीं को ध्यान में रखकर संज्ञाओं के लिंग के संबंध में कुछ संकेत किए जा रहे हैं। कृपया शब्दों के अंतिम अक्षर पर ध्यान दें।

I. *अकारांत संज्ञाएँ*

i. अधिकतर तत्सम आकारांत संज्ञाएँ स्त्रीलिंग होती हैं –
शंका, आशंका, नौका, राका, रेखा, चर्चा, इच्छा, लज्जा, आज्ञा, घटा, जटा, प्रेरणा, धारणा, धोषणा, अधिकता, सहायता, वनिता, अधीरता, कुशलता, विवाहिता, कथा, आस्था, संस्था, व्यवस्था, श्रद्धा, बाधा, सुविधा, वसुधा, स्पर्धा, सुधा, अर्चना, तुलना, सूचना, शोभा, प्रभा, परिक्रमा, क्षमा, आत्मा, ईर्ष्या, हत्या, शय्या, लीला, महिला, सेवा, चिकित्सा आदि।

ii. कुछ आकारांत तत्सम संज्ञाएँ पुंलिंग भी हैं –
कर्ता (अभिकर्ता), दाता (अन्नदाता), नेता, देवता, विधाता, अधिष्ठाता, धर्मात्मा, परमात्मा, वक्ता, उपभोक्ता, प्रवक्ता, भर्ता, त्रेता, श्रोता, अपहर्ता, संहर्ता, योद्धा आदि।

iii. अधिकतर आकारांत तद्भव संज्ञाएँ पुंलिंग होती है –
कुआँ, धक्का, ठीका, टाँगा, लहँगा, पंजा, सन्नाटा, दुपट्टा, कट्टा, अँगूठा, अंडा, डंडा, फोड़ा, घोड़ा, सपना, धरना, गाना, ठिकाना, छलिया, दलिया, तकला, घाटिया, घुसपैठिया, आदि।

iv. कुछ आकारांत तद्भव अल्पार्थक संज्ञाएँ स्त्रीलिंग हैं –
खटिया, डालिया, खचिया, बछिया आदि।

v. अधिकतर आकारांत विदेशी संज्ञाएँ भी पुंलिंग होती है –
खाका, गलीचा, मजा, ख्वाजा, कशीदा, ओहदा, मुसौदा, मुद्दा, खजाना, निशाना, सफा, जाया, कीया, मुकदमा, कलपा, हाजमा, कोरमा, सिनेमा, बकाया, सफाया, हाशिया, खतरा, नज़ारा, मसला, गल्ला, मुहल्ला, पेशा, बलवा, हलवा, पिस्ता, मदरसा, हिस्सा आदि।

vi. कुछ आकारांत विदेशी संज्ञाएँ स्त्रीलिंग भी हैं –
मलिका, खिजाँ, दफा, शमा, दवा, बला, खाला आदि।

II. *इकारांत संज्ञाएँ*

i. इकारांत संज्ञाएँ हिंदी में अधिकतर तत्सम हैं और अधिकतर स्त्रीलिंग हैं –
रुचि, दृष्टि, सृष्टि, उक्ति, क्षति, गति, उन्नति, अनुमति, अवनति, उत्पत्ति, विपत्ति, शक्ति, व्याधि, मूर्ति, जाति, संपत्ति, स्वीकृति, अवधि, व्याधि, शुद्धि, उपलब्धि, ध्वनि, हानि, ग्लानि, लिपि, रश्मि, भूमि, रात्रि, अंजलि, कृषि आदि।

ii. कुछ इकारांत तत्सम संज्ञाएँ पुंलिंग भी है –
पति, व्यक्ति, यति, अतिथि, मुनि, रवि, कवि, ऋषि आदि।

III. *ईकारांत संज्ञाएँ*

i. ईकारांत तत्सम संज्ञाएँ अधिकतर पुंलिंग हैं –
मंत्री, कुतर्की, उत्तरापेक्षी, रोगी, भोगी, मणि, यात्री, विद्यार्थी, परीक्षार्थी, सम्मानार्थी, रथी, लोभी, दंभी, स्वामी, कर्मचारी, धर्मी आदि।

ii. कुछ ईकारांत तत्सम संज्ञाएँ स्त्रीलिंग भी हैं –
वाणी, वारुणी, श्री, सती, धरती, नदी, सुंदरी, मंजरी, कुंडली, वंशी आदि।

iii. ईकारांत तद्भव संज्ञाएँ प्राय: स्त्रीलिंग होती है –
चारपाई, चटाई, छपाई, चक्की, कुंजी, अँगूठी, चिट्ठी, मुट्ठी, खोपड़ी, ककड़ी, गाड़ी, झाड़ी, ताड़ी, हथौड़ी, हड्डी, आपबीती, गुदगुदी, आँधी, ओढ़नी, कहानी, कहासुनी, ऊँगली, पहेली, केंचुली, कड़ाही आदि।

iv. कुछ ईकारांत तद्भव संज्ञाएँ पुंलिंग भी हैं –
गँवई, बढ़ई, कबाड़ी, कोढ़ी, गुणी, पानी, जुआरी, दही, आदि।

v. ईकारांत विदेशी संज्ञाएँ स्त्रीलिंग ही अधिक है –
शेखी, अदायगी, मर्जी, किश्ती, गलती, आजादी, शादी, गरीबी, तैयारी, लारी, पार्टी, अमीरी, गर्मी, कंजूसी, मनाही आदि।

vi. कुछ ईकारांत विदेशी संज्ञाएँ पुंलिंग भी हैं –
मुद्दई, दर्जी, तोपची, मशालची, अर्दली, माली, मीरासी, चपरासी, सिपाही आदि।

IV. *उकारांत, ऊकारांत, एकारांत, ओकारांत तथा औकारांत संज्ञाएँ*

i. उक्त कोटि की तत्सम, तद्भव तथा विदेशी अधिकतर संज्ञाएँ

पुंलिंग होती हैं –

चाकू, बाजू, लड्डू, चंडू, अणु, परमाणु, पशु, शिक्षु, शत्रु, बिंदु, चंद्रबिंदु, सिंधु, साधु, जादू, बंधू, आलू, कचालू, पहलू, उल्लू, पल्लू, चूल्लू, ब्यालू, बालू, आँसू, गेहूँ, लहू, चौबे, दूबे, कुलचे-छोले, कोदों, रेडियो, वीडियो आदि पुंलिंग संज्ञाएँ हैं।

ii. उक्त कोटि की कुछ संज्ञाएँ स्त्रीलिंग भी हैं –

गुफ्तगू, वस्तु, वायु, उर्दू, बहू, बू, लू, कोको, लौ आदि स्त्रीलिंग हैं।

V. *अकारांत संज्ञाएँ*

i. हिंदी की अकारांत संज्ञाओं का अंत्य 'अ' स्वर अपूर्णोच्चरित होता है इसलिए उन्हें व्यंजनांत भी माना जाता है। तत्सम, तद्‌भव तथा विदेशी संज्ञाएँ पुंलिंग भी यथेष्ट हैं और स्त्रीलिंग जी यथेष्ट हैं।

1. *पुंलिंग संज्ञाएँ*

i. **तत्सम** – अंक, लोक, नागरिक, सेवक, योग, वियोग, अभियोग, कुंज, समाज, घट, संकट, गुण, पात्र, शास्त्र, पथ, आंनद, अनुबंध, चिंतन, पवन, दर्शन, दिन, जीवन, धन, रुप, जप, कुटुंब, अमिताभ, धर्म, प्रेम, नाम, दृश्य, अन्याय, अभिप्राय, अधिकार, भंडार, पात्र, देश, आकाश, संतोष, धनुष, श्वास, अभ्यास आदि।

ii. **तद्‌भव** – साग, नाच, काँच, घाट, बाट, ऊँट, खोट, ओंठ, गुड़, कीचड़, पहाड़, किवाड़, कोढ़, दाँत, भगत, हाथ, चाँद, छेद, दूध, कान, साँप, आम, घर, पहर, ससुर, चोट, गाँव, मुँह, ब्याह आदि।

iii. **विदेशी** – नमक, बाग, कूच, अंदाज, जहाज, कोट, सूट, वक्त, तख्त, गुंबद, दर्द, अमन, गुमान, तकल्लुफ, जवाब, गुलाब, गम, सनम, जुल्म, जोट, जौहर, ओवर, कवर, दिल, महल, मिसाल, रुमाल, गोल, सवाल, होश आदि।

2. *स्त्रीलिंग संज्ञाएँ :*

i. **तत्सम** – कुछ ही तत्सम अकारांत संज्ञाएँ हैं, जैसे –

अलक, अपच, किरण, तम, विजय, पराजय, कील, घास, आदि।

ii. **तद्‌भव** – भनक, सनक, दमक, फूँक, आँख, आग, ऊँघ, आँच, खींच, खीज, खोज, आहट, उकताहट, मौत, सौत, खाद, चकाचौंध, अड़चन, उलझन, कतरन, अनबन, उठान, उड़ान, पुकार, हड़ताल, कोयल, ओस, धौंस, खोह आदि।

iii. **विदेशी** – ऐनक, चीज़, कब्ज, आवाज, जरूरत, अमानत, ताकत, अदालत, हुकूमत, हालत, खरीद, पसंद, अचकन, गरदन, कमर, कब्र, खातिर, नहर, अपील, नसल, तलाश, गुजाइश, गैस, जगह, वजह, अफवाह आदि।

VI. *यौगिक संज्ञाएँ*

अंतिम पद का लिंग ही यौगिक पद के लिंग का निर्धारक होता है –

पुंलिंग

शिक्षा-विभाग, मृत्युदंड, पूँजीपति, नारी-विमर्श, तुलसी विवाह आदि।

स्त्रीलिंग

सुख-सुविधा, अमृतधारा, देशरक्षा, युद्धभूमि, आरामकुर्सी, देशभक्ति आदि।

VII. *पदनाम तथा जातिनाम की सूचक संज्ञाएँ उभयलिंग मानीजाने लगी हैं; जैसे –*

1. नेहरू जी कांग्रेस के अध्यक्ष थे।
2. सोनिया गाँधी कांग्रेस की अध्यक्ष हैं।
3. 1984 में राजीव गाँधी देश के प्रधानमंत्री बने।
4. 1965 में इंदिरागाँधी देश की प्रधानमंत्री बनी थीं।
5. सचिन क्रिकेट के खिलाड़ी हैं।
6. सानिया मिर्जा टेनिस की खिलाड़ी है।
7. पहले श्री मल्होत्रा हमारे निदेशक थे।
8. अब श्रीमती मल्होत्रा हमारी निदेशक हैं।

4. कुछ प्रसिद्ध पुंलिंग संज्ञाओं के स्त्रीलिंग रूप

पुंलिंग		स्त्रीलिंग	पुंलिंग		स्त्रीलिंग
अध्यापक	—	अध्यापिका	तेली	—	तेलिन
अभिनेता	—	अभिनेत्री	दर्जी	—	दर्जिन
आचार्य	—	आचार्या	दाता	—	दात्री
इंद्र	—	इंद्राणी	दादा	—	दादी
ईसाई	—	ईसाइन	दास	—	दासी
ओझा	—	ओझाइन	देव	—	देवी
कबूतर	—	कबूतरी	दूबे	—	दुबाइन
कर्ता	—	कर्त्री	देवर	—	देवरानी
कवि	—	कवयित्री	घाता	—	घात्री
कहार	—	कहारिन	धोबी	—	धोबिन
कांत	—	कांता	नर	—	नारी, मादा
क्षत्रिय	—	क्षत्राणी	नाई	—	नाइन
खरगोश	—	मादा खरगोश	नाग	—	नागिन
गधा	—	गधी	नाती	—	नातिन
गायक	—	गायिका	नाना	—	नानी
गुड्डा	—	गुड़िया	नायक	—	नायिका
गुणी	—	गुणवती	नेता	—	नेत्री
गुरु	—	गुरुआइ	नौकर	—	नौकरानी
गृहस्वामी	—	गृहस्वामिनी	पंडा	—	पंडाइन
गैंडा	—	मादा गैंडा	पड़ोसी	—	पड़ोसिन
ग्वाला	—	ग्वालिन	पति	—	पत्नी
घोड़ा	—	घोड़ा	परिचारक	—	परिचारिका
चमार	—	चमारिन	पाठक	—	पाठिका
चाचा	—	चाची	पापी	—	पापिन
चिड़ा	—	चिड़िया	पिता	—	माता
चूहा	—	चूहिया	पुत्र	—	पुत्री
चौधरी	—	चौधरानी	पुरुष	—	स्त्री
चौबे	—	चौबाइन	पोता	—	पोतोहू
छात्र	—	छात्रा	प्राचार्य	—	प्राचार्या
जाट	—	जाटनी	प्रिय	—	प्रिया
जीजा	—	जीजी	फूफा	—	बुआ
जुलाहा	—	जुलाहिन	बंदर	—	बंदरिया
जेठ	—	जेठानी	बकरा	—	बकरी
ठाकुर	—	ठकुराइन	बनिया	—	बनियाइन
डिब्बा	—	डिबिया	बहनोई	—	बहन
तपस्वी	—	तपस्विनी	बछड़ा	—	बछड़िया

पुंलिंग		स्त्रीलिंग	पुंलिंग		स्त्रीलिंग
बाघ	—	बाघिन	लेखक	—	लेखिका
बाप	—	माँ	लोटा	—	लुटिया
बाबू	—	बबुआइन	वक्ता	—	वक्त्री
बालक	—	बालिका	वर	—	वधू
बिल्ला	—	बिल्ली	विद्वान	—	विदुषी
बूढ़ा	—	बुढ़िया	विधुर	—	विधवा
बेटा	—	बेटी, बहू	वीर	—	वीरांगना
ब्राह्मण	—	ब्राह्मणी	वृद्ध	—	वृद्धा
भंगी	—	भंगिन	शिव	—	शिवा
भव	—	भवानी	शिष्य	—	शिष्या
भाई	—	भौजाई, भावज, बहन	शेर	—	शेरनी
भालू	—	मादा भालू	श्रीमान	—	श्रीमती
भील	—	भीलनी	संपादक	—	संपादिका
महराजा	—	महारानी	संयोजक	—	संयोजिका
मामा	—	मामी	साढ़ू	—	सढ़वाइन
मालिक	—	मालकिन	साधक	—	साधिका
माली	—	मालिन	साधु	—	साध्वी
मियाँ	—	बीवी	सिंह	—	सिंहनी
मुसलमान	—	मुसलमालिनी	सिख	—	सिखनी
भेढ़ा	—	भेड़	साँप	—	साँपिन
मेहतर	—	मेहतराइन	साला	—	सरहज
मौसा	—	मौसी	ससुर	—	सास
युवक	—	युवती	सुत	—	सुता
रस्सा	—	रस्सी	सुनार	—	सुनारिन
राक्षस	—	राक्षसनी	सेठ	—	सेठानी
राजपूत	—	राजपूतनी	सेवक	—	सेविका
राजा	—	रानी	हंस	—	हंसिनी
रुद्र	—	रुद्राणी	हलवाई	—	हलवाइन
लड़का	—	लड़की	हाथी	—	हथिनी
लाला	—	लालाइन	हिंदू	—	हिंदुआनी
लुहार	—	लुहारिन			

परिशिष्ट : 2

अभ्यासोंकेउत्तर

पहला अभ्यास

I. 1. शुद्ध।
2. भ्रामक, नदी सूख गई है।
3. भ्रामक, लड़के सीटी बजाते हैं।
4. भ्रामक, औरतें चरखा चला रही हैं।
5. भ्रामक, कमरे में रोशनी थी।
6. भ्रामक, उसने मुझे धोखा दिया।
7. शुद्ध
8. भ्रामक, (क) आप कविता सुनाएँ। (ख) तुम कविता सुनाओ।
9. शुद्ध
10. शुद्ध

II. 1. तथ्यात्मक
2. निषेधात्मक
3. इच्छात्मक
4. प्रश्नात्मक
5. इच्छात्मक
6. तथ्यात्मक
7. निषेधात्मक
8. निषेधात्मक
9. संदेहात्मक
10. इच्छात्मक
11. विस्मयादिबोधक
12. विस्मयादिबोधक

दूसरा अभ्यास

1. गाँधी (संज्ञा), गुजरात (संज्ञा), में (परसर्ग), जनमे (क्रिया)
2. की (परसर्ग), दिल्ली (संज्ञा), है (क्रिया)
3. सिपाही (संज्ञा), को (परसर्ग), पकड़ा (क्रिया)
4. साँप (संज्ञा), दूध (संज्ञा), पीता है (क्रिया)
5. मैं (सर्वनाम), समाचार-पत्र (संज्ञा), पढ़ा (क्रिया)
6. तुम (सर्वनाम), नई (विशेषण), अवश्य (क्रिवि), लाना (क्रिया)
7. वह (सर्वनाम), कब (क्रिवि), आया था (क्रिया)
8. अरे (विस्मयादिबोधक), गोली (संज्ञा), लगी (क्रिया)
9. शाबाश (विस्मयादिबोधक), तुम (सर्वनाम), ने (परसर्ग), बढ़िया (विशेषण), गोल (संज्ञा), किया (क्रिया)
10. वे (सर्वनाम), नहीं (निपात), जाएँगे (क्रिया)
11. मैं (सर्वनाम), यहाँ (क्रिवि), दो (विशेषण), दिन (संज्ञा), रहूँगा (क्रिया)
12. कॉपियाँ (संज्ञा), और (योजक), किताबें (संज्ञा)
13. आज (क्रिवि), और (योजक), नहीं (निपात)
14. आप (सर्वनाम), कहाँ (क्रिवि), रहते हैं (क्रिया)
15. देवियो (संबोधन), और (योजक), सज्जनो (संबोधन)

तीसरा अभ्यास

1. मेज - पद, संज्ञा; पर - उपपद, परसर्ग
2. लड़के - पद, संज्ञा; ने - उपपद, परसर्ग
सामान - पद, संज्ञा; खरीदा - पद, क्रिया
3. को - उपपद, परसर्ग; मेरी - पद, विशेषण
नहीं - उपपद, निपात
4. एक - पद, विशेषण; ही - उपपद, निपात;
गोली - पद, संज्ञा; से - उपपद, परसर्ग
5. आज - पद, क्रियाविशेषण; अवश्य - पद, क्रिवि
6. मेरे - पद, विशेषण; पर - उपपद, परसर्ग;
भी - उपपद, निपात
7. अध्यापक - पद, संज्ञा; दाँत - पद, संज्ञा;
काटा - पद, क्रिया
8. रिक्शेवाले - उपपद, संबोधन
9. भाई - पद, संज्ञा; इंजीनियर - पद, संज्ञा
10. फलवाले - उपपद, संबोधन; फल - पद, संज्ञा;
जाओ - पद, क्रिया
11. भाइयो - उपपद, संबोधन; रास्ता - पद, संज्ञा;
बंद - पद, विशेषण
12. जापान - पद, संज्ञा; सुंदर - पद, विशेषण;
देश - पद, संज्ञा
13. वह - पद, सर्वनाम; अमृतसर - पद, संज्ञा
14. नाव - पद, संज्ञा; नदी - पद, संज्ञा;
में - उपपद, परसर्ग
15. धूप - पद, संज्ञा; तेज - पद, विशेषण; है - क्रिया

चौथा अभ्यास

1. लड़का - जातिवाचक संज्ञा, पुंलिंग, एकवचन

अध्यापक – जातिवाचक संज्ञा, पुंलिंग, एकवचन
2. लड़के – जातिवाचक संज्ञा, पुंलिंग, बहुवचन
3. लड़कियाँ – जातिवाचक संज्ञा, स्त्रीलिंग, बहुवचन
बाजार – जातिवाचक संज्ञा, पुंलिंग, एकवचन
4. मजदूर – जातिवाचक संज्ञा, पुंलिंग, एकवचन
काम – भाववाचक संज्ञा, पुंलिंग, एकवचन
5. वर्षा – समूहवाचक संज्ञा, स्त्रीलिंग, एकवचन
6. नदी – जातिवाचक संज्ञा, स्त्रीलिंग, एकवचन
नावें – जातिवाचक संज्ञा, स्त्रीलिंग, बहुवचन
7. पुस्तकें – जातिवाचक संज्ञा, स्त्रीलिंग, बहुवचन
मेज – जातिवाचक संज्ञा, स्त्रीलिंग, एकवचन
8. आकाश – व्यक्तिवाचक संज्ञा, पुंलिंग, एकवचन
तारे – जातिवाचक संज्ञा, पुंलिंग, बहुवचन
9. लड़की – जातिवाचक संज्ञा, स्त्रीलिंग, एकवचन
कंप्यूटर – जातिवाचक संज्ञा, पुंलिंग, एकवचन
10. साइकिलें – जातिवाचक संज्ञा, स्त्रीलिंग, बहुवचन
11. सैनिक – जातिवाचक संज्ञा, पुंलिंग, एकवचन
बहादुरी – भाववाचक संज्ञा, स्त्रीलिंग, एकवचन
12. खेलना – भाववाचक संज्ञा, पुंलिंग, एकवचन
13. नहाना – भाववाचक संज्ञा, पुंलिग, एकवचन
14. पंजाब मेल – व्यक्तिवाचक संज्ञा, स्त्रीलिंग, एकवचन
15. दूध – द्रव्यवाचक संज्ञा, पुंलिंग, एकवचन
16. बाग – जातिवाचक संज्ञा, पुंलिंग, एकवचन
फल – जातिवाचक संज्ञा, पुंलिंग, एकवचन
17. चाय – द्रव्यवाचक संज्ञा, स्त्रीलिंग, एकवचन

पाँचवा अभ्यास

1. मकान – संज्ञा, पुंलिंग, एकवचन
बड़े – विशेषण, पुंलिंग, बहुवचन
कमरे – संज्ञा, पुंलिंग, बहुवचन
2. घड़े – संज्ञा, पुंलिंग, तिर्यक्
थोड़ा – विशेषण, पुंलिंग, एकवचन
पानी – संज्ञा, पुंलिंग, एकवचन
3. छोटे – विशेषण, एकवचन, तिर्यक्
थैले – संज्ञा, पुंलिंग, तिर्यक्
4. संदूकों – संज्ञा, पुंलिंग, बहुवचन तिर्यक्
रुपए – संज्ञा, पुंलिंग, बहुवचन
5. गमले – संज्ञा, पुंलिंग, एकवचन तिर्यक्
कई – विशेषण, पुंलिंग, बहुवचन
फूल – संज्ञा, पुंलिंग, बहुवचन
6. पत्र – संज्ञा, पुंलिंग, एकवचन
गलतियाँ – संज्ञा, स्त्रीलिंग, बहुवचन
बहुतेरी – विशेषण, स्त्रीलिंग, बहुवचन
7. अध्यापक – संज्ञा, पुंलिंग, एकवचन
शिकायत – संज्ञा, स्त्रीलिंग, एकवचन
8. मशीन – संज्ञा, स्त्रीलिंग, एकवचन
नए – विशेषण, पुंलिंग, बहुवचन
पुर्जों – संज्ञा, पुंलिंग, बहुवचन तिर्यक्
खराबी – संज्ञा, स्त्रीलिंग, एकवचन
9. सभी – विशेषण, स्त्रीलिंग, बहुवचन
खिड़कियाँ – संज्ञा, स्त्रीलिंग, बहुवचन
10. दोनों – विशेषण, पुंलिंग, बहुवचन
दरवाजों – संज्ञा, पुंलिंग, बहुवचन तिर्यक्
परदे – संज्ञा, पुंलिंग, बहुवचन
11. पुरानी – विशेषण, स्त्रीलिंग, बहुवचन
कारें – संज्ञा, स्त्रीलिंग, बहुवचन
पेट्रोल – संज्ञा, पुंलिंग, एकवचन
12. ताले – संज्ञा, पुंलिंग, एकवचन तिर्यक्
ताली – संज्ञा, स्त्रीलिंग, एकवचन
13. दशरथ – संज्ञा, पुंलिंग, एकवचन
तीन – विशेषण, स्त्रीलिंग, बहुवचन
पत्नियाँ – संज्ञा, स्त्रीलिंग, बहुवचन
14. कौशल्या – संज्ञा, स्त्रीलिंग, एकवचन
पटरानी – संज्ञा, स्त्रीलिंग, एकवचन
15. राजा – संज्ञा, पुंलिंग, एकवचन अविकारी
पुरस्कार – संज्ञा, पुंलिंग, एकवचन
16. दुकानदार – संज्ञा, पुंलिंग, एकवचन
घटिया – विशेषण, स्त्रीलिंग, एकवचन अविकारी
कलमें – संज्ञा, स्त्रीलिंग, बहुवचन

छठा अभ्यास

1. पुरुषवाचक सर्वनाम उत्तम पुरुष
2. मध्यमपुरुष सर्वनाम
3. निश्चयवाचक सर्वनाम
4. निश्चयवाचक सर्वनाम
5. मध्यमपुरुष सर्वनाम
6. अनिश्चयवाचक सर्वनाम
7. उत्तमपुरुष सर्वनाम
8. पुरुषवाचक सर्वनाम, अन्यपुरुष
9. उत्तमपुरुष सर्वनाम

10. क. पुरुषवाचक सर्वनाम, मध्यमपुरुष
    ख. निश्चयवाचक सर्वनाम
11. क. निश्चयवाचक सर्वनाम
    ख. निश्चयवाचक सर्वनाम
12. पुरुषवाचक सर्वनाम, अन्यपुरुष
13. क. पुरुषवाचक सर्वनाम, मध्यमपुरुष
    ख. पुरुषवाचक सर्वनाम, उत्तमपुरुष
    ग. अनिश्चयवाचक सर्वनाम
14. अनिश्चयवाचक सर्वनाम
15. क. पुरुषवाचक सर्वनाम, अन्यपुरुष
    ख. पुरुषवाचक सर्वनाम, मध्यमपुरुष
    ग. अनिश्चयवाचक सर्वनाम
16. अनिश्चयवाचक सर्वनाम
17. पुरुषवाचक सर्वनाम, अन्यपुरुष
18. पुरुषवाचक सर्वनाम, मध्यमपुरुष
19. पुरुषवाचक सर्वनाम, मध्यमपुरुष
20. पुरुषवाचक सर्वनाम, मध्यमपुरुष

सातवाँ अभ्यास

1. वह – अन्यपुरुष सर्वनाम, एकवचन, पुंलिंग
2. वे – अन्यपुरुष सर्वनाम, बहुवचन, पुंलिंग
3. वह – अन्यपुरुष सर्वनाम, एकवचन, स्त्रीलिंग
4. यह – निश्चयवाचक सर्वनाम, एकवचन, पुंलिंग
5. कोई – अनिश्चयवाचक सर्वनाम, एकवचन, पुंलिंग
6. तू – मध्यमपुरुष सर्वनाम, एकवचन, स्त्रीलिंग
7. हम – उत्तमपुरुष सर्वनाम, आदरार्थक बहुवचन, स्त्रीलिंग
8. आप – मध्यमपुरुष सर्वनाम, बहुवचन, पुंलिंग
9. क्या – प्रश्नवाचक सर्वनाम, एकवचन, पुंलिंग
10. तुम – मध्यमपुरुष सर्वनाम, मानार्थ बहुवचन, पुंलिंग
    वे – अन्यपुरुष सर्वनाम, बहुवचन, पुंलिंग
11. वे – अन्यपुरुष सर्वनाम, बहुवचन, पुंलिंग
12. वे – संबंधवाचक सर्वनाम, बहुवचन, पुंलिंग
13. कौन – प्रश्नवाचक सर्वनाम, बहुवचन, पुंलिंग
14. कुछ – अनिश्चयवाचक सर्वनाम, एकवचन, पुंलिंग
15. तुम – मध्यमपुरुष सर्वनाम, आदरार्थक बहुवचन, स्त्रीलिंग

आठवाँ अभ्यास

1. उसने – 'वह' सर्व. का, 'ने' परसर्गयुक्त कर्ताकारक रूप
2. तुम्हारा – तुम सर्व. का, 'का' परसर्गयुक्त संबंधकारक रूप
3. उनसे – 'वे' सर्व. का, 'से' परसर्गयुक्त करणकारक रूप
4. किससे – 'कौन' सर्व. क, 'से' परसर्गयुक्त करणकारक रूप
5. हमारा – 'हम' सर्व. का, 'का' परसर्गयुक्त संबंधकारक रूप
6. किसके लिए – 'कौन' सर्व. का, 'के लिए' परसर्गयुक्त संप्रदानकारक रूप
7. उसे – 'वह' सर्व. का, 'को' परसर्गयुक्त कर्मकारक रूप
8. मुझसे – 'मैं' सर्व. का, 'से' परसर्गयुक्त करणकारक रूप
9. उसकी – 'वह' सर्व. का, 'की' परसर्गयुक्त संबंधकारक रूप
   मुझे – 'मैं' सर्व. का, 'को' परसर्गयुक्त कर्मकारक रूप
10. उनके – 'वे' सर्व. का, 'के' परसर्गयुक्त संबंधकारक रूप
    हमारे – 'हम' सर्व. का, 'के' परसर्गयुक्त संबंधकारक रूप
11. उन्हें – 'वे' सर्व. का, 'को' परसर्गयुक्त कर्मकारक रूप
12. तेरा – 'तू' सर्व. का, 'का' परसर्गयुक्त संबंधकारक रूप
    मेरा – 'मैं' सर्व. का, 'का' परसर्गयुक्त संबंधकारक रूप
13. उनमें – 'वे' सर्व. का, 'में' परसर्गयुक्त अधिकरणकारक रूप
14. मेरी – 'मैं' सर्व. का, 'की' परसर्गयुक्त संबंधकारक रूप
15. उनकी – 'वे' सर्व. का, 'की' परसर्गयुक्त संबंधकारक रूप
16. उन्होंने – 'वे' सर्व. का, 'ने' परसर्गयुक्त कर्ताकारक रूप
    तुम्हारे – 'तुम' सर्व. का, 'का' परसर्गयुक्त संबंधकारक तिर्यक् रूप
17. तुमने – 'तुम' सर्व. का, 'ने' परसर्गयुक्त कर्ताकारक रूप
    यह – सर्व. विशेषण रूप में प्रयुक्त
18. इस – 'यह' सर्व. का, विशेषण तिर्यक् रूप
19. किस – 'कौन' सर्व. का, विशेषण तिर्यक् रूप
20. किसी – 'कोई' सर्व. का, विशेषण रूप

नवाँ अभ्यास

1. वन में – पदबंध (संज्ञा + परसर्ग)
   रहता है – पदबंध (मुख्य क्रि. + सहायक क्रि.)
2. पड़ रही है – पदबंध (मुख्य क्रि. + संयोज्य क्रि. + सहायक क्रिया)
3. आकाश में – पदबंध (संज्ञा + परसर्ग)
   रात को – पदबंध (संज्ञा + परसर्ग)
   हवाई जहाज – पदबंध (विशेषण + संज्ञा)
   उड़ रहा था – पदबंध (मुख्य क्रि.+संयो क्रि.+सहायक क्रि.)
4. सचिन तेंदुलकर – पदबंध (संज्ञा + संज्ञा)
   पैंतीसवा शतक – पदबंध (विशेषण + संज्ञा)
5. नया काम – पदबंध (संज्ञा + विशेषण)
6. कुछ लोग – पदबंध (विशेषण रूप में प्रयुक्त सर्वनाम + संज्ञा)
   कभी-कभी – पदबंध (क्रियाविशेषण + क्रियाविशेषण)
   आते हैं – पदबंध (मुख्य क्रिया + सहायक क्रिया)

7. इस नगर में – पदबंध (विशेषण रूप में प्रयुक्त 'यह' सर्वनाम का तिर्यक् रूप + संज्ञा + पर.)
८. उसे – पदबंध (वह सर्व. + को परसर्ग)
घर तक – पदबंध (संज्ञा + निपात)
9. मुझे – पदबंध (सर्व. मैं + को पर.)
अपनी कहानी – पदबंध (विशेषण + संज्ञा)
10. केंद्रीय सरकार – पदबंध (विशेषण + संज्ञा)
गिर गई – पदबंध (मुख्य क्रिया + संयोज्य क्रिया)
11. उसकी कमर में – पदबंध (विशेषण + संज्ञा + परसर्ग)
बहुत दर्द – पदबंध (विशेषण + संज्ञा)
12. उन्होंने – पदबंध (सर्वनाम + परसर्ग)
मेरी बात – पदबंध (विशेषण + संज्ञा)
13. कल से – पदबंध (क्रि.वि. + परसर्ग)
नई श्रृंखला – पदबंध (विशेषण + संज्ञा)
14. आसमान के तारे – पदबंध (संज्ञा + परसर्ग + संज्ञा)
तोड़ लाया – पदबंध (मुख्य क्रिया + संयोज्य क्रिया)
15. उसे – पदबंध (सर्व. + परसर्ग)
बहुत सर्दी – पदबंध (विशेषण + संज्ञा)

दसवाँ अभ्यास

1. खिड़की का शीशा – नामपदबंध (सं.+पर.+सं.)
टूटा है – क्रिया पदबंध (मु.क्रि.+सह.क्रि.)
2. खिड़की का पल्ला – नाम पदबंध (सं.+पर.+सं.)
टूट गया – क्रिया पदबंध (मु.क्रि.+संयो.क्रि.)
3. मंदिर का घंटा – नाम पदबंध (सं.+पर.+सं.)
रात में – नाम पदबंध (सं.+पर.)
4. एक हेलीकाप्टर – नाम पदबंध (वि.+सं.)
हमारी छत पर – नाम पदबंध (वि.+सं.+पर.)
5. सुबह से – संज्ञा पदबंध (संज्ञा+परसर्ग)
रुक-रुककर – क्रिवि. पदबंध (धातु+धातु+प्रत्यय)
हो रही है – क्रिया पदबंध (मु.क्रि+संयो.क्रि.+सह.क्रि.)
6. पंजाब मेल – नाम पदबंध (संज्ञा+संज्ञा)
रात में – नाम पदबंध (संज्ञा+पर.)
पटरी से – संज्ञा पदबंध (संज्ञा+पर.)
उतर गई – क्रिया पदबंध (मु.क्रि.+संयो.क्रि.)
7. तुफान से – नाम पदबंध (सं.+पर.)
आंध्रप्रदेश में – नाम पदबंध (सं.+पर.)
8. आपके मित्र ने – नाम पदबंध (सर्व.+पर.+सं.+पर.)
मुझे भी – नाम पदबंध (सर्व.+पर+निपात)
9. कई नावें – नाम पदबंध (वि.+संज्ञा)
समुद्र में – नाम पदबंध (संज्ञा+पर.)
मछलियाँ – नाम पदबंध (संज्ञा का बहुवचन रूप)
पकड़ रही हैं – क्रिया पदबंध (मु.क्रि.+संयो.क्रि.+सहक्रिया)
10. आकाश में – नाम पदबंध (संज्ञा+पर.)
रंगबिरंगी पतंगें – नाम पदबंध (वि.+सं.)
उड़ती हैं – क्रिया पदबंध (मु.क्रि.+संयो.क्रि.+सहक्रिया)
11. हमें – नाम पदबंध (सर्व.+पर.)
ठंडी आइसक्रीम खाने के लिए – नाम पदबंध (वि.+सं.+सं.+पर.)
मिली थी – क्रिया पदबंध (मु.क्रि.+सहक्रिया)
12. गाँव के पास – क्रि.वि. पदबंध (सं.+पर.+क्रि.वि.)
आपका बगीचा – नाम पदबंध (सर्व.+पर.+सं.)
13. शहर की सड़कों की हालत – नाम पदबंध (सं.+पर.+सं.+पर.+संज्ञा)
हो रही है – क्रिया पदबंध (मु.क्रि.+तात्कालिक क्रि.+सहक्रिया)
14. तुम्हें – नाम पदबंध (सर्व.+पर.)
अपनी बात – नाम पदबंध (वि.+सं.)
उन तक – नाम पदबंध (सर्व.+नि.)
पहुँचानी चाहिए – क्रि.पदबंध (मु.क्रि. + संयो. क्रिया)
15. क्रिकेट खेलनेवाले देशों के लोग – नाम पदबंध (सं.+वि.+सं.+पर.+सं.)
सचिन तेंदुलकर का नाम – नाम पदबंध (सं.+सं.+पर+सं.)
सुनें होंगे – क्रिया पदबंध (मु.क्रि. + सहक्रिया)

ग्यारहवाँ अभ्यास

1. उद्देश्य – गाड़ी
विधेय – चल रही है।
2. उद्देश्य – गाड़ी
विधेय – धीरे-धीरे चल रही थी।
3. उद्देश्य – आप
विधेय – जरा रुकिए।
4. उद्देश्य – उसकी परीक्षा
विधेय – परसों है।
5. उद्देश्य – मैं
विधेय – विद्यालय सुबह जाऊँगा।
6. उद्देश्य – विवाह का समय
विधेय – नजदीक था।
7. उद्देश्य – दोनों व्यक्ति
विधेय – बहुत खुश थे।
8. उद्देश्य – लड़का

विधेय – कहाँ रहता है ?

9. उद्देश्य – मैं
विधेय – वहाँ जाऊँगा।

10. उद्देश्य – वह
विधेय – कभी-कभी गाता है।

11. उद्देश्य – वर्षा
विधेय – अचानक होने लगी।

12. उद्देश्य – वह
विधेय – यहाँ आया था।

13. उद्देश्य – विदेशी लोग
विधेय – ताजमहल को देखने के लिए आए हैं।

14. उद्देश्य – मैं
विधेय – उस दिन कंपनी बाग में घूम रहा था।

15. उद्देश्य – कई आतंकवादी
विधेय – पकड़े गए हैं।

बारहवाँ अभ्यास

1. ताजमहल; आगरा में
2. लड़का; कुर्सी पर
3. कमरे में; चाँदनी
4. प्याले में; चाय
5. लड़के; कक्षा में
6. लड़कियाँ; गेंद
7. आप; अपना नाम; कागज पर
8. उसे; तुम; डंडे से
9. गाड़ी; स्टेशन पर
10. शीशा; गिरने से
11. मैंने; पुस्तक
12. हाथी ने; शेर को
13. तुम; किसके लिए; चाय
14. माँ; दवा

तेरहवाँ अभ्यास

1. कर्ताकारक – गाय
कर्मकारक – घास

2. कर्ताकारक – रावण
कर्मकारक – सीता को

3. कर्ताकारक – वह
कर्मकारक – मकान

4. कर्ताकारक – वह
कर्मकारक – कंघी

5. कर्ताकारक – मैंने
कर्मकारक – पुस्तकें

6. कर्ताकारक – आप
कर्मकारक – किसे (गौण कर्म); पुस्तकें (मुख्य कर्म)

7. कर्ताकारक – वह
कर्मकारक – मेरा मकान

8. कर्ताकारक – आप
कर्मकारक – उसे (गौण कर्म); पत्र (मुख्य कर्म)

9. कर्ताकारक – मैंने
कर्मकारक – उसे (गौण कर्म); अपनी कहानी (मुख्य कर्म)

10. कर्ताकारक – मैंने
कर्मकारक – उसे (गौण कर्म); अपना नया मकान (मुख्य कर्म)

11. कर्ताकारक – लता जी ने
कर्मकारक – दर्शकों को (गौण कर्म); गीत (मुख्य कर्म)

12. कर्ताकारक – आपने
कर्मकारक – बच्चे को

13. कर्ताकारक – आप
कर्मकारक – कुछ

14. कर्ताकारक – वह

15. कर्ताकारक – वह
कर्मकारक – काम

16. कर्ताकारक – मैंने
कर्मकारक – उसे (गौण कर्म); नौकरी (मुख्य कर्म)

चौदहवाँ अभ्यास

1. कर्ताकारक – राम
कर्मकारक – पुस्तक
अधिकरण कारक – कमरे में

2. कर्ताकारक – मोहन
कर्मकारक – चाय
अधिकरणकारक – कप में

3. कर्ताकारक – आप
कर्मकारक – सब्जी
अधिकरणकारक – कटोरी में

4. कर्ताकारक – पिता जी
करणकारक – काम से

5. कर्ताकारक – रानी
अधिकरणकारक – दुविधा में

6. कर्ताकारक – झंडा
अधिकरणकारक – उसके हाथ में
7. कर्ताकारक – यात्री
अपादानकारक – जहाज से
8. कर्ताकारक – वह
कर्मकारक – चित्र
करणकारक – पेंसिल से
9. कर्ताकारक – छुट्टी
अधिकरणकारक – विद्यालय में
10. कर्ताकारक – उसने
कर्मकारक – अपने बाल
11. कर्ताकारक – मोबाइल
कर्मकारक – काम
12. कर्ताकारक – मैं
कर्मकारक – चश्मा
अधिकरणकारक – धूप में
13. कर्ताकारक – आप
कर्मकारक – घड़ी
संप्रदानकारक – किसके लिए
14. कर्ताकारक – वह
कर्मकारक – गाड़ी
करणकारक – एक हाथ से

पंद्रहवा अभ्यास

1. कर्ताकारक – श्याम
करणकारक – गाड़ी से
2. कर्ताकारक – मैंने
कर्मकारक – घड़ी
अधिकरणकारक – कमरे में
3. कर्ताकारक – तुम
अधिकरणकारक – कॉपी में
4. कर्ताकारक – शेर सिंह
अपादानकारक – मुहल्ले में
5. कर्ताकारक – आप
अपादानकारक – कुएँ से
कर्मकारक – पानी
6. संबोधनकारक – फलवाले
कर्ताकारक – तुम
कर्मकारक – ताजा फल
7. कर्ताकारक – वह
अधिकरणकारक – मैदान में
कर्मकारक – फुटबॉल
8. कर्ताकारक – वह
संप्रदानकारक – अपनी बहन के लिए
कर्मकारक – दवा
9. अधिकरणकारक – नल में
कर्ताकारक – पानी
10. अधिकरणकारक – उसके मन में
कर्ताकारक – ईर्ष्या
11. कर्ताकारक – वह
अधिकरणकारक – कुर्सी पर
12. कर्ताकारक – बंदर ने
कर्मकारक – अखबार
13. संबंधकारक – उसके
कर्ताकारक – दो लड़के
14. अधिकरणकारक – उसके हाथ में
कर्ताकारक – झंडा
15. कर्ताकारक – मैं
करणकारक – कार से
अधिकरणकारक – नगर में

सोलहवाँ अभ्यास

1. कर्ताकारक – उच्च न्यायालय ने
कर्मकारक (गौण) – अधीनस्थ न्यायालयों को
कर्मकारक (मुख्य) – आदेश
2. कर्ताकारक – आप
अधिकरणकारक – मेरी कलम में
कर्मकारक – स्याही
3. कर्ताकारक – आप
कर्मकारक (गौण) – मेरे पिताजी को
कर्मकारक (मुख्य) – यह संवाद
4. कर्ताकारक – उसने
कर्मकारक – पेट्रोल
अधिकरणकारक – अपनी गाड़ी में
5. अधिकरणकारक – उसके पेट में
कर्ताकारक – गोली
6. कर्ताकारक – उसने
अधिकरणकारक – सिर पर
कर्मकारक – पगड़ी
7. कर्ताकारक – घर को कोई नया समाचार (पदबंध)

8. कर्ताकारक - वह
कर्मकारक (गौण) - मुझे
कर्मकारक (मुख्य) - साइकिल
9. अधिकरणकारक - उस प्रदेश में
अधिकरणकारक - हवा में
कर्ताकारक - ठंडक
10. कर्ताकारक - उसका सिर
करणकारक - बुखार से
11. कर्ताकारक - सूरज की किरणें
अधिकरणकारक - कमरे में
12. अधिकरणकारक - उसके गले में
कर्ताकारक - फोड़ा
13. कर्ताकारक - उसने
अधिकरणकारक - मेरी पुस्तक पर
कर्मकारक - अपना नाम
14. अधिकरणकारक - मुझे (भोक्ता)
कर्ताकारक - व्यवहार
15. अधिकरणकारक - इस कारखाने में
कर्ताकारक - रेडियो
16. कर्ताकारक - उसने
कर्मकारक (गौण) - मुझे
कर्मकारक (मुख्य) - धक्का

सत्रहवाँ अभ्यास

1. i. जमींदार का बेटा - नाम पदबंध, उद्देश्य, कर्ताकारक, पुंलिंग-एकवचन-अन्यपुरुष
ii. रामसिंह - नाम पदबंध, उद्देश्य, कर्ताकारक, समानाधिकरण, पुंलिंग-एकवचन-अन्यपुरुष
ii. डाक्टर - नाम पदबंध, पूरक, पुंलिंग-एकवचन-अन्यपुरुष
2. i. लक्ष्मी - नामपद, उद्देश्य-कर्ताकारक, स्त्रीलिंग-एकवचन-अन्यपुरुष
ii. अपने भाई (से) - नामपद, करणकारक, विधेय पुंलिंग-एकवचन-अन्यपुरुष
iii. कमलनाथ से - नामपद, विधेय, करणकारक समानाधिकरण, पुंलिंग-एकवचन-अन्यपुरुष
3. i. प्रधानमंत्री - नाम पदबंध, उद्देश्य, कर्ताकारक, पुंलिंग-आदरार्थक बहुवचन-अन्यपुरुष
ii. मनमोहन सिंह - नाम पदबंध, उद्देश्य, कर्ताकारक, समानाधिकरण, पुंलिंग-आदरार्थक-बहुवचन-अन्यपुरुष
iii. वक्तव्य - नाम पदबंध, विधेय, कर्मकारक, पुंलिंग-एकवचन-अन्यपुरुष
4. i. हम - नामपद, उद्देश्य, कर्ता, पुंलिंग-बहुवचन-उत्तमपुरुष
ii. बादल को - नाम पदबंध, विधेय, गौण कर्मकारक, पुंलिंग-एकवचन-अन्यपुरुष
iii. मेघ - नामपद, विधेय, मुख्य कर्मकारक, पुंलिंग-एकवचन-अन्यपुरुष
5. i. अब्दुल कलाम - नाम पदबंध, उद्देश्य, कर्ता पुंलिंग-आदरार्थक बहुवचन-अन्यपुरुष
ii. हमारे राष्ट्रपति - नाम पदबंध, विधेय, पूरक, पुंलिंग-आदरार्थक बहुवचन-अन्यपुरुष
6. i. सांसदों ने - नाम पदबंध, उद्देश्य, कर्ताकारक पुंलिंग-बहुवचन-अन्यपुरुष
ii. बहुमत से - नाम पदबंध, विधेय, करणकारक पुंलिंग-एकवचन-अन्यपुरुष
iii. सोनिया जी को - नाम पदबंध, विधेय, गौण कर्मकारक स्त्रीलिंग-आदरार्थक बहुवचन-अन्यपुरुष
7. i. अर्थमंत्री (ने) - नाम पदबंध, उद्देश्य, कर्ताकारक पुंलिंग-एकवचन-अन्यपुरुष
ii. चिदंबरम ने - नाम पदबंध, उद्देश्य, समानाधिकरण पुंलिंग-एकवचन-अन्यपुरुष
iii. अपना बजट - नाम पदबंध, विधेय, कर्मकारक पुंलिंग-एकवचन-अन्यपुरुष
iv. प्रस्तुत - विशेषण पद, पूरक
8. i. मैं - नामपद, उद्देश्य, कर्ताकारक पुंलिंग-एकवचन-उत्तमपुरुष
ii. दीनानाथ - नाम पदबंध, उद्देश्य, समानाधिकरण पुंलिंग-एकवचन-अन्यपुरुष
iii. इस मकान का मालिक - नाम पदबंध, विधेय, पूरक पुंलिंग-एकवचन-अन्यपुरुष
9. i. मेरी पत्नी - नाम पदबंध, उद्देश्य, कर्ताकारक स्त्रीलिंग-एकवचन-अन्यपुरुष
ii. मीरा - नामपद, उद्देश्य, कर्ता का समानाधिकरण स्त्रीलिंग-एकवचन-अन्यपुरुष
iii. लखनऊ में - नाम पदबंध, विधेय, अधिकरणकारक पुंलिंग-एकवचन-अन्यपुरुष
10. i. डाकिया - नामपद, उद्देश्य, कर्ताकारक पुंलिंग-एकवचन-अन्यपुरुष
ii. मेरे भाई का पत्र - नाम पदबंध, विधेय, कर्मकारक पुंलिंग-एकवचन-अन्यपुरुष

अठारहवाँ अभ्यास

1. पढ़ – पढ़ता, पढ़ा, पढ़ेगा, पढ़ना, पढ़े
2. खेल – खेलता, खेला, खेलेगा, खेलना, खेले
3. लिख – लिखता, लिखा, लिखेगा, लिखना, लिखे
4. आ – आता, आया, आएगा, आना, आए
5. जा – जाता, गया, जाएगा, जाना, जाए
6. सो – सोता, सोया, सोएगा, सोना, सोए
7. बैठ – बैठता, बैठा, बैठेगा, बैठना, बैठे
8. देख – देखता, देखा, देखेगा, देखना, देखे
9. सुन – सुनता, सुना, सुनेगा, सुनना, सुने
10. उठ – उठता, उठा, उठेगा, उठना, उठे
11. गिर – गिरता, गिरा, गिरेगा, गिरना, गिरे
12. भेज – भेजता, भेजा, भेजेगा, भेजना, भेजे
13. ला – लाता, लाया, लाएगा, लाना, लाए
14. खा – खाता, खाया, खाएगा, खाना, खाए
15. डाल – डालता, डाला, डालेगा, डालना, डाले
16. पहन – पहनता, पहना, पहनेगा, पहनना, पहने
17. चल – चलता, चला, चलेगा, चलना, चले
18. चला – चलाता, चलाया, चलाएगा, चलाना, चले
19. उड़ – उड़ता, उड़ा, उड़ेगा, उड़ना, उड़े
20. उड़ा – उड़ाता, उड़ाया, उड़ाएगा, उड़ाना, उड़ाए
21. खिला – खिलाता, खिलाया, खिलाएगा, खिलाना, खिलाए
22. सुना – सुनाता, सुनाया, सुनाएगा, सुनाना, सुनाए
23. पढ़ा – पढ़ाता, पढ़ाया, पढ़ाएगा, पढ़ाना, पढ़ाए
24. बुला – बुलाता, बुलाया, बुलाएगा, बुलाना, बुलाए
25. पहना – पहनाता, पहनाया, पहनाएगा, पहनाना, पहनाए

उन्नीसवाँ अभ्यास

I. 1. विद्यार्थी खेलते हैं।
2. लड़कियाँ पुस्तकें पढ़ती हैं।
3. लड़के पुस्तकें पढ़ते हैं।
4. आदमी छाते खरीदते हैं
5. वे हमसे बातें करते हैं।
6. हंस सरोवर में तैरते हैं।
7. पक्षी आकाश में उड़ते हैं।

II. 1. (अ) तू काम करता है।
(आ) तुम काम करते हो।
(इ) आप काम करते हैं।
2. (अ) तू पतंग उड़ाता है।
(आ) तुम पतंग उड़ाते हो।
(इ) आप पतंग उड़ाते हैं।
3. (अ) तू खूब पढ़ती है।
(आ) तुम खूब पढ़ती हो।
(इ) आप खूब पढ़ती हैं।
4. (अ) तू सिनेमा देखती है।
(आ) तुम सिनेमा देखती हो।
(इ) आप सिनेमा देखती हैं।
5. (अ) तू सिलाई करता है।
(आ) तुम सिलाई करते हो।
(इ) आप सिलाई करते हैं।
6. (अ) तू बोझ उठाता है।
(आ) तुम बोझ उठाते हो।
(इ) आप बोझ उठाते हैं।
7. (अ) तू नाचती है।
(आ) तुम नाचती हो।
(इ) आप नाचती हैं।
8. (अ) तू गाना गाती है।
(आ) तुम गाना गाती हो।
(इ) आप गाना गाती हैं।

III. 1. (अ) हाँ, वह पढ़ता है।
(आ) नहीं, वह नहीं पढ़ता।
2. (अ) हाँ, मैं सिगरेट पीता हूँ।
(आ) नहीं, मैं सिगरेट नहीं पीता।
3. (अ) हाँ, गाड़ी चलती है।
(आ) नहीं, गाड़ी नहीं चलती।
4. (अ) हाँ, वे टेनिस खेलते हैं।
(आ) नहीं, वे टेनिस नहीं खेलते।
5. (अ) हाँ, लड़की रोटी पकाती है।
(आ) नहीं, लड़की रोटी नहीं पकाती।
6. (अ) हाँ, विद्यालय खुलता है।
(आ) नहीं, विद्यालय नहीं खुलता।
7. (अ) हाँ, मैं अखबार पढ़ता हूँ।
(आ) नहीं, मैं अखबार नहीं पढ़ता।

बीसवाँ अभ्यास

1. वे सुबह उठते थे।
2. हम नौकरी करते हैं।
3. तुम कहाँ रहती थीं ?
4. मैं हर रविवार को फुटबॉल खेलती थी।

5. लड़कियाँ व्यायाम करती थीं।
6. गाड़ियाँ रात में आती थीं।
7. लड़का कपड़े सीता था।
8. कानपुर में चप्पलें बनती थीं।
9. मैं माँ से मिलने के लिए जाती थी।
10. उन दिनों वे बहुत रोती थीं।
11. हवाएँ तेज चलती होंगी।
12. लड़कियाँ विद्यालय जाती होंगी।
13. आप उपन्यास पढ़ती होंगी।
14. वह रात में सिनेमा जाता होगा।

इक्कीसवाँ अभ्यास

1. चलाता है – सामान्य वर्तमान; अन्यपुरुष पुंलिंग एकवचन
2. करती थी – अपूर्ण भूतकाल; अन्यपुरुष स्त्रीलिंग एकवचन
3. किया है – आसन्न भूत; अन्यपुरुष पुंलिंग एकवचन
4. सोई है – आसन्न भूत; अन्यपुरुष स्त्रीलिंग एकवचन
5. खरीदे हैं – आसन्न भूत; अन्यपुरुष पुंलिंग बहुवचन
6. रहती है – सामान्य वर्तमान; अन्यपुरुष स्त्रीलिंग एकवचन
7. करतीं – सामान्य भूत; अन्यपुरुष स्त्रीलिंग बहुवचन
8. आए हैं – आसन्न भूत; अन्यपुरुष पुंलिंग बहुवचन
9. आया है – आसन्न भूत; अन्यपुरुष पुंलिंग एकवचन
10. जाती है – सामान्य वर्तमान; अन्यपुरुष स्त्रीलिंग आदरार्थकण बहुवचन
11. पढ़ती थी; अपूर्ण भूत; अन्यपुरुष स्त्रीलिंग एकवचन
12. दिया है; आसन्न भूत; अन्यपुरुष पुंलिंग एकवचन
13. गई थी; पूर्ण भूत; अन्यपुरुष स्त्रीलिंग एकवचन
14. बनाए हैं; आसन्न भूत; अन्यपुरुष पुंलिंग बहुवचन
15. निकलता है; सामान्य वर्तमान; अन्यपुरुष पुंलिंग एकवचन
16. सुनाती है; सामान्य वर्तमान; अन्यपुरुष स्त्रीलिंग एकवचन

बाइसवाँ अभ्यास

1. (अ) वे कश्मीर से आए हैं।
   (आ) लड़के कश्मीर से आए।
2. (अ) मैंने पुस्तक लिखी है।
   (आ) हमने पुस्तक लिखी।
3. (अ) लोगों ने नया घर बनाया है।
   (आ) उस आदमी ने नया घर बनाया।
4. (अ) औरतों ने गाड़ी खरीदी है।
   (आ) लड़की ने गाड़ी खरीदी।
5. (अ) उन्होंने आज पत्न लिखा है।
   (आ) तूने आज पत्न लिखा।
6. (अ) उसने फिल्में देखी हैं।
   (आ) मैंने फिल्में देखीं।
7. (अ) तुम आज नहाए हो।
   (आ) तू आज नहाई है।
8. (अ) आप पैदल चले हैं।
   (आ) तुम पैदल चली हो।
9. (अ) विद्यार्थी ने फल खाया है।
   (आ) विद्यार्थियों ने फल खाया।
10. (अ) वे पंखे के नीचे सोई हैं।
   (आ) वे पंखे के नीचे सोईं ।
11. (अ) समाचार-पत्न कब छपा है ?
   (आ) पुस्तकें कब छपी हैं ?

तेइसवाँ अभ्यास

I. 1. हम वहाँ परसों गए थे।
2. उसने कंप्यूटर खरीदा था।
3. लड़कियाँ बहुत रोई थीं।
4. उस औरत ने काला चश्मा पहना था।
5. अखबार में चित्न छपा था।
6. दस व्यक्ति घर में रहते थे।
7. तुम कहाँ गए थे ?
8. वे उससे मिले थे।
9. बाग में फूल खिला था।
10. हमने उन्हें कई पत्न लिखे थे।
11. दरवाजे खुले थे।
12. आतंकवादियों ने हमले किए थे।
13. हम कमरे में सोई थीं।
14. उनका नौकर चिट्ठियाँ लाया था।

II. 1. मैं वहाँ परसों गया हूँ।
2. हमने कंप्यूटर खरीदा है।
3. वह बहुत रोई है।
4. उसने काला चश्मा पहना है।
5. पुस्तक में चित्न छपा है।
6. पूरा परिवार घर में रहता है।
7. तू कहाँ गया है ?
8. मैं उससे मिला हूँ।
9. बाग में फूल खिले हैं।
10. उन्होंने मुझे कई पत्न लिखे हैं।
11. दरवाजा खुला है।
12. आतंकवादियों ने हमला किया है।

13. वह कमरे में सोई है।
14. उनका नौकर चिट्ठी लाया है।

चौबीसवाँ अभ्यास

I. 1. लड़के जमीन पर सोए होंगे।
2. लड़कों ने नया मकान बनाया होगा।
3. बूढ़ा सुबह गया होगा।
4. अध्यापिका ने पाठ पढ़ाया होगा।
5. घर में दाल बनी होगी।
6. उसकी किस्मत चमकी होगी।
7. तुमने मैच जीता होगा।
8. आपने दरवाजा बंद किया होगा।
9. तू इस किस्से पर हँसा होगा।
10. रेलगाड़ी कानपुर में रुकी होगी।
11. लड़की बाजार से सामान लाई होगी।
12. चाँद आसमान में निकला होगा।

II. 1. मैंने उसे पुस्तक दी होगी / दी थी।
2. उन्होंने मेहनत से काम किया होगा / किया था।
3. तूने माँ की हालत देखी होगी / देखी थी।
4. वह नई साइकिल लाया होगा / लाया था।
5. उसने यह समाचार सुना होगा / सुना था।
6. वह छत से गिरा होगा / गिरा था।
7. बाग में अनेक फूल खिले होंगे / खिले थे।
8. सभी विद्यालय आज खुले होंगे / खुले थे।

पचीसवाँ अभ्यास

I. 1. माँ भोजन बना रही है।
2. वह भोजन कर रहा था / कर रही थी।
3. वह पुस्तक पढ़ रहा होगा / पढ़ रही होगी।
4. हम रेल से यात्रा कर रहे थे / कर रही थीं।
5. स्कूल बंद हो रहा था।
6. (क) पक्षी आकाश में उड़ रहा हो।
(ख) पक्षी आकाश में उड़ रहे हों।
7. कई दिनों से गर्मी पड़ रही है।
8. क्या आप टीवी देख रहे थे / देख रहीं थीं ?
9. मंदिर में पूजा हो रही होगी।
10. अखबार बराबर निकल रहा था।
11. लड़कियाँ पहाड़ पर जा रही थीं।
12. उनका घर टूट रहा था।
13. क्या वह आपसे बात कर रहा था / कर रही थी ?
14. मेरा मित्र आ रहा हो।

II. 1. अन्यपुरुष स्त्री० एकवचन
2. अन्यपुरुष पुं०/स्त्री० एकवचन
3. अन्यपुरुष पुं०/स्त्री० एकवचन
4. उत्तमपुरुष पुं०/स्त्री० बहुवचन
5. अन्यपुरुष पुं० एकवचन
6. क. उत्तमपुरुष पुं० एकवचन
ख. अन्यपुरुष पुं० बहुवचन
7. अन्यपुरुष स्त्री० एकवचन
8. मध्यमपुरुष पुं०/स्त्री बहुवचन
9. अन्यपुरुष स्त्री० एकवचन
10. अन्यपुरुष पुं० एकवचन
11. अन्यपुरुष स्त्री० बहुवचन
12. अन्यपुरुष पुं० एकवचन
13. अन्यपुरुष पुं०/स्त्री एकवचन
14. अन्यपुरुष पुं० एकवचन

छब्बीसवाँ अभ्यास

1. राजा को निर्णय लेना है।
2. आपको मेरा काम करना होगा।
3. मुझे परीक्षा में बैठना होगा।
4. क. हमें समाचार सुनना है।
ख. हमें समाचार सुनने हैं।
5. उन्हें कहानी सुनानी होगी।
6. आपको हमारे साथ चलना था।
7. क. उसे मेरे घर आना है।
ख. उसे मेरे घर आना चाहिए।
8. क. आज उसे फुटबाल खेलना है।
ख. आज उसे फुटबाल खेलना चाहिए।
9. तुम्हें पुस्तक खरीदनी होगी।
10. आपको अपना नाम बताना होगा।
11. क. उन्हें गाड़ी स्वयं चलानी है।
ख. उन्हें गाड़ी स्वयं चलानी चाहिए।
12. हमें पेड़ काटने होंगे।

सत्ताइसवाँ अभ्यास

I. 1. विद्यालय कल खुलेगा।
2. शाम तक वर्षा होगी।
3. सुबह सूरज निकलेगा।
4. गाड़ी थोड़ी देर में चलेगी।

5. उनका पत्र आएगा।

6. हम उनका काम करेंगे।

7. (क) तुम कहाँ जाओगे ?
(ख) तुम कहाँ जाओगी ?

8. (क) आप कहाँ मिलेंगे ?
(ख) आप कहाँ मिलेंगी ?

9. (क) आप कैसे चलेंगे ?
(ख) आप कैसे चलेंगी ?

10. (क) कौन मशीन चलाएगा ?
(ख) कौन मशीन चलाएगी ?

11. (क) वह ताश खेलेगा।
(ख) वह ताश खेलेगी।

12. (क) मैं होटल में रहूँगा।
(ख) मैं होटल में रहूँगी।

13. (क) वह बच्चे को ढूँढ़ेगा।
(ख) वह बच्चे को ढूँढ़ेगी।

14. पिता जी कल आएँगे।

II. 1. क्या विद्यालय खुलेगा ?
– हाँ, विद्यालय खुलेगा।
– नहीं, विद्यालय कल नहीं खुलेगा।

(शेष सभी इसी प्रकार)

अठाइसवाँ अभ्यास

I.

	धातु	वह	मैं	तुम	वे	तू	आप	हम
1.	चल	चले	चलूँ	चलो	चलें	चल	चलें	चलें
2.	बैठ	बैठे	बैठूँ	बैठो	बैठें	बैठ	बैठें	बैठें
3.	खेल	खेले	खेलूँ	खेलो	खेलें	खेल	खेलें	खेलें
4.	सो	सोए	सोऊँ	सोओ	सोएँ	सो	सोएँ	सोएँ
5.	आ	आए	आऊँ	आओ	आएँ	आ	आएँ	आएँ
6.	जा	जाए	जाऊँ	जाओ	जाएँ	जा	जाएँ	जाएँ
7.	पढ़	पढ़े	पढ़ूँ	पढ़ो	पढ़ें	पढ़	पढ़ें	पढ़ें
8.	पढ़ा	पढ़ाए	पढ़ाऊँ	पढ़ाओ	पढ़ाएँ	पढ़ा	पढ़ाएँ	पढ़ाएँ
9.	देख	देखे	देखूँ	देखो	देखें	देख	देखें	देखें
10.	दिखा	दिखाए	दिखाऊँ	दिखाओ	दिखाएँ	दिखा	दिखाएँ	दिखाएँ
11.	उठ	उठे	उठूँ	उठो	उठें	उठ	उठें	उठें
12.	पिला	पिलाए	पिलाऊँ	पिलाओ	पिलाएँ	पिला	पिलाएँ	पिलाएँ
13.	नाच	नाचे	नाचूँ	नाचो	नाचें	नाच	नाचें	नाचें
14.	नचा	नचाए	नचाऊँ	नचाओ	नचाएँ	नचा	नचाएँ	नचाएँ
15.	सुन	सुने	सुनूँ	सुनो	सुनें	सुन	सुनें	सुनें
16.	सुना	सुनाए	सुनाऊँ	सुनाओ	सुनाएँ	सुना	सुनाएँ	सुनाएँ
17.	लिख	लिखे	लिखूँ	लिखो	लिखें	लिख	लिखें	लिखें
18.	लिखा	लिखाए	लिखाऊँ	लिखाओ	लिखाएँ	लिखा	लिखाएँ	लिखाएँ
19.	हँस	हँसे	हँसूँ	हँसो	हँसे	हँस	हँसे	हँसे
20.	हँसा	हँसाए	हँसाऊँ	हँसाओ	हँसाएँ	हँसा	हँसाएँ	हसाएँ
21.	कर	करे	करूँ	करो	करें	कर	करें	करें

सकर्मक – खेल, पढ़, पढ़ा, देख, दिखा, पिला, नचा, सुन, सुना, लिख, लिखा, हँसा और कर।

अकर्मक – चल, बैठ, खेल, सो, आ, जा, उठ, नाच और हँस।

उन्तीसवाँ अभ्यास

I. 1. आप यह पुस्तक पढ़ें।

2. मैं किससे मिलूँ ?

3. हम क्या काम करें ?

4. पहले आप मेरी बात सुनें।

5. वह पुस्तक लिखे।

6. वे काम अवश्य करें।

7. तुम अपना नाम यहाँ भरो।

8. तुम उनसे कुछ मत कहो।

9. पहले वह अपनी कविता सुनाए।

10. आप शांत रहें।

11. क्या मैं उन्हें पत्र भेजूँ ?

12. तू मेरे घर आ।

13. क्या मैं खेलने के लिए जाऊँ ?

14. वह सुबह जल्दी उठे।

15. क्या मैं खेलने के लिए जाऊँ ?

16. आज आप ही नाचें।

17. क्या हम चौकी पर बैठें ?

18. क्या मैं गाड़ी उस चौराहे पर रोकूँ ?

19. तुम थानेदार के पास जाओ।

20. सरकार इस नदी पर पुल बनाए।

II. 1. तू पुस्तक पढ़।

2. हम किससे मिलें।

3. मैं क्या करूँ ?

4. पहले तू मेरी बात सुन।

5. वे पुस्तक लिखें।

6. वह काम अवश्य करें।

7. तू अपना नाम यहाँ भर।

8. तू उनसे कुछ मत कह।

9. पहले वे अपनी कविता सुनाएँ।

10. तू शांत रह।

11. क्या हम उन्हें पत्र भेजें ?

12. तुम मेरे घर आओ। आप मेरे घर आएँ/आइए/आवें।

13. क्या हम खेलने के लिए जाएँ / जावें ?

14. वे सुबह जल्दी उठें।
15. क्या हम आपके लिए खाना बनाए ?
16. आज तू ही नाच।
17. क्या मैं चौकी पर बैठूँ।
18. क्या हम गाड़ी उस चौराहे पर रोकें ?
19. तू थानेदार के पास जा।
20. सरकारें इस नदी पर पुल बनाएँ।

तीसवाँ अभ्यास

1. वर्त. संकेतार्थ – यदि डाकिया आए तो चिट्ठी लाए।
भूत संकेतार्थ – यदि डाकिया आता तो चिट्ठी लाता।
भविष्य संकेतार्थ – यदि डाकिया आया तो चिट्ठी लाएगा।
2. वर्त. संकेतार्थ – यदि वह पुस्तक खरीदे तो कुछ पढ़े भी।
भूत संकेतार्थ – यदि वह पुस्तक खरीदता तो कुछ पढ़ता भी।
भविष्य संकेतार्थ –यदि उसने पुस्तक खरीदी तो कुछ पढ़ेगा भी।
3. वर्त. संकेतार्थ – यदि सर्दी पड़े तो हम गर्म कपड़े निकालें।
भूत संकेतार्थ – यदि सर्दी पड़ती तो हम गर्म कपड़े निकालते।
भविष्य संकेतार्थ – यदि सर्दी पड़ी तो हम गर्म कपड़े निकालेंगे।
4. वर्त. संकेतार्थ – यदि पत्र आए तो वह उत्तर भेजे।
भूत संकेतार्थ – यदि पत्र आता तो वह उत्तर भेजता।
भविष्य संकेतार्थ – यदि पत्र आया तो वह उत्तर भेजेगा।
5. वर्त. संकेतार्थ – यदि तुम साइकिल से जाओ तो वहाँ जल्दी पहुँचो।
भूत संकेतार्थ –यदि तुम साइकिल से जाते तो वहाँ जल्दी पहुँचते।
भविष्य संकेतार्थ – यदि तुम साइकिल से गये तो वहाँ जल्दी पहुँचोगे।
6. वर्त. संकेतार्थ – यदि हम खीर बनाएँ तो हम उन्हें भी खिलाएँ।
भूत संकेतार्थ – यदि हम खीर बनाते तो हम उन्हें भी खिलाते।
भविष्य संकेतार्थ – यदि हमने खीर बनाई तो हम उन्हें भी खिलाएँगें।
7. वर्त. संकेतार्थ – यदि वर्षा हो तो फसल भी हो।
भूत संकेतार्थ – यदि वर्षा होती तो फसल भी होती।
भविष्य संकेतार्थ – यदि वर्षा हुई तो फसल भी होगी।
8. वर्त. संकेतार्थ – यदि आप भोजन करें तो मैं कुछ बनाऊँ।
भूत संकेतार्थ – यदि आप भोजन करते तो मैं कुछ बनाता/बनाती।
भविष्य संकेतार्थ – यदि आपने भोजन किया तो मैं कुछ बनाऊँगा/बनाऊँगी।
9. वर्त. संकेतार्थ – यदि वह उपन्यास लिखे तो वह पुरस्कृत भी हो।
भूत संकेतार्थ – यदि वह उपन्यास लिखता तो वह पुरस्कृत भी होता।
भविष्य संकेतार्थ – यदि उसने उपन्यास लिखा तो वह पुरस्कृत भी होगा।
10. वर्त. संकेतार्थ – यदि मैं वहाँ जाऊँ तो उनका हाल पूछूँ।
भूत संकेतार्थ – यदि मैं वहाँ जाता तो उनका हाल पूछता।
भविष्य संकेतार्थ – यदि मैं वहाँ गया तो उनका पूछूँगा।
11. वर्त. संकेतार्थ – यदि वह चश्मा पहने तो उसे दिखाई दे।
भूत संकेतार्थ – यदि वह चश्मा पहनता तो उसे दिखाई देता।
भविष्य संकेतार्थ – यदि उसने चश्मा पहना तो उसे दिखाई देगा।

इकतीसवाँ अभ्यास

1. वह गुणी है। अन्यपुरुष पुं. एकवचन
2. आप कौन हैं ? मध्यमपुरुष पुं./स्त्री. आदरार्थक बहुवचन
3. तुम कहाँ हो ? मध्यमपुरुष पुं./स्त्री. बहुवचन
4. मैं इधर हूँ। उत्तमपुरुष पुं./स्त्री. एकवचन
5. हम जादूगर हैं। उत्तमपुरुष पुं./स्त्री. बहुवचन
6. लड़की सयानी है। अन्यपुरुष स्त्री. एकवचन
7. लड़कियाँ चतुर हैं। अन्यपुरुष स्त्री. बहुवचन
8. तू मेरी बहन है। मध्यमपुरुष स्त्री. एकवचन
9. वे उसके मित्र हैं। अन्यपुरुष पुं. बहुवचन
10. आपका घर कहाँ है ? अन्यपुरुष पुं. एकवचन
11. उसका नाम क्या है ? अन्यपुरुष पुं. एकवचन
12. लड़के की उम्र क्या है ? अन्यपुरुष स्त्री. एकवचन
13. लड़का बीस बरस का है। अन्यपुरुष पुं. एकवचन
14. आपके भाई कहाँ हैं ? अन्यपुरुष पुं. बहुवचन
15. मेरे भाई दिल्ली में हैं। अन्यपुरुष पुं. बहुवचन
16. मंदिर किधर है ? अन्यपुरुष पुं. एकवचन
17. मंदिर घाट पर है। अन्यपुरुष पुं. एकवचन
18. पौधा सूखा है। अन्यपुरुष पुं. एकवचन
19. पौधे सूखे हैं। अन्यपुरुष पुं. बहुवचन
20. लता हरी है। अन्यपुरुष स्त्री. एकवचन
21. लताएँ हरी हैं। अन्यपुरुष स्त्री. बहुवचन
22. माता जी यहाँ हैं। अन्यपुरुष स्त्री. आदरार्थक बहुवचन
23. पिता जी अभी वहीं हैं। अन्यपुरुष पुं. आदरार्थक बहुवचन

बत्तीसवाँ अभ्यास

1. लड़का इंजीनियर था। अन्यपुरुष पुं. एकवचन
2. लड़की वकील थी। अन्यपुरुष स्त्री. एकवचन
3. पुस्तक चौकी पर थी। अन्यपुरुष स्त्री. एकवचन
4. ताली अलमारी में थी। अन्यपुरुष स्त्री. एकवचन
5. पुस्तकें दुकान में थीं। अन्यपुरुष स्त्री. बहुवचन
6. तालियाँ जेब में थीं। अन्यपुरुष स्त्री. बहुवचन
7. लड़के छत पर थे। अन्यपुरुष पुं. बहुवचन
8. लड़कियाँ छत पर थीं। अन्यपुरुष स्त्री. बहुवचन
9. (क) मजदूर बीमार था। अन्यपुरुष पुं. एकवचन
(ख) मजदूर बीमार थे। अन्यपुरुष पुं. बहुवचन
10. किसान चतुर था। अन्यपुरुष पुं. एकवचन
11. मेरी पत्नी चिंतित थी। अन्यपुरुष स्त्री. एकवचन
12. उनके भाई जेल में थे। अन्यपुरुष पुं. बहुवचन

13. मेरे मित्र सकुशल थे। अन्यपुरुष पुं. बहुवचन
14. तू अस्पताल में थी। मध्यमपुरुष स्त्री. एकवचन
15. नर्सें दवाखाने में थीं। अन्यपुरुष स्त्री. बहुवचन
16. (क) पुस्तक में चित्र था। अन्यपुरुष पुं. एकवचन
(ख) पुस्तक में चित्र थे। अन्यपुरुष पुं. बहुवचन
17. उस पुस्तक में कविताएँ थीं। अन्यपुरुष स्त्री. बहुवचन
18. तुम कहाँ थे ? मध्यमपुरुष पुं. बहुवचन
19. कई सिनेमाघर पास थे। अन्यपुरुष पुं. बहुवचन
20. दफ्तर बंद था। अन्यपुरुष पुं. एकवचन
21. गाड़ियाँ खड़ी थीं। अन्यपुरुष स्त्री. बहुवचन
22. अभिनेत्री सुंदर थी। अन्यपुरुष स्त्री. एकवचन

तैंतीसवाँ अभ्यास

1. यह लड़का अध्यापक होगा। अन्यपुरुष पुं. एकवचन
2. वह लड़की नर्स होगी। अन्यपुरुष स्त्री. एकवचन
3. वह विद्यार्थी डॉक्टर होगा। अन्यपुरुष पुं. एकवचन
4. कल सोमवार होगा। अन्यपुरुष पुं. एकवचन
5. वे कन्याएँ भावी नागरिक होंगी। अन्यपुरुष स्त्री. बहुवचन
6. कलाम हमारे राष्ट्रपति होंगे। अन्यपुरुष पुं. आदरार्थक बहु.
7. पिता जी दफ्तर में होंगे। अन्यपुरुष पुं. आदरार्थक बहुवचन
8. माँ रसोई में होगी। अन्यपुरुष स्त्री. एकवचन
9. दोनों बहनें सिनेमा में होंगी। अन्यपुरुष स्त्री. बहुवचन
10. पुस्तक पाठ्यक्रम में होगी। अन्यपुरुष स्त्री. एकवचन
11. बटुआ जेब में होगा। अन्यपुरुष पुं. एकवचन
12. प्लेटें मेज पर होंगी। अन्यपुरुष स्त्री. बहुवचन
13. कल हमारा हवाई जहाज आकाश में होगा।
अन्यपुरुष पुं. एकवचन
14. उसकी जेब में सामान होगा। अन्यपुरुष पुं. एकवचन
15. रात को आकाश में तारे होंगे। अन्यपुरुष पुं. बहुवचन
16. कल वर्षा होगी। अन्यपुरुष स्त्री. एकवचन
17. रैली मैदान में होगी। अन्यपुरुष स्त्री. एकवचन
18. अपराधी को फाँसी होगी। अन्यपुरुष स्त्री. एकवचन
19. उनको हमारा ध्यान होगा। अन्यपुरुष पुं. एकवचन
20. कल आपके दर्शन होंगे। अन्यपुरुष पुं. बहुवचन
21. दुकानदार के पास नई पुस्तकें होंगी। अन्यपुरुष स्त्री. बहु.
22. उसकी जेब में रुपए होंगे। अन्यपुरुष पुं. बहुवचन

चौंतीसवाँ अभ्यास

I. 1. तुम विजयी हो।
2. आप सफल हों।
3. वह समर्थ हो।
4. लड़का जीवित हो।
5. देश समृद्ध हो।
6. शायद वह आता हो।
7. शायद उसे जाना हो।
8. शायद तुम भी वहाँ पहुँचे हो।
9. शायद उनको मेरा पता मालूम हो।
10. शायद वे खेलना चाहते हों।
11. शायद वे खेलना चाहती हों।
12. शायद उस समय हम पढ़ते हों।
13. कदाचित् वह यह बात जानता हो।
14. कदाचित् तब तक हमारे घर भी बने हों।
15. शायद अब नल में पानी आ रहा हो।
16. शायद वहाँ भी बिजली की कटौती होती हो।
17. पहले आस्मान तो साफ हो।
18. संभव है कि वहाँ गाड़ी जाती हो।
19. शायद घर में मेहमान आए हों।
20. शायद वे लोग अभी वहीं हों।

II. 1. क. पढ़ता हूँ – सामान्य वर्तमान, उत्तमपुरुष, पुंलिंग, एकवचन
ख. जाती है – सामान्य वर्तमान, अन्यपुरुष, स्त्रीलिंग, एकवचन
2. क. पढ़ी – सामान्य भूत, अन्यपुरुष, स्त्रीलिंग, एकवचन
ख. गए –सामान्यभूत, मध्यमपुरुष, पुंलिंग, बहुवचन
3. क. पढ़ रहा था – तात्कालिक भूत, अन्यपुरुष, पुंलिंग, एकवचन
ख. गए थे – पूर्ण भूत, मध्यमपुरुष, पुंलिंग, बहुवचन
4. क. गया – सामान्य भूत, अन्यपुरुष, पुंलिंग, एकवचन
ख. पढ़ी – सामान्य भूत, अन्यपुरुष, स्त्रीलिंग, एकवचन
5. क. पढ़ना है – वर्तमान आवश्यकताबोधक, अन्यपुरुष, पुंलिंग, एकवचन
ख. जाना है – वर्तमान आवयश्कताबोधक, अन्यपुरुष, पुंलिंग, एकवचन
6. क. पढ़ते हैं – अपूर्णभूत, मध्यमपुरुष, पुंलिंग, बहुवचन
ख. जाता था – अपूर्णभूत, अन्यपुरुष, पुंलिंग, एकवचन
7. क. जाए – विध्यर्थ, अन्यपुरुष, उभयलिंग, एकवचन
ख. पढ़ूँ – विध्यर्थ, उत्तमपुरुष, उभयलिंग, एकवचन
8. क. गया होगा – संदिग्ध भूत, अन्यपुरुष, पुंलिंग, एकवचन
ख. पढ़ती होगी – संदिग्ध वर्तमान, अन्यपुरुष, स्त्रीलिंग, एकवचन

छत्तीसवाँ अभ्यास

1. क. होगा – सामान्य वर्तमान
   ख. जन्माष्टमी उत्सव – संज्ञापदबंध, पुंलिंग, एकवचन, अन्यपुरुष
2. क. हुआ – सामान्य भूतकाल
   ख. वह – सर्वनामपद, पुंलिंग, एकवचन, अन्यपुरुष
3. क. लटका होगा – संदिग्ध भूतकाल
   ख. ताला – संज्ञापद, पुंलिंग, एकवचन, अन्यपुरुष
4. क. हुई – सामान्य भूतकाल
   ख. फाँसी – संज्ञापद, स्त्रीलिंग, एकवचन, अन्यपुरुष
5. क. होता है – सामान्य वर्तमान
   ख. स्वागत – संज्ञापद पुंलिंग, एकवचन, अन्यपुरुष
6. क. होती थी – अपूर्ण भूतकाल
   ख. दुकान – संज्ञापद स्त्रीलिंग, एकवचन, अन्यपुरुष
7. क. होगी – सामान्य भविष्यकाल
   ख. कमाई – संज्ञापद स्त्रीलिंग, एकवचन, अन्यपुरुष
8. क. होंगे – सामान्य भविष्यकाल
   ख. मित्र – संज्ञापद, पुंलिंग, बहुवचन, अन्यपुरुष
9. क. हुआ – सामान्य भूत
   ख. सवेरा – संज्ञापद पुंलिंग, एकवचन, अन्यपुरुष
10. क. होगी – सामान्य भविष्यकाल
    ख. देर – संज्ञापद, स्त्रीलिंग, एकवचन, अन्यपुरुष
11. क. हो – विध्यर्थ
    ख. उम्र – संज्ञापद स्त्रीलिंग, एकवचन, अन्यपुरुष
12. क. (१) हों – संभाव्य वर्तमान
    (२) भेजें – विध्यर्थ
    ख. पुस्तकें – संज्ञापद स्त्रीलिंग, बहुवचन, अन्यपुरुष
13. क. हुई थी – पूर्ण भूतकाल
    ख. बरसात – संज्ञापद, स्त्रीलिंग, एकवचन, अन्यपुरुष
14. क. हुआ – सामान्य भूतकाल
    ख. संतोष – संज्ञापद, पुंलिंग, एकवचन, अन्यपुरुष
15. क. हुए – सामान्य भूतकाल
    ख. समाचार – संज्ञापद, पुंलिंग, बहुवचन, अन्यपुरुष
16. क. हुआ – सामान्य भूतकाल
    ख. दुख – संज्ञापद, पुंलिंग, एकवचन, अन्यपुरुष

सैंतीसवाँ अभ्यास

1. क. करता था – अपूर्ण भूतकाल
   ख. अन्यपुरुष, पुंलिंग, एकवचन
2. क. किया – सामान्य भूतकाल
   ख. अन्यपुरुष, पुंलिंग, एकवचन
3. क. करेंगे – सामान्य भविष्यकाल
   ख. उत्तमपुरुष, पुंलिंग, एकवचन
4. क. करती हैं – सामान्य वर्तमान
   ख. अन्यपुरुष, स्त्रीलिंग, बहुवचन
5. क. करना – विध्यर्थ
   ख. मध्यमपुरुष, उभयलिंग, बहुवचन
6. क. करेगी – सामान्य भविष्यकाल
   ख. अन्यपुरुष, स्त्रीलिंग, एकवचन
7. क. करूँगा – सामान्य भविष्यकाल
   ख. उत्तमपुरुष, पुंलिंग, एकवचन
8. क. किया – सामान्य भूतकाल
   ख. अन्यपुरुष, पुंलिंग, एकवचन
9. क. करें – विध्यर्थ
   ख. मध्यमपुरुष, उभयलिंग, बहुवचन
10. क. करो – विध्यर्थ
    ख. मध्यमपुरुष, उभयलिंग, बहुवचन
11. क. करना होगा – संदिग्ध आवश्यकताबोधक वर्तमानकाल
    ख. अन्यपुरुष, पुंलिंग, एकवचन
12. क. करें – विध्यर्थ
    ख. मध्यमपुरुष, उभयलिंग, बहुवचन
13. क. कर – विध्यर्थ
    ख. मध्यमपुरुष, उभयलिंग, एकवचन
14. क. कर रहा हूँ – तात्कालिक वर्तमानकाल
    ख. उत्तमपुरुष, पुंलिंग, एकवचन
15. क. की – सामान्य भूतकाल
    ख. अन्यपुरुष, स्त्रीलिंग, एकवचन
16. क. किया हो – संभाव्य भूतकाल
    ख. अन्यपुरुष, पुंलिंग, एकवचन

अड़तीसवाँ अभ्यास

1. क. देखना – मुख्यक्रिया, रहना – तात्कालिक क्रिया,
   है – सहक्रिया
   ख. तात्कालिक वर्तमान काल – अन्यपुरुष, पुंलिंग, एकवचन
2. क. खेलना – मुख्यक्रिया, रहना – संयोज्य क्रिया,
   है–सहक्रिया
   ख. सामान्य वर्तमानकाल – अन्यपुरुष, पुंलिंग, एकवचन
3. क. करना – मुख्य क्रिया, लेना – संयोज्य क्रिया
   ख. विध्यर्थ, मध्यमपुरुष, उभलिंग, एकवचन

4. क. जाना – मुख्य क्रिया, सकना – संयोज्य क्रिया,
   थे – सहक्रिया
   ख. अपूर्ण भूतकाल, मध्यमपुरुष, पुंलिंग, बहुवचन
5. क. रहना – मुख्यक्रिया, रहना – तात्कालिक क्रिया,
   हूँ – संयोज्य क्रिया
   ख. तात्कालिक वर्तमान, मध्यमपुरुष, पुंलिंग, एकवचन
6. क. चलना – मुख्य क्रिया, जाना – संयोज्य क्रिया,
   थी – सहक्रिया
   ख. पूर्ण भूतकाल, अन्यपुरुष, स्त्रीलिंग, एकवचन
7. क. पढ़ना – मुख्य क्रिया, चाहिए – संयोज्य क्रिया,
   ख. आवश्कताबोधक भविष्यकाल, अन्यपुरुष,
   उभयलिंग, एकवचन
8. क. सुनाना – मुख्य क्रिया, होगा – सहक्रिया
   ख. आवश्यकताबोधक भविष्यकाल, अन्यपुरुष,
   उभयलिंग, एकवचन
9. क. निकलना – मुख्य क्रिया, रहना – तात्कालिक क्रिया,
   होगा – सहक्रिया
   ख. संदिग्ध वर्तमान काल, अन्यपुरुष, पुंलिंग, एकवचन
10. क. चमकना – मुख्य क्रिया, रहना – तात्कालिक क्रिया,
   थे – सहक्रिया
   ख. तात्कालिक भूतकाल, अन्यपुरुष, पुंलिंग, बहुवचन
11. क. जगाना – मुख्य क्रिया, देना – संयोज्य क्रिया,
   था – सहक्रिया
   ख. पूर्णभूतकाल, अन्यपुरुष, पुंलिंग, एकवचन
12. क. बैठाना – मुख्य क्रिया, रखना – संयोज्य क्रिया,
   है – सहक्रिया
   ख. आसन्नभूतकाल, अन्यपुरुष, पुंलिंग, एकवचन
13. क. खेलना – मुख्य क्रिया, सकना – संयोज्य क्रिया,
   है – सहक्रिया
   ख. सामान्य वर्तमानकाल, उत्तमपुरुष, पुंलिंग, बहुवचन
14. क. करना – मुख्य क्रिया, रहना – तात्कालिक क्रिया,
   होंगे – सहक्रिया
   ख. तात्कालिक संदिग्ध वर्तमानकाल, अन्यपुरुष, पुंलिंग,
   बहुवचन
15. क. करना – मुख्य क्रिया, लेना – संयोज्य क्रिया,
   हो – सहायक क्रिया
   ख. संभाव्य भूतकाल, अन्यपुरुष, पुंलिंग, एकवचन

उन्तालीसवाँ अभ्यास

I. 1. मैं पत्र लिख सकता हूँ।
2. वह काम कर सकेगा।
3. वे यहाँ आ सकते हैं।
4. आप कहाँ रह सकते हैं ?
5. (क) वह मेरी बात सुन सका।
   (ख) वह मेरी बात सुन सकी।
6. तू पढ़ सकता था।
7. (क) आप घर कहाँ बना सके ?
   (ख) आप घर कहाँ बना सकीं ?
8. अब वह भाषण दे सकेगा।
9. वह कमरे में सफाई कर सकती है।
10. (क) हम एक पुस्तक लिख सके।
   (ख) हम एक पुस्तक लिख सकीं।
11. (क) मैं परीक्षा दे सका।
   (ख) मैं परीक्षा दे सकी।
12. लड़कियाँ कार चला सकती थीं।

II. 1. (क) हाँ, आप पत्र लिख सकते हैं।
   (ख) नहीं, आप पत्र नहीं लिख सकते।
2. (क) हाँ, वे काम कर सकेंगे।
   (ख) नहीं, वे काम नहीं कर सकेंगे।
3. (क) हाँ, वह मकान बना सका।
   (ख) नहीं, वह मकान नहीं बना सका।
4. (क) हाँ, वह परीक्षा दे सकेगा।
   (ख) नहीं, वह परीक्षा नहीं दे सकेगा।
5. (क) हाँ, मैं आपको बात सुन सका।
   (ख) नहीं, मैं आपकी बात नहीं सुन सका।

चालीसवाँ अभ्यास

I. 1. वह भोजन कर चुकता है।
2. मैं फिल्म देख चुका हूँ / देख चुकी हूँ।
3. वह मुझसे बात कर चुका है / कर चुकी है।
4. मैं उसके घर जा चुका हूँ।
5. उनका नया मकान बन चुका था।
6. गाड़ी आ चुकी थी।
7. बादल बरस चुके हैं।
8. चाँद निकल चुका होगा।
9. बात खत्म हो चुकी।
10. बस सुबह आठ बजे जा चुकी है।
11. भोजन मेज पर लग चुका है।
12. लड़कियाँ कॉलेज में पहुँच चुकी हैं।

II. 1. (क) हाँ, मैं भोजन कर चुका हूँ।

(ख) नहीं, मैंने भोजन नहीं किया।
(हैं सहक्रिया का लोप हुआ है।)
2. (क) हाँ, वह फिल्म देख चुकी है।
(ख) नहीं, उसने फिल्म नहीं देखी।
3. (क) हाँ, मैं उसके घर जा चुकी हूँ।
(ख) नहीं, मैं उसके घर नहीं गई
4. (क) हाँ, उस समय दस बज चुके थे।
(ख) नहीं, उस समय दस नहीं बजे थे।
5. (क) हाँ, गाड़ी आ चुकी होगी।
(ख) नहीं, गाड़ी नहीं आई होगी।

इकतालीसवाँ अभ्यास

I. 1. बच्चा गिर पड़ता है।
2. वह एकाएक उठ पड़ता है।
3. घड़ी चल पड़ी।
4. आकाश में चाँद निकल पड़ा।
5. पेड़ से फल गिर पड़ते हैं।
6. बच्ची बोल पड़ती है।
7. वह सुबह-सुबह उठ पड़ा।
8. मुझे वहाँ दस वर्ष बिताने पड़े।

II. 1. उसके मुँह पर थप्पड़ पड़ा।
2. अध्यापक को विद्यार्थी से कहना पड़ेगा।
3. वह सोच में पड़ा था।
4. हमें यह मकान तीन लाख में पड़ा है।
5. बेटा बाप पर पड़ा होगा।

III. 1. क. हाँ, लड़की गिर पड़ती है।
ख. नहीं, लड़की नहीं गिरती।
2. क. हाँ, गाड़ी चल पड़ी।
ख. नहीं, गाड़ी नहीं चली।
3. क. हाँ, माँद में शेर निकल पड़ेगा।
ख. नहीं, माँद से शेर नहीं निकलेगा।
4. क. हाँ, उससे यह काम बन पड़ा।
ख. नहीं, उससे यह काम नहीं बना।

बयालीसवाँ अभ्यास

1. क. हाँ, लड़का घर आ जाता है।
ख. नहीं, लड़का घर नहीं आता।
2. क. हाँ, बच्चे सो गए।
ख. नहीं, बच्चे नहीं सोए।
3. क. हाँ, बारह बज गए।
ख. नहीं, बारह नहीं बजे।
4. क. हाँ, वह हमारा घर देख जाएगा।
ख. नहीं, वह हमारा घर नहीं देखेगा।
5. क. हाँ, लड़का शिक्षित हो जाएगा।
ख. नहीं, लड़का शिक्षित नहीं होगा।
6. क. हाँ, गली में डाकू आ गए हैं।
ख. नहीं, गली में डाकू नहीं आए।
7. क. हाँ, वह आपका काम कर जाएगा।
ख. नहीं, वह आपका काम नहीं करेगा।
8. क. हाँ, उनका मकान भूकंप से गिर गया।
ख. नहीं, उनका मकान भूकंप से नहीं गिरा।
9. क. हाँ, सारा शहर खाली हो जाता है।
ख. नहीं, सारा शहर खाली नहीं होता।
10. क. हाँ, अगले वर्ष तक सड़कें बन जाएँगी।
ख. नहीं, अगले वर्ष तक सड़कें नहीं बनेंगी।
11. क. हाँ, पुस्तक प्रकाशित हो गई है।
ख. नहीं, पुस्तक प्रकाशित नहीं हुई।
12. क. हाँ, अभी बाजार बंद हो जाएगा।
ख. नहीं, अभी बाजार बंद नहीं होगा।

तैंतालीसवाँ अभ्यास

1. क. वह हल जोतता होता है।
ख. सामान्य वर्तमान
2. क. वह मिठाई बाँटती होती है।
ख. सामान्य वर्तमान
3. क. वह साइकिल चलाती होती थी।
ख. अपूर्ण भूतकाल
4. क. उसे पुस्तक खरीदनी होती थी।
ख. अपूर्ण भूतकाल
5. क. मुझे घर बनाना होता है।
ख. सामान्य वर्तमानकाल
6. क. वह मुझे पत्र लिखता होता।
ख. सामान्य भूतकाल
7. क. वह पत्र लिखता होता तो आज ऐसी स्थिति न आती।
ख. सामान्य भूतकाल
8. क. यदि उसे काम करना होता तो यहीं रहता।
ख. संकेतार्थ भूतकाल
9. क. यदि वह धन कमाती होती तो आज सुखी होती।
ख. संकेतार्थ भूतकाल
10. क. यदि मैं पढ़ता होता तो आज विद्वान होता।

ख. संकेतार्थ भूतकाल

11. क. मैं जब उसके घर जाता वह रेडियो सुनती होती।

ख. सामान्य भूतकाल

12. क. यदि वे काशी आते तो हमसे मिले होते।

ख. संकेतार्थ भूतकाल

चौवालीसवाँ अभ्यास

1. क. हाँ, बालक विद्यालय जाने लगता है।

ख. नहीं, बालक विद्यालय नहीं जाता।

ग. नहीं, बालक विद्यालय नहीं जाने लगता।

2. क. हाँ, वह दफ्तर जाने लगी थी।

ख. नहीं, वह दफ्तर नहीं गई थी।

ग. नहीं, वह दफ्तर नहीं जाने लगी थी।

3. क. हाँ, सूरज ढलने लगा है।

ख. नहीं, सूरज नहीं ढला।

ग. नहीं, सूरज नहीं ढलने लगा।

4. क. हाँ, धन की कमी होने लगी है।

ख. नहीं, धन की कमी नहीं हुई।

ग. नहीं, धन की कमी नहीं होने लगी।

5. क. हाँ, बच्ची बात करने लगी थी।

ख. नहीं, बच्ची ने बात नहीं की।

ग. नहीं, बच्ची बात नहीं करने लगी।

6. क. हाँ, माँ कहानी सुनाने लगी है।

ख. नहीं, माँ ने कहानी नहीं सुनाई।

ग. नहीं, माँ कहानी नहीं सुनाने लगी।

7. क. हाँ, उसे बुढ़ापा आने लगा है।

ख. नहीं, उसे बुढ़ापा नहीं आया।

ग. नहीं, उसे बुढ़ापा नहीं आने लगा।

8. क. हाँ, उनकी बातों से उसे दुख होने लगता है।

ख. नहीं, उनकी बातों से उसे दुख नहीं होता।

ग. नहीं, उनकी बातों से उसे दुख नहीं होने लगता।

9. क. हाँ, वह अपना ब्याह रचाने लगा था।

ख. नहीं, उसने अपना ब्याह नहीं रचाया था।

ग. नहीं, वह अपना ब्याह नहीं रचाने लगा था।

10. क. हाँ, मैं दवा लेने लगा हूँ।

ख. नहीं, मैंने दवा नहीं ली।

ग. नहीं, मैं दवा लेने नहीं लगा।

पैंतालीसवाँ अभ्यास

I. 1. क. मैं खेलता हूँ।

ख. मैं खेलता रहा हूँ।

ग. मुझको/मुझे खेलते रहना है।

2. क. तुम पुस्तक पढ़ते रहते हो।

ख. तुम पुस्तक पढ़ते रहे हो।

ग. तुमको/तुम्हें पुस्तक पढ़ते रहना है।

3. क. वे बल्ले खरीदे रहते हैं।

ख. उन्होंने बल्ले खरीदे रहे।

ग. उनको/उन्हें बल्ले खरीदे रहना था।

4. क. समाचार आते रहते हैं।

ख. समाचार आते रहे हैं।

ग. समाचारों को आते रहना है।

5. क. गाएँ घास चरती रहती थीं।

ख. गाएँ घास चरती रही थीं।

ग. गायों को घास चरते रहना था।

6. क. वह काम करता रहे।

ख. वह काम किया रहे।

ग. उसको/उसे काम करना रहे।

II. 1. क. उसे पत्र लिखते रहना है।

ख. उसे पत्र लिखे रहना है।

2. क. उसे गाड़ी चलाते रहना है।

ख. उसे गाड़ी चलाए रहना है।

3. क. स्त्रियों को गीत गाते रहना होगा।

ख. स्त्रियों को गीत गाए रहना होगा।

4. क. उसे तीर चलाते रहना था।

ख. उसे तीर चलाए रहना था।

5. क. उसे तंबू तानते रहना होगा।

ख. उसे तंबू ताने रहना होगा।

6. क. उन्हें बातें करते रहना है।

ख. उन्हें बातें किए रहना है।

7. क. हमें पतंगें उड़ाते रहना था।

ख. हमें पतंगे उड़ाए रहना था।

छियालीसवाँ अभ्यास

1. लड़का खेला करता है।
2. मैं रात में काम सीखा करता हूँ।
3. वह सपने बुना करती थी।
4. हम घर में फिल्में देखा करते हैं।
5. वे साहित्यिक संस्था चलाया करते हैं।
6. आप रात को दरवाजा बंद किया करें।
7. तुम अपनी डायरी स्वयं लिखा करो।

8. वे हमारे यहाँ आया करते थे।
9. आप कुछ देर चुप भी रहा करें।
10. वे गैस का चूल्हा नहीं जलाया करते।
11. वह शाम को नहाया करता है।
12. लड़कियाँ गुब्बारे खरीदा करती होंगी।
13. ये छात्राएँ कॉलेज में पढ़ा करती थीं।
14. घड़ी में चाबी न दिया करें।
15. भगवान को नमस्कार किया करो।
16. वह चश्मा लगाया करती है।
17. हर शनिवार को वह घर जाया करता है।
18. मैं घर जाया करूँगी।
19. आप घर जाया करें।
20. तुम वहाँ मत जाया करो।
21. वह उन्हें गीता नहीं पढ़ाया करता था।
22. शोभा विद्यालय में हिंदी पढ़ा करती होगी।

सैंतालीसवाँ अभ्यास

1. वह न्याय कर देता है।
2. वह बंदूक चला देती है।
3. उन्होंने तोप छोड़ दी।
4. वह पूरियाँ तल देगी।
5. लड़का कंप्यूटर चला देता है।
6. आप चित्र बना दें।
7. उसने भोजन की थाली परोस दी।
8. मैंने कई मंच सजा दिए हैं।
9. हमने गाय को खूँटे से बाँध दिया था।
10. क्या आपने मकान बेच दिया है ?
11. माँ, तुम आज परॉठा बना दो।
12. आप उसे कुछ खाने को दे दें।
13. उन्होंने हिंदी कोश की रचना कर दी है।
14. उसने खाता तैयार कर दिया था।
15. अध्यापक ने हमें छुट्टी दे दी।
16. उसने माँ को दवा पिला दी।
17. मेरे मित्र ने अपनी लड़की का ब्याह कल कर दिया।
18. उसने अपनी कारीगरी दिखा दी।
19. तुमने क्यों हस्ताक्षर कर दिए ?
20. आपने यह क्या लिख दिया ?
21. क्या आपने चाय में चीनी मिला दी है ?
22. क्या वह स्कूटर खरीद लेगा ?

अड़तालीसवाँ अभ्यास

1. क. हाँ, वह मुझे अंदर आने देगा।
   ख. नहीं, वह मुझे अंदर नहीं आने देगा।
2. क. हाँ, अध्यापिका मुझे पढ़ने देती है।
   ख. नहीं, अध्यापिका मुझे नहीं पढ़ने देती।
3. क. हाँ, तुम उसे घर जाने दो।
   ख. नहीं, तुम उसे घर मत जाने दो।
4. क. हाँ, मैं बच्चे को खेलने देता था।
   ख. नहीं, मैं बच्चे को नहीं खेलने देता था।
5. क. हाँ, उसने मेरी घड़ी बना दी।
   ख. नहीं, उसने मेरी घड़ी नहीं बनाई।
6. क. हाँ, उसने मेरे लिए पुस्तक लिख दी।
   ख. नहीं, उसने मेरे लिए पुस्तक नहीं लिखी।
7. क. हाँ, वह आपका काम कर देगा।
   ख. नहीं, वह आपका काम नहीं करेगा।
8. क. हाँ, मच्छरों ने उसे रात को सोने दिया।
   ख. नहीं, मच्छरों ने उसे रात को नहीं सोने दिया।
9. क. हाँ, माँ ने बच्चे को स्कूल भेज दिया।
   ख. नहीं, माँ ने बच्चे को स्कूल नहीं भेजा।
10. क. हाँ, आप अपनी जान दे दें।
    ख. नहीं, आप अपनी जान न दें।
11. क. हाँ, उन्होंने घर जलने दिए।
    ख. नहीं, उन्होंने घर नहीं जलने दिए।
12. क. हाँ, तुम इस गरीब को मरने दो।
    ख. नहीं, तुम इस गरीब को मत मरने दो।
13. क. हाँ, मैं बेटी को गाड़ी चलाने दूँगा।
    ख. नहीं, मैं बेटी को गाड़ी नहीं चलाने दूँगा।
14. क. हाँ, वह चित्र बना देगी।
    ख. नहीं, वह चित्र नहीं बनाएगी।
15. क. हाँ, उसने मुझे सोचने का समय दिया था।
    ख. नहीं, उसने मुझे सोचने का समय नहीं दिया था।
16. क. हाँ, मैंने चाय प्याले में डाल दी।
    ख. नहीं, मैंने चाय प्याले में नहीं डाली।

उन्चासवाँ अभ्यास

1. क. हाँ, वह हिंदी पढ़ लेता है।
   ख. नहीं, वह हिंदी नहीं पढ़ता।
   ग. नहीं, वह हिंदी नहीं पढ़ सकता।
2. क. हाँ, मैं अंग्रेजी लिख लेता हूँ।

ख. नहीं, मैं अंग्रेजी नहीं लिखता।
ग. नहीं, मैं अंग्रेजी नहीं लिख सकता।
3. क. हाँ, यह बच्चा अपने कपड़े पहन लेता है।
ख. नहीं, यह बच्चा अपने कपड़े नहीं पहनता।
ग. नहीं, यह बच्चा अपने कपड़े नहीं पहन सकता।
4. क. हाँ, मैंने आपका पत्र पढ़ लिया।
ख. नहीं, मैंने आपका पत्र नहीं पढ़ा।
ग. नहीं, मैं आपका पत्र नहीं पढ़ सका।
5. क. हाँ, लड़की पिता की प्रार्थना स्वीकार कर लेगी।
ख. नहीं, लड़की पिता की प्रार्थना नहीं स्वीकार करेगी।
ग. नहीं, लड़की पिता की प्रार्थना नहीं स्वीकार कर सकेगी।
6. क. हाँ, मैं पतंग उड़ा लूँगा।
ख. नहीं, मैं पतंग नहीं उड़ाऊँगा।
ग. नहीं, मैं पतंग नहीं उड़ा सकूँगा।
7. क. हाँ, उसने दाढ़ी बना ली।
ख. नहीं, उसने दाढ़ी नहीं बनाई।
ग. नहीं, वह दाढ़ी नहीं बना सका।
8. क. हाँ, मेरी बहन ने कंप्यूटर खरीद लिया।
ख. नहीं, मेरी बहन ने कंप्यूटर नहीं खरीदा।
ग. नहीं, मेरी बहन कंप्यूटर नहीं खरीद सकी।
9. क. हाँ, वे आपकी पुस्तक देख लेंगे।
ख. नहीं, वे आपकी पुस्तक नहीं देखेंगे।
ग. नहीं, वे आपकी पुस्तक नहीं देख सकेंगे।
10. क. हाँ, मैंने यह उपन्यास पढ़ लिया।
ख. नहीं, मैंने यह उपन्यास नहीं पढ़ा।
ग. नहीं, मैं यह उपन्यास नहीं पढ़ सका।

पचासवाँ अभ्यास

1. क. हाँ, उसने सेब खा डाला है।
ख. नहीं, उसने सेब नहीं खाया।
2. क. हाँ, तुम यह सारी दवा पी डालो।
ख. नहीं, तुम यह सारी दवा मत पियो।
3. क. हाँ, उसने अपनी कमाई नष्ट कर डाली।
ख. नहीं, उसने अपनी कमाई नष्ट नहीं की।
4. क. हाँ, मैंने उसे बदनाम कर डाला है।
ख. नहीं, मैंने उसे बदनाम नहीं किया।
5. क. हाँ, तुमने उसके पीछे जासूस छोड़ रखे हैं।
ख. नहीं, तुमने उसके पीछे जासूस नहीं छोड़े।
6. क. हाँ, उसने मुझे कमरे में बंद कर रखा था।
ख. नहीं, उसने मुझे कमरे में बंद नहीं किया था।
7. क. हाँ, मैंने आपके लिए मकान बना रखा है।
ख. नहीं, मैंने आपके लिए मकान नहीं बनाया।
8. क. हाँ, तुम मेरे लिए नौकर ढूँढ़ रखो।
ख. नहीं, तुम मेरे लिए नौकर मत ढूँढ़ो।
9. क. हाँ, वह मकान बेच डालेगा।
ख. नहीं, वह मकान नहीं बेचेगा।
10. क. हाँ, वह उससे पक्की बात कर रखे।
ख. नहीं, वह उससे पक्की बात मत करे।
11. क. हाँ, उसने चोर को ढूँढ़ डाला।
ख. नहीं, उसने चोर को नहीं ढूँढ़ा।
12. क. हाँ, उसने फूल कूड़े में फेंक डाले।
ख. नहीं, उसने फूल कूड़े में नहीं फेंके।
13. क. हाँ, उसने मुझे/हमें निमंत्रण दे रखा है।
ख. नहीं, उसने मुझे/हमें निमंत्रण नहीं दिया।
14. क. हाँ, उसने अँगूठी पहन रखी होगी।
ख. नहीं, उसने अँगूठी नहीं पहनी होगी।

इक्यावनवाँ अभ्यास

1. क. सामान्य भूतकाल
ख. 'सुनाना' मुख्य क्रिया धातु रूप में
ग. वह लड़कों को कहानी सुना आई।
2. क. पूर्णभूत काल
ख. 'निकलना' मुख्य क्रिया धातु रूप में
ग. वह घर से बाहर निकल आई थी।
3. क. सामान्य भूतकाल
ख. 'चलना' मुख्य क्रिया भूतकृदंत रूप में
ग. लड़की ससुराल से चली आई।
4. क. संभाव्य वर्तमान
ख. 'आना' मुख्य क्रिया वर्तमान कृदंत रूप में
ग. वह अब भी उसके यहाँ आती हो।
5. क. संदिग्ध भूतकाल
ख. मुख्य क्रिया 'बाँटना' धातु रूप में
ग. लड़की गरीबों में सामान बाँट आई होगी।
6. क. सामान्य वर्तमान
ख. 'समझाना' मुख्य क्रिया धातु रूप में
ग. पत्नी पति को समझा आती है।
7. क. वर्तमान संकेतार्थ
ख. 'कराना' मुख्य क्रिया धातु रूप में
ग. वह होटल जाकर बच्चों को भोजन करा आए।
8. क. सामान्य भविष्य

ख. 'करना' मुख्य क्रिया धातु रूप में
ग. मैं उनकी मशीन कल ठीक कर आऊँगी।

9. क. विध्यर्थ
ख. 'टहलना' मुख्य क्रिया धातु रूप में
ग. तू कुछ देर बाहर टहल आ।

10. क. विध्यर्थ
ख. 'देखना' मुख्य क्रिया धातु रूप में
ग. आप तमाशा देख आएँ।

बावनवाँ अभ्यास

1. क. हम कल खेल नहीं पाए थे।
ख. पूर्ण भूतकाल – उत्तम पुरुष, पुंलिंग, बहुवचन

2. क. सामान्य भविष्यत्
ख. क्या लड़कियाँ पढ़ पाएँगी ?

3. क. पूर्ण भूतकाल
ख. हम कुछ नहीं देख पाई थीं।

4. क. सामान्य वर्तमान
ख. 1. तुम अपने बेटे को पकड़ लाते हो।
2. आप अपने बेटे को पकड़ लाते हैं।

5. क. सामान्य भविष्यत्
ख. वे कैसे चल पाएँगी।

6. क. अपूर्णभूत
ख. इतना बोझ हम उठा पाते थे।

7. क. सामान्य भूत
ख. वे किसी की पुस्तक चुरा लाए।

8. क. वर्तमान संकेतार्थ
ख. 1. अगर तुम उसे बुला लाओ तो मैं तुम्हें रेडियो दूँ।
2. अगर आप उसे बुला लाएँ तो मैं आपको रेडियो दूँ।

9. क. वर्तमान संकेतार्थ
ख. हम चल पाएँ तो उसके घर भी जाएँ।

10. क. पूर्णभूत
ख. हमारे मित्र मुझे कल नई फिल्म दिखा लाए।

11. क. अपूर्ण भूत
ख. लड़के गीत गुनगुनाते रहते थे।

12. क. संदिग्ध तात्कालिक वर्तमान
ख. लड़कियाँ अपनी माता के साथ रह रही होंगी।

तिरपनवाँ अभ्यास

1. क. हमें मनुष्य बनना चाहिए।
ख. क्या हमें मनुष्य बनना चाहिए ?
ग. हाँ, हमें मनुष्य बनना चाहिए।
घ. नहीं, हमें मनुष्य नहीं बनना चाहिए।

2. क. उसे कार बेचनी चाहिए।
ख. क्या उसे कार बेचनी चाहिए ?
ग. हाँ, उसे कार बेचनी चाहिए।
घ. नहीं, उसे कार नहीं बेचनी चाहिए।

3. क. बड़ों को नमस्कार करना चाहिए।
ख. क्या बड़ों को नमस्कार करना चाहिए ?
ग. हाँ, बड़ों को नमस्कार करना चाहिए।
घ. नहीं, बड़ों को नमस्कार नहीं करना चाहिए।

4. क. बच्चों को परिश्रम करना चाहिए।
ख. क्या बच्चों को परिश्रम करना चाहिए ?
ग. हाँ, बच्चों को परिश्रम करना चाहिए।
घ. नहीं, बच्चों को परिश्रम नहीं करना चाहिए।

5. क. हमें अपना कर्तव्य निभाना चाहिए।
ख. क्या हमें अपना कर्तव्य निभाना चाहिए ?
ग. हाँ, हमें अपना कर्तव्य निभाना चाहिए।
घ. नहीं, हमें अपना कर्तव्य नहीं निभाना चाहिए।

6. क. आपको सभी फिल्में देखनी चाहिए।
ख. क्या आपको सभी फिल्में देखनी चाहिए ?
ग. हाँ, हमें सभी फिल्में देखनी चाहिए।
घ. नहीं, हमें सभी फिल्में नहीं देखनी चाहिए।

7. क. उन्हें अपनी इच्छा बतानी चाहिए।
ख. क्या उन्हें अपनी इच्छा बतानी चाहिए ?
ग. हाँ, उन्हें अपनी इच्छा बनाती चाहिए।
घ. नहीं, उन्हें अपनी इच्छा नहीं बतानी चाहिए।

8. क. आपको हमारी बात माननी चाहिए थी।
ख. क्या आपको हमारी बात माननी चाहिए थी ?
ग. हाँ, हमें आपकी बात माननी चाहिए थी।
घ. नहीं, हमें आपकी बात नहीं माननी चाहिए थी।

9. क. तुम्हें ताला लगाना चाहिए था।
ख. क्या तुम्हें ताला लगाना चाहिए था ?
ग. हाँ, हमें ताला लगाना चाहिए था।
घ. नहीं, हमें ताला नहीं लगाना चाहिए था।

10. क. हमें गोलगप्पे खाने चाहिए थे।
ख. क्या हमें गोलगप्पे खाने चाहिए थे ?
ग. हाँ, तुम्हें गोलगप्पे खाने चाहिए थे।
घ. नहीं, तुम्हें गोलगप्पे नहीं खाने चाहिए थे।

पचपनवाँ अभ्यास

1. क. मुझको – कर्ताकारक
   ख. मिलना था – आवश्यकताबोधक भूतकाल
2. क. उनको – कर्मकारक
   ख. बुला लें – संकेतार्थ वर्तमानकाल
3. क. दिल को – मुख्य कर्मकारक
   ख. करो – विध्यर्थ
4. क. अपने को – मुख्य कर्मकारक
   ख. सँभाले – वर्तमान संकेतार्थ
5. क. मेरी बात को – गौण कर्मकारक
   ख. दिया – सामान्य भूत
6. क. उन्हें/उनको – अधिकरणकारक
   ख. होगा – सामान्य भविष्य
7. क. उसे – अधिकरणकारक
   ख. मिली – सामान्य भूत
8. क. उसे/उसको – अधिकरणकारक
   ख. हुआ था – पूर्ण भूतकाल
9. क. उन्हें/उनको – मुख्य कर्मकारक
   ख. कहें – वर्तमान संकेतार्थ
10. क. उनको – कर्मकारक (कर्ता 'तू' का यहाँ लोप हुआ है)
    ख. कह – विध्यर्थ
11. क. उसको – अधिकरणकारक
    ख. थी – सामान्य भूतकाल
12. क. तुम्हें/तुमको – अधिकरणकारक
    ख. लगा – सामान्य भूतकाल
13. क. उसे – अधिकरणकारक
    ख. है (लोप हुआ है) – सामान्य वर्तमान
14. क. हमको/हमें – अधिकरणकारक
    ख. सामान्य वर्तमान

छप्पनवाँ अभ्यास

1. क. वह भाई से पत्र लिखवाता है।
   ख. माध्यम – भाई से।
2. क. वह विद्यार्थी से लिखवाएगा।
   ख. माध्यम – विद्यार्थी से।
3. क. लड़की नौकर से गंदी मेज साफ करवाती है।
   ख. माध्यम – नौकर से।
4. क. राम अपनी बेटी को अध्यापक से पढ़वा रहा है।
   ख. माध्यम – अध्यापक से।
5. क. किसान मजदूर से हल जुतवा रहा है।
   ख. माध्यम – मजदूर से।
6. क. आतंकियों ने अपने साथी से सिपाही पर गोली चलवाई।
   ख. माध्यम – साथी से।
7. क. मालिक ने चालक से बच्चे को कुचलवाया।
   ख. माध्यम – चालक से।
8. क. उसने स्कूल का काम अपने सहपाठी से करवाया।
   ख. माध्यम – अपने सहपाठी से।
9. क. वह अपनी पत्नी से सफाई करावे।
   ख. माध्यम – पत्नी से।
10. क. अध्यापक विद्यार्थियों से प्रधानाध्यापक को घिरवाएँगे।
    ख. माध्यम – विद्यार्थियों से।
11. क. उसने अपने मित्र से अपने भाई को संदेश भिजवाया।
    ख. माध्यम – अपने मित्र से।
12. क. उन्होंने एक कवि से हमारे लिए गीत लिखवाया।
    ख. माध्यम – कवि से।
13. क. बुढ़िया बेटी से गेहूँ पिसवाती है।
    ख. माध्यम – बेटी से।
14. क. मिस्तरी मजदूरों से पत्थर तुड़वा रहा होगा।
    ख. माध्यम – मजदूरों से।

सत्तावनवाँ अभ्यास

1. पतंग आकाश में उड़ती है/ उड़ रही थी/ उड़ रही होगी।
2. उसने कुएँ से पानी निकाला/निकाला है/निकाला था।
3. डॉक्टर ने मरीज को मेज पर लिटया/ लिटया है/ लिटया था।
4. वह दिल्ली से कब लौटेगा/ लौटा/ लौटा होगा।
5. नदी का पानी बढ़ा है/ बढ़ रहा/ बढ़ेगा।
6. मंत्री ने नया मकान बनाया है/ बनाया था/ बनाया होगा।
7. उसने चोर को पुलिस से पकड़वाया/ पकड़वाया था/ पकड़वाया होगा।
8. बारात होटल में ठहरी/ ठहरी है/ ठहरेगी।
9. उन्होंने नया गीत गाया/ गाया था/ गाया होगा।
10. मैंने बढ़ई से लकड़ी चिरवाई/ चिरवाई है/ चिरवाई थी।
11. मैंने उसे बहन के हाथ संदेश भिजवाया/ भिजवाया है/ भिजवाया था
12. आपने किससे चित्र बनवाया/ बनवाया है/ बनवाया था ?
13. आप किससे पुस्तक मँगवाते हैं/ मँगवाते थे/ मँगवाएँगे ?
14. वह जेब से रूमाल निकालता है/ निकालता था/ निकालेगा।
15. आपने हमें स्टेशन मास्टर से मिलवाया/ मिलवाया है/ मिलवाया था।

अठावनवाँ अभ्यास

1. क. उसने गुलाब का पौधा लगाया था।
   ख. उसने माली से गुलाब को पौधा लगवाया था।
2. क. भूत बच्चे को डराते हैं।
   ख. गृहस्वामी कुत्ते से बच्चे को डरवाता है।
3. क. डाकिए ने पार्सल आज सुबह पहुँचाया।
   ख. डाकघर ने डाकिए से पार्सल आज सुबह पहुँचवाया।
4. क. सरकार अगले हफ्ते सड़क बनाएगी।
   ख. सरकार ठेकेदार से अगले हफ्ते सड़क बनवाएगी।
5. क. पड़ोसियों ने मकान जलाया था।
   ख. रिश्तेदारों ने ही पड़ोसियों से मकान जलवाया था।
6. क. उसने आज घर में खीर बनाई थी।
   ख. उसने घर में माँ से खीर बनवाई थी।
7. क. मैंने दीपक बुझाया था।
   ख. मैंने सेवक से दीप बुझवाया था।
8. क. उसने बच्ची को सुलाया।
   ख. माँ ने बेटी से बच्चे को सुलवाया।
9. क. किसी ने उसका कान काटा था।
   ख. उसने डॉक्टर से कान कटवाया था।
10. क. माँ बच्चे को नहला रही थी।
    ख. माँ अपनी बहन से बच्चे को नहलवा रही थी।
11. क. मदारी गुड़िया को नचाता है।
    ख. जमींदार ने मदारी से गुड़िया को नचवाया

उन्सठवाँ अभ्यास

1. मुख्य क्रिया - सुनाना; कर्तृवाचक कृदंत सुनानेवाला; सुनानेवाला कौन (कर्ता) ?-पंडितजी (ने); कर्ता की उपस्थिति से वाक्य कर्तृवाचक है।
2. मुख्य क्रिया - सुनाना (सकर्मक) कर्तृवाचक कृदंत - सुनानेवाला; सुनाने वाला कौन (कर्ता) ?- कोई उत्तर नहीं। अतः वाक्य कर्तृवाचक नहीं।
3. मुख्य क्रिया - टूटना (अकर्मक); कर्तृवाचक कृदंत - टूटनेवाला/टूटनेवाली क्या (कर्ता) - साइकिल। कर्ता की उपस्थिति से वाक्य कर्तृवाचक है।
4. मुख्य क्रिया - तोड़ना (सकर्मक); कर्तृवाचक कृदंत - तोड़नेवाला; तोड़नेवाला कौन (कर्ता) ? कोई उत्तर नहीं। अतः वाक्य कर्तृवाचक नहीं।
5. मुख्य क्रिया - जलाना (सकर्मक); कर्तृवाचक कृदंत - जलानेवाला; जलानेवाला कौन (कर्ता) ?- आतंकी (आतंकियों ने) कर्ता की उपस्थिति से वाक्य कर्तृवाचक है।
6. मुख्य क्रिया - जलना (अकर्मक); कर्तृवाचक कृदंत - जलनेवाला; जलनेवाला क्या (कर्ता) ?-(घर का सारा) सामान। कर्ता की उपस्थिति से वाक्य कर्तृवाचक है।
7. मुख्य क्रिया - जलाना (सकर्मक); कर्तृवाचक कृदंत - जलानेवाला; जलानेवाला कौन (कर्ता) - कोई उत्तर नहीं। अतः वाक्य कर्तृवाचक नहीं।
8. मुख्य क्रिया - फटना (अकर्मक); कर्तृवाचक कृदंत - फटनेवाला; फटनेवाला/फटनेवाले क्या (कर्ता) ?- कपड़े। कर्ता की उपस्थिति में वाक्य कर्तृवाचक है।
9. मुख्य क्रिया - फाड़ना (सकर्मक); कर्तृवाचक कृदंत - फाड़नेवाला; फाड़नेवाला कौन (कर्ता) ?- कोई उत्तर नहीं। अतः वाक्य कतृवाचक नहीं।
10. मुख्य क्रिया - लिखना (सकर्मक); कर्तृवाचक कृदंत - लिखनेवाला; लिखनेवाला कौन (कर्ता) ? कोई उत्तर नहीं। अतः वाक्य कर्तृवाचक नहीं।
11. मुख्य क्रिया - लिखना (सकर्मक); कर्तृवाचक कृदंत - लिखनेवाला; लिखनेवाला कौन (कर्ता) ?- लेखक (ने); कर्ता की उपस्थिति में वाक्य कर्तृवाचक है।
12. मुख्य क्रिया - रहना (अकर्मक); कर्तृवाचक कृदंत - रहनेवाला; रहनेवाना/ रहनेवाली कौन (कर्ता) ?- पत्नी (को); कर्ता की उपस्थिति में वाक्य कर्तृवाचक है।

साठवाँ अभ्यास

1. क. नया घर बनाया गया है।
   ख. मेरे द्वारा नया घर ....
2. क. दो पुस्तकें लिखी जा रही हैं।,
   ख. उसके द्वारा दो पुस्तकें ....
3. क. क्या घड़ी में चाबी दी गई है ?
   ख. क्या तुम्हारे द्वारा घड़ी में .... ?
4. क. कुछ नहीं किया जा सकता।
   ख. उनके द्वारा कुछ नहीं ....
5. क. हमारा खाता खोला गया था।
   ख. उनके द्वारा हमारा खाता ....
6. क. नया कंप्यूटर ही लिया जाए।
   ख. आपके द्वारा नया कंप्यूटर ....
7. क. अपना मकान बेचा जा रहा है।
   ख. उनके द्वारा अपना मकान बेचा जा रहा है।
8. क. सारा प्रबंध किया जाएगा।
   ख. उनके द्वारा सारा प्रबंध ....

9. क. नाटक का मंचन किया जा सकता है।
ख. हमारे द्वारा नाटक का ....

10. क. मिठाई मत बाँटी जाए।
ख. तुम्हारे द्वारा मिठाई ....

11. क. बरसात के मौसम में हल जोता जाता है।
ख. किसानों के द्वारा बरसात ....

12. क. दाढ़ी बना ली गई।
ख. उसके द्वारा दाढ़ी बना ली गई।

13. क. पानी पिया जाए।
ख. आपके द्वारा पानी पिया जाए।

14. क. दुकान खोली जाए।
ख. तुम्हारे द्वारा दुकान खोली जाए।

15. क. यह उपन्यास १९७५ में लिखा गया था।
ख. उनके द्वारा यह उपन्यास १९७५ में लिखा गया था।

16. क. कमरे में गीत गाया जा रहा होगा।
ख. उसके द्वारा कमरे में गीत गाया जा रहा होगा।

इकसठवाँ अभ्यास

1. क. उसका घर उजाड़ दिया गया।
ख. आतंकियों के द्वारा उसका घर उजाड़ दिया गया।

2. क. हिरण को गोली मार दी गई।
ख. उसके द्वारा हिरण को गोली मार दी गई।

3. क. अमरूद खाया गया।
ख. उससे/उसके द्वारा अमरूद खाया गया।

4. क. लीची खाई गई।
ख. उससे/उसके द्वारा लीची खाई गई।

5. क. पानी मेरे लिए गर्म कर दिया जाए।
ख. आपके द्वारा पानी मेरे लिए गर्म कर दिया जाए।

6. क. दरवाजा बंद कर दिया गया।
ख. उनके द्वारा दरवाजा बंद कर दिया गया।

7. क. कंप्यूटर खरीद लिया जाएगा।
ख. उनके द्वारा कंप्यूटर खरीद लिया जाएगा।

8. क. बाग (को) उजाड़ दिया गया।
ख. उनके द्वारा बाग (को) उजाड़ दिया गया।

9. क. आखिर विजय पा ली गई।
ख. आपके द्वारा आखिर विजय पा ली गई।

10. क. कूद-फाँद की जा रही थी।
ख. उसके द्वारा कूद-फाँद की जा रही थी।

11. क. मेरा जीना दूभर कर दिया गया।
ख. उनके द्वारा मेरा जीना दूभर कर दिया गया।

12. क. तमाशा देखा जा सकता है।
ख. उनके द्वारा तमाशा देखा जा सकता है।

13. क. कुछ खाया जा सकता है।
ख. आपके द्वारा कुछ खाया जा सकता है।

14. क. अवश्य जीता जाएगा।
ख. हमारे द्वारा अवश्य जीता जाएगा।

15. क. सोया जाता था।
ख. मुझसे सोया जाता था।

16. क. कूदा जा सकता है।
ख. उसके द्वारा कूदा जा सकता है।

17. क. सुबह उठा जा सकता है।
ख. हमसे सुबह उठा जा सकता है।

18. क. नाचा जा सकता है।
ख. आपके द्वारा नाचा जा सकता है।

बासठवाँ अभ्यास

1. गुरुजी ने शिष्य से कहा कि तुम लोग कल पुस्तक लेकर आना।
2. सास ने बहू से कहा कि बेटी, अपने पति से सवाल-जवाब नहीं करते।
3. प्रधानाचार्य ने अपने संबोधन में कहा कि हर विद्यार्थी को मेरे कमरे में आने की अनुमति है।
4. उसके अपनी पत्नी से कहा कि तुम्हें इस समय मायके नहीं जाना चाहिए।
5. पिताजी हमेशा कहते रहे कि किसी को सताना पाप है।
6. आप कहना चाहते हैं कि मैंने पुस्तक चुराई है?
7. वह कहता है कि आज के समाजवाद और पूँजीवाद में अधिक अंतर नहीं।
8. उसकी फरमाइश है कि मेरे लिए आप आम भेजें।
9. बेटी ने माँ से पूछा कि क्या आज हम लोग सिनेमा देखने चलें?
10. पुत्र ने पिता से कहा कि आप मेरे लिए दस हजार रुपए की व्यवस्था करें।
11. दुकानदार का कहना था कि स्कूली पुस्तकें हम नहीं बेचते।
12. दादी कहती हैं कि मुझसे अब चला नहीं जाता।

तिरसठवाँ अभ्यास

1. क. संयुक्त वाक्य
ख. दोनों मुख्य उपवाक्य

2. क. मिश्र वाक्य

ख. तब हम चलेंगे – मुख्य उपवाक्य; जब वह भोजन कर लेंगी – आश्रित उपवाक्य

3. क. मिश्र वाक्य

   ख. तभी तुम उतरना – मुख्य वाक्य; जब गाड़ी ठहरेगी- आश्रित उपवाक्य

4. क. संयुक्त वाक्य

   ख. दोनों मुख्य उपवाक्य

5. क. मिश्र वाक्य

   ख. हम पतंगें उड़ाएँगे – मुख्य उपवाक्य; यदि हवा चली- आश्रित उपवाक्य

6. क. मिश्र वाक्य

   ख. मुझे उम्मीद है – मुख्य उपवाक्य; भारत मैच जीत जाएगा – आश्रित उपवाक्य

7. क. मिश्र उपवाक्य

   ख. पुलिस उसे पकड़ लेगी – मुख्य उपवाक्य; अगर वह दिखाई पड़ा – आश्रित उपवाक्य

8. क. संयुक्त वाक्य

   ख. दोनों मुख्य उपवाक्य

9. क. मिश्र वाक्य

   ख. जब मीटिंग शुरू हुई – आश्रित उपवाक्य; तब एक सदस्य ने खड़े होकर कहा – मुख्य उपवाक्य; यह मीटिंग अवैधानिक है – आश्रित उपवाक्य

10. क. मिश्र वाक्य

    ख. जो तुमने कहा था – आश्रित उपवाक्य; वह सच निकला- मुख्य उपवाक्य

11. क. मिश्र वाक्य

    ख. मुझे नहीं मालूम – मुख्य उपवाक्य; उसने तुमसे क्या कहा – आश्रित उपवाक्य

12. क. मिश्र वाक्य

    ख. जो बूढ़ी औरत दरवाजे पर खड़ी थी – आश्रित उपवाक्य; वह दस घर की मालकिन है – मुख्य उपवाक्य

चौंसठवाँ अभ्यास

1. क. वह मुझे समझा रहा था – मुख्य उपवाक्य; सरकारी नौकरी के दोष बहुत से हैं – आश्रित उपवाक्य

   ख. आश्रित उपवाक्य – संज्ञा उपवाक्य

2. क. तभी मैं जा सकूँगा – मुख्य उपवाक्य; जब तुम्हारी बात खत्म होगी – आश्रित उपवाक्य

   ख. आश्रित उपवाक्य – क्रियाविशेषण उपवाक्य

3. क. आप उन्हें साथ में लेते आएँ – मुख्य उपवाक्य; यदि वे आनेवाले हों – आश्रित उपवाक्य

   ख. आश्रित उपवाक्य – क्रियाविशेषण उपवाक्य

4. क. तुम उसे बनवा लेना – मुख्य उपवाक्य; यदि घड़ी बंद हो जाए – आश्रित उपवाक्य

   ख. आश्रित उपवाक्य – क्रियाविशेषण उपवाक्य

5. क. तुम वहीं रह जाना – मुख्य उपवाक्य; यदि रात हो जाए – आश्रित उपवाक्य

   ख. आश्रित उपवाक्य – क्रियाविशेषण उपवाक्य

6. क. आप उनसे यह बात कह दें – मुख्य उपवाक्य; आपका काम हो जाएगा – आश्रित उपवाक्य

   ख. आश्रित उपवाक्य – संज्ञा उपवाक्य

7. क. मैं जीकर क्या करुँगा – मुख्य उपवाक्य; जब वह नहीं रहा – आश्रित उपवाक्य

   ख. आश्रित उपवाक्य – क्रियाविशेषण उपवाक्य

8. क. आप यह न भूलें – मुख्य उपवाक्य; मैं उपस्थित हूँ – आश्रित उपवाक्य

   ख. आश्रित उपवाक्य – संज्ञा उपवाक्य

9. क. मुझे पुस्तक अच्छी लगी – मुख्य उपवाक्य; इसलिए मैंने ले ली – आश्रित उपवाक्य

   ख. आश्रित उपवाक्य – क्रियाविशेषण उपवाक्य

10. क. मुझे मकान इसलिए पसंद नहीं आया- मुख्य उपवाक्य; वह छोटा था – आश्रित उपवाक्य

    ख. आश्रित उपवाक्य – संज्ञा उपवाक्य

11. क. हमें आशा है – मुख्य उपवाक्य; भारत शृंखला जीतेगा- आश्रित उपवाक्य

    ख. आश्रित उपवाक्य – संज्ञा उपवाक्य

12. क. मुझे यकीन है – मुख्य उपवाक्य; वह सच्चा है – संज्ञा उपवाक्य

    ख. आश्रित उपवाक्य – संज्ञा उपवाक्य

पैंसठवाँ अभ्यास

1. क. यदि वह आता तो मैं जाता।

   ख. जाता – वर्तमान कृदंत, सामान्य भूतकाल का सूचक क्रियापद।

2. क. यदि पानी बरसा तो हम चलेंगे।

   ख. चलेंगे – सामान्य भविष्य काल का सूचक क्रियापद।

3. क. यदि बरसात हुई तो हम छाता खरीदेंगे।

   ख. खरीदेंगे – सामान्य भविष्यकाल का सूचक क्रियापद।

4. क. यदि घड़ी टूट जाए तो उसे फेंक देना।

   ख. फेंक देना – विध्यर्थ, संयुक्त क्रियापद।

5. क. यदि वह तुम्हें बुलाए तो तुम भी उसे बुलाना।
ख. बुलाना – विध्यर्थ क्रियापद
6. क. यदि वह सिनेमा देखने के लिए जाए तो उसे रोकना।
ख. रोकना – विध्यर्थ क्रियापद
7. क. यदि काम हो जाए तो आप मत रुकना।
ख. रुकना – विध्यर्थ क्रियापद
8. क. यदि विद्यालय बंद रहा तो हम क्रिकेट खेलेंगे।
ख. खेलेंगे – सामान्य भविष्यकाल का सूचक क्रियापद
9. क. यदि आप मेरी बात मानते तो मुझे प्रसन्नता होती।
ख. होती – भूतकृदंत (स्त्रीवाची) भूतकाल का सूचक क्रियापद
10. क. यदि गाड़ी समय पर आई तो मैं भी चलूँगा।
ख. चलूँगा – सामान्य भविष्यकाल का सूचक क्रियापद
11. क. यदि पानी नहीं बरसा तो वह नहीं आएगा।
ख. आएगा – सामान्य भविष्यकाल का सूचक क्रियापद
12. क. यदि तू नहीं खेला तो वह नहीं खेलेगा।
ख. खेलेगा – सामान्य भविष्य काल का सूचक क्रियापद

छियासठवाँ अभ्यास

1. क. फिरे – अकर्मक 'फिरना' क्रिया का सामान्य भूतकालिक अन्य पुरुष बहुवचन रूप
ख. फिरें – अकर्मक 'फिरना' क्रिया का वर्तमान संकेतार्थ अन्य पुरुष उभयलिंग बहुवचन रूप
2. क. गया – अकर्मक 'जाना' क्रिया का सामान्य भूतकालिक अन्यपुरुष पुंलिंग एकवचन रूप
ख. जाओ – अकर्मक 'जाना' क्रिया का विध्यर्थ मध्यम पुरुष उभयलिंग बहुवचन रूप
3. क. पढ़े – अकर्मक 'पढ़ना' का वर्तमान संकेतार्थ अन्य पुरुष उभयलिंग एकवचन रूप
ख. करो – सकर्मक 'करना' क्रिया का विध्यर्थ मध्यपुरुष उभयलिंग बहुवचन रूप
4. क. बनाई हो – सकर्मक 'बनाना' क्रिया का संभाव्य भूतकालिक अन्य पुरुष स्त्रीलिंग एक वचन रूप
ख. लेते आना – मुख्य क्रिया 'लेना' और संयोज्य क्रिया 'आना' का विध्यर्थ मध्यम पुरुष (तुम) पुंलिंग बहुवचन रूप
5. क. जाना – अकर्मक 'जाना' क्रिया का विध्यर्थ मध्यम पुरुष उभयलिंग बहुवचन रूप
ख. कर देना – मुख्य क्रिया 'करना' और संयोज्य क्रिया 'देना' का विध्यर्थ मध्यम पुरुष उभयलिंग बहुवचन रूप
6. क. आएगा – अकर्मक 'आना' क्रिया का सामान्य भविष्य कालिक अन्य पुरुष, पुंलिंग, एकवचन रूप
ख. खोल दूँगा – मुख्य क्रिया सकर्मक 'खोलना' और संयोज्य क्रिया 'देना' का सामान्य भविष्यकालिक उत्तम पुरुष पुंलिंग एकवचन रूप
7. क. सोने लगो – मुख्य क्रिया अकर्मक 'सोना' और संयोज्य क्रिया अकर्मक 'लगना' का वर्तमान संकेतार्थ मध्यम पुरुष (तुम) उभयलिंग बहुवचन रूप
ख. बुझा देना – मुख्य क्रिया सकर्मक 'बुझाना' और संयोज्य क्रिया 'देना' का विध्यर्थ मध्यम पुरुष (तुम) उभयलिंग बहुवचन रूप
8. क. लगे – अकर्मक 'लगना' क्रिया का वर्तमान संकेतार्थ अन्य पुरुष उभयलिंग एकवचन रूप
ख. चला लेना – मुख्य क्रिया सकर्मक 'चलाना' और संयोज्य क्रिया 'लेना' का विध्यर्थ मध्यमपुरुष (तुम) उभयलिंग बहुवचन रूप
9. क. हो – अकर्मक 'होना' क्रिया का वर्तमान संकेतार्थ उभयलिंग एकवचन रूप
ख. लौट आना – मुख्य क्रिया अकर्मक 'लौटना' और संयोज्य क्रिया अकर्मक 'आना' का विध्यर्थ मध्यम पुरुष (तुम) उभयलिंग बहुवचन रूप
10. क. रुके – अकर्मक 'रुकना' क्रिया का संकेतार्थ अन्यपुरुष उभयलिंग एकवचन रूप
ख. बोलें – सकर्मक 'बोलना' का संकेतार्थ मध्यम पुरुष (आप) उभयलिंग बहुवचन रूप
11. क. बजें – अकर्मक क्रिया 'बजना' का वर्तमान संकेतार्थ अन्यपुरुष उभयलिंग बहुवचन रूप
ख. चल पड़ना – मुख्य क्रिया अकर्मक 'चलना' और संयोज्य क्रिया अकर्मक 'पड़ना' का विध्यर्थ मध्यमपुरुष (तुम) उभयलिंग बहुवचन रूप
12. क. सोचता है – सकर्मक 'सोचना' क्रिया का सामान्य वर्तमानकालिक अन्यपुरुष एकवचन रूप
ख. है – स्वतंत्र रूप से प्रयुक्त वर्तमान कालिक सहायक क्रिया का अन्यपुरुष पुंलिंग एकवचन रूप
13. क. थे – स्वतंत्र रूप से प्रयुक्त सहायक क्रिया 'था' का अन्यपुरुष पुंलिंग एकवचन रूप
ख. हुआ था – अकर्मक क्रिया 'होना' का पूर्णभूतकालिक अन्य पुरुष पुंलिंग एकवचन रूप
14. क. गाता था, सकर्मक 'गाना' क्रिया का अपूर्ण भूतकालिक अन्यपुरुष पुंलिंग एकवचन रूप
ख. वही

सड़सठवाँ अभ्यास

1. आप मीठे फल खाएँ।
2. मोटी लड़की डॉक्टर है।
3. उसकी चूड़ियाँ सुनहरी हैं।
4. भोजन ताजा था।
5. उस पेड़ के पत्ते कोमल थे।
6. उस छोटे कमरे में चार व्यक्ति सोए थे।
7. कुछ बच्चे मैदान में पतंग उड़ा रहे थे।
8. उस व्यक्ति ने अपनी कहानी सुनाई।
9. स्टेशन मास्टर की बड़ी लड़की अध्यापिका है।
10. उसके नाखून बड़े थे।
11. क. तुम्हारी पुस्तक मेज पर है।
    ख. पुस्तक तुम्हारी मेज पर है।
12. क्या यह मेरा कंप्यूटर है ?
13. उसके पिता जी पुस्तकों से बहुत प्यार करते हैं।
14. विजय के लिए उसने यथेष्ट परिश्रम किया।
15. हम परी की कहानी सुनकर चकित रह गए।
16. उसे यह बात मालूम है।
17. मुझे कविता कंठस्थ थी।
18. उन्होंने नई गाड़ी खरीदी होगी।
19. पेड़ में नए पत्ते निकले हैं।
20. ये लोग ऊँचे पहाड़ पर रहते हैं।

अड़सठवाँ अभ्यास

1. धीरे – क्रियाविशेषण, रीतिवाची
2. क. अभी – क्रियाविशेषण, समयवाची
    ख. घर में – क्रियाविशेषण पदबंध, स्थानवाची
3. सर्वत्र – क्रियाविशेषण, स्थानवाची
4. रात में – क्रियाविशेषण पदबंध, समयावाची
5. क. पिछले हफ्ते – क्रियाविशेषण पदबंध, समयावाची
    ख. दिल्ली में – क्रियाविशेषण पदबंध, स्थानवाची
6. शांति से – क्रियाविशेषण पदबंध, रीतिवाची
7. क. इस हफ्ते – क्रियाविशेषण पदबंध, समयवाची
    ख. अवश्य – क्रियाविशेषण, रीतिवाची
8. बहुत – क्रियाविशेषण, परिमाणवाची
9. लेटकर – क्रियाविशेषण, रीतिवाची
10. क. गुनगुनाते हुए – क्रियाविशेषण पदबंध, रीतिवाची
    ख. बगीचे में – क्रियाविशेषण पदबंध, स्थानवाची
11. देखकर – क्रियाविशेषण, पूर्वकालिक क्रिया।
12. क. संभवतः – क्रियाविशेषण
    ख. परसों – क्रियाविशेषण, समयवाची
13. क. आकर – क्रियाविशेषण, पूर्वकालिक क्रिया।
    ख. आकर – क्रियाविशेषण, पूर्वकालिक क्रिया।
14. पिघलकर – क्रियाविशेषण, पूर्वकालिक क्रिया।
15. अंदर – क्रियाविशेषण, स्थानवाची।
16. खूब – क्रियाविशेषण, परिमाणवाची।
17. क. वहाँ – क्रियाविशेषण, स्थानवाची।
    ख. कभी-कभी – क्रियाविशेषण, समयवाची।
18. क. उनके घर – क्रियाविशेषण पदबंध, स्थानवाची।
    ख. कभी नहीं – क्रियाविशेषण पदबंध, समयवाची।
19. निश्चिंत होकर – क्रियाविशेषण पदबंध, रीतिवाची।
20. बिल्कुल – क्रियाविशेषण, परिमाणवाची।

उन्हत्तरवाँ अभ्यास

1. क. मैं – पुरुषवाचक सर्वनाम, उत्तमपुरुष पुंलिंग एकवचन, कर्ताकारक
    ख. वे – पुरुषवाचक सर्वनाम, अन्यपुरुष पुंलिंग, बहुवचन, कर्ताकारक
2. क. वह – पुरुषवाचक सर्वनाम, अन्यपुरुष, पुंलिंग, एकवचन कर्ताकारक
    ख. आप – पुरुषवाचक सर्वनाम, मध्यमपुरुष, पुंलिंग बहुवचन, कर्ताकारक
3. क. तुम – पुरुषवाचक सर्वनाम, मध्यपुरुष, पुंलिंग, बहुवचन, कर्ताकारक
    ख. यह – निर्देशसूचक सर्वनाम, पुंलिंग, एकवचन, कर्मकारक
4. क. वे – पुरुषवाचक सर्वनाम, अन्यपुरुष, पुंलिंग, बहुवचन, कर्ताकारक
    ख. तुमसे – पुरुषवाचक, मध्यमपुरुष, पुंलिंग, बहुवचन, करणकारक
5. क. मैं – पुरुषवाचक सर्वनाम, उत्तमपुरुष, स्त्रीलिंग, एकवचन, कर्ताकारक
    ख. इसे – निर्देशसूचक सर्वनाम, उभयलिंग, एकवचन, 'यह' का तिर्यक रूप, कर्मकारक का सूचक
6. क. वे – पुरुषवाचक सर्वनाम, अन्यपुरुष, पुंलिंग बहुवचन
    ख. इन – निर्देशसूचक सर्वनाम, पुंलिंग बहुवचन 'ये' का तिर्यक रूप
7. क. मुझे – पुरुषवाचक सर्वनाम, उत्तमपुरुष, उभयलिंग, एकवचन 'मैं' का अधिकरणकारक का सूचक रूप

ख. उसका – पुरुषवाचक, अन्यपुरुष, पुंलिंग, एकवचन 'वह' का संबंधकारक रूप विशेषण की तरह प्रयुक्त

8. क. तुम – पुरुषवाचक सर्वनाम, मध्यमपुरुष, पुंलिंग बहुवचन, कर्ताकारक

9. क. तू – पुरुषवाचक सर्वनाम, मध्यमपुरुष, पुंलिंग , एकवचन, कर्ताकारक

ख. इस – निर्देशसूचक सर्वनाम, पुंलिंग एकवचन, 'यह' का तिर्यक् रूप

10. क. ये – निर्देशसूचक सर्वनाम, स्त्रीलिंग बहुवचन, कर्ताकारक

ख. मैं – पुरुषवाचक सर्वनाम, उत्तमपुरुष, स्त्रीलिंग, एकवचन

11. क. हम – पुरुषवाचक सर्वनाम, उत्तमपुरुष, पुंलिंग, बहुवचन, कर्ताकारक

ख. वह – पुरुषवाचक सर्वनाम, अन्यपुरुष, पुंलिंग एकवचन, कर्ताकारक

12. क. वह – पुरुषवाचक सर्वनाम, अन्यपुरुष, स्त्रीलिंग एकवचन, कर्ताकारक

ख. वह – पुरुषवाचक सर्वनाम, अन्यपुरुष, स्त्रीलिंग एकवचन, कर्ताकारक

13. क. उसने – पुरुषवाचक सर्वनाम, अन्यपुरुष, एकवचन, कर्ताकारक 'वह' का तिर्यक् रूप।

ख. मुझसे – पुरुषवाचक सर्वनाम, उत्तमपुरष, उभयलिंग, एकवचन 'मैं' का करणकारक का तिर्यक् रूप।

14. क. निदेशसूचक सर्वनाम, एकवचन स्त्रीलिंग विशेषण रूप में प्रयुक्त।

ख. हम – उत्तमपुरुष सर्वनाम का संबंधकारक स्त्रीलिंग विशेषण रूप।

15. क. यह – निदेशसूचक सर्वनाम विशेषण रूप में प्रयुक्त

ख. वह – पुरुषवाचक सर्वनाम, अन्यपुरुष, पुंलिंग, एकवचन

सत्तरवाँ अभ्यास

I. 1. वह व्यक्ति मेरा भाई है।
2. उस आलमारी में घड़ी रखी है।
3. वहाँ दुर्घटना हुई।
4. मैंने प्रेमचन्द का गोदान और निर्मला पुस्तकें पढ़ी हैं।
5. मैं चाय पिऊँगा।
6. उस घर में मेरा मित्र रहता है।
7. मैं बाजार सब्जी लेने के लिए गया था।
8. वह दुकान से चीनी लाया है।
9. मैंने बंगला भाषा में गीत गाया।
10. मैंने तीन कमरोंवाला मकान खरीदा है।
11. क. नहीं, मैंने कुछ नहीं खरीदा।
ख. हाँ, मैंने गृहस्थी का कुछ समान खरीदा था।
12. क. हाँ, मैं फल खाऊँगा।
ख. नहीं, मैं कुछ नहीं खाऊँगा।
13. क. हाँ, उसने मुझसे दिल्ली जाने के लिए कहा।
ख. नहीं, उसने मुझसे कुछ नहीं कहा।
14. क. हाँ, कोई आपसे मिलने के लिए आया है।
ख. नहीं, कोई आपसे मिलने के लिए नहीं आया।
15. क. हाँ, इस कमरे में मेरा मित्र सोया है।
ख. नहीं, इस कमरे में कोई नहीं सोया।

II. 1. कुछ दिन पहले मैं वहाँ गया था।
2. वह कौन है जिसने गोदान उपन्यास लिखा ?
3. मुझे कोई अच्छी-सी पुस्तक मिल जाए तो खरीद लूँ।
4. उसे अभी तक कोई काम नहीं मिला।
5. आपके लिए क्या लाऊँ ?
6. कौन दिल्ली जाना चाहता है ?
7. आप वहाँ सेब ले जाएँ।
8. उनसे मिलने के लिए यहाँ आया था।

इकहत्तरवाँ अभ्यास

1. जिसे/जिसको – कर्मकारक
2. जिसने – कर्ताकारक
3. जिस....ने – कर्ताकारक
4. जिसे/जिसको – कर्मकारक
5. जिस...में – अधिकरणकारक
6. जिस...में – अधिकरणकारक
7. जिस...में – अधिकरणकारक
8. जिस...को – कर्मकारक
9. जिस...से – करणकारक
10. जिस...से – करणकारक
11. जिसके लिए – संप्रदानकारक
12. जिसका – संबंधकारक

बहत्तरवाँ अभ्यास

1. मेरा, तेरा, हमारा, तुम्हारा, उसका, उनका या आपका
2. मेरा, हमारा, उसका, उनका, इसका या इनका
3. मेरा, हमारा, तेरा, तुम्हारा, आपका, उसका, उनका, इसका या इनका
4. मेरे, हमारे, तेरे, तुम्हारे, आपके, उसके, उनके, इसके या इनके

5. अपनी, मेरी, उसकी, इसकी, उनकी या इनकी
6. अपनी, तेरी, तुम्हारी, आपकी, उसकी, उनकी, इसकी या इनकी
7. अपनी, तेरी, तुम्हारी, आपकी, उसकी, उनकी, इसकी या इनकी
8. अपना, मेरा, हमारा, उसका, उनका, इसका या इनका
9. आपके, तेरे, तुम्हारे, उसके, उनके, इसके या इनके
10. अपने
11. तेरे, तुम्हारे, उसके, उनके, इसके या इनके
12. अपने, तेरे, तुम्हारे, मेरे, हमारे, उसके, उनके, इसके या इनके
13. आप, उस, उन, इस या इन
14. मेरा, हमारा, उसका, उनका, तेरा, तुम्हारा, इसका, इनका, आपका

तिहत्तरवाँ अभ्यास

1. वहाँ कितनी औरतें थीं ?
2. आप कितने काम करेंगे?
3. वे कितना धन चाहते हैं ?
4. गाड़ी इतने में आ गई।
5. आप जितने रुपए चाहें उतने ले लें।
6. मैं इतना समय व्यर्थ नहीं गँवाऊँगा।
7. इस काम में आपने कितना समय लगाया?
8. इतने में बस आ पहुँची।
9. इस काम के लिए उसे कितने रुपए चाहिए?
10. क. वह उतने पर राजी नहीं होगा।
    ख. वह इतने पर राजी नहीं होगा।
11. मेरा इतने से काम नहीं चलेगा।
12. जितना कम वेतन होगा उतना अधिक शोषण होगा।
13. इतना तो मैं भी जानता था।
14. वह इतने से प्रसन्न नहीं होगा।
15. आप कितने घंटे वहाँ रहे ?
16. वह इतने दिन कहाँ रहा ?
17. वह जितना समय चाहता है उतना मैं नहीं दे सकता।
18. उसने जितनी पुस्तकें लिखी हैं उतनी मैंने नहीं लिखीं।
19. आप जितने छाते चाहें उतने ले लें।
20. वह कितना अच्छा आदमी था!

चौहत्तरवाँ अभ्यास

1. क. तुम कैसा काम चाहते हो ?
   ख. विशेषण
2. क. तुम वहाँ कैसे गए ?
   ख. क्रियाविशेषण
3. क. उसके जैसी लड़की यहाँ कोई और नहीं।
   ख. विशेषण
4. क. ऐसी बात अब कभी मत करना – विशेषण
   ख. ऐसी-वैसी बात अब कभी मत करना – विशेषण
5. क. काम ऐसे नहीं होता।
   ख. क्रियाविशेषण
6. क. तुम जैसा करोगे वैसा भरोगे।
   ख. क्रियाविशेषण
7. क. किसी से ऐसी बात नहीं कही।
   ख. किसी से ऐसी-वैसी बात नहीं करते।
   ग. सर्वनाम
8. क. कल मैं उनसे मिलने के लिए कैसे जाऊँ?
   ख. विशेषण
9. क. जैसा यह गाँव है वैसा ही वह थी।
   ख. विशेषण
10. क. जैसा तुमसे करते बने वैसा तुम करो।
    ख. क्रियाविशेषण
11. क. जैसा काम मुझसे हो सका वैसा मैंने किया।
    ख. विशेषण
12. क. ऐसा समय अभी नहीं आया कि हम लोग दो पैसे कमा सकें।
    ख. विशेषण
13. क. गाड़ी ऐसे नहीं चलाते।
    ख. क्रियाविशेषण
14. क. तुमने यह बात कैसे जानी?
    ख. क्रियाविशेषण

पचहत्तरवाँ अभ्यास

1. के वास्ते
2. की मार्फत
3. के हाथ
4. के साथ
5. के सामने
6. के द्वारा
7. के बाद
8. के मारे
9. के बदले

10. के योग्य
11. के पहले
12. के योग्य
13. के विरुद्ध
14. के सहारे
15. को आए हुए
16. के रहते
17. को पढ़कर
18. से निकलते
19. को सुलाते-सुलाते
20. के डूबते-डूबते
21. के आज्ञानुसार
22. के पीछे

छिहत्तरवाँ अभ्यास

1. संज्ञा रूप में
2. विशेषण रूप में
3. विशेषण रूप में
4. विशेषण रूप में
5. क. विशेषण रूप में
   ख. क्रिया रूप में
6. क. विशेषण रूप में
   ख. क्रिया रूप में
7. विशेषण रूप में
8. विशेषण रूप में
9. क. क्रियाविशेषण रूप में
   ख. क्रिया रूप में
10. विशेषण रूप में
11. क्रियाविशेषण रूप में
12. क्रियाविशेषण रूप में
13. कर्तृवाचक कृदंत रूप में
14. क. संज्ञा रूप में
    ख. क्रिया रूप में
15. संज्ञा रूप में
16. संज्ञा रूप में
17. क्रियाविशेषण रूप में
18. संबंधबोधक रूप में
19. क्रियाविशेषण रूप में
20. कर्तृवाचक कृंदत रूप में

सतत्तरवाँ अभ्यास

1. हम दिल्ली होकर आगरा जाएँगे।
2. वह पढ़ने से जी चुराता है।
3. मैं कल नई फिल्म देखने के लिए सिनेमा गया था।
4. पत्नी पति से झगड़कर मायके चली गई।
5. गुरुजी के दर्शन करके हम प्रसन्न थे।
6. पढ़ने से योग्यता आती है।
7. आप दौड़ते हुए कहाँ जा रहे थे ?
8. उन्हें यहाँ रहते हुए दो वर्ष हो गए।
9. माँ से मिलकर वह सुखी हुई।
10. नया बना हुआ मकान भूकंप के कारण गिर गया।
11. आप सुनी हुई बातों पर विश्वास न करें।
12. मैंने उसे तड़पते हुए देखा है।
13. अधिक चलने से वह थक गया।
14. काम पूरा करने पर तुम्हें मजदूरी मिलेगी।
15. छूटा हुआ तीर वापस नहीं आता।

अठहत्तरवाँ अभ्यास

1. 'किसी गाँव में' संज्ञा पदबंध है और अधिकरणकारक के रूप में 'रहना' समापिका क्रिया से जुड़ा है।
2. 'मेज पर' संज्ञा पदबंध है और अधिकरणकारक के रूप में 'रखना' असमापिका क्रिया से जुड़ा है।
3. 'चाय' संज्ञापद है और 'पीना' सकर्मक असमापिका क्रिया के कर्म के रूप में प्रयुक्त हुआ है।
4. 'बंद कमरे में' अधिकरणकारक के रूप में प्रयुक्त संज्ञा पदबंध है जो 'सोना' असमापिका क्रिया से जुड़ा है।
5. 'पुस्तक' संज्ञापद कर्मकारक के रूप में प्रयुक्त हुआ है और सकर्मक 'रखना' समापिका क्रिया से जुड़ा है।
6. 'घड़ी' संज्ञापद कर्मकारक के रूप में प्रयुक्त हुआ है और सकर्मक 'देखना' असमापिका क्रिया से जुड़ा है।
7. क. 'यह संपादकीय' संज्ञा पदबंध कर्मकारक की तरह प्रयुक्त हुआ है और सकर्मक 'लिखना' असमापिका क्रिया से जुड़ा है।
   ख. 'नाम' संज्ञापद कर्मकारक है और सकर्मक 'कमाना' समापिका क्रिया से जुड़ा है।
8. क. 'अपना मकान' संज्ञा पदबंध कर्मकारक के रूप में प्रयुक्त हुआ है और सकर्मक 'बेचना' असमापिका क्रिया से जुड़ा है।
   ख. 'कर्ज' संज्ञा पदबंध कर्मकारक के रूप में प्रयुक्त हुआ है और सकर्मक 'चुकाना' समापिका क्रिया से

संबद्ध है।

9. क. 'पिता जी को' संज्ञा पदबंध कर्मकारक रूप में 'लिखना' सकर्मक असमापिका क्रिया के साथ प्रयुक्त हुआ है।
   ख. 'पत्र' संज्ञा पद कर्मकारक के रूप में प्रयुक्त हुआ है और सकर्मक 'छोड़ना' समापिका क्रिया से संबद्ध है।
10. 'फूलों के हार' संज्ञा पदबंध है और कर्मकारक रूप में सकर्मक 'बनाना' असमापिका क्रिया से संबद्ध है।
11. क. 'आपबीती' कर्मकारक के रूप में प्रयुक्त संज्ञापद है जो सकर्मक 'सुनाना' असमापिका क्रिया से जुड़ा है।
    ख. 'सहानुभूति' कर्मकारक के रूप में प्रयुक्त संज्ञापद है जो सकर्मक 'पाना' समापिका क्रिया से संबद्ध है।
12. क. 'बिलौटे को' कर्मकारक के रूप में प्रयुक्त संज्ञापद है जो सकर्मक 'लेना' समापिका क्रिया से संबद्ध है।
    ख. 'उठाकर' पूर्वकालिक क्रिया क्रियाविशेषण के रूप में प्रयुक्त हुआ है और 'लेना' सकर्मक समापिका क्रिया से संबद्ध है।

उन्नासीवाँ अभ्यास

1. आप मेरे घर क्यों नहीं आते ?
2. वह मुझसे बात नहीं करता ।
3. वह आज न जाए तो अच्छा हो।
4. क. बेटे को विदेश जाने से न रोकें।
   ख. बेटे को विदेश जाने से मत रोकें।
5. आप मुझसे न बोला करें।
6. वह मुझे पत्र नहीं लिखता तो न लिखे पर अपनी माँ को तो पत्र लिखे।
7. आज की रात नहीं बीतेगी।
8. जो यह बात न समझे वह अनाड़ी है।
9. आँधी-पानी में घर से न निकलें।
10. फिर मैंने वह कंप्यूटर नहीं खरीदा।
11. तुमने सुबह से कुछ नहीं खाया।
12. इस कमाई से उसकी पूरी नहीं पड़ती।

❖

परिशिष्ट : 3

अनुक्रमणिका

[संख्याएँ पाठ-संख्या की सूचक हैं, पृष्ठों की नहीं]

❖